好生築夢傳

林教授的教育人生回顧思想起

林生傳 著

麗文文化事業

國家圖書館出版品預行編目資料

好生築夢傳：林教授的教育人生回顧思想起 / 林生傳著 -- 初版. -- 高雄市：麗文文化, 2018.01
面； 公分
ISBN 978-986-490-112-8（平裝）

1.林生傳 2.臺灣傳記 3.自我實現

783.3886 107001645

好生築夢傳——林教授的教育人生回顧思想起

初版一刷・2018年2月

著者	林生傳
封面設計	余旻禎
發行人	楊曉祺
總編輯	蔡國彬
出版者	麗文文化事業股份有限公司
地址	80252高雄市苓雅區五福一路57號2樓之2
電話	07-2265267
傳真	07-2264697
網址	www.liwen.com.tw
電子信箱	liwen@liwen.com.tw
劃撥帳號	41423894
臺北分公司	23445新北市永和區秀朗路一段41號
電話	02-29229075
傳真	02-29220464
法律顧問	林廷隆律師
電話	02-29658212

行政院新聞局出版事業登記證局版台業字第5692號
ISBN（平裝）

麗文文化事業

定價：600元

1986 年 6 月攝於威斯康辛大學 Bascom Hall 林肯雕像前

1968 年 7 月 23 日結婚照

以心相許松柏常青

牽手一生

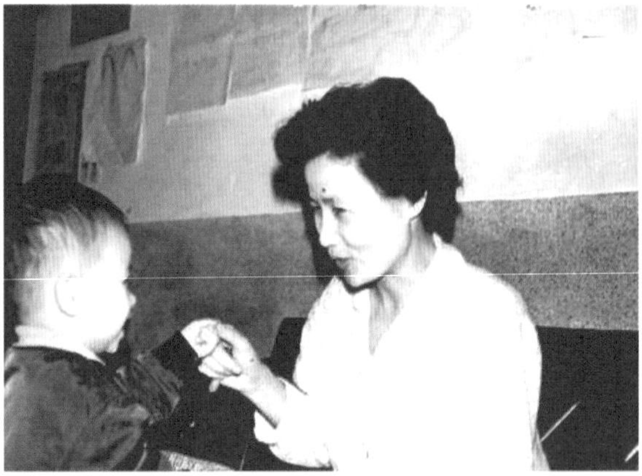

男生女生　心肝寶貝

才藝好學又好玩

攝於高師大舊校園

攝於旗津海邊

同心圓

小小全家福

樹風仰止

教授指導

美國留學　租屋街景

美國留學　獨釣寒江雪

L.A.機場轉機　美國再見

美國留學

教育學系主任

與教育學系前輩話業務家常

教育學系 20 歲狂賀大慶

教育學系主任

結業生返校座談會

教育系囊括校運會錦標

畢業生跟隨系主任向校園最後巡禮

教育學系主任

教育學院院長

院長監交系新主管交接

院長與若干主管話業務

高師大春風化雨師生互動

教育革新整合型研究成果發表

教學研討會

國民中學適性教學國際學術研討會

2000 年到美國做移地研究暨參加 AERA 年會在紐奧爾良(New Orleans)

攝於荊州大城之前

神州之旅遊長江三峽

含飴弄孫

2000 年威大母校重遊

台灣首府大學講座教授師生互動

藏修思遊

獲頒獎項

獲頒獎項

全家福

賀
林教授生傳博士榮退
四十載春風化雨
樹人樹木生好德
高師大薪傳卅二
著書立說獎三連
國立高雄師範大學教育學系同仁
邱兆偉 張新仁 張光甫 陳密桃 陳麗珠
張酒雄 方德隆 高承裕 吳松林 江南發
傅粹馨 梁茂森 鍾蔚起 黃文三 張淑美
魏慧美 鄭彩鳳 吳和堂 蘇勝義 楊巧玲
劉世閔 張素靜 陳玲婉
張光甫撰句
中華民國九十五年六月廿六日

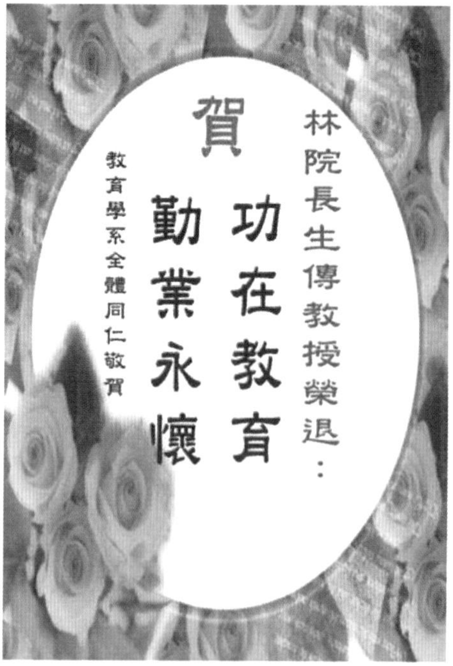
林院長生傳教授榮退：
賀
功在教育
勤業永懷
教育學系全體同仁敬賀

序

人生如旅遊。回首來時路，但見曲折迂迴，顛簸坎坷；時看似山窮水盡，又峰迴路轉；時本平順暢通，卻忽然風雲變色，地動山搖，交通阻隔；迷離莫測。

我年少時代，社會人們普遍重視香火相傳，瓜瓞連綿的觀念，大家總期待多子多孫多福。無人甘願不結婚，不生小孩。專家擔心的是如何節育人口成長問題，因為當時台灣人口增加太快了，其自然成長率冠於世界。

沒想到近年來，不少該結婚的人不結婚，結婚了也有不少人不想生小孩。人口自然成長率在國際社會敬陪末座，少子化問題頓成為重大議題，已經威脅到生源和勞動力，逼得有的學校面臨勢必退場的局面，衍生許多怪現象。

為何有不少人不想生小孩，寧可沒有後代，香火中斷？是自身過得太苦，怕後代重蹈覆轍嗎？是前瞻無望，不忍心下一代受苦嗎？是逃避責任，落得輕鬆愉快又逍遙？或是父母難為，不知如何教育子女？還是怕子女長大，失業回頭當啃老族？叫人費猜疑。

早期一般家庭父母，學校學生都非常尊師重道。我小時候好嚮往當老師。覺得小學老師很神氣，中學老師更了不起，至於大學教授，幾乎被視為聖賢，大家敬仰不止。

為此我心底興起了非分之念，我偷偷告訴自己，有一天，我要當教授。於是追逐一個夢又一個夢，艱苦地走過一程又一程，好不容易圓了夢，當上大學教授。我怎麼走過來的？如何圓了夢？圓夢又如何？想來真是沒那麼簡單！

創立一個甜美家庭是我與內人的第一個夢。我倆致力家庭教育不遺餘力，無論胎教，身教，言教，境教，十分在意用心。想想我們如何盡力做，無怨無悔地付出。沒事就想現身說法，與人分享，回味無窮。

我在各級學校教了近一甲子的書。無論教小學生，中學生，大學生，研究生，賢與不肖；無論教的是讀寫算，或教的是如何做學問，做研究寫論文，均竭盡心智，毫無保留，傾囊相授，自得其樂，更希望受教者有成就，他日青出於藍，讓我可以他們為傲。

三十年來台灣教育改革，雷厲風行，結果是越改越亂，學子負擔越沉重，補習越補越熱，熬得越來越晚，教師教得辛苦，家長備受煎熬。叫人憂心。

如今大學量爆增，質卻大變了，學習風氣低落，競爭力低落，大學教育面臨了危機。從前大學生高人一等，讓人心生羨慕，他們自視甚高，平日都謹言慎行。從前孩子考上大學是鄉鎮大事，大為轟動。今之大學生，良莠不齊，少有鬥志，畢業鮮能學以致用，甚至面臨失業，他們不知為何而戰。誰使致之，能不悔不當初？

我對於教育改革向來多所建言，先天下之憂而憂。我早在大學不到八十所時候，就大聲疾呼大學數量爆增將會帶來嚴重的社會問題和教育問題，應即時節制；九年一貫課程剛啟動時，我也提醒九年一貫課程是艱鉅的文化改造工程，不要急功躁進，要備好配套措施，建立完整的實踐系統，慎思而後行，務須循序漸進。不可只有苛責教師心存觀望，不盡心配合，工作不力，否則會落得有名無實。均不幸言中。

我對於教學創新，盡心研究，用心良苦。期望教師教學，確實能夠因材施教，各個學生因其性之所近，學習快樂又有效，人盡其才。更希望在資訊科技發達的今天，能夠善用資訊科技，創新教學，促進知識經濟社會的發展，使教學更普遍，效果更大，也更好玩，師生同感快樂。

原為鄉下童子的我，蛻變成為一位大學教授，不是偶然的機運，靠的是始終把持著堅決的決心，歷經無數次的蠶變，以永遠領先自我期許，自我惕勵，自強不息。此中經過長久的煎熬，衝破無數的阻力，耗掉多少青春，才能浴火重生成為教授。

今日看到大學教育光環退色，學生不知為何而戰，學習不起勁，不免心生憐惜。教授學術權威式微，地位岌岌可危，朝不保夕，實不能不為大學教授悲哀。雖然我早已退休，仍感同身受，感到辛酸。

回首來時路，點滴在心頭。今日社會已變得有點陌生，不知是我們改變了社會？還是社會改變了我們？不知是我們要悔恨？還是社會要反省創改？

年輕時創造回憶；老人回憶過去。回憶再回憶，反思再反思，天天唱著思想起。撫今思昔，鑑往知來，想到哪裡，寫到哪裡，逐一打字，日積月累，譜成了這本書，希望能帶給社會正面的能量，請朋友分享吧。

麗文文教事業楊董夫婦，三十六年前我的第一本書，他幫我出版，再版又再版，修訂再修訂，通行到今日。如今，我人生最後這本回憶錄，他願意再為我出版，讓本書能順利出版。他是我永久的文創老夥伴。真正要感謝這一位好朋友，出版界的英勇鬥士。

此外，麗文出版部行政經理麗娟小姐和總編輯國彬兄，精心排版編輯，使得本書能順利如期出版，同表感謝。

林生傳

戊戌年春節　二〇一八年二月十六日

目次

001 · 我所從出的家
010 · 追尋窮人的夢
017 · 夢想中的天堂這般模樣
022 · 四育並重　嚴格標準　型塑國教教師
035 · 確實驗收　見習、實習、參觀旅行
045 · 親情常牽，放心不下
059 · 少年仍然喜歡編織彩夢
071 · 師範畢業前的留戀與惶恐
086 · 踏上小學教師生涯
092 · 掙扎於教育原理與教育現實之間
104 · 被遺忘的一班學生，我能放棄他們嗎？
107 · 規避即時成家，心有旁騖，築心中大夢
120 · 相聚時難別亦難，東風無力百花殘
128 · 追逐大學之夢　真正上了師範大學
139 · 學習不後人　出人頭地　恆是我的美夢
148 · 角逐科舉之夢
152 · 同學，室友，個個有彩夢
164 · 築青春之夢
170 · 夢中情侶見面了
174 · 實習教師之夢
186 · 論及婚嫁，緣定三生：築成家之夢
190 · 應召入伍，此地一為別，不知落腳何處，離情依依
193 · 我上的部隊，是虎頭師，天下第一連
199 · 戰地之夢：移防外島　竟然是馬祖第一線
209 · 兩岸砲口相向，為何？

223 · 新婚春夢：訂婚後五三五天，千山萬水隔離，魚雁來往九九九封，結婚
229 · 築了新家庭，甜甜蜜蜜，希望時光永久留駐
240 · 兩難的惡夢再起
244 · 破釜沉舟　另起爐灶，正值研究所翻轉革新，雷厲風行
257 · 風雲變色，局勢急轉直下
259 · 人生如轉蓬，該落足於何處似早註定
265 · 高師大教育系決心構築第一的綺夢
271 · 正式參與大學行政工作，擴大服務
274 · 惶恐夢魘
279 · 追逐學術夢
286 · 老少團聚，終於圓了團圓家庭夢
289 · 好夢苦短，樹風仰止
291 · 築理想庭教之夢：對孩子的養育教育無限付出
301 · 插足特殊教育
306 · 追逐出國鍍金喝洋水之夢
321 · 千山萬水隔離，家人常相左右，思鄉夢
325 · 孤鳥之夢：伴著孤燈想家
340 · 個別化教學讓我似觸了電
343 · 寒冬之夢
348 · 新學期新思維多樣學習
358 · 圖書是我夢中的財富
362 · 學期結束，做好回國繼續研究的準備
364 · 我回來了，親愛的家，親愛的台灣
367 · 築因材施教之夢：研發實驗個別化教學
372 · 大學用書之夢：撰寫《教育社會學》
381 · 圓了升教授之夢
384 · 踏實洋博士之夢，沒有不可能的任務
404 · 終於圓了洋博士之夢，躊躇滿志，海闊天空？

405 · 築創新教學之夢
409 · 領導教育系走向未來之夢：擔任教育系主任，背負著歷史包袱，面對社會巨變，展望未來
420 · 圓同仁天倫之夢，教育系大團圓
425 · 教學創新：針對教育系學生及一般教師需求，致力教學創新
430 · 圓傑出獎之夢，學術地位受到肯定
434 · 構築教育真平等之夢
440 · 大學暴增的噩夢
447 · 築教育改革之夢：主持教育革新整合型計畫
456 · 堅持九年一貫課程的改革：是艱鉅的社會改革文化改造工程
462 · 主持九年一貫課程理論基礎叢書，亟需建立一個「實踐系統」進行防震補強
467 · 構築新世紀教學之夢
470 · 建構設計實驗知識經濟取向的教學系統
474 · 教育研究的終身承諾
477 · 籌辦成大教育研究所，完成階段性的任務，功成身退
483 · 旅遊大陸神州之夢
487 · 當選家庭楷模
497 · 當選院長，無心插柳柳成蔭
506 · 工教學系化身變成科技學院：「無張無持」當上科技學院院長
513 · 服務滿四十，蒙總統表揚；退休，終止公職生涯
515 · 纏繞不斷的噩夢
523 · 我盡力作為他的第一兄弟，讓他安享天年　無怨無恨圓滿了人生
529 · 榮獲第二十六屆吳三連基金會學術獎
532 · 退而不休，先公後私
538 · 婉拒董事長邀請出任校長
541 · 獲得終身成就獎
543 · 老人的悲歌
550 · 奮鬥一生，參透了嗎？

我所從出的家

我誕生於高雄市五塊厝，在我兩歲的時候全家搬回台南鹽分地帶的鄉間長大。在快速都市化的歷程中常令人費解。

從前，每當我跟內人子女驅車路過附近時，他們常會說，鄉下的土地如果是在這裡，我們就也是「田僑仔」囉，不必擠公寓了。

我父親有兄弟五人姊妹三人，他排行老么。祖父早逝，他還年幼，懵懵懂懂。祖母徐氏，出自台南佳里鎮徐氏家族，精明能幹，思想超先進，子女一長大，就讓他們出外，各自奮鬥。

祖母的家族，人才輩出，早期就出過醫學博士，為醫界名人，對台灣醫學貢獻甚大。祖父過世不久，祖母即力排眾議改嫁，父親頓失雙親，成為孤兒。祖母囑大哥收留，大哥勉強接受。大伯父住於高雄岡山腳，務農為生，乃使父親為童勞工，幫為種田牧牛。

有一次，放牛時，晴天霹靂，平地一聲雷，牛大驚，一隻笨牛奔跑，群起跟著奔跑。父親還小，控制不了，被第一隻拉倒，第二隻踩到肚子，受傷嚴重。經過長時間治療，幸運痊癒，卻留下深刻的疤和明顯的駝背，直不起來。

治療期間，臥病床，不能工作，反而成為人家的負擔，更不受歡迎，有一餐沒一餐的，營養差，身體越來越差。我終於明白了為什麼別人的爸爸挺著又肥又大的肚子，我的爸爸肚子又凹又癟又瘦，讓我心生憐惜。

父親成爲孤兒，流浪漢

父親慢慢懂事了，自己覺得沒意思，離開了大伯家，出外打零工。岡山一帶果農多，山坡上到處是果樹。正好可幫果農爬樹，摘水果，練得一手爬樹的好功夫。身手矯捷，活像一隻猴子。母親不高興時常叫他「矮仔猴」。

幫忙摘水果做零工不固定，地點也常改變，忙起來忙得天昏地暗，沒事做的時候即失業。他不僅是一個孤兒，更成為一個流浪漢。他好想念小時候，父母在家時的幼年日子。他歌喉不錯，再加上在果園，常常聽取果農的歌聲，每天哼唱著思念故鄉。

每天唱酒矸倘賣無

有一天他做了一個決定，想每天唱酒矸倘賣無，收破爛，回收資源。近一個世紀前就搞資源回收，已是資源回收業的先鋒。每天沿路上叫買著酒矸倘賣無，破銅舊錫，簿子紙倘賣無，為維生，也為了抒發思鄉的情緒。

虔誠的佛門居士

父親生性聰穎，他常聽一些善心人士說經講道，或講古說今，他聞一知十；又喜歡看戲，過目不忘。所以他記得許多故事，也領悟其中的道理。小時候他常講古給我們聽，不是苦學出身的，就是些勸世敦品，忠孝節義的故事。我印象深刻，受其影響，引為自勵自勉。

他篤信佛教，用心佛學，常到廟宇古剎聽法師誦經，拜佛念經；並與民間居士交往。雖然沒機會上學，正式接受過任何學校教育，卻能誦讀許多佛經，如太陽經、太陰經、目連救母經、心經等。每次逢年過節，佛誕慶典，清晨一早，淨身禮佛，備好香案，青魚木鐸，誦經禮佛。是一個虔誠的居士。

❏姻緣一線牽，父母都是系出名門

他後來改做百貨行商，騎著單車載著一個百貨櫥櫃，到處兜售百貨，定點停下擺攤，邊說故事邊賣貨品，吸引顧客，好玩又有趣，顧客喜歡，生意不惡。人面漸廣，認識了許多朋友，更認識了許多來自台南的同鄉。

一位同鄉女常客，跟他聊天幾次後，覺得這位年輕生意人，做人實在，機靈聰明，觀念正確，知書達禮，忠實可靠。有一天，自動說要幫他作媒。她說她老家住台南縣忠興村，她有一位親戚，尚待字閨中，端莊嫻淑，乖巧可愛，也吃苦耐勞，是一個好女孩，你看了一定會喜歡。她母親託我幫她做媒，她們家只有姊妹，沒有兄弟，這個妹妹排行老么，三個姊姊都出嫁了，只有她還在鄉下住，想找個如意郎君結婚。我看你很適合。你沒有家，孤單一人，應該有個終身伴侶相依相隨，互相照顧。只是有個條件，因為她家沒有男丁，雖沒有什麼財產可繼承，但她媽媽堅持需要有後代能夠傳遞香火，祭拜祖先，所以妹妹一定要以招贅方式結婚。將來生下子女，老大老二要從母姓，老三以下從父姓。至於要住哪裡不限，搬到高雄來也可以，隨便你們選擇。

父親自從先祖過世，他已如孤兒，四處流浪，如今有人看上他，當然喜歡，而且他世事看多了，子女從父姓從母姓，都無所謂，反正都是子女，只要不被綁住一定住哪裡。所以考慮再三之後，就謝謝她的媒合。不久我的父親跟我母親果然以入贅的方式結婚了，玉成了這一門親事，建立了我們兄弟姊妹所從出的這一個家。

外祖母出自台南西甲高姓家族名門，嫁到到中甲黃家。高姓家族善於行政辦事，很會做官，台南縣第一任民選縣長即是由高家人旗開得勝，名聲大噪。我父親來自漚汪西甲，西甲林姓家族很會讀書，早期家貧考上師範學校，小小一村莊，念公費師範，輾轉出國獲得洋教育博士者就有四人，文化界熱心名人林金悔碩士也出自西甲林家。

百貨櫥窗行商攤販，夫唱婦隨，攜手創業

結婚後，夫妻相偕到高雄來，繼續我父親原來的百貨行商，原來騎車行商，改為推車行商擺攤。賣的百貨也更多樣，數量也增多了，男用的、女用的、家用的，通通有。夫妻天天一起行商擺攤。我的母親長相端莊，待人和氣，做生意忠厚老實，給顧客誠信厚道的感覺，父親口才便給，能言善道，多才多藝。新婚夫妻心情又好，夫唱婦隨，擺攤生意做得不錯，蠻受顧客歡迎。

當時婦女流行頭髮抹油抹得亮亮晶晶。當然他們也賣女用髮油，只是經銷幾種廠牌的，顧客反應都不好。有的說味道太濃、太刺鼻，有的太油膩，有的不好洗，有的太亮眼，有的太貴囉，有的抹了皮膚會過敏……我母親自己也有同感。

研製女用髮油顧客愛用

我父親走過許多地方，見識過許多植物油，父母商議決心研發新的髮油新產品。當時女用髮油一般所謂茶仔油，避免顧客反應茶仔油的缺點，於是夫婦買來各種植物油和香料等，嘗試不同的配方，自己嘗試使用實驗，比較各種配方的味道與性能，態度認真。

經過不斷嘗試，然後免費供應試用，終於研發出一種理想的產品出來，又亮又香味道舒適，又不太黏膩，又鬆軟，又好洗，又是平價化的女髮油。包裝精緻的精美商標應市，廣受歡迎，十分暢

銷，連日本的婦女都喜歡用。薄利多銷，仍有大筆營利，終於儲蓄一筆小財。

這個女髮油一直到太平洋戰爭爆發，婦女逐漸無心於頭髮的美容，不再流行抹油。戰爭末期，社會動盪不安，才停產了，留下許多商標的標籤。小時候我們還常拿來欣賞看漂亮，成為最喜歡的玩物。

❏「王子復國」重建家園

有了一點積蓄，終於可以成全父親一直以來的心願，回鄉下建立家園，我母親也喜歡。因為林家的宅地及庭園已被質押典當了，現在正可以利用這筆儲蓄來還款索回。餘款還勉強可用以蓋房舍購置兩片耕地。於是終於在住地上蓋上一棟房屋，包括一大廳左右兩房間，另邊加蓋個廚房，雖然是磚房，又普通又簡陋，樑柱棟楹都是普通木材，不能防蛀也不能防震，暫時可以棲身，也可以種田。終於可回到了日思夜夢的老家。然後毅然決然把整個家從高雄搬回鄉下。心中有一點衣錦還鄉的感覺。

當時的土地價錢，高雄與台南鄉下差不多。因為高雄仍是一個個散布著的聚落，大港埔、鹽埕埔、五塊厝、三塊厝、五甲、林德官、草衙、籬子內、小港……分立，整個都市尚未完形。以五塊厝來比較，跟台南鄉下差不多。但是現在兩地地價相差天壤，鄉下一分地，二百九十三坪，大約五十萬，高雄土地五十萬只能買到一、兩坪而已。以投資理財的觀點來說，真是笨，然而，以歷史文化和心理與精神價值來衡量，對我父母來說富有深厚意涵，價值無法估算。

❏「金香爐」的故事

鄉親村人看到了，一個從小被迫離家的小孩，是孤兒、流浪漢，現在看到他已娶妻生子，又蓋房子，深深表示佩服，有「王子復國」的感覺；但有心人卻不信。說我的父親是孤兒，一個流浪漢買破爛的，天天叫買酒矸倘賣無，哪來的錢可以恢復家園。

有人無中生有，杜撰了個故事說我父親買破爛時，遇到一個又盲又聾的老婦人，拿出家裡的古物出來賣，其中有一個很大的金香爐，是古董，黃金做的，價值很高，我父親不誠實，以一般破銅爛鐵價買了，賺了一筆財富。

他聽了，不禁好笑，沒有辯駁。於是默默的把所謂「金爐」，放置於供桌上當香爐，因為不大，所以只能當淨香爐。老家客廳晨昏都要向神佛敬茶，第一個動作即是點燃漱柴在淨香爐裡，燃起冉冉的白色煙霧，芳香無比，可以淨化空氣，大廳為之一爽。漱柴都是高級木材削成，非常名貴。

一個淒風苦雨的秋天晚上，有宵小潛入，趁著風大雨大，偷走這一個金香爐，還把晾在陽台屋簷下的全家衣服全收走了。

這賊笨手笨腳，也許也太緊張了，竟然把這一個金香爐摔在客廳門口，清脆的一聲，哇！破了！笨賊發現地上一片片碎片，竟然是白色瓷片，上了金色的釉，顯得金光閃閃，是瓷器，怎麼？不是黃金香爐呢？驚奇的大叫！把我們吵醒了。笨賊抓著衣服一溜煙溜掉了，留下滿地的瓷器碎片，和幾件沒帶走的衣服，痛惜不已。

❑又想做生意，父親高雄台南兩地跑

種田很難生活，尤其日據時期，到了太平洋戰爭末期。農產品全部被充公。自己辛辛苦苦耕耘的收成，全部被殖民政府徵收，不免想保留一點給自用，日警巡查搜到，不僅沒收，還要被帶回衙門修理，真是慘痛。小孩嗷嗷待哺，大人更是挨餓，還被修理，真是有口難言。覺得種田真難活。

台灣光復，日本人落荒逃走。大家從部落的倉庫挖出已半腐爛蕃薯簽來吃，幾乎不能下嚥，配以野菜。大人小孩哭成一團。父親想再度到高雄營商，母親與小孩留在鄉下種田，實在心有不甘，但也沒辦法。父親騎單車載著布匹，在高雄行商，有時候到台南市民權路布行採購補貨，就順道回台南老家，停留個一、兩天再回高雄。

❏兄長，失去了健康常態的他，父母因教養問題芥蒂日深

我只有一個哥哥，很聰明，不太用功，也不想工作，唱歌玩樂有一手。念國校時好玩，常邀男女同學來家裡玩，扮家家酒，高年級就趁大人不在時，炒米粉做點心，一邊吃，邊玩樂。國校畢業，沒有考上初中，輟學在家，也不想種田。幾年後，父親只好把他帶到高雄一起做生意。

當時他們認識了一個王先生，能言善道，跟我父兄很談得來。這個人曾參加過地方民意代表選舉，不幸落選，搞得一貧如洗，想要東山再起。他口才好，巧言令色，能歌善舞，憑這本事，想要做生意，希望跟我哥哥合夥做當時流行的嗶玲瓏拍賣——敲鐘打囉，吸引客人光臨，然後一面拍賣，一方面唱歌講笑話表演歌藝穿插助興。剛光復後，太平年，歌舞昇平，大家玩性很濃，生意很好。哥哥的長處正合，王先生非常欣賞，興趣之所在，正中下懷，一拍即合。

父親勉予同意。觀察幾次後，看一大一小真的做得有聲有色，也就放心讓他們去做。

他們日夜在一起，後來有賺一點錢，常常一起喝酒賭博。但是相處久了，個性不合，時生摩擦，有一次因故吵架，王先生又大又壯，哥哥尚屬青少年，才十來歲，王先生力大有學過功夫。哥哥受到內傷，尤其頭部被他一拳打得頭昏好久，外表看不出嚴重外傷，內傷卻很重。吃傷藥，身體上的皮肉之傷好了，卻沒治好頭部的傷。留下嚴重後遺症，不僅頭痛，且情緒不穩，性格大變，懷疑妄想。父親非常痛心，好幾次跟王先生理論不得要領。

後來拆夥，回到鄉下，母親獲悉，至為難過，也對父親至非常不諒解。父母常為此爭吵，哥哥

一天沒有痊癒，父母天天爭吵。母親說出重話，就是因為哥哥從母姓，姓黃，你未盡到監護責任。為此芥蒂更深，這就嚴重了。

本性純潔的母親，坦蕩隨和的父親不再琴瑟和鳴，變調走味了的家

父母從此心有芥蒂，哥哥沒痊癒，此一創痛難消失，我甜蜜的家庭已走味失聲。我小小年紀已感受其嚴重性了。天呀！什麼時候，我的甜美家庭會再回來。

我母親本性純潔，穿著整潔，環境酷求乾淨，幾近潔癖，操守更廉潔，一芥不取，一絲不苟，一穗不偷，絕對不沾鍋。從小教我們就是要乾淨廉潔，不偷不搶不貪不賭。看她藉以傳香火的大兒子，如今又沾上賭博，又喜喝酒，脾氣粗暴，越看越難過，而布攤子也一次再一次的垮掉，又吵著重新開始，又垮掉，好像一個填不滿的坑洞，可說痛心疾首，凝心咳血，常常拒食好幾天。我跟姊姊常常要撫慰再撫慰她，且謹言慎行，費盡唇舌，才能讓她勉強吃一點。母親身體越來越差；她本身很悲痛，很自責，後悔當初讓他出外做生意；也嚴厲指責父親未盡父職。父親有口難言。父親本來比較提得起放得下，不怕髒亂，能夠面對現實，隨時迎接挑戰，現在也不得不急病亂投醫了。

於是嘗試各種方法，無論正方偏方，求神問卜，許願拜神，茅山道術，法師作法，乩童扶乩，相士改運，無所不用其極，都無起色。且乩童相士，假藉神明胡說八道，無中生有，胡說亂騙，父母痛心至極，終於覺悟了，有病要看醫生，不要聽神棍胡說八道，被騙錢又受辱。後來經友人介紹，住進屏東一家醫院，經過兩三個月的吃藥打針治療與身心治療，大有起色，差不多痊癒康復。

可是經過這段刻骨銘心的折磨，再加上幾年前，幫親友貸款連帶保證賠償，搞得幾乎家財耗盡，生活難以維持。不過，哥哥身心平復，讓這個家比較好過，終於露出黎明亮光。

一段時間後，哥哥生活正常，通過役男體檢，光榮應召入伍。順利接受新兵訓練後，竟派往前

線金門駐守第一前線，也都適應很好。後來卻遭遇慘烈的戰爭，結果，身心重創，陰霾一輩子揮之不去，罩住了他，也遮掩了這個家的光芒。

❏克勤克儉，求新求變，擺脫不了平凡與貧窮

我的父母本性宅厚，克勤克儉，以維持家計，維持生活，並手腦並用，創新求變，力圖在艱難環境中生存發展。

他們做過的工作，幹過的粗活，研發製造的產品也不勝枚舉。除了早期的擺地攤，研發自製女用髮油，後來也開過布店賣布匹百貨；自耕農田，種植過經濟作物，種花種菜種蔬果，研製手工肥皂，釀造食用油，抽過糖蔥，自製花生糖、黑麻糖，製售糖葫蘆翁仔，手工玩具等等。

我小時候，父親上山下海，刻苦耐勞，曾經三更半夜騎車到三股魚塭批購撈虱目魚回來跟母親一起販售，也騎著單車到六甲山地批購竹筍回來賣，也一樣騎著單車載著農產品到處兜售。我們童年常常一起兜售、販售，也藉此機會，練得過人的心算能力，讓我算術成績超好。

父母不怕苦，不怕累，勤於求新求變，精神令人佩服。只是窮則變，變則通，通則達，好像在他們身上不太靈驗。可能由於沒受過正式教育，全靠自己摸索學習，無法吸收太多新知，也侷限於有限資訊，終究無法突破常識的界線，所研製的不脫手工產品，所做的類多是勞力腳力的工作。所以他們即使艱苦、貧窮，仍鼓勵我求學力求上進，希望我擺脫勞力晉身勞心工作，希望能擺脫勞工階層脫穎而出。我由衷的感恩，也為他們難過。

家庭父母給我直接的教導，及兄長的負面教材給我的是，你必須要用功，奮發圖強。我也學會，同情周遭任何人的不幸，教我很早就懂得同理心、同情心，不論他們對我好或對我不好，都需要我的協助與寬恕，我也保持永久澆不熄的企圖心伴著我一生，追逐一個又一個的夢。

當我念國校與初中的時候，師範學校培養國民學校師資，招收初中畢業學生，修業三年，相當於高中階段。在校時間完全公費，畢業即分發實習三年，實習期間薪給與一般老師相當。實習期滿大部分在原實習學校繼續為正式老師。

這種制度早已成歷史，很多人不知道十八歲就能當上國小教師。我在二〇〇四年，以屆滿退休年齡，在高師大服務三十二年，服務教育界已經四十一年後辦理退休時，教育部承辦官員竟然透過人事系統質疑哪有十八歲就能當老師的制度，要我提出直接的正式證件。我翻箱倒櫃，找出師範學校的畢業證書，上面還蓋有「三年實習期滿」印章，還附考績證件，傳真給該官員。他才相信他的孤陋寡聞與台灣師資培育制度變化之快速急遽，並據以如數核算我退休年資。

這種師範學校是清寒子弟的最後希望，競爭激烈，能夠脫穎而出，都是菁英中的菁英。已考取南部明星高中，如南女中、南一中、雄中、雄女，同時考取師範，最後放棄前者選擇師範學校的大有人在，尤其是女生。以當時一般家庭的經濟情況，以及類似尖三角形的社會階層結構，中上階層人力有限機會的情形之下，為何大家如此選擇是可以理解的。

放棄直昇母校高中，報考師範

我小學畢業的時候，考進北門中學，大家都刮目相看，因為我們那一班只有三位男生一位女生考取。北門中學，是省立的，有初中高中部，是台南縣的明星中學，我家鄉的學生家長大家都以考進北中為第一志願。當時校長是崔德禮先生，後來接掌建國中學。

北門中學，離我家五公里，是最近的中學。我每天一大早走路上學，趕上升旗，邊讀書邊走路，風雨無阻，三年沒有缺課沒有遲到，成績優秀。初中部畢業，以成績優秀，學校獎勵以直升高中，同學羨慕不已。我卻想要放棄，心中覺得可惜，猶疑不決。

我的身世讓我小時候，即感受到教育的重要；也覺得當老師很神氣，如果能夠當上老師，如同鹹魚翻身，改變我的命運。爸媽平常也最尊敬老師，希望我也能當上老師。而且我們每天一大早五點鐘起床，爸媽也一早起床為我做早餐，三年來如此也累了。所以在那一個時刻，考慮放棄直升的機會。可是師範難考，考不上，就失學了。左右為難。

然而，一想起國小畢業難得光榮的考上第一志願省立北門中學初中部，第一學期註冊繳費即遇到了困難，為了籌措註冊費，最後只有把畢業縣長獎，一本字典，萬萬不捨的變賣掉，含淚揮別我心愛的獎品，有刻骨銘心之痛。

考慮再三，最後，為了避免再度遭遇繳不出學費問題，為了改變我的讀書環境，也為了早一點找到固定的職業，減輕家庭的負擔，我不再猶疑了，決定放棄直升高中保考師範學校，領取畢業證書去報考師範學校。

但是直升本校高中畢業生畢業證書留置教務處，是校長一片好心希望把自己的好學生留下來，沒有獲得校長的首肯，任何人不能拿走畢業證書。只好透過導師曹宗信老師說服校長。

拿到了畢業證書，趕去報考離家最近的，校史最久的，口碑最佳的，競爭最激烈的台南師範學校。當時人們普遍貧窮，想要循此途徑再造命運的人相當多，報考踴躍。已經過激烈競爭進入初中的畢業學生，畢業後報考者竟達五千多人。而錄取人數預定為五班，二百五十人。競爭激烈，很擔心一旦落榜，就沒路走了。

上考場馬上出了意外

考期到了，我與其他同學一起去台南府城應考。因為沒有親戚住台南，也住不起旅社，剛好有一位謝同學，好心邀我一起到他親戚家借住一宿。他說他的親戚家離台南師範很近，走路十幾分鐘就到南師考場。我很高興也很感謝他。

他親戚家真得離南師很近且近火車站，交通方便。但是問題來了，離鐵道也非常非常近，幾乎可看到每一班火車經過，對我們少見過大火車的人來說，聲音吵雜得不得了，每一班火車經過，無論南來北往，轟隆轟隆作響，加上火車快到車站氣笛都會長鳴一聲，叫我們心驚肉跳。一直到深夜，清晨五點鐘點左右，又開始有早班火車，車聲氣笛聲再起，被吵的整夜沒睡好。我看謝同學也是輾轉反側，精神恍惚的上了考場。

第一節考國文，就出事了。一方面太緊張，一方面精神不夠集中，在考作文的時候，考作文依規定是用毛筆寫。磨墨的時候，一個不小心，打翻了硯台，頓時墨漬沾污了考卷的一大片，連已經答好的題目都被抹掉一大部分。才高興這作文題目好像似曾相識，不難發揮，沒想到瞬間，頓時風雲變色，怎麼辦呢！？我一時不知所措。

本想不再寫下去了，我自忖，難以修補，有可能會被懷疑故意做記號而被判違反考試規則，批為零分不計分數。在連姓名、號碼都彌封的考卷上，竟有這樣大膽的一大片抹黑，是多麼嚴重的情事！不過回頭一想，既然來應考就要堅持到底，我以前看過一句話，即使錯，錯到底就是對的，而且你已經破釜沉舟，沒回頭路走了。在這個時候不能不相信它。我想即使把這一分考卷當特別卷，拿到會議來討論，那些老師也會依同理心、同情心為考生來設想，不會太不講理吧？於是我在停頓幾分鐘後，又開始振筆疾書，寫得更賣力也更小心。接著其他各科也都考得順手，沒有太大難題。

❏聽榜無名，羞愧難當，無地自容

考過了，一天等過一天，爸媽都以為絕對沒問題，我的心中卻忐忑不安，左想想右想想，越想越難熬，我不敢把弄髒了考卷的事告訴他們，因為反正跟他們說也於事無補，只會多增加了兩個老人的負擔，傷了他們的心。由我個人來擔心已經夠了。

終於等到了放榜的日子，當時最快能夠得到的訊息方式是收聽收音機播報。家裡沒有收音機，最近的是附近村長家有一台收音機，是村子唯一的收音機，所以就由媽媽陪我去借聽一下。那是一台日據時代留下的老收音機，壓克力質料的頻率表已變黃很模糊，很難調的準，等到調對了電台頻率已經開始播報，也不知已經播報過幾個了。母子兩人，側耳傾聽，專注到不行，一個接著一個的播報，聽著聽著，一直到最後一個，全部播報完了，完了，還是聽不到「林生傳」三個字，完了！林生傳完了！？又失望，又羞愧，真的是無地自容，當時好希望有一個地洞可以鑽進去，為什麼眼前沒有一個天坑，好讓我跳進去！？低著頭，喃喃著道聲謝謝，不知村長的家人有無聽見，母子倆又羞愧又難過，頭也不回，趕快跑回家去。至於人家說些什麼，是安慰還是嘲諷？聽耳不聞。回到家裡大哭一場，媽媽看了也掉了眼淚。當天晚上，失眠了。

❏不死心，也只好認命

當時正是主作物稻穀才秋收，緊接著就下種雜糧的時節，田裡亟待種下花生和蕃薯。隔天一早趕緊下田工作，既然落榜了，想再升學的機會連門都沒有，不死心也不行，能夠不認命嗎？我也自覺，暫時種田守著兩塊小田地，不然還有什麼路可走？以後再說吧，勞工恐怕已是我的宿命。且戰且走，這是宿命！？

我一邊工作一邊想，考得應是不錯怎會考不上，我合理地懷疑，一定是污了考卷而中箭下馬。我不死心，我拿出准考證，再仔細審查考試規則，其中有規則不得弄污試卷或毀損試卷，違者扣分。所以我懷疑一定是因為弄污國文卷被扣掉很多分數，在激烈競爭的考情之下，大家分數相差甚微，幾分之差距就不知有多少的人分布於此，扣掉個十分八分就完了。沒有電話，沒有報紙，沒有復查辦法，只有自個兒癡癡的猜測與憤怨。

妳家的阿傳生來還債的喔？

接連幾天日出而作日沒而息，一天傍晚收工回家與媽媽經過鄉下那一間小雜貨店，這個鄉下的傳播站，有群早些收工回家的男人正在聊天作樂。同學阿宏的爸爸在其中，對著我們說：嫂子，你家阿傳實在可取，剛考上台南師範，沒去玩玩，跟妳整天下田工作到現在，到天這麼黑才回來，真是生來為妳家還債的，像我家阿宏什麼學校都考不上，叫他工作，也不做，下田一下子就落跑了。

我嚇了一跳，有點不敢相信自己的耳朵，是真的嗎？還是在反諷呢？應該不至於那麼殘酷吧！我媽媽問是真的嗎？他說怎麼不是真的？漚汪西甲庄頭這個地方，今年有三個考取台南師範，妳的阿傳是其中一個。我暗自竊喜。但還是將信將疑。

道聽途說，竟然上榜？

隔天一早八點鐘，我準時到將軍鄉唯一的公立小型圖書室查放榜隔天的中華日報。找到了榜單，那已是三五天之前的舊聞。我驚喜林生傳三個果然在其中之列。榜單是按分數高低排版的，我是第二名。那一天聽收音機，等調對頻率早已播過了，我得救了，我一時覺得好像沉溺大海中，抓到了一個浮板，被救起來的感覺。我高興得眼淚奪眶而出，我一躍而起，差一點沒跌倒，我大叫著我考取了，忘記那是公家的圖書館，好在剛開門不久，除了管理員一位，四下沒人。管理小姐馬上過來跟我恭喜，她說全鄉的人早知道了，你到現在才得知。

考取師範學校，自己覺得蠻光榮的，父母在鄉下也覺得蠻體面的，而且再也沒有學費的負擔。學費、註冊費、圖書簿本費；制服費；主食費、副食費、實習材料費全免；畢業即就業。有人說比一戶農家多種了兩甲地還划算。反正剛考取的感覺是從此不愁吃、不愁穿，未來也不必趕牛割草，清晨出門下田田水冷冰冰啦！想起來很美好，剛考取的那個暑假過的特別快。不過好戲在後頭，大家都還來不及想太多，就已經到了到要註冊入學的時候了。

❏離家報到註冊入學師範

按照學校新生入學須知準備好一切，包括泳褲、運動長褲短褲、運動上衣、球鞋、盥洗用具、臉盆、枕頭等等，塞進一隻老舊的木質衣箱裡面。這一隻木箱，是木頭的，哪裡來的已不可考，只是從我有記憶以來，就在我家，是我們床上衣箱，別於站在牆壁的衣櫥，它已經很老舊，造型也很特殊；只是深度大於一般皮箱，長寬則比一般皮箱短，高度卻比較深，把手長在兩邊，不太適合單手攜，較適合雙手提搬。不過由於不很大，還是可以勉強當皮箱使用，只是看起來有些古怪而已。

對於使用一些怪怪的東西，在當時什麼都將就將就的艱困時代，大家彼此彼此，也沒什麼好笑的，而對於我來說我也早就習以為常。在小學的時候，媽媽知道我對於冷空氣特別過敏，又買不起冬天的毛質衣服，所以一到冬天，我媽媽會幫我挑家中最可以禦寒的衣帽，叫我穿上。像長輩在日據時代當過壯丁帶的泥帽，很大很保暖，帶起來鬆鬆寬寬，要一手扶住才不會掉下來，看起非常稀奇古怪，哥哥穿過留下的不合身的衣服，凡是能夠保暖的要我接受。久了也見怪不怪。

所以利用這一隻木質皮箱帶出門，雖然古怪，但為了減輕父母的負擔，還是將就將就。不過這一隻箱子畢竟已經老舊，禁不住天天提拿，長途搬遷，用了一年就幾乎解體，第二年暑假結束開學前，不能再用。父親特別到佳里買了一隻大皮箱，除去了我的一個標記，「那個提著木頭箱的少年」。

註冊時間已到，與同學約定好搭興南客運班車一起去。向媽媽說再見，媽媽也一再叮嚀要照顧好自己後，爸爸用腳踏車載著我的大箱子，牽著車送我到車站。我走著，他也走著。我請他騎著先到車站等我，比較輕鬆，也比較快，我隨後馬上就到。他不願意，我知道他捨不得少了十幾分鐘的相聚。在家裡他與我最有話講，他跟媽媽語言互動不多，爸媽爭吵的話語比甜言蜜語多，他們跟哥哥也互動不佳，我在家常常做為他們的潤滑劑。我第一次離開家要住到學校去，雖然期待已久，但是也擔心此後父母家人。車子來了，他幫我把行李吃重地提上車，跟我們說珍重再見，一再叮嚀保重，車子慢慢開走了。回頭看他又瘦矮又駝的身軀有氣無力地騎上自行車，消失在人群中，我好難過。

行行復行行，車子停了又開，開了又停，不知經過了幾個站，終於來到了台南。在西門路與成功路口興南客運車終站下車，看學校給我們的簡略地圖，距學校還有一大段路程，要穿過好多條大馬路——民族路、民權路、民生路、中正路、府前路，還有幾條街道。又提著一隻大木箱，與同學商量，我們決定找公車車牌搭到近於學校的公車站下車再走路。可是一等再等就是等不到。問旁邊店家他說這路線車班太少了，要等很久。到底多久也不確知，我們急著去報到，當時還沒有計程車，他建議我們搭三輪車。我們商訂兩個一起搭一部三輪車較節省。可是看那個車夫跟我爸爸一樣老，兩個少年郎，加上兩隻大箱子，太殘忍了吧。所以只好作罷。改變主意，走路！

夢想中的天堂這般模樣

像教室？像倉庫？竟然是寢室！

走走停停，不知停幾次，也不知走了多久，才到達指定地點——南寧街分部南師學寮，現在的中山國中校區。全身濕透，氣喘吁吁，差一點、沒暈倒。教官還罵我們你們遲到了。第一次見面已經見識到教官的厲害，比北門中學的還厲害。他先命令這一群新生把行囊集中到一間教室去，這個教室全部擺滿行李箱。我們蠻感疑惑，猜想難道這就是我們的宿舍？有的同學猜這應該是儲藏室吧？看來什麼設備也沒有呀！？

接著依序先完成初步報到手續，並且宣布，這就是大家的學寮。果不其然，這就是我們要住下的宿舍。難怪叫它「學寮」。鄉下人為了特殊用途，沒有錢斥資蓋房，往往就地取材，利用一些簡單的材料如稻草、木頭、茅草等搭蓋個矮房子，謂之「寮」，如工寮、菜寮、蕃薯寮。

這一夥土包子終於獲得明確的答案啦。接著大家把證件及報到通知帶著，到樹林街南師本部，完成正式報到註冊程序，開始為期一週的新生訓練。下午完成第一天的訓練整隊回來，床鋪上已經貼上名條。隨即按照名條整理床鋪並整理好內務。同一班全班同學全部住進一個教室改裝的上下鋪大寢室。我們那寢室住進四十七位同學，只有少數三位同學家住台南市區，通學沒有進住，他們的空床位正好可供同學置放大件行李箱。整個寢室顯得擁擠。這些鄉巴佬又窮又土，不過東西倒是蠻多的，又蠻雜的。硬塞進來倒有點像乞丐寮。

用。洗臉、洗澡、洗衣服全集中在一個教室改裝的盥洗室，供全部男生學寮近十幾個大寢室同學使用。這個盥洗室超級簡單，除了中間有一個大水池以外，比露天的還不如，沒有足夠的水龍頭可用，一年四季都只有冷水。大夥兒吃過晚餐後，拎著臉盆，衝向盥洗室，提起一盆盆的水，往頭上身上沖、沖、沖……冬天的時候再加上淒厲的叫聲。好像要沖掉一天的疲勞，又好像要沖掉一生的寒酸。

這種生活環境是有點克難，大家有一點點失望。但是大夥兒袒裎相見，同甘共苦，沒有隱瞞，倒也培養出不同的感情。我們大夥兒雖然多數來自鄉下，在家裡窮酸慣了，但是住進這一種人擠人、人疊人的上下鋪的大寢室，在這樣的浴室洗澡，一時還是有點失望，覺得難過。不過由於各位都是秉持著堅忍志向而來的，所以都能漸漸適應。

❏學寮如工寮，人蟲大戰夜夜難眠

我們睡的都是木頭材質做的上下鋪床，又不是很好的木材，早被白蟻蛀得很厲害。床鋪好多的小洞洞，裡面住有好多的臭蟲。半夜夜闌人靜的時候，臭蟲大肆活動，把我們這群窮學生咬的叫苦連天，十一點熄燈後，早上六點才會開燈。燈光是統一控制的，也不敢跑去找總開關偷開。只好摸黑起來抓癢並亂打臭蟲，這種人蟲大戰，敵明我暗，戰績奇差，就在這種夜來霹啪彼起此落聲中度過難過的夜晚。

幾次的經驗後才學會利用假日週末動員起來抓臭蟲。但是抓不勝抓，再抓還是抓不完。最後向高年級同學求教，買當時流行的殺蟲劑 DDT、BHC 粉末灑在草蓆與床板之間，終於收效。但藥效只維持一段時間，大約一個禮拜多而已，於是定時噴灑。這種噴藥處理，在今天來說是非常不安全的，不衛生的。可是當時大家青少年階段，生命力正旺，且當時殺蟲劑用的並不普遍，平常吸入接觸都很少，大概是這個原因！？好在也沒聽說有那位同學中毒。

▌宿舍滄桑史，無人敢提

其實南師的學生宿舍本來不在此，而是跟辦公室與上課教室與設施全都在樹林街本部，現在的台南大學所在。太平洋戰爭末期，盟軍在亞洲地區取得優勢，以跳躍的方式奪回被日本占領的島嶼，一九四五年盟軍開始轟炸台灣——當時的日本的東亞日軍大本營。首先轟炸軍事要地、軍隊營區、機場、港口。

盟軍可能偵測到當時的台南師範已成為日軍十二軍團的聯隊紮營的營區，且又鄰近台南機場被列為優先轟炸目標。一九四五年三月的某一天，美軍出動大隊的 B29 轟炸機，當時最先進的轟炸機，投以百顆以上的燒夷彈炸燬了校舍大部分，包括禮堂、圖書館、部分教室，教師宿舍，學生宿舍等等。我們進去的時候才經過十年。大部分的校舍已經重新整建。不過學生宿舍則仍借用南寧街的教室，現在的中山國中加以改裝充當使用。當時沒人告訴我們這一段歷史，不然不會覺得那麼難過，也更能體會學校的苦心。

▌夢魘：軍事管理，好像新兵訓練

當時師範學校教育是被視為精神國防教育，師範是教育之母，教師的培養視同軍人在訓練，所以學校對我們採取嚴格的軍事管理。訓導人員，導師，教官常對我們訓話，當國校老師就是當軍人，應該接受嚴格的軍事管理。尤其是教官如同在軍校新兵訓練中心，把我們當新兵來操練。

每天六點軍號角吹起起床號，在緊張軍營號角聲中匆忙慌亂聞起床聲中，推開棉被，一躍而起，急如星火，如廁盥洗，整理內務，把棉被摺好，必須有稜有角，用內務板夾過，像一塊白豆腐一般。六點三十分軍號又吹起，集合的號角聲聲急。趕往廣場成連隊集合早點名，由指定的高年級學長為中隊長（連長），分隊長（排長）由各班一位特派的同學擔任，這些都是由教官指派擔任，不是輪流，而是為學年制。

這些幹部完全聽從教官的指揮，專制又權威，又會訓話又會罰人。晚上晚自修之後回到宿舍再次集合晚點，又是報告、訓話，有時也會操練。晚上十一點熄燈就寢，必須躺在床上，不能點燈、不可看書、不可聊天。整得大家怨聲載道，但是恨在心裡口難開。因為教官是他的後盾，軍事管理是管理師範生的制度。這些幹部，尤其是那永久的學長，大家無不對他們恨之入骨。

四、五十年後人生成敗大約已差不多，我們這一屆的同學很多人很有成就，有醫師、律師、工程師；有大學院長、講座教授、教授；有最高法院法官、庭長、律師；有中央部會首長、五院秘書長；公、民營銀行總經理、董事長；職業棒球總監：少部分人留守於小學教師直至退休沒有改變；可說英才輩出，想都想不到，人人創出一片天，許多是當年連作夢都想不到的天空。而這些對教官最最死忠的幹部，被同儕最痛恨的幹部大都繼續留守在原來崗位，從一而終，因為他們最乖巧，最安分。四、五十年後的今天，每次開同學會大家仍以陳年往事做為笑談的資料，希望一笑泯恩仇，畢竟大家是白髮蒼蒼，人生一切看透。

內務整理是一大負擔，由於空間小，全班同學擠在一個大寢室，迴旋空間、收藏空間有限，在宿舍早點後，用餐，然後很快又要移動到本部去，七點二十分參加升旗做早操。在短短時間內，要求要把棉被整理成一塊白色豆腐，否則一張記為「劣點」的條子就躺在你的被單上，扣操行分數一分，真是痛心，因為學期結束萬一操行不及格就會被退學。所以大家自動練習棉被操，午休時間乖乖練習，希望能夠在短時間內把一團棉被整理好，像一塊白豆腐有稜有角。

▌精神訓練，培訓國家精神國防軍人

形塑意識形態的教育與訓練非常重視，除了軍事管理的生活教育以外，每天都有固定的時間安排接受精神訓練。學校從校長到老師教官都利用機會訓導我們，在這裡三年好好地接受嚴格的訓練，畢業後就是勝任的小學教師，建立我們的精神國防，培養下一代的國民意識與民族精神。對國家做出貢獻，國家永久不會虧待你們，退休了照顧你們一輩子。他們常以普法戰爭為例，毛其將軍把戰勝功勞全歸之於國校教師，以為勉勵。我們聽了，心有戚戚焉。

師範教育，除了軍事管理外，早上升旗做早操之後接著是實施精神生活訓練。星期一、恭讀總統訓詞，國父遺教，後來的先總統的民生主義育樂兩篇補述；星期二、五，聆聽精神講話，有時候接受時事教育；星期六班級活動。這些課程透過讀訓、聽講、活動、有時候也透過壁報比賽、演講比賽、政治測驗、時事測驗、書法比賽來實施，意在灌輸師範生的特定的意識形態、以培養為「主義、領袖、國家、責任、榮譽」來奉獻的態度、意志與決心。

我們都被催眠的，以為當國民學校老師多偉大，國家會多重視你也多感謝你。我們也非常習慣，也樂於接受，全無怨言。畢竟吃公費，住公家的，用的也公家的，全身都是公家的，以身相許，你們要怎麼訓，就怎麼訓，要怎麼磨就怎麼磨，要怎麼操就操吧！悉聽尊便。

—•四育並重　嚴格標準　型塑國教教師•—

紅樓綠窗　古木參天　書聲琴韻

真正上課與課程實施是在樹林街本部，行政辦公與教學集中在一棟三層大樓，紅樓綠窗，書聲琴韻，至今所有校友對它念念不忘。這一棟大樓完工於一九二二年，日式建築，非常堅固，聽說它的每一塊紅磚都是由日本船運到基隆再由火車轉運過來的。一九四五年美軍的大轟炸也只有毀掉屋頂而已。

這棟紅樓是當時南師的主體，南師的精神圖騰，從它伸展出的部分，音樂教室、小巧的圖書館、禮堂、工藝教室，保健室、合作社，都不成大體，一看就是在它環抱之下，成為它的枝葉，宛如它的手足而已；紅樓綠窗的聲音表之於校歌、南師之頌，傳頌於校園的每一角落，以至於隨著校友廣播於教育的每一角落。這一棟大樓的玄關前面有一小小假山，上種有一棵赤尾松，成為一個小圓環，正對校門。這一棵松樹聽說是日本的一位皇太子手植的，已經有幾乎近百年的歷史，象徵南師的松柏長青，為每一位踏進南師的人第一眼看到的景觀，也是畢業生要離校的時候最後一瞥的留念。玄關兩側雕柱上刻有藍底白字「學不厭」、「教不倦」，與紅樓綠樹相映成趣，非常醒目有趣，令人印象深刻。我們天天看著她，並以為座右銘自我惕勵。

玄關直進通向操場，小小司令台。大樓兩側各有一棵大榕樹，氣根不算濃密，但是枝葉茂盛，樹幹盤踞數抱，高度超過三層樓，氣勢參天，看起來十分雄壯。南部天氣炎熱，一年四季大部分的日子太陽光強烈，尤其是晚春及夏天，在當時沒有冷氣，教室裡面也沒電扇的日子，這對大榕樹是我們避暑天堂，樹蔭下陰涼無比，清風一陣一陣吹來倍感舒暢，暑氣全消，成為學校的兩個天然冷氣室，為南師節能減碳不可勝計。我們在這個天然的冷氣教室上了很長很長的韻律課，練了很多很多的土風舞，至今仍時常縈繞於耳際眼前。兩棵榕樹可惜今已不復見。樹下有一個圓圓的水池，我們在水池邊，樹蔭下，聆聽了許多的蟲鳴蟬叫鳥語，編織美夢無數，排演許多的短劇，練習多次的演說。這些都是當時師範生要能力本位要求能力指標的一部分。

❑校地大，體育設備足，體育課要求嚴格

南師的校地，就當時來說，算蠻大的，除了四百公尺跑道的大操場，籃球場、網球場、排球場各兩個，還有足球場、游泳池、柔道館、單雙槓、吊環、國防體育設備器材，一概俱全。因為師範生的訓練不僅要求能文也要能武，這些設備並非徒飾美觀，而是真正供同學大家充分利用，以養成全人教育的教師。

每一個學生不僅要能短跑、長跑；也要能跳遠、跳高；能擲鉛球，鐵餅，標槍三鐵；能耍單槓、雙槓、跳箱等；能打排球、籃球、足球；下水也要能游泳。每一項目都訂有一定標準，未達標準要限期補考，補考未通過體育不及格。所以我們都非常緊張，每天任何時間都有人在苦練各種項目。我怕游泳，農村來的不是不會游而是不符標準，老師看了說是狗爬式，老師要我們學的是自由式、蛙式、蝶式，狗爬式又慢又不合規定，當然不合格。但是怎樣練還是練不好，畢竟輪到下水的機會還是不多。還有單、雙槓，都是第一次見識，第一次要只能一下，就停在那邊，動也動不了，盪也盪不起來，繞也繞不過去。只能直直的吊掛著，窘態百出，出盡洋相。每天早晚磨練，手起水泡，結了繭，雖然進步不少，仍然不夠，只夠及格標準，卻難以達到滿意水準。

整個說來，體育成績在師範學校很受重視，考查項目多又嚴格，學期成績總停在七十分上下而已。而很多獎學金的獎勵，選拔標準體育成績都在八十分以上。三年念下來，雖然學業名列前茅，操行優良，品學兼優，但是不知有多少獲得獎學金的機會從手中飛走了，這對窮人家出身的我來說簡直是痛心疾首。而每年本都有機會獲選模範生的，實際上也只有一次真正獲選表揚。這是我最感不捨與遺憾的事。

體育運動性向，有其先天的因素，但是從小適時的練習更重要。在發展上有一定關鍵期，過了關鍵期，時逾而後學，則事倍功半。我小時候過於乖巧，左鄰右舍讚譽有加，慢慢也引為自豪。但是有所得更有所失，當時確是不察。父母也不是學教育，他們當然不懂。其實，我的文靜也是機遇使然。一來是基於社會學習，因為乃兄太調皮常常受到苛責，而引以為戒；二來是，基於痛苦的經驗，因為五歲多的時候由於自己的調皮好玩爬上稻草堆跳下來，腳骨折臥病好久，且錯失了六歲及時進小學的機會。此後就出奇的文靜。而我的文靜卻得到鼓勵增強。不意，許多的運動機能都未即時利用，發展機會悄悄當中喪失掉了。肌肉越動越協調，骨骼越動越發達。懶得運動怎麼可能在長大後短時間就能得到補救，迎頭趕上？

❑夢幻無數　操場邊　化雨亭　榕樹下

操場的盡頭過去有兩個籃球場，旁邊有許多的樹木，中有許多棵較小的榕樹，樹林擁抱著一個「化雨亭」。亭子雖不大，卻有石桌、石椅，是一方在課餘可以供我們心靈沉澱的地方。

我常自己一個人，靜坐於這樹林圍繞的地方，有時候也會遇到一些談得來的同學，解除一些寂寥；有時候也觸景生情，寫一些新詩，做為精神的糧食。當時有若干同學愛上新詩創作，閒來互相研摩切磋，有不少的創作發表。

班上為了讓同學多點寫作發表創作的機會，在艱困的環境與資源下，辦了一個刊物名叫「時雨」。對它的靈感來自「化雨亭」的沉思。「時雨」的出版以最克難的方式來印行，由班費買紙張、蠟紙，同學輪流刻鋼板，用油墨印刷發行，只對內發表，同學就勇為創作投稿，希望有發表的機會。除新詩外，不論是散文、論說文、短篇小說也常有。我們國文農老師還義務為我們審稿。可見我們那個時候，文藝發表園地的稀有和珍貴。

「化雨亭」這一帶也是我們溫習功課與準備考試的地方，另一個地方是校舍禮堂旁邊的「法華寺」。這一座佛廟，是出家人修禪禮佛的地方，卻是跟南師連結在一起，沒有圍牆，只有稀鬆樹木花草的聯結串連。我們常跑到這個清新脫俗遠離紅塵的地方來背誦書本，來理解似懂非懂的教育理論與教育原理。雖然佛寺是出家人禪修的聖地，學校是世俗薰陶化育的地方，但是在這裡讀書沉思，定靜安慮得，效率特別高，很多次都很靈驗。

❏蘊藏許多秘密　斷垣殘壁　荒城之月　不敢說的史實

校園裡有一片大大的空地處於大操場西側，這一片空地看起來很特殊，大部分是斷垣殘壁，還有一支大大的煙囪，高高插入雲霄，卻彈痕累累，從不冒出黑煙，有人看它是南師的盲腸，毫無作用。但它是慘烈戰爭留下來的物證，令人遐想。面對著這顯然是戰火摧毀過的校舍，想像戰爭的殘酷，莫不渴望人類的和平。這些建築物不只一棟，地基還殘存在那裡，有些殘存的牆壁還有密密麻麻的彈孔，間有雜草，顯然是遭受激烈的砲彈子彈襲擊過的悲慘景象。

沒有人跟我們說明這段歷史，學校沿革沒介紹；歷史課也沒做為教材，每週的時勢分析中從未觸及。在南師當時非常重視鄉土教育與隨機教育的師範文化組織氣氛中，是令人疑惑的。只留給大家一些說不準也不敢說的臆測而已，在當時的國家政治的氛圍中與國際情勢下，也許對師長來說，也不知如何來介紹這一段史實吧！在這一片廢墟上面，同學一大早就有人在這裡迎著晨曦，黃昏送走夕陽。晚上有人在這裡，朗誦詩篇，背誦課文；或吹著笙蕭直笛，或拉小提琴。荒城之月、小夜曲、月光奏鳴曲……一支一支的曲子，在這一片廢墟上的夜裡，聽來如泣如訴，如醉如痴，迴腸盪氣，有一種淒然之美。叫人思戀白雲故鄉，父母親人，也令人引起無限的遐想，幻想起天文地理，甚至穹蒼宇宙。

越過這裡，還有寬廣的空地，有的長著雜草，有的闢成菜圃，小池塘。是小動物的天堂，是各種花草植物的天然園地，供我們上博物課取之不盡的實驗材料。

重視音樂教學　硬體差　樂器匱乏，「音盲」「騙草地」，逆來順受

音樂教學硬體設備是不夠的，例如，彈風琴是必修的項目，但是鋼琴、風琴卻少之又少。為了彈琴，同學間搶琴彈而生爭端，有同學冒著被處罰的危險，夜間清晨黎明時分跑到簡陋的音樂教室偷彈。沒有琴房，缺隔音的音樂教室。教師教學又認真又嚴格，罵人絕不留情面。上音樂課都是戰戰兢兢，準備隨時挨罵。什麼「音盲」、「琴盲」，什麼「騙草地」，已經成為我們的口頭禪。小學老師包辦制，每一位老師大多要教音樂。師範教育訓練要求學會看五線譜，會彈奏是應該的，但是缺乏設備叫學生如何練習？只有指責學生會變成笑話而已。

我本來就喜歡音樂，聽了小提琴就愛上了它的優美旋律，真叫人迴腸蕩氣，三月不知肉味。當時有一位音樂老師蔡老師，他是有名的小提琴家，具有高度的音樂家氣質，他組有樂團在本校禮堂演奏過，叫我們神迷，叫我們痴狂。我好想買隻小提琴拜他為師，做他的入門子弟，跟他學習。不過我每次到中正路的功學社一看最少要價五百元。我就傻眼了。每次經過功學社，都在門前，駐足良久，多看幾眼。因為當時小學教師每個月薪水才三七五元，師範生公費每個月才數十塊，想買隻

小提琴，別癡心妄想啦！

不過師範生有高度的學習精神與堅強意志，雖然硬體設備不夠，仍都能盡最大的努力與機會來練好琴。常常在桌子上練習節拍與旋律，等練習得差不多，再真正上琴練習，來練習個真的。另一個辦法是利用假日，尤其是暑假找自己熟悉的小學借用他們的風琴練習，俾能達到通過的標準。有一次利用暑假回母校練琴，校長發現了，一副不高興的口氣說，修理費很貴，你們又付不起，你們又不會彈，不要常來彈，要彈也要彈破舊的琴，可是破舊的琴，有一音沒一音的，叫人聽了難過。這學校還是我畢業的母校，校長還是過去的校長呢！好傷心，好嘔喔！心想我把琴練好啦將來還是奉獻於小學生啊，我的母校校長怎麼這樣說呢、好難過！

❏升降旗輪流上台指揮，當旗手，歷練歷練

音樂課不僅要能唱能彈奏，還要能指揮，準備訓練學生都能教合唱，所以對指揮的訓練也非常重視。每天升降旗集會場合，由同學輪流上台實際指揮，無人敢想像出差錯的糗態，所以都認真的練習在上台前。每天升降旗，也都規定由同學自行負責升降旗的動作。同學覺得升降旗的動作很簡單，較不以為意，但往往大意就會出錯。有一對同學，綁國旗綁的鬆鬆的，結果升到一半時，有一端鬆掉了，不得不降下再來升一次。有的同學每把旗子升到頂停住了，卻又滑落一段，無緣無故升半旗，事態嚴重，嚇得大家緊張萬分，師長火急糾正，馬上再升到頂。還有同學，輪到降旗，未加演練，默契不足，兩端同學同時用力拉緊又同時放鬆，兩個人各持一端用盡了力量，升降旗變成了拔河，幾乎把繩子拉斷，旗子還在原處降不下來。兩位同面紅耳赤，緊張萬分，摸索了好一陣子，國旗歌已唱得快完了，才以最快的速度緊急降下來。

能力本位訓練 嚴定標準

一九五八年嚴格要求「師範生訓練標準」，硬性訂定標準，要求每生須通過所規定的標準。至今還有留下深刻印象的，例如每一位師範生能夠說兒童故事六十則；唱歌五十首；帶五十則遊戲；會舞蹈，跳土風舞；會主持開會；會製作教具；能夠即興發表演說；能編排日課表……項目真多，要求又嚴，要在有限時間內一一達成。這是能力本位的概念，不過當時還未有能力本位的理論，卻有能力本位的要求與實踐。對同學來說，壓力真大。我們很用功在準備。不過，說實話，按照那些標準嚴格要求，是否能夠完全通過，還是蠻心虛呢。最後不知如何通過的，至今雖然印象模糊，卻仍心有餘悸。

國語文在當時是師範教育最重視的科目，不僅在招生考試時是必須及格的科目，未達及格標準者不能錄取；在三年的受教過程中，國語文練習都是加強的科目；三年級臨畢業前由主管機關教育廳統一命題舉行國語文會考，每一個學生必須通過會考才能畢業。大家都在老師的指導下集中全力充分準備。

美感教育不同凡響

當時一般教育目標雖然定調為德、智、體、群四育並重，但是在師範教育課程已經非常注意到第五育——美育。對於美感教育的訓練與要求也相當踏實與用心。當時美術課分布全程修業年限的每一學期裡面，分別由有名的美術老師張麟書、汪文仲與劉慎等老師任課。

張麟書他是一位圖案插圖設計專家。他很有名氣，有好幾種報刊都請他來設計插圖花邊，像當時的中華日報就是例子。學校為了讓同學養成看報紙關心時事的習慣，每天將報紙公布於南師學寮的門口布告欄。那時候也只有三種報紙，各報最多也只有一張半，六大版面而已，除了看新聞，就是看插畫圖案。看到自己老師設計的作品，印出來在版面上會覺得很佩服，也與有榮焉，老師在報紙上，擔任圖案美術字及設計。

汪文仲老師教美術非常認真，他很重視美的欣賞。他蒐集很多各個不同時期不同畫派的名畫圖片，於上課時給同學欣賞並解析給我們聽，了解不同畫派的特徵技法與風格，並解析其社會文化背景，所欲表達的意境與用心。深入淺出，留給我們很大想像空間與學習的衝動。在當時資訊科技不發達的時代，傳訊不方便，的確難得。他也常利用機會帶我們去參觀畫展，像藍蔭鼎在美國新聞處USIS旅美水彩畫展及水晶玻璃雕刻展；馬白水彩畫展；雷電飛畫展；在台南社會教育館每年一度的台灣省美術比賽巡迴展覽等等。給我們印象深刻，也啟發我們畫畫的衝動。留著學生頭的飛官遺孀劉慎老師，永久年輕可愛，教學投入，要求基本的素描、透視、基本的技法，要我們紮實用功。均能增進我們美感的涵養與美術的興趣。

❏博物老師幽默認眞，動靜妙語如珠，是一等教員！諷刺

學科課程中博物雖然是一般課程卻留給我們很深的印象，在專用教室上課，有標本有各種教具設備。任課的黃老師教課認真，講話幽默，上課活潑生動。但是此人平時表情嚴肅，更不會哈拉逢迎。他教博物不是只有聽他上課講述說明，更重要的一定要我們學會採集、觀察、實驗、解析與報告。校園裡有看不完的花草植物，取之不盡，抓了就來的蝴蝶、蜻蜓、蚯蚓、青蛙、天牛與瓢蟲等，都是我們的教材。我們用顯微鏡觀察洋蔥薄片了解細胞的構造組成，捉青蛙來解剖，做成標本，分解蚯蚓觀察構造製作圖表做教具，摘取花粉分解開來觀察其構造做成掛圖等等。總是讓我們忙

不完，但忙得很有意思。一切作業都令我們印象深刻，學有心得。比起初中時候，博物老師只顧板書要我們抄寫筆記聽講，高超千里。

黃老師講話幽默到不行，又很會相機教學。照學校訓導規定，進辦公室或上課教室，要喊「報告」，徵求同意才能進來。有一次上課時候，有因事晚到的同學循例喊「報告」。老師正在講解血液循環系統，老師聽了，立即矯正並相機說明：「靜靜」地進來不要喊報告，「動動」地出去；「動」脈管把清潔過的血液「動動」的由心臟帶出去，「靜脈」把髒的血液又由外面帶回心臟；進來是「靜靜」的，出去才是「動動」的出去，以後進來「靜靜」的進來就好，不要「喊報告」。才不會干擾我們大家的上課。全班同學笑得合不攏嘴，只有黃老師自己不笑，照常講課。

有一次，黃老師來上課，一進來，難得的面帶微笑可是又怪怪的表情，對我們正經的說：「你們有成績，老師也有成績，你們的成績是老師打的，老師的成績是校長打的，我是二等教員，相當滿意，成績單用信封封起來，放在抽屜裡面。」狀似非常不以為然，滿腹委屈，只有逆來順受，自我解嘲，我們同學都很同情他。

心裡面覺得他是一位非常投入，非常敬業的博物老師，怎麼會是二等教員呢！？大概是他自視太高，不太會哈拉逢迎吧？！不過，教師的考績真的不好評，校長怎會知道他平常上課是如何的認真，我們學生對他的感覺如何呢？如果限定一定比率不能得甲等，做為一位校長要評分也確實不易。後來這位老師到一所大學當教師，成為一位蠻有名氣的教授。

❏數學，莫名其妙；物理，專利又專利

數理科目是請鄰近的學校老師來兼任的，則荒腔走味。像數學是請一位某軍校的老師來上的。那一位老師天天西裝革履，頭髮梳理整潔亮麗，一絲不苟，光可鑑人。非常在乎外表，反而疏忽教

學，非常害怕粉筆灰，唯恐弄髒他的潔淨西裝。講課是對著黑板，不在乎我們反應。當同學有疑惑，一再發問，更會惱怒他。有一次更發脾氣說：「請你們另請高明，真是莫名其妙。」的確讓大家如丈二金剛，真的覺得莫名其妙。

物理是由一位來自某學院的年輕講師來兼任的。這一位老師蠻年輕得意的，他幾乎每節課都吹噓他已經得到幾十個專利，卻又語焉不詳。雖然一再談他的專利，可是一年下來，我們沒有任何一位同學真正弄清楚他的任何一專利是什麼，又是如何設計的，有什麼用。每一次談他的專利，真正的教材內容反而不感興趣，也未盡力教學。他認為師範生物理課不必學這麼多，這麼深，他不知道師範生要教小朋友需要深刻理解，不可有任何迷失概念，才能以深入淺出的方式教會未來的主人翁，而不像一般中學生只適應付聯考而已。

❑校長慈祥和藹　貌似教育家　後來當上教育部長

朱匯森校長就是一位從小學教師幹起的教育家。他那慈祥的面容就是他特有的招牌。對於每一位學生都隨時都表現關愛的表情，露出一股難以抗拒的教育力道，叫你心悅誠服。我們從沒有發現過他疾言怒色過。不管是否是裝出來表演給我們的，還是內心的真誠流露，都是了不起。即使是表演的，能夠天天表演也是令人佩服的，因為我們都已覺得沐浴在他的春風化雨之下，而同霑了教益。

有一次，應是秋末冬初季節的晚上，遵循我們作息，晚上七點到九點三十分在教室晚自習。那個晚上校長一時興起來巡堂，由於下午才上過體育課，體力不支，有兩位同學趴在桌睡著了，天氣已相當涼意。同學發現校長出現，急著要叫醒他們，校長看了，急忙比起手勢制止。蠻以為校長會非常生氣責備他們，自修怎麼睡覺！卻見校長面露關愛表請，拿起放在旁的外套幫他們蓋上怕他們著涼，並囑咐我們不用叫醒他們，等一下他們自然會醒過來。我們看了校長的做法都非常感動，並感受到什麼愛的教育。身教重於言教，目的要我們學他的愛的教育。

❑出國進修，身兼教育行政主管官員，卻能常相左右

朱校長不常在學校，其中給我們印象最深刻的是，有一年到美國密西根大學進修。他不在學校期間校務正常運作，我們看不到他，但是他將他在美國所見所聞寫稿發表在每一期的「國教之友」。

「國教之友」是南師每個月發行的刊物，每期分送給每一位師長、同學與校友；還有各相關學校機構單位，是一種發行久遠流通甚廣閱讀普遍的教育刊物。我們當時每期都在期待看校長的留學記聞。在文中介紹美國的教育實況，教育的新趨勢，小學教育的新方法，學校與社區的互動關係，社會中心推動的策略與思維……均令我們印象深刻，一讀再讀。所以我們感覺校長好像仍常相左右，並沒有離開學校。所以辦學校，教學生，教孩子不一定要常常盯著學校，黏在孩子身邊盯著他們，甚至嘮嘮叨叨。重要的是讓同仁讓學生感受到你的關愛用心用功，自然能夠心想事成。

回國不久又奉令兼掌教育廳第四科，兩頭跑。學校行政工作各有分工，只要執簡馭繁，分層負責，適當授權，代理得人，倒也能夠順利推展校務。不過偶爾遇到有偶發事件，老師同學也非他親自面對不可。本班曾經發生偶發事件，臨時在導師指導下推識途班代上台中霧峰代表拜訪校長，請示校長應何去何從。他也能親切接見學生面授機宜，化解難題。

朱校長窮苦人家出身，從小學教師幹起，身教言教，辦行政有一套，資歷完整，後來當上教育廳長，復又當上教育部長，執教育之牛耳。其來有自，不是突然。

❏教育專業課程，與現在不能比

師範學校的教育專業課程包括教育概論、教育心理學、教育行政、教育史、教材教學法、測驗統計、社會中心教育與視聽教育等。當時教這些專業課程的老師非常認真，老師們頗有教育工作者的風範。他們確實以我們是未來的國民教師來期許我們，對待我們。他們從未看輕鄙視過我們，他們很有同理心、同情心。

不過，我們從這些專業課程學到的專業知識有限，主要原因一是同學年紀十五歲左右，尚屬少不更事的少年郎，本身心智修養尚未成熟，社會人情事故經驗不多，學習如何教人為學的經師人師的大道理略嫌過早，體驗起來不夠深切。

二來教材內容不夠充實，專業知識體系欠嚴整，有些領域相當零散，不成其學問，例如當時的教育行政，厚厚一大本，看起來非常壯觀，但翻一翻它的內容實在貧乏，只羅列一些教育法令、規章、細則、條例、要點、辦法、制度、組織規程、行政命令及相關規定等等，從憲法教育文化相關條文到教育人事任用條例，經費籌措運用辦法等等的抄錄；從教育政策到行政機關組織；從學校系統學校制度到課程標準；從教育部組織各司處的職權到各級教育行政職權；從大學校長的任用資格到幼稚園園長的資格任用；從大學教授到小學教師的資格任用薪給一概俱全，瑣碎不堪。誰念得下去，又誰記得下來，而誰又能理解其中道理，勉強記這些又有什麼用！理論只有一個行政三連制；至於領導、溝通、管理、行銷等等理論完全付之闕如。

所以這半個世紀以來，教育學術是有很大的發展，各個學科智識充實很多知識體系也更為趨完整。但教育的實際，則未必有相對應的進步。

很多想念的闕如，有的讀來霧煞煞

當時的教科書有一些過於學究，不能深入淺出，常以深奧的用語介紹本屬淺顯的道理，叫學生念得霧煞煞。而整個的課程設計有大的改善空間，例如哲學、社會學、心理學、生物學、法學、政治學、行政學、經濟學、倫理學、理則學等生命科學、社會科學及哲理基礎完全欠缺，如何學習教育科學與教育哲史，如果能夠先安排基礎理論性的科目如社會科學概論之類的科目，學習效果會較佳，也比較容易。

我們這一些出身於貧寒家庭，偏僻鄉下的學生，由於走過文化沙漠，走過失望與窮困，小時候讀書歷盡許多辛苦，我們好想有一些科目讓我們了解更多的社會實況，全面了解各種不同社區的人們的想法與生活方式，更了解出身於文化不利家庭的小孩學習補救的策略，但這些好像都在虛無飄渺間。我們對於將來所要處的社會認識太少太少。我們雖然有一些科目好像跟社會有關，如社會中心教育，但課程內好像並不是教我們這些。

我們也很希望了解小朋友是怎樣學會的？為什麼有些小朋很快就學會，有些人就是學不會？小朋友學習的困難到底是因為什麼？如何克服學習的困難？那時候的教育心理學教科書及老師的教材，盡是一些由動物學習實驗得到的簡單行為的規律與學習心理學知識；桑代克的嘗試錯誤說，三大學習律，科勒的頓悟說等，實在對於我們所想探討的問題不能提供太大的幫助。其他僅少數跟人的動作發育與人的學習有關的簡單實驗，像閱讀橫寫的材料與直寫的材料比較，發現閱讀橫的越速率較快，可是這有什用呢？因為當時除了數學以外，所有教科書與作業簿被規定一律直寫，且是由左而右。至於人的認知發展、認知學習、社會學習、道德發展，尚未被重視，或根本未出現。

確實驗收　見習、實習、參觀旅行

教育專業課程在見習、實習、與教育參觀，在師範學校實施的相當認真確實。配合教材教法的課，常安排到國民學校去參觀見習，尤其遇有大小型的教學觀摩會的機會從不錯過。在這種機會裡面，不僅參觀學校的軟硬體設施、還觀摩他們的教學，並且要將所見所聞一一詳實記錄，並提出參觀心得，有關的疑難問題，參與檢討會，並把握機會提出問題虛心求教，俾能見賢思齊，獲得切磋琢磨的機會。回學校還要寫參觀見習心得報告，繳交給指導老師批閱。參觀較多的是社會中心教育、大單元教學、鄉土教學、視聽教育、與生活教育等等，都給我們印象深刻。

❏畢業前的集中實習試教印象深刻

三年級的集中試教是大事，給我們留下非常深刻的印象。集中試教於一九五九年的三月實施。我們分組進行，每一組原則上有四位同學，我們這一組班括有煥臣、氣、忠益，和我。負責包辦一個班級，在原班級導師的輔助與指導之下，實習擔任所有的課程的教課和班級實務。小朋友都把我們當作老師，稱呼我們這些實習生為老師，下課的時候圍著我們，問長問短。第一次當老師的感覺真好，好像一下子長大了很多。我們全班同學到東區的勝利國小實習，實習的班級是三年級，原班級導師蔡老師，是一位中年的女老師，人非常熱誠，做事非常負責，是一位難得的好老師。她非常熱心的指導我們，整天陪著我們、幫我們。待我們這幾位實習生好像他的兒子一樣，讓我們覺得非常的溫暖。假日的時候還帶我們到她家裡，介紹她的兒子跟我們認識。原來她只生了一個兒子，丈夫已經過世。她先生原本是一位工程師，因故去世，她非常悲慟，非常懷念他。丈夫過世後她把對丈夫的感情，來愛他們的唯一兒子和奉獻於學校的工作。她悉心照顧他們的獨生子，持家非常好，當時兒子已經上大學，成績很好。她小孩子長大了，她有更多的時間專心於學校教育的工作。她輔導我們幾個小老師實習，課後還跟我們討論班上各個同學家庭的狀況、小孩子的個性，一一建議我們怎麼教會比較有效。教每一單元之前我們先擬好教案，她會詳細閱讀然後跟我一起討論。週末還會邀我們一起逛街郊遊吃點心。一個月的實習我們過得很充實、也愉快，收穫很大，我們剛嘗試教育工作，好像乳鶯試啼，遇到了這麼一位貴人指點支持，讓我們信心大為增加，使我們有更大的勇氣走上教育生涯。

❏觀摩教學，乳鷹試啼，初聞掌聲

實習最後驗收，每一組都要辦一場教學觀摩，我們這一組大家推我代表演出，教學數學。數學本是我的拿手科目，我先設計好教案，準備好教具，把能準備的事先設想周到，並一一請教蔡老師，她對我鼓勵有加，給我打氣，保證我演出成功。那一天蔡老師也請了全校有空的老師給我捧場，除了我們自己該邀請的之外，來賓很多，這個實習驗收變成像一場很大的教學觀摩會。第一次公開教學場面這麼大，看的人這麼多，首先有一點怯怯，但有蔡老師可為依靠，信心勇氣大增，由學生最感興趣的最實際的生活經驗出發引起學生的學習動機，果然很有效，學生躍躍欲試，動機真的引起來了，如箭在手，然後瞄準標的，決定學習目標，接著就暢然無阻了。時間過得很快，馬上鐘聲就響了，進度也差不多完成，同學學得興趣蓬勃，做起答來，每一題都應對得宜，大家對我報以熱烈的掌聲，我也覺得輕鬆了很多，雖然意猶未盡，但時間到了此刻該下課了。下課後，大家一一給我恭喜鼓勵，蔡老師緊緊的握著我的手，我有千百個謝謝，在這個時候透過我們的手心傳到心坎裡。她把愛奉獻給更多的人，表現出更大的愛。她是一位了不起的愛人、母親、老　師、偉大的女性楷模，我們永久記得她，也永久感恩於她。

遊歷的教育，克難的畢業旅行

畢業參觀旅行也是三年師範教育過程中的大事。旅行，在集中試教後舉辦。我們的畢旅於一九五九年四月八日一八〇餘人分乘四部遊覽車出發台灣環島定點旅行，預定四月二十日回到學校，前後十三天。那是一個兩個禮拜的環島旅行，參觀各地區具特色的國民學校教育，師範學校包括當時唯一的師範學院（現在的台灣師範大學）跟我們較有直接關係的教育行政機關及社教機構，另外也安排不少風景名勝景點。

我們不敢存太大的期望也不會感覺太大的興奮，因為學長的經驗告訴我們那是一項克難的旅行。由於經費有限，為了節省經費，全省八所師範校彼此均有默契，走到哪裡就近借住該地最近的師範學校，各師範學校互相接待。各師範學校的軟硬體設備不同，學生人數多少不等，校舍利用的情況也不等，服務態度也不一樣。

首站，中部旅遊，參觀省政機構與景點

在中部那一段借住台中師範學校兩天，住在大禮堂打地鋪，由於蚊子多，還拉著長長的繩子，勉強張掛起蚊帳，繩子難固定，張得不夠大，蚊帳撐不起來，勉為其難低下頭鑽進鑽出。但是蚊子實在多，有些蚊子身手矯捷，比人捷足先登，而大家又累，一睡下，鼾聲大作，就任由蚊子去享受大餐了，隔天一起床，大部分同學還是滿頭包，又好像出疹子，到處是紅點斑斑。那兩個晚上實在是難過的日子。

隔天一早整理好，出發第二天的旅行，先參觀省議會。當時對於省議會做這樣描述：山峰起伏，林木蓊鬱，雲霧難辨，是慈祥的濃霧懷著雄壯群峰？還是壯碩的山峰擁抱著嬌羞的濃霧？格外神妙。此中矗立兩棟洋式大樓，兩隻雄壯的獅子鎮守在前面兩旁；如茵的法國草環繞四周，假山假水，各色花草點綴其上，高高的椰子樹迎風飄逸穿插其間，並置有若干涼亭便於憩息。看起溫柔又富有羅曼氣氛。此即台灣省議會——台灣最高的民意機關。

多少的婚紗攝於此，多少的兒女韻事孕育於此。這裡頗具詩情畫意，令人心曠神怡，應該不是爭吵做秀的好地方。入內但見清幽雅靜，設備豪華，祥和溫馨。於是我有感而發，如果我們的省議員諸公諸姿能夠配合這裡環境氛圍做好，為民眾的喉舌，反映民意，有為有守，維持民主風度，監督政府為老百姓謀福利。而非吵吵鬧鬧，自私自利，則民主政治能步上正軌，省政必能有成。

然後驅車赴抵教育廳參觀。我們是省立學校，省教育廳是我們的直屬主管機關，不能不朝拜。賴副廳長與朱科長親自接見我們，我們覺得很高興。朱匯森科長是我們的老校長，才來專職不到一年，之前還兩邊跑。老校長給我們賓至如歸的感覺，非常溫馨。他還跟我們在簡報中語重心長的告訴我們一些為人治學的態度與方法。在治學方面他比較外國與我們的差異，面對著畢業生在外國，老師告訴學生說：「你們已經夠了，儘量做去，自由發揮你所學的去創造成功，不要畏首畏尾。」我們國內的老師面即將畢業的學生，會說：「你們的學問還不夠，要認真學習，不要輕舉妄動。」前者表現他們的教育是啟發的、創造的、動態的，是要去嘗試的、是要去做的，並不是有現成答案的；後者顯現我們的教育是注入的、靜態的、保守的，不要輕易嘗試，解決問題是靠現成的知識。我們應該取人之長補己之短。我們有機會出來環島旅行參觀教育就是要去見識見識，要記下人家的長處短處，取人之長補己之短。五十年來我教育學生時，這些話仍做我的座右銘，在耳邊縈繞著。

在中部我們還參觀了彰化八卦山上的大佛、台中公園、日月潭等當時的最富盛名的景點。但都是走馬觀花，讓我們將來在教學生時可以跟他們大聲說老師來過這裡，去過那裡，見識比你們多。因為在當時的交通及社會生態，自行旅遊是多數人做不到的。學生對於人文社會、風水地理、自然美景的認識，直接的只能靠地緣關係，間接的就只能仰賴課本與教師的教學。教科書與教師是小學生知識的權威。教師在學生與家長面前要顯示你識多見廣，在上課時要表現學富五車，學貫中西。

在中部隔天一大早我們還參訪了台中師範附屬小學，只覺得該校在當時過於刻板，學童雖然循規蹈矩，但是沉默寡言毫無生氣，表面上學生秩序良好，儼然有序，但是眉宇之間卻充滿迷惑與壓力；不過事情是相對的，假使給他們最大自由，使他們更民主，可能會顯得鬆散，混亂；到底如何是好，就由社會決定吧。這是我當時對其印象的感覺所做的幾句評述。五十幾年前我們這些出生之犢對教育的觀念跟現在也差不多，唯教育的實際則差很多。

❏台北首善地區 文教機構多 都有看頭

離開台中到台北，我們借住台北師範學校，而且參觀了科學館、藝術館、新公園集裡面的省立博物館和圓山動物園等。感覺台北果然是首善之區，社教文化機構太豐富充實了，遠非南部所能望其項背。另外還參觀台北盲啞學校（現在易名為啟聰學校），認識特殊教育的學校與教師教學及學生的學習與生活。

我們還參觀台灣師範學院，當時的師範教育最高學府。由於有我們學長就學於此，學校請他們接待，兩位學長校友都是女生，一位就讀教育系，另一位念史地系，兩位都已大四，正在中學實習，接待我們這些學弟表現非常熱心真誠，詳細為我們介紹師範學院的制度沿革、設備課程學習及生活狀況。讓我由衷的佩服，並且興起有為者亦若是的念頭，有一天希望也能夠來這裡升學進修。她們都是我們的楷模，可惜沒有很多時間再多多請教她們的寶貴經驗。

在北部我們參觀的中小學教育留給我們印象最深的至今仍然依稀記得。四月十日早上參觀了新竹師範學校附屬小學，由陳校長親自簡報，她說他們學校是以教育愛為基點，施以營養衛生教育以鍛鍊康健的身體，以科學教育來培養學生科學的態度與精神。這種教育理念很正確，至今仍是我們教育的基本核心理念。她口若懸河，滔滔不絕，連續講了一個多小時。大家越聽越興奮，仍有欲罷不能的感覺，真了不起。

在板橋也參觀了國語實驗小學，教室設計新穎給我們印象深刻，教室建築採單面採光，她們正在實驗社會科合科教學，把傳統上公民、歷史、地理三科分科教學的科目本位課程統整為合科課程。當時的實驗口碑不錯，教師家長學生都能欣然接受，沒有激烈的負面反應。所以國小的課程標準在後來的修訂就正式的把公民、歷史、地理統整為「社會」，低年級更進一步與自然科合為「生活」，一直沿用至今。當時的修訂毫無阻力，毫無困難。

反觀四十幾年後的九年一貫統整課程改革卻迭生波瀾，困難重重，至今仍是新瓶舊酒粉飾表面聊備一格而已。當時外在環境與今日有很大的不同，在不違背國家基本國策的原則之下，課程改革尊重專業，社會結構單純，民粹勢力隱而不顯；從教育專業的觀點搞教育改革，就比較能夠考慮整個教育系統的配合與整合，不會像最近九年一貫課程的改革，課程改革與師資培育制度如圓鑿方衲、格格不入，教科書多版本，不是一綱多本，而是多綱多本，甚或無綱多本，而學力測驗卻一元化，逼得不能不一綱多本選一本。

我們也利用機會參觀北女師附屬小學的教學觀摩會。難得的是在當時已經有了心理衛生的教學觀摩。在這方面至今卻也沒有什麼長進。傳統上社會及個人講求的多是生理衛生，心理方面的衛生才萌芽，無心也無暇去管。當時的自由中國心理衛生學會委託以辦理教學觀摩，目的要增進學童的心理健康，也期望引起大家的注意，重視心理健康，蔚為風氣。

❏東部旅遊　驚心動魄

我們依依不捨的離開台北開始另一段旅遊到東部。我們走北宜公路再轉蘇花公路。老師跟司機遊覽小姐對我們先做行前教育，告訴我們這是一段艱辛的旅程，從台北到宜蘭是要走遠近馳名的魔鬼路段——九彎十八拐，盤旋崎嶇越過致命的雪山山脈的的北宜公路不知發生了多少的車禍，奪走了多少的人命。大家要有心理準備，會暈車先服暈車藥，旅途中要充分配合，以保安全。各種不同宗教信仰的人分別請求神佛保佑。旅途中真的險象環生，許多處令人驚叫連連，我們這些旅遊者不敢離開位子，聚集一堆，避免失掉重心，減少危險的發生。班上有一位長跑高手，跑一萬米高手的同學，竟然是唯一暈車者，吐得臉都綠了，真令人想像不到。

從蘇澳到花蓮的蘇花公路則是懸掛在峻崖峭壁的太平洋上面，不知已發生過多少的山崩，均叫人心驚。其驚險程度更不遑多讓。那時候的蘇花公路只有單線通車。尤其像清水斷崖的那一段，像一條小而彎曲的帶子鑲嵌在陡峭的懸崖上，或鑽進峻嶺裡面，只見車子在隧道鑽進鑽出。路窄只能容得下一部車。所以在那個路段，北上的車子整隊完全上來，才輪到南下車子整隊下去。而車子都是公路局特設較為小型的客運車，一般的車司機不敢開，只有公路局經過特別訓練的司機才會開。我們坐在裡面，驚嚇不斷，心想萬一在這裡滑落下去或是坍方被掉下來巨石砸下，掉到太平洋準見不到蹤跡。是司機高明，是大家互相祝福，神佛保佑，終於全部同學平安到達花蓮。

停留花蓮師範是一個愉快的夜晚，有床鋪可以安睡，夜晚還能眺望井岡山的燈火，顯得很美麗又迷人。白天到海邊觀賞那壯麗浩瀚的太平洋，百聞不如一見，其氣勢之壯觀，難以想像，對於從小在嘉南平原長大的我們來說，真是大開眼界，欣賞太魯閣橫貫公路的起點，那峭岩絕壁下的山谷，那鬼斧神工切割出來的大理石山壁，那蒼蔥翠綠的森林，都讓我們陶醉於大自然裡面。台灣島竟然這麼美麗壯觀。教育概論裡面告訴我們「自然是一本大書，社會是一所大學」，畢業之旅給我得到了一個印證的機會。

東西文化水準差距甚大　百聞不如一見

在台東，參觀台東市區的小學。我們看的一班級由原住民老師教學音樂，講話雖是國語竟然聽起來就是山地話（當時的用語，即今謂之原住民語言），再怎麼聽就是聽不太懂，發音腔調十足的山地話，唱歌也不見出色。現在名聞遐邇的原住民天生美音美嗓，天生聲樂家，當時竟然沒有展露出來，可惜！

在旅遊回途中，走在比較偏僻山路上，遇到了一位原住民，那時候正式的說法是山地同胞，一般人私下還稱「青番仔」，我們有點好奇。帶隊安老師為了表現親切，揮手跟他打招呼，他理都不理，再問他老先生您幾歲。他開口大罵不停，用他們的山地語言咆哮不停，弄得尷尬不已。大家都不懂山地話，而對方也完全不會國語，同學想幫老師解圍，怕眼前那個惡形惡狀的山地人會不會在裝腔作勢之後進行攻擊的動作，我們人多勢眾，又都穿制服，大家又表現善意微笑，沒有引起進一步的衝突。可看出當時山地的封閉，語言教育的不足，亟待加強國民教育的重要性。不是現在族群平等，文化多元，社會開放的今天的人們所能想像的。可見近幾十年來台灣教育對於拉近城鄉差距與推行多元文化教育努力的效果。

從花蓮到台東，坐的是鐵路局花東線，搭火車以策安全，但速度非常慢，在車上很難耐。體育科的同學，好動慣了，窮極無聊，憑著矯捷的身手，跳下車跟著火車跑，竟然比火車還快，就這樣有樣學樣，很多同學上上下下，跟著跑，只要不是隧道或峽橋的路段，就有同學下去跟火車賽跑，一直到帶隊老師發現制止才不敢下去。大家雖然覺得有趣，但只要老師出面，同學再調皮，也不敢頂嘴。這是社會賦予老師的權威。這種權威需要社會給予尊重才能有效。這種權威不是老師是否比學生力氣大，個子高，或是人頭數多，而是為了教育制度能發生預期的效果所為的規範。我們都能領會這種道理。所以衷心接受並且身體力行實踐。

❏畢業旅遊回來，救人於急難　十分快慰

一九五九年五月十日，星期日，正是初夏時節，剛畢業旅行回來不久，兵疲馬困，已近畢業時段，所以多數同學趁假日都出去了，留在學校的同學不多。

下午要到分部學寮餐廳用餐的路上，遇到同學周○如痛苦萬分，抱頭坐在路邊，臉色蒼白，呼吸上氣接不了下氣。他說不出話來，但他呈現的是殷切的求救的表情，終於遇見了一位貴人。

我義不容辭地送他到鄰近本校護士的家理，以為就可以幫他打一針，急救一下再做處理。可是學校護士說她不可隨便給病人打針，這不是她的權力。她的先生在旁邊，一臉不高興，還兇了我們一陣子。我說我能了解妳不能隨便給他打針，但是不是可以幫他急救一下，他是我們學校的學生吔。她說你們趕快去找醫生，不要再賴在這裡，只好失望又無助地走出來。

周同學是隻身流亡在台灣的外省同學，年紀比我們大，善於表演，是話劇高手，曾參加學校話劇社演出。他身無分文，沒有家人，平常身體就不佳，實在可憐。剛畢業旅行回來，我的口袋也是空空。還好前天爸爸到台南補貨來看我，給我三十塊錢，還剩下二十塊錢。本來我計畫好要買畫具，已經到文具行看過計畫好包括畫板、腳架，水彩、油畫顏料、畫筆、色版等等，準備畢業後帶回去，利用畢業後就業前的暑假空檔，可以放心大膽的作畫，滿足我的渴望。

但是現在同學有難，救人第一，已沒法子想這一切，趕快叫部三輪車護送他去最近的醫生診所

就醫，由於是星期天，很多診所休息，好不容易才找到「生×生診所」。看他痛苦的表情，發出無助的呻吟聲音，我的心幾乎要碎掉了。好不容易才找到這麼一家，沒有選擇餘地，直接進去。

醫生診斷是體弱又遇到中暑，給他打針服藥，並矚他躺病床休息個把小時。終見他好起來，可以回去宿舍休息。醫院開二十塊錢，這時我忐忑不安的心才放下來。因為從看到周同學之後，我先則擔心他會不會得了什麼怪病，接著擔心我的口袋裡只有二十塊錢，到時候怎麼結帳？錢不夠能夠離開嗎？可是我又不能不盡心盡力救人於急難？尤其又是我的同學。還好剛好夠付給診療費。可是他又體力差，我今晚也沒吃飯，已經沒有錢坐三輪車了，怎麼帶著他回去？

我們只好勉強走出來吃力的走著。醫生發現我們怎麼不坐在醫院排班的三輪車，叫護士出來探問。醫生了解原委之後馬上退還給我們三塊錢，剛好夠讓我們坐三輪車回去。看了周同學好轉起來，我心中快樂到不行，他更是心存感激。雖然我畫具沒有了，我的口袋已經見底了，但是我救了人，如果沒有即時伸出援手不知會是什麼後果？救人一命勝造七級佛屠。

親情常牽，放心不下

在師範學校三年中，雖然離開家住宿學校學寮，過著團體生活。但是，對家庭還是日思夜夢，尤其是夜闌人靜或逢假日週末時刻。我也很想寫寫信問父母親的近況，不過因為雙親都沒受過教育，目不識丁，要拜託別人看信，自己的意思透過別人來解讀，原意已失，真情已變調，一思及此，只好作罷，但思親之情，常相左右。

尤其在特殊時刻，不是缺錢的時刻，而是特殊的、非常的時刻。因為已經很久了，我不敢向父母要錢，因為他們已經太可憐了，也太窮了，也太操心了。我盡量節省，回去坐車要花費車資。

❏流感疫情嚴重　學校停課　胡不歸？

一九五七年五月中旬起流行性感冒流行。由於流行性感冒疫情嚴重，到了二十一日全校已經有六百多人罹患了流感。學校開始全面停課，大部分同學都回家休養治療。只剩下少數幾位同學，因為遠路或是為了自身已染上流感。我因為已染上，怕回去會傳染給體弱的家人，也為了節省車費，所以沒回去。可是我的心常繫念著家人。

五月二十四號清晨起來，寢室裡是那麼的昏暗沉靜，朝露滋潤著綠油油的樹葉，點點欲滴。鳳凰花開得燦爛，紅豔無比；樹下卻也躺著一些雨水打落的殘紅。我的心境與窗外的情景互相投射，引起許多感觸，不由得心驚驚。這一波流感的襲擊下，聽說蠻嚴重的，爸爸、媽媽不知如何，如果也得到，知不知去看醫生，不知怎麼辦？一時覺得心緒非常不安寧！

吃過早餐後，我覺得經過幾天的治療休養，我好像好得多了，該回去看一看，比較能放心。早餐時一直左想又想，舉棋不定。正聽廣播，專家說感染約五天後經吃藥治療就不會傳染。我想從感染到當天已經好幾天了應不至於會再傳染。於是我拿定了主意，拿著未吃完的藥，捏著簡單行李衝到車站回家省親。

果不其然，父母親真的也感染了流感，很嚴重，比我嚴重多了。也沒有去看醫生，我好自責，沒早些一停課就趕回來，我顧不得自己尚未完全痊癒，帶著他們去看醫生。雖然醫生自己也感冒，卻更細心的診治，看他們那麼嚴重，露出感同身受的感覺。他看我穿著南師制服趕回去帶雙親看病，非常感動，並叮囑我還是要繼續吃藥，並好心建議除服藥之外可以吃大蒜。家裡剛收成了很多蒜頭，結果我吃了一個剛採收不久的大蒜，完整的大蒜，全身發抖，涕淚直流，原來未痊癒的流感就完全痊癒了，真是神奇。

❏父親常來看我

父母親及家人有機會也會來看我，意外驚喜，短暫見面，淚眼相送。我一年級，上學期中有一次，父親忽然來看我，我意外驚喜，他跟我說，你哥哥收到徵集令，俗稱紅單子，就要應召入營服兵役兩年，他說他和媽媽很擔心他不知能不能適應軍中的生活，另一方面他留下的販布生意爛攤子，要幫他收拾，本來做生意的他，雖然停頓了好長的時間不做，現在必須繼續來做。

我安慰他說他近幾年生活還算是蠻正常的應不成問題，如果不是實在太過於緊張的單位，叫他回去也跟媽媽說讓她安心。至於生意的事，當下不得不如此處理。以父親的體力是一個很辛苦的負擔，但也只能走一步算一步，看情況如果不能負擔就一定再急流勇退，斷然了結。接著一段時間爸爸在做賣布行商生意，因此每隔一段時間就會來台南市民權路布匹批發行補貨回去零售，會順便來看我。

他來的時候，都會選在中午時刻。站在南師分部學生學寮門口，等我們中午十二點從本部下課走回學寮吃中餐的時刻。看他引領注視著由外面走進學寮門口的每一位學生，聚精會神的找，唯恐會錯過任何一位。由於每一位同學都穿制服，夏天穿白色，冬天穿卡其色，吃同樣的飯，睡同樣的床鋪，起居完全一樣，大家越來越像了，又都是飢腸轆轆，急著走趕用餐更不易辨識。爸爸個子又不高，找起來真的有點吃力。最先幾次，同學不認識他，有時候會錯過，等大家走完全進來，我已走回寢室，他才跟門房登記進到寢室來看我。為避免這種情形發生，後來我大概揣摩這幾天爸爸會來，我就特別留神爸爸等我的那個小角落，再三的注視留神爸爸有沒有在那裡，這成為我念南師的那一階段最期待的事兒。

見面的時候，他很關心我的身體，知道我體育成績不理想，很勤練體育項目，特別注意我會不會受到內傷，來之前常特地到他熟識的中醫診所，用他收藏的傷痛藥方買藥粉，這裡面含有很名貴的藥材，即使很貴他也捨得。他的經驗裡面運動就要吃中醫傷藥粉，青春期的青少年也要吃。才不會有內傷，才會順利轉成年大人。我非常感謝他的用心良苦。他常常叮囑再叮囑，不要太用功看書，運動要適度要保重身體。

在南師三年，是我第一次離家久住在外，生活安定，生活規律，難得的讀書環境，我非常珍惜，非常用功，成績很好。每學期學業成績都是班上第一名，同學各個都是精挑細選出來的菁英，所以得來不易。寒暑假教務處郵寄成績到家理來，爸媽都很高興。開學後一兩週，會頒獎，公布團體成績與第一名同學成績並授予獎狀以資鼓勵。常常剛頒過獎的幾天，爸爸出現了，一方面分享我的榮譽，一方面他再一次提醒不要太用功。記憶裡面從來沒有提醒我要用功，不要貪玩。

我看他瘦弱的身體，我更擔心他是否受得了，忙生意，農忙的時候還要忙農事呢？所以我也再三關心請他務必保重，農事找人幫忙，生意事可做可不做，他說等我畢業上班再說吧，現在還會動要盡量動。對我有無限的期許。很多時候，我們父子倆關心的話講不完，欲罷不能，爸爸走了幾步再折返回來，把關懷的叮嚀再講一次，又走了幾步，還是捨不得離開，看到父親再轉過頭來，於是我又急趨向前，再說幾句。最後兩人不覺得淚眼相對，看時間到了才不由得的揮別再見。我們之間都富有很強的同情心與同理心。

母親與二姊也來過

媽媽也來看過。一九五七年六月中旬某日中午午餐時間，我正忙著幫同桌同學分菜的時候，同鄉學長振輝兄搭著我的肩膀說：「生傳，你媽媽來會晤你！」以前鄉下電話不普遍，更沒有手機，沒有機會先打電話，突如其來的沒能預知的見面本極自然，但是，我仍不敢相信我的耳朵。這怎麼可能？媽媽在鄉下天天忙得不可開交，要種田，養豬，養雞鴨，也要操持家務，怎麼可能這個時候來。而且不常獨自搭車到城市裡來，即使想來也會望而卻步的。我又驚又喜，急忙問：「真的嗎？在哪裡？」原來是跟他媽媽和我二姊一道來的，正在他的寢室前等我。振輝學長非常優秀，他爸爸在太平洋戰爭期間被日本政府徵召到南洋參戰，從此音訊全無。他媽媽守著家園，侍奉婆婆，獨力把他帶大，寡母獨子相依天天唱著「望你早歸」，他離家上師範學校，思思念念不在話下，他媽媽偶而就會來看他。

我取得同桌同學的諒解後連奔帶跑，跑過去會晤了母親。喜極差一點眼淚沒掉下來。我好想像小時候能在她的懷裡重溫小時候的舊夢，親親她。可是在眾目睽睽下，怕被人家覺得長不大。

看到了好久沒見面的媽媽姊姊真的是非常的驚喜。我發現媽媽老了，也更瘦了，白髮也增加了，真的是「朝如青絲暮如雪」，讓我有點不敢相信，我好捨不得。我恨不能幫她分憂分勞，心中至感抱歉。

兄長受徵召入營服兵役，新兵受訓完了以後分發部隊，這時候正駐守在金門前線，我二姐也出嫁了，家裡人手少了，只有兩老在家，勢必操勞。我常跟他們說我們都不在家，農田裡的事要雇人幫忙，不要把身體給累壞囉。現在看她這樣子，我再一次關懷的提起。她感激地回答說：「會的，你不用擔心。你自己要把身體照顧好為重，家裡的是不用操心。」

二姊說：「我看媽生來勞碌命，事必躬親操勞才放心的人，只知工作從不知享受的；又是隨時都在操心的人，事情總往壞處想，好難過。」二姊說得大概不差。兄長現在前線她也時時操心。我只能多叮嚀她，叫她看開一點，希望她聽得進去。

我那時候剛配了一副近視眼鏡，我考慮到家庭經濟拮据，選最便宜的，已經花掉三十五元，那時那是一筆不小的數目。她這一次看到我戴了，嫌品質太差。一副眼鏡只有兩片小小的鏡片鑲嵌在一粗粗的塑膠裡面，從未戴過眼鏡的媽媽竟然知道這是便宜貨。便宜貨不好，有傷眼睛，要我再換一副比較好。的確戴起來不好看，又真不舒服，耳朵眼睛都難過。我真佩服她的慧眼與判斷。可是一副眼鏡可是要農人忙了個把月！

後來聽振輝學長提起明天行軍，她又開始為我們的行軍操心起來。我說我只到虎頭碑。不是很遠不用操心，但是她還是操心不已。

臨行的時候她拿三十元要給我，我再三推辭，我想寧可自己節儉一點，讓家裡好過一點，反正三餐免費還怕什麼？如果不是為了公費何必上師範呢，先把自己綁得死死的。我說暑假快到了，我還有二十塊錢，夠用的。然後依依不捨的送別媽媽和姐姐。

以前，天下當父母的總是苦了自己無怨無悔，為子女付出永不可惜，好偉大。可是今天已有很大的變遷。今天有不少年輕人不想結婚，已結婚者也不想多生小孩，料想是知難而退，忘而卻步，即使生了小孩，也不願為小孩犧牲自己的享受。話說回來，今天的小孩長大了會為大人設身處地來想的也很少，同情心、同理心越來越欠缺。如此惡性循環，要擺脫少子化也難吧！

▍二姊口才伶俐，能說能唱，生意能手

二姊出生於太平洋戰爭期間，上學年齡時間正值戰爭正熾，同輩年齡者少有上學機會，她也不例外。為了補救求學的機會，後來上失學民眾補習班，成績第一名，還當班長，並與老師成為好朋友。她向學心強，做事一向認真，表現傑出，手腳又靈活，口才一流，多才多藝，到了適婚年齡，求婚者不少。有幾位小學老師也看中她，她並不為之所動。她重視相處的感覺，後來，被一個善於言詞，甜言蜜語的鄰居男士追上，雙親頗不以為然。父母親與男方家本舊識，也常往來，相知甚稔。對於男方的誠信程度頗有意見，他們希望有責任感，能夠終身倚靠的人，看法有差距，因此對此一姻緣並不投合。最後在勉強的情況下，成婚了。

二姊本來就個性強，頗有主見，再加上這一段姻緣是自己完全作主的，婚後生活如何，有什麼艱苦，都自己默默忍受，受有什麼委屈全不透露。我來高雄時，也常跟我互有往來，有必要時也會彼此幫忙。但她有什麼心事，也從不跟我與內人透露。

只覺得她過得不快樂，也非非常拮据。她鬱鬱寡歡，為了三個子女。她一直都非常打拼，操持家務，照顧子女，兼做生意，心勞力瘁，苦撐一個家。我事業才起步，能夠幫忙處也有限。二姊不幸在母親過世不到一年就過世了，英年早逝，我頗為難過悲痛惋惜，也為三位外甥兒難過不已。

▍噩夢，兄參加八二三砲戰，帶著創傷症候群退伍

我進入師範學校就讀不久，哥哥也徵召入營服兵役。新兵中心訓練完畢，即派赴金門前線第一

線連海防班，這是最接近敵方的部隊。天天必須提高警覺，看緊有無海上來的敵人。尤其月黑風高，嚴防蛙人侵入，更是緊張，不在話下。原來一段期間，偶而也會寫信回家，問候爸媽家人，適應還不錯。暗中慶幸曾經經過心理挫折的他在前線頗能適應軍中的生活，在前線保家衛國。雖然我們在後方也常會擔心前線的安危，不過，一年多下來都沒大事，慢慢地我們也比較不為他擔心了。覺得當兵對他來說應該是考驗。

萬萬沒想到一九五八年八月二十三日，對岸廈門大砲對準金門猛轟，掀開第二次台海危機。對岸的砲火，日以繼夜，總共轟五十幾萬發砲彈，第一天開始二個小時內就五萬多發砲彈，延續四十幾天，砲火十分猛烈，金門防衛副司令就不幸陣亡。最後在美國的支援下，以響尾蛇導彈，勝利女神火箭，**F104** 戰機的先進武器火力，擊落二十幾架美格機，掌控了制空權後，砲戰轉趨和緩，於是兩岸攻防戰略進入另一階段，台灣獲得了一定程度的穩固。

從此台海兩岸都不敢輕舉妄動，維持了苟安的局面。台灣也慢慢重視島內的長遠建設。所以八二三砲戰對台海關係重大，其重要性與影響在歷史上應有其地位。但是對參與這一場砲戰軍人，大部分是應徵入伍的台灣子弟充員兵，跟第一次台海戰爭——料羅灣戰役，大部分是大陸撤退過來的軍人，有很大不同。

台海充員兵沒有實戰經驗，年紀輕，服役期間都有一定，大都是兩年，期滿即退伍還鄉為民。他們萬萬沒想到一夕之間，真正投入萬砲齊發的猛烈砲戰之中。尤其是駐防海岸線的第一線部隊，日夜在掩體薄弱的班哨兵，補給搶灘的部隊，在猛烈砲火下，死的死，傷的傷，眼看許多同袍在眼前陣亡，即使僥倖沒有嚴重傷亡的，精神上、身心上的創傷也十分嚴重。退伍還鄉時，帶著嚴重的創傷症候群回鄉的大有人在，入伍時與退伍還鄉時已判若兩人。哥哥就是其中一個個案。

一九五八年冬天，八二三砲戰趨緩時，他服役期滿。他從金門戰場退伍下來，在高雄碼頭下船。回到台灣，旋即搭火車來台南找我。一天，我上完第三節課的時候，學校廣播說我的家人在校門口找我。在金門前線服役兩年的哥哥出現在我的面前。

我本來十分興奮他終於為國爭光回來了，但是我仔細看了他的臉，我嚇了一跳，他的臉上，驚恐、不安，每一條神經繃得緊緊的，整個身體是顫抖的，眼神落出不安與焦慮，我握緊他的手，即使那時候氣溫已涼，他的手心還是汗濕了，我叫著他哥哥你回來了爸爸媽媽很想念你……忽然最新型的戰機傳來震耳欲聾的聲音，戰機尾巴噴出長長的白色雲氣飛過天際，說時遲那時快，他已全身趴在地板上，大叫著敵機！敵機！……全身痙攣。這是前方作戰官兵習慣性的反應，他更為嚴重。

我跟他說，學校離空軍機場很近，那不是敵機，而是國軍的 F104，常會演練進出，叫人震耳欲聾，這種聲音已成為南師校園的特色。可見他歷經戰場慘烈經驗在心底上留下的疤痕有多深多重，好像又回到從前，不知何時能夠走出戰場的陰影，也許永遠走不出來。我十分擔心。

他身為最前線的海防部隊戰士，多次慘遭八二三砲戰時戰火的襲擊，幸而身體沒有受到嚴重受傷，感恩神佛的保佑。但是，本來精神已受到創傷過的他，心理自然較為脆弱，受不了慘烈戰火的衝擊和震撼，戰場上同袍傷亡的慘狀，退伍返鄉後整天惶恐難安，夢魘連連。原本脾氣不好的他變得更為暴躁易怒，抑鬱寡歡，焦慮緊張，懷疑不安，喜歡罵人，時常出現有些強迫性行為，懷疑妄想隨時有人會陷害他。難道他真的帶回所謂的「戰場退伍軍人的創傷症候群」嗎？我的未來生涯好像忽然飛來了一片厚厚的烏雲，我的人生旅途突然又多了一塊大石頭，擋在我的去路。

么妹是舅父的養女

一九五八年九月二十三日開學後不久，我們的戶外教學到高雄參觀少年感化院，感化院在高雄市的五塊厝，到了中午時分，參觀的活動大底結束，留給我們一點休息時間。我知道我有一個妹妹兩歲時由二舅父抱走領養，就住在五塊厝，還有一個二姨媽全家住在這裡，與少年感化院只有相隔只四、五百公尺之遙。難得有機會到此地參觀，無論如何，要把握這個機會去看看么妹和二姨媽。尤其是么妹，聽說過得不是很好，且已經好多年沒見面了，令人懸念。

❏到高雄訪好幾年不見的么妹

我先到二舅家想看看我妹，二舅開著一家雜貨店，小小的，完全是自家經營的，沒有雇用任何員工，當時也沒有所謂連鎖店。我到的時候，二舅正坐著看店，沒有其他客人，悶著有點發慌，叫著他「二舅」。我以為他會很興奮的歡迎我這個稀客的。他慢慢抬起頭來，以遲滯的眼光有點疑惑的看著我，然後低下頭去再轉頭看看店舖裡面的貨品，好像把我當成顧客似的，一會兒，似有所悟，他應了一聲：「你阿傳，你什麼時候來的？」他慢慢的從櫃台後面的椅子上站起來，勉強擠出一絲笑容指著一張椅子叫我坐。好像有不少的心事，覺得疑惑到底什麼風把你吹來似的。

於是我說我想應該先看看舅母，跟她打個招呼，免得誤會。見了面，目中無人似的。我叫她「二舅母，我是……我來看看我妹妹……」好像沒聽到似的。我又再說一次，我說我要來看看我的妹妹阿玉。

二舅母聽說是一個非常強勢的女人，個性強悍，只要駕馭別人，絕不讓人，難以溝通，她隨意應說，「哦，她喔，她叫戴……她跑出去玩了！大概跑出去玩了？！」。我發覺裡面好像有人在做飯的聲響。我心裡面有點疑惑，已經快十二點了，又是大太陽，怎麼可能？！

我說我等一下她回來再過來，我先到隔壁二姨媽家裡去拜訪。二姨媽跟表哥跟我說很多，我知道了，妹妹過著的是真正典型的養女遭遇，常遭受虐待、打罵，沒有上學，天天在家工作，操勞……為了妹妹，舅舅與舅母夫妻常爭吵打架，已是家常便飯，鄰里皆知。而二姨媽家也因為妹妹的事跟他們翻臉，宛如咫尺天涯，少與往來。她們斷言，妹妹一定在裡面工作，很少看到她跑到外面來玩。

我聽了好難過。我又轉回去到妹妹家，我既然來了，非看到她不可。這一次看到她拿著一大掃帚在打掃，我叫著她。「妹妹，哥哥來看妳了。」她聽到了，抬起頭來看了我一眼，繼續打掃，又看了一眼，然後又看她養母。她掉下了眼淚，偷偷的再望著我。再望她的養母，呈現不安的神情。養母不吭聲，於是么妹溜回裡面去，不敢再出來。

看了這一幕情景我很難過，讓我想起了過去，又想到了未來。我這個么妹是在太平洋戰爭末期一九四四年出生的，正是物質生活環境最差的時代。不過爸媽還是視為掌上明珠來疼惜照顧。雖然生下來即躲空襲警報，還是一樣長的健康快樂活潑，尤其那水汪汪的眼睛，伶牙俐嘴，看了就很討人喜歡。可是也是因為那麼可愛，註定她成為養女的悲慘命運。

么妹很討喜，讓她淪爲養女，愛莫能助

太平洋戰爭到了後來，日本已漸呈敗象，麥帥領導的美軍採取跳越戰略，對太平洋的戰略島鏈，跳躍反攻，並對日軍的重要基地重鎮以空前的戰火日夜轟炸，當時為日本佔據的台灣，很多據點是東亞指揮補給的重鎮，成為戰火最猛烈地方。尤其高雄港是軍港，岡山是空軍基地。高雄被盟軍的飛機炸得最慘。於是日本政府對市區的住民要他們疏開，有親戚在鄉下的就自己借住他們家。

我的二舅及我的二姨媽家，一大群人和表哥表弟們就全搬回到我家來。從前他們覺得我爸媽怎麼這麼笨，賺到錢卻從高雄搬回鄉下老家，這時候他們齊聲讚嘆我爸媽真有眼光，簡直是未卜先知。因為本來在高雄他們就常在一起，所以他們都搬到我家裡來。雖然，鄉下也有空襲，但無論次

數或激烈程度已相差天壤，所以在這樣危險艱難的時刻，親戚還有什麼好計較的，當然十分歡迎他們兩家過來寄居。沒地方睡就打地鋪，將就將就，同時也可以去住大舅家。日子就這樣的過，我們這些小孩子，看到家裡忽然人多起來都覺得好高興。高興的時候就玩在一起，不高興就吵吵鬧鬧。

我的二舅與二姨媽借住我家，我的么妹年齡最小，才兩歲，表現得最可愛，最討人喜歡，是大家心目中的小明星。兩個舅舅與我媽是同母異父，是我外祖母於守寡多年後又改嫁生下的男生。二舅與舅母結婚多年，還是沒有小孩，看到么妹這麼可愛，這麼聰明，很希望她過房給他們。所以在疏開寄住我家期間，夫妻倆對么妹非常的好，疼她、哄她、抱她，愛護備至，么妹對他們也漸漸敢與之親近。不過，說要領養么妹還沒有那麼簡單。因為二舅母的行事風格名氣不小，在親友間已經流傳，爸媽略有所聞。然而，媽媽與自己的弟弟雖不同父親，常相往來，面對一次又一次的拜託，越來越心軟。尤其她的弟弟從小酷愛上學，讀書又是全班第一名的，印象深刻。他小時候本來家裡也不想讓他上學的，當時小孩上公學校，機會不多，偏偏這個弟弟，主動想上學。看老師出來招生，自已去請老師到家裡來說服外祖父母讓他上學。上學之後並沒有叫人失望。成績班上第一。他的老師一直到我當小學老師，跟他同事，他還記得，跟我說這一段歷史往事。

結果在這個時刻，這成為一件強又有力的武器，攻破了我的父母的提防之心。我的二舅向爸爸媽媽說，他的過去他們知道，在戰爭的艱難年代，讀書是一種奢侈的期望，但由於他自己刻骨銘心的痛苦經歷，我們領養過來一定會讓她受到最好的教育。你們小孩多，現在大家經濟這麼窮，即使戰爭結束，要復原也要相當時日，到時候要她得到很好的教育，恐怕心餘力絀。在鄉下，當時接受教育只是少數家庭的專利，一般人家的小孩子，尤其女孩子連想都不敢想。

戰爭如火如荼在持續進行中，空襲天天都有發生，真很難預想未來事會如何發展，世事難料。我父親剛從被徵召日軍服勞務因病退下，在家休養尚未痊癒。妹妹未來是否能如期進入學校念書不無疑問。我的二舅從小喜歡念書，會念書，當然對他所做的承諾，大部分相信不疑。就這樣，等到美軍空襲的高潮過後，這些疏開到我家的親戚也回到他們都市家裡。二舅及二舅母就真的要想把么妹帶回。我父母親雖然不再堅持，但是還是捨不得這麼割愛，希望等戰爭完全結束以後再說，而且也讓他們夫婦好好商量再決定，更何況我妹妹也不想跟他們走。

不久戰爭終於結束了，社會空前混亂，經濟生活更苦，幾乎家家都是三餐不繼，因為所有的食糧都在長期戰爭期間，被殖民政府搜刮殆盡運到前線和日本本土去了。戰後台灣全無存糧，部落的糧倉只剩下一些發臭發霉的甘薯簽，分送給飢餓中的老百姓。二舅及二舅母趁著這個時刻來要人，么妹一直哭喊不跟他們走，最後我爸媽勉強流著眼淚，一再叮嚀他們一定要善待我的骨肉，一定要給她接受教育，二舅父舅母一一答應後，囑我的二姊同去陪著她一段時間，么妹才邊哭邊嚷他們帶回高雄。

❏她失學了，我看了，難過

我那時候已經五歲了，這一幕親情離別的情景都還記得。十幾年後的歲月流走，眼前看的景象讓我難以接受，望著我的妹妹，眼淚奪眶而出。么妹不敢靠近我，眼神充滿著驚恐看著她的養母，毫無安全感，看到了任何人都笑不出來，已經十二歲了沒有上學，整天忙著工作。養父跟我說，六歲的時候，他如期送她上學而且不是附近的小學，而是特別搭公車上高雄市的明星小學——大同國小，期望她能受最好的教育，因為他發現她天資不錯，是可造之材。但是，她養母不同意，一定要她天天在店裡工作。為此本來就因管教做法作風不同的夫妻勢如水火，吵罵打架經常發生，難怪二姨媽與表哥表姊那麼說。二舅父個子小，雖然多才多藝，寫得有一手很好的毛筆字，又會唱歌，更會彈奏很多樂器，可是卻沒學武術及馴妻術。二舅媽人高馬大，個性慓悍，作風強勢，就這樣經過一次又一次的爭吵，二舅已招架無力。就這樣，么妹在長期的大人衝突中備受虐待，被整得像一小女僕。

眼前對親哥哥來訪都不敢過來打招呼，她心裡面可能是怕動輒得咎，可能擔心等一下會挨打，也可能把我當外人，也許她心裡面想，為什麼小時候你不伸手救救我，不然她也不會過得這慘。我懷疑，我能嗎？不過這一次我一定要及時幫她，她沒有受教育是最大的遺憾，未來更是。我當時自己只是十六歲，但是我學要當老師，我特別關心教育。我即時跟他們很鄭重的叮囑，一定要給她念書，那時候小學已是義務教育。我說設法給她接受教育，阻擋小孩接受教育是違法。已錯過了小學教育，必須讓她接受補習教育，並且讓她有時間去學一種以上的技藝，讓她未來可以自己生活，不然你們叫她將來怎麼辦？良心過得去嗎？遵守當初你們的承諾嗎？因為我馬上要歸隊坐車回學校，我必須長話短說，二舅立即答應，但二舅媽繃著臉。我囑咐再三，請他們務必做到。時間已經到了，我眼眶裡淌著淚跟我的么妹說再見，也跟二舅夫婦叮囑後再見。

多年後，再見我的么妹上了補教班，也開了一家理容院，勉強可以過生活。後來么妹的養父身心煎熬，肝癌過世，養母改嫁，把二舅登記給么妹的店鋪及地產收回並轉登記給新歡，結果不久兩人離婚，告老的時候還是由么妹讓她安養於老人中心，成為孤苦老人，一切財產已被變賣殆盡。

❏寒暑假幫忙做農事，幹粗活，領會種田的苦樂

暑假是農人較忙的季節，我一放假回家，看父母已年邁，就會想不知田裡的稻作如何。於是常常隔天就換下學生服，戴上斗笠，一身農夫的穿扮，就上田裡去。

走出寧靜的村莊，一眼望去盡是綠油油的稻禾，生氣盎然的插在水田裡，迎風招展，多麼活潑朝氣哩！白鷺點點，點綴在這翠綠欲滴的綠色田野裡，呈現萬綠叢中幾點白，具有格外的趣味，富

有幾分詩情畫意。

早上的微風徐徐吹來，倍感舒暢。看到在父母悉心照顧下欣欣向榮的稻禾，不覺得開始除草、施肥，樂在其中咦。施肥的時候父親會告訴我，不同的時間要施以不同功能的肥料。插秧前要鬆土，最好能先施有機肥料保護土質，以固其本。插下秧苗以後，要注意飲水灌田保持適當的水分，一段時間之後要施以旺根茂葉的肥料，然後等茁壯即將開花時候，再施以有助於開花結果的肥料，並要灌溉足夠的水，才能結成豐滿的稻穗。看來讀書人真的不如老農。除草要區別雜草與稻禾，有的雜草長得很像稻禾，可以魚目混珠。大概雜草也要適應環境，它們在幾可亂真的生態下，在稻田裡搶掉稻禾的肥分、水分、養分。長的比稻禾還快還壯。可見耕農種作物也有它的道理，遵循原理耕作，才能有豐碩的成果，當然仍有機遇的因素，如果遇到了乾旱、水災、或颱風，那麼可能長久的努力要毀於一旦。

父親叮囑我們要盡人事，在我們手中掌握得住，盡最大的努力，不是我們掌握得到的，只好逆來順受。這是傳統的美德。可以激發百姓盡其在我，不會怨天尤人，勤學競業，安定社會，不會怨天尤人，也不輕啟叛亂，破壞秩序，挑戰權威。

這種耕農的哲學也相當一部分反應在教育，教育孩子要適時，時逾而後學，則事倍功半，提早學習，可能揠苗助長，均所不宜。學遇艱困，相機適予補習，可能如甘霖降，不合時宜的補習，令學子不由得覺得厭煩倦怠，未蒙其利反受其害。努力用功固然可能學業優秀，成果豐碩，然而若是運命乖桀，時運不濟，窮困潦倒，鬱抑以終，也所在多有。

少年仍然喜歡編織彩夢

一心一意追求成功，出人頭地，未來生涯不知怎麼走

由於走過來時路，知道無學問，沒學歷的苦，我對父母的窮苦感同身受，刻骨銘心。我在少年時期，絕無叛逆期，我一直很同情父母，也一直在心底暗暗自我勉勵，我要成功，我要出人頭地。我在少年時期，從未有過年少輕狂的時候，也從沒有真正的開心過。我沉思、遐想，但是我自我惕勵、奮發，我憂鬱但是我不消沉，我天天鼓勵自己，很認分、很認真，父母要靠你，家庭要依靠你。可是師範學校越念，覺得越無趣。我外表看起來是憂愁的，是鬱悶的。因為我心中有很多的苦悶，又無處宣洩，也不知藉什麼來抒發。考取師範學校，接受三年期的課程，馬上能夠搖身一變成為教師，本來覺得吾願已足，夫復何求？對我們這種鄉下童子而言。本來我一入學修讀，也是抱著這樣的心態。我把握住這個安寧清境的讀書環境，好好地用功。在這裡沒有家務、田事農務、周遭的干擾，天天按表操課，是多難得的讀書環境，上課下課，時間一到就有的吃，有的睡，多麼好的生活環境。

同學都在幻想自己的彩夢

然而，從第一天的報到，入住學寮，軍事式的生活管理，講求表面的內務檢查，動輒得咎的操行扣分，學長幹部的盛勢凌人，簡陋不堪的學寮環境，原來意氣風發的銳氣喜氣，在同病相憐的同

儕團體中互相激盪發酵，也漸漸的感到走味變調，不滿現實。看看學長們，覺得這並不是想像中的人間天堂，開始懷疑這一條路走對了嗎？難道就這樣走下去嗎？看看學長們，他們也大部分在編織著自己的夢。

升上了二年級，同學們開始編織自己的夢，有的同學課後就在練體操，單槓、雙槓、雙環，樣樣精通，在中上運動會大顯身手，得到冠軍，即將進軍亞運，成為國手。練習的時候，我們有空的同學常會聚集圍觀。

有的同學擅於美術，勤於作畫，屢在美術競賽中入圍奪得名次，令人羨慕。有的同勤於寫作，創作文藝小說，常見作品發表刊出。有的勤於寫新詩，雖然刊出作品不多，但越寫越像個詩人，於是詩人輩出。有的同學把教育方面的課程擺一邊，外文寫的理科大學用書放中間，天天拿起來摸索摸索，有時也貌似專注在看，不知看懂多少？只是從不演算或構圖，令人不得不感疑惑。有不少同學溜到外面上補習班的課，當時有業主利用孔廟旁邊的忠義國小教室開設升大學的文理補習班，利用學校正課以外時間上課，想畢業服務一年就可以參加大學聯考，想像當大學生的得意。

有的同學出雙入對在圖書館在校園裡看書，訓導處教官好像也沒給干涉，還好也沒有傳出重大緋聞，後來也沒有結局，只是讓大家同學在當時保守的校園裡，也有若干令人羨慕的神仙俠侶，平添樂趣而已。

反正天天在單純的學校環境裡面過著這刻板的團體生活，不少同學不甘寂寞，不願註定一輩子當個小學教師，設法另闢蹊徑，編織自己的未來的夢。很令人感動的是沒有任何一位同學學壞，自甘墮落，或染上任何不好嗜好。同學都非常珍惜讀書上進，只是不滿於上進得不夠高，未來的發展前程不夠遠大而已。

我已高分錄取前茅入學，一年級上學期成績八十七・五分，冠於全班；第二學期成績八十九・

二分，再次奪冠；兩學期均在開學典禮時上台獲頒獎狀。同學各個都是菁英，小學時候都是班上的一、二名，在這麼菁英同儕團體中能夠得到第一名，真是出類拔萃，使我對自己更有信心。雖然有同學閒言話語，編織一些蜚語惡意中傷，只是為了忌妒而已。我不以為意，做為學生，讀好書是本分，自求多福。看看同學們多數不以既定的制式出路為已足，紛紛築夢準備開拓人生的蹊徑。自忖我的潛能當更高，也比同儕更用功，經歷的滄桑更為深刻，我更應拼一拼，不由得躊躇滿志。

❏曾經嚮往當作家

我在國文老師的引導下，看了不少的中外文學作品。我也看了《苦悶的象徵》一書。我領會到文學常是作者刻骨銘心的際遇的昇華，或是痛心疾首的情緒經驗的投射，或至親好友的寫照，也可能是反映悲慘時代的社會真相，不無可能是曲高和寡的深邃孤獨的沉思遐想的寫照。反正或多或少是體現一種苦悶的象徵，藉以抒發作者個人的處遇、思緒，與情懷所馱負的苦悶。當我看一本文學著作之後，在了解到他們的際遇思想，體會到作者所要表達的苦悶，常常感動到徹夜難眠。我也常常體會到我心中有很強烈的苦悶，甚至我常常難以承受那麼樣的煎熬，而覺得不知如何來表達，更有時會覺得有誰知道我心中的鬱卒苦悶與孤獨。甚至覺得如果我馬上從這個世界上消失掉多好。由於有這種經驗與感受，看了這些文學作品之後，我真的有拍案叫絕，深得我心，在書中我找到了我的知心而振奮不已。感動心動也會行動，於是我也會拿起筆來抒發自己苦悶，就這樣陸陸續續，也寫了好幾篇的小說，有的作品給國文老師看了，他給我很高的評價，並且認為我有些小說的天分。可惜當時發表的園地太少，投稿被接受發表的並不多，只能留給自己孤芳自賞而已。

我苦悶，我鬱卒，我怨艾，但是還沒有洩氣，即使有，也是偶然如一片烏雲就飄過去了，我還充滿著憧憬與夢想。詩如長了翅膀的思想，所以有時候還嘗試寫新詩，描寫自己的心境與思想。例如一九五七年夏我寫著：

【無題】

覆水一潑難收拾，
讓它滲入土壤；
心一放鬆無節制，
指望滋潤幼稚心靈茁長；
心猿意馬無所事，
埋首小說太浪漫。

公雞一啼夜仍茫，
微微晨曦天未亮，
埋頭苦練功夫；
但願一朝紅潤耀在蒼白的臉上。
盼望一天音樂齊歡唱。

老天不負苦心人，
唯有彈琴最囂張，
琴聲滋潤心坎；
無奈自製　啞吧風琴彈，

彈出心底一股憂傷。

同年暮春，我寫人生如航行：

【人生】

景物蕭蕭，星光閃耀；
思潮起伏在雲霄；
人生的意義，幾人曉？

有人說她是一個舞台，
大家扮演著各種角色，唱著不同的調。

有人說人生是一場夢，
夢見幻想中的繽紛色調。

在我的心底常是謎，謎，謎。
只有駕駛著一葉扁舟，
冒險前進人生大海裡，
才會曉得人生的真諦，
只有奮力向前行，

才能度過眼前的險灘與礁石，
可是航向何方？

幻想畫畫，當繪畫人

在念師範的三年，我亦曾對美術抱著很大的想像與嚮往，感覺把眼前或想像的景象或幻想藉著色彩與線條、形式表現出來，不知是多麼舒暢爽快！我收集不少的畫冊，有機會就去看畫展，學習畫家的表現要領與訣竅，比較不同畫家的技巧與特色，都是靠自己揣摩與領會。上美術課也特別的認真。課餘一有機會也背起畫板，在校園裡的一些景點捕捉景象，有時候也到鄰近的公園，古蹟名勝，寫生畫畫。不過學生時代沒有錢加入任何的畫會，也沒能夠有機會入門名師畫家獲得指點，只憑一時的興趣揮揮畫筆而已，所完成的作品獲得的讚賞有限。對畫畫的興趣一直持續到畢業後，還時常在鄉下畫畫，也只能孤芳自賞而已。

我一直在探索我的真正興趣，也一直在試探我未來生涯發展，到底我能夠做什麼，到底社會需要我這樣的人做什麼，在那樣的社會裡面，我要怎麼樣去努力，最能展現自己的潛能，也最能獲得最大的掌聲。

經過各方面正式、非正式的試探結果，獲得掌聲最大的還是做學問讀書。看到學長們與同學們也好多在準備再繼續升學。我也興起未來升學的打算。

羨慕大學生，大學夢卻渺茫如彩虹

當時大學是菁英教育，一個鄉鎮難得一年考取一個大學生，傳為美談，大為轟動。

在台南師範讀書，多多少少有機會接觸到鄰近的成功大學，看他們校舍的宏偉，學習環境的優美，硬體軟體的先進，生活管理的自由，都讓我們師範生欣羨不已，自嘆不如。遇到有節日慶典，開慶祝會或遊行，全部學校都會有代表隊伍參加，無論我們遊行部隊本身或觀眾都對大學生另眼看待，讓他們頗覺神氣威風，而我們這些被管得十分嚴格過著刻板的生活的師範生，看來陣容雖然整齊，但是憋氣有餘，神氣不足，呆頭呆腦，豈敢言威風。在這種文化氛圍裡面，讓更多的同學，滋生起了師範學校並非我安身立命的地方，雖然她是我們初任工作的搖籃。

雖然我心已有旁騖，希望創造機會再升大學。但是我並未忘記念師範機會得不易，須緊緊把握，我用心於目前擁有者，也想追求未來的築夢。我不會因為嚮往天邊的彩虹，而忽視身邊的玫瑰。我認分，但是我力求上進，永不服輸。

於是我用功正課，但一有空就找一些跟未來升學有關的書本來看。英語是升學深造必備科目，在師範學校卻不列入正式課程，所以是不教的。不過有些學期會開設英語社團，我就想辦法加入。另到學校圖書館找英語相關書籍，雖然這方面的藏書不多，仍又有一些，我會找來自修，無論是有關發音的或單字記憶，或是文法，有時也借英語文書籍來讀，但是語文科目無師要自通，並不容易，效果十分有限。

數學是另一科決定勝負的科目，在師範學校這一科目雖為正式科目之一，但是課程內容非常貧乏，主要是以代數為主再加上平面幾何，三角只是初步的部分，解析幾何、微積分根本是不教的，原因很簡單，因為課程編制者以為師範生畢業當國民學校老師，國小數學只有算術而已，認為不需學那麼多；也不認為如果學習解析幾何和微積分的知識與概念，不僅對算術的教學有幫助，對於學習任何社會科學與自然科學都是有幫助的。以師範學校校所安排的數學課程內容，畢業服務期滿想進一步參加大學聯考，是絕對不足的。師範教育的主要目標本在培養國校老師。這樣的安排是順理成章，不值得非議。

你想升學，學校不鼓勵，所以要學這些升學有關的數學科目，要自己想辦法。我從小數學的概念與算術的精確快速是令人側目的，宛如鶴立雞群。但是對於這些完全新鮮，毫無概念的解析幾何、微積分這樣的數學科目，想無師自通，自修學習，還是如丈二金剛，摸不著頭腦。要補習沒有時間，即使有時間也沒有錢。看學長們窮則變，變則通，也跟著模仿。我們利用週末到附近借忠義國小教室上課的補習班旁聽。由於我們並沒有註冊繳費只站在教室門窗外面，我們在外面旁聽的比坐在裡面位置的正式生還用功，並不妨礙正式生他們上課，教課老師並不排斥我們，有時候看我們認真相還頗為讚賞，讓他越上越起勁，補習班也未見有人干涉我們。晚上因為規定要在南師本部晚自習，即使蹺自習課去旁聽也很有限。

我在學期中住在學寮，這樣子的千方百計用心做功課，想把正課念好，也積極準備升學。寒暑假一回到家，馬上走了味。看到爸爸瘦弱的身體，駝著背，辛勞操作，每天服著收音機廣告的一些成藥，都是些治腰酸背痛，胃口不佳，頭昏眼花的中西藥。我勸他少吃這些成藥，這些藥成分標示不準確，可能參雜有些不應有的成分在內，對身體有嚴重的副作用。他說，不吃連走路都有困難怎工作呢？叫我聽了難過。等你畢業有工作了，我就可以不必那麼操勞了，就可以不吃了。我只能勸他給正牌醫師看病開藥方來吃才不會有太大的副作用。但是鄉下正式診所只有兩所而已，而且收費很 高，所以很少看醫師。

看看我媽，常見關節腫大，類似退化性關節炎，視力模糊，心臟不適。她很不喜歡吃藥，也不喜歡看醫生，省吃節用，好吃的東西總捨不得入口，嘴巴喜歡碎碎念，跟父親時生齟齬，我在家常扮演和事佬，有時也形成磨子心，兩面不討好。

其實我心裡面很難過。難過的不是成為磨子心，如果能夠讓他們兩方罵罵我，就煙消雲散也就算了。難過的是，在這樣的家庭我還有可能再升學嗎？我一畢業回來就業後還捨得無視於他們，離開他們去得遠遠的，去追求自己的夢嗎？這竟然是我少年時代的煩惱。我沒有時間來輕狂，所謂少年輕狂，在我的字典裡面是找不到的。我也偶而想過，我夢想我將來要創造一個家，夫妻相敬如賓，讓小孩在快樂中長大。不過回頭一想，父母沒有讀過書，沒上過學校受過教育，能夠讓我有機會念書，已經很夠了，還能怪他們嗎？我不能埋怨他們，我只能在心中警惕自己而已。不過，常常是，在學住校我專心用功，千方百計兼顧正課與準備升學，回到家裡陷入天人交戰。這個戰火在假期回家度假期中天天發生，尤其是在夜闌人靜，或在田裡獨自工作的時候，戰火特別激烈。

❏暑假回家　望著星空　常常天人交戰

一九五七年的暑假七月三十一日，我跟父親晚飯後在庭院聊天，趁著沒壓力的時候，我跟父親提起，我現在成績很好，是班上的第一名，一輩子當小學老師，教懵懵懂懂的小朋友，未免可惜，師範畢了業，我好想再念書，上大學，將來爬上大學教授。現在我想能夠分發台南市國小服務，一邊教書，一邊補習，準備再升學大學，將來比較會有成就。

父母親一聽大驚失色，許久才說出：你能夠畢業當小學教師就夠了，不要再癡心妄想了，上大學，當大學教授，那離我們太遠了，不要做白日夢了。你師範畢業就回家，在最近的學校當老師，一輩子就安定了，然後結婚生子，我們就安心了，你也不要再飄泊了，到處奔波，一輩子不怕沒飯吃。看他們非常捨不得我再離家，我心裡一軟，說我還沒決定，只是說說而已，還要聽聽你們看法。

他們希望我畢業後回到母校，回離家最近的小學服務，永久當小學老師，然後趕快娶妻生子，來侍奉他們。邊種田邊教書，生活安定，廝守家園。他們說，他們不忍我再離開家。你最好還是安分守己，腳踏實地，當小學教師就是最好不過了，這是我們嚮往的夢，才不會兩腳落空。

天秤座的我本來就很會設身處地幫人家想的，覺得他們的想法自有其道理。我不再說下去，但是我也要為自己的未來生涯發展而考慮。我躊躇滿志，但我要想出一個既不能讓他們失望，也不能讓自己太絕望的路來走下去。這就是我的青少年時期的夢。

曾作詩（一九五八年二月五日）：

【人生】

生命，片片浮雲
生活，優遊自在
精神，追逐星星
　迎接晨曦
人間，大地
　生老
　煩憂

飄，飄；吹，吹；游，游
嚮往著高高的青雲

生命在召喚
回來吧！回來吧！

大地已乾渴，正需滋潤
老樹花草將枯黃，垂頭喪氣
期待著你，你聽到了嗎！？
於是，終於眼淚如雨水
淅瀝，淅瀝；嘩啦，嘩啦——

❑二升三年級暑期實地試教，回鄉當老師，疑惑，膽怯

依照當時師資訓練的規劃，師範生到了二年級暑假，需就近選在一所國民學校實作四天的教學實習，由該所學校老師指導，作為必修課程之一。一九五八年暑假，八月二十五日到二十八日到母校國小進行實習試教。

第一天去上課，看到那些學生，就讓我想起小時候的我們，學生蓬頭垢面，衣服穿著雖然比較好一些，仍很多是破舊補釘的。這些學生有一些比我們小時候五六年級那一班還可憐，全部都是不升學的，連書本都沒帶，問所以卻說早已賣掉了，他們說學期已結束了，反正我也不升學。一大部分同學沒帶書，怎麼上課呢？我與另一位實習生原來擬好一些問題來討論，同學看了問題，眉頭一皺，面面相噓，然後低下頭開始聊起來，一小群一小群聚在一起，然後追來追去，任你喊破喉嚨，也叫不動，有的孩子跑到教室外面去。我們兩個輪流出去擰回來。叫他們把他們在底下聊的報告給全班同學分享，卻只是吃吃的笑著，他們在笑笑你們兩個大孩子真笨，我們講的悄悄話怎麼能夠說呢，我們不是在討論黑板上的那些問題，那些無聊的問題。眼看不對勁，不改弦易轍，無法交代，給其他老師看了會看笑話。於是我們想個故事來講，結果他們聽了，卻在底下給你講評，還說你們

要好好的講，他們同學要打分數，看誰勝誰輸，然後全班笑成一團，叫我們啼笑皆非。可見他們並不笨，只是環境使他們不想用功這一種功課，因為這樣的教科書內容跟他的實際生活無關，也因為無聊，所以他們胡鬧。上完了第一天的課，讓我們的心涼了半截。

第二天，校長跟我們說，他很不滿意昨天的課，他說這些孩子，生來就是要做苦力，不是生來讀書的，就讓他們工作吧。我來帶給你們看。兩節課時間讓同學從事勞動服務，整理校園，清除垃圾，動作太慢，或不聽指揮的，校長立即罰跪或責打，同學果然乖乖的，不敢違抗，但是表情痛苦緊張勞累。可憐的一群小孩。我們覺得校長做事認真，但是嘮嘮叨叨不停，體罰打罵也太多了，太不合乎教育原理了。這些小孩要學跟他們比較有切身關係的，並沒有不對，教這些小孩時施加打罵想必有效，應是環境使然，大概家裡父母也是常常打罵。當時打罵無論學校家裡都普遍實施，施者也不覺得奇怪，受者也不覺羞辱，效果快速，實施簡便，至於長期效果也無人去管。

四天實地在學校接觸一般的學生，在沒有導師的輔導下來帶他們、教他們，維持秩序，進行教育，讓我們領會到教育的艱難。我在實習心得上這麼記著：一個可行有效的教學，並不能只依照教育理論、教材教法所說的抽象理論或原則就能實施，但也不能隨俗浮沉，聲色俱厲來打罵教學。對於兒童要深入了解他們的家庭環境，未來走向，習慣的教訓方式，摸索出可行的方法。如何摸索呢？如何才能有效呢？不知道。不過我對家鄉的學生是心存惻隱，感到同情的，他們不想讀書，也缺乏學習的動機，他們心裡面所想的與學校課程離得好遠好遠，他們在學校，制式的學習情境，一點鬥志都沒有。不過我實在不知如何有效教他們？要教好他們是艱鉅的工作，我能嗎？我願嗎？我所接受的師資訓練，好像都沒有給我什麼答案。我覺得當小學教師的確有點無力，也看不到人生的希望。

師範畢業前的留戀與惶恐

❑畢業即將面臨，不知何去何從

一九五九年夏天來臨了，校園裡的鳳凰又如往年盛開了，不像往年只是感覺到校園更熱鬧、更多彩、更熱情而已。而是日夜心情起伏不定，想到家，想到父母，想到退伍後心神不寧的兄長，想到自己的未來，想到未來的工作，想到回家；還是逃避遠遠，找個無人認識的地方，落個清淨，開創自己的未來……

於是我趁著春天殘夢猶存，寫了一首詩曰：

【春殘】

退了色的殘夢
　一如春水的流逝無蹤
曾經盛開的彩蓮
　漂流在流光的銀波裏
五月的鳳凰榴火之艷紅　熱情如火
　禁不起一群羨慕者的追求

看著落紅片片　淚眼，喘息

回憶的深淵，仍有著殘餘的踪跡

環境之風雨，在人生的海上，將很快的掀起巨浪

考驗舊夢者的執著與新夢者的憧憬

唯恐

堅持　衝激

構築不成驚世駭俗的防波堤

怎奈得飢渴的心情，忍受不了複雜情感之火焰熬煎

於是舊夢已遠，新夢迷茫無限。

五月五日再賦詩曰：

【判】

於是

思維之游絲纏繞於

情感的相思樹

我不知何時我的悲觀在心靈留駐不去
我不知何時我繫上這個戀
於理智的審判前
曾以俘虜屈膝於理智之前
於懺悔的波浪裏
我的身心一如黃葉般的柔弱
漂游，漂游，漂游不知何方——

❏選填志願，左右爲難，心情好矛盾

三年課程即將結束，最後的會考也過了，集中試教也教了，畢業旅行也回來了，該是畢業將來臨了。首先重要的決定是選填志願實習地點。當時名為實習，實為分發任教。實習教師在學校薪水比照同級正式教師支領，工作要求也沒有兩樣，教學行政照兼，實習期滿通常繼續在原校繼任為正式教師。只是三年實習期間期末校長要給你評實習分數，不及格者領不到正式畢業證書。所以事實上選填分發實習地點，等於選填未來服務地點。我當時很想分發到很遠很遠的地方，跳脫逃離我一切的苦悶與煩憂，希望別人對我的過去、我的出身、我的家庭都一無所知。一個全新的我出現。我也想分發到市區，一邊教課，一邊補習，我要參加大學聯考，踏實大學夢，我要力求出頭。

且就教學生而言，鄉下小學生社經背景差，家教差，父母親不懂教育，教起來備感困難，一週的實習已領教過，而我也還沒有摸索出一種可行有效的好方法來教他們。都市的小孩社經背景較佳，學習環境好，家長對他們期望高，教起來比較能得心應手；我本身的考慮，比較屬意遠離開家鄉，在都市任教。

我們有不少同學就是選填流浪到遠方，擺脫貧窮落魄的家鄉。可是我懷疑我能夠割捨得掉年邁體弱的父母，我也懷疑我能夠割捨得掉退伍後身心深受創傷更嚴重的兄長，我懷疑，我不捨，但是也擔心是不是回到家鄉，只能一輩子老死家鄉，死守幾分田地，草草成家，昏昏沉沉過一生，沒有出息的走過滾滾紅塵。我怕，我回去對家庭沒甚幫助，對自己的雄心壯志也消失無蹤！？於是天天天人交戰。

最後我還是跳脫不掉框架，親情和鄉土的羈絆，選填志願回到自己的家鄉台南縣母校。為了父母，為了家庭，為了兄長，我想能夠為家庭有所作為，也為了更光明堂皇的理由，為了造福鄉梓，為了教育家鄉的窮苦孩子，我應是當屆畢業生的佼佼者，應該貢獻所學來服務像我小時候的孩子們，希望他們也能脫穎而出，不也是善事一樁。

至於升學，事在人為，且戰且走，就看自己的造化了。在擺脫不掉的框架下把一切給理由化了。

❏畢業典禮首先到孔廟祭孔

一九五九年七月一日，南師四八級畢業典禮的日子。普師科五班，特師科三班。由於三年的同窗共處，白天一起上課，晚上一起睡覺，有樂同享，有難同當。那種感情跟兄弟姊妹一樣，平常一天天，一月月過，尚不覺得難得。

我在日記上記下，畢業了，來得那麼快，是的，我們畢業了。當我領到「南師四八級畢業生」的紅色名條及那一朵紅色的花時，我無法形容我的心境及戰慄發抖的手，因為隨著這個，我們將別離這個大家庭而去，而且再也不是悠哉悠哉的學生啦！

然後，馬上給我們一個教師的成人禮。升完旗全體畢業生整隊到孔廟祭祀孔老夫子，要我們持香在夫子前面以最虔誠的心拜祭孔夫子，誓以至聖先師孔夫子為典範，追隨先師後塵，謹守師道，負起教育下一代的責任。搖身一變，未走出校門已經儼然以師相期許。

畢業同學相對而泣

回學校九點鐘進行畢業典禮，校長以「愛國家，求真理，學不厭，教不倦」勉勵。當驪歌歌唱起，同學的感情氾濫了，我的全身感受到臨別的哀傷，我臉痙攣著，嘴唇抽搐著，無法自已。我如同許多同學一樣，眼淚奪眶而出，是為了兄弟姊妹朝夕相處不再而惋惜？！還是為前景艱難，茫然無措而驚心落淚！？還是為了伊人離別而傷感！？還是因為我們都覺得尚未成年，怎麼要教學生了！？每個人不盡相同，淚流則是一樣。

典禮結束，不少同學哭成一團，倒也是空前，以後參加任何畢業典禮，無論國內外倒是絕未再看到此一情景。

畢業成績學業第一名

在畢業典禮進行中，我思潮起伏如潮水，我回想這三年來怎麼過的，我做了很多事，讀了很多書，學了很多技藝，在我來說，三年給我一個很好的讀書環境，沒有威脅，沒有煩憂，如果有，是庸人自擾的，要逃避很容易。我這麼用心利用這三年，成長了很多，知識增進了很多，我感謝這裡的師長，也感謝這裡的同窗，我感謝我們的師範教育制度，為我們這些窮孩子留下這一扇窗，當我們無路可走的時候有一個出路；也要感謝我的家庭讓我及早嘗到人間愁苦，使我及早體會到讀書環境得來不易，知所珍惜。也就因為有這一道通路，不管我們是否滿意，都可從這裡找到安身立命的一塊磐石，也可以從這裡再繼續追求生涯的發展，因為我們已經建立了一個進可攻退可守的基地。我很用功，至少我認定如此，也因為我用功，在今天這個典禮上，我得到了一個獎勵。我以學業總成績九十・九九分，獲得了第一名，我上台受獎，這是實至名歸，毫無僥倖，從不曾有過任何作弊，完全靠實力得來的。我感覺到了成功的滿足，我很高興。

❏老同學南師三年，卻視而不見，到最後離別時才擠出一句關懷的話

典禮結束，不少同學為我高興，遇到了小學即是同班同學美妹跑過來跟我恭喜，我高興得幾乎講不出話來。我們同窗九年，小時候青梅竹馬。到了南師三年，每次見面都只是以關愛的眼神，注視對方，卻裝著視而不見，雖然我們彼此都熟悉又有好感。但是我們為什麼不能像小時候天真無邪的玩在一起，也不敢像有的同學很大方的形影不離，而讓思戀藏在心窩裡，直到畢業別離時，才道出一句關心的話——「後會有期，珍重再見」。

我懷疑我們是不是太古板了，我們跳不出校規的框架，也拘守於羞怯扭捏的情緒枷鎖。到即將別離前夕，我才勇敢地跟她說我昨天準備一件禮物要送給她當紀念品，她說她很早就也備了一件給我，不知是真還是假的，怎麼這麼靈犀相通呢！？下午開完茶話會，我們交換了禮物，我送給她一本相簿，她送給我一本日記簿，簽上名字要彼此留下奇妙凄美的回憶。相互注視良久，然後依依不捨的離開了。不知何時能有相見的一天。後來她分發在台南一間國小服務，我則回台南縣鄉下母校服務，最初魚雁來往幾次，後來各忙職務，後會有期竟是二十年後的事了，已兒女成群了。

❏同窗依依難捨　各奔東西

我們都很珍惜三年的同學友情，我還特別冒著大太陽跑到東門圓環買了一張宣紙，請全班同學題字留名，希望留下永久的紀念。果然大家展現一手練就的毛筆字，為我留下寶貴的墨寶，可惜幾次離家，連同藏書及文件被家人賣給了收買破舊的。

當天晚上，我約正氣、煥臣、忠益實習試教小組造訪我們的指導老師蔡老師，這一位，曾經是最關心我們的恩人。她很感動，也給我們很多的建言和祝福。離情依依，她給我們每一位未來的老師摯愛的眼神，是恭喜，是關心，是祝福，是留戀……我們談到很晚很晚，我們談得很多，也吃了很多她為我們準備的點心。她一直鼓勵我們心情要開朗，她一直鼓勵我們跟她一起上教堂做禮拜，我謝謝她的用心與關愛，我只能告訴她，不管到天涯海角，在我們的記憶裡妳一定都是我們的老師，我們的恩人。

在畢業典禮上有一位老師為我們離別而熱淚滂沱；他平常非常威嚴，但在威嚴中散發出溫情，他的熱淚可以溶化鐵石。他的勤於職守，敬業精神令人敬佩學習，然而，他的耿直仍跳不出傳統的框架，令人同情與警惕。多年後，為了在一個晚會上，阻止一位年輕的酷愛攝影的男教師上台搶拍跳芭雷舞的女生照片，搶下相機而暴發衝突，一怒之下離開南師。想他也跳不出傳統社會世俗男女授受不親、傳統師道的框框吧！

❏馱著滿懷的思戀，笨重的行李，回到了家鄉

隔天，已是留在學校的最後一天啦，我們幾位好友特別約好到東門圓環吃個豐盛盡興的早餐。然後檢點行李，該丟的丟，其它全數帶回家。行李比三年前笨重，心情也比三年前沉重。三年前帶著滿滿的希望與憧憬來到這裡，今天帶著無限的懷念與煩憂離去。我與同學握手，互道珍重再見，然後提著笨重的行李告別，回頭望著一草一木，紅樓綠窗，隨風搖曳的椰影，勇敢挺拔的赤尾松

樹，聽著教室傳來的書聲琴韻，心裡想著沒有我們也不減少什麼，有我們還不是一樣，世代循環，不必把自己綁在框架裡面，向外看，向前走去吧！

❏南師生活令人懷念

青少年年華總是愛作夢。回到家裡兩天，我接到老同學的來信郵件，既興奮又難過。一天晚上，我回以一首詩，曰：

【懷念】

在光陰的魔掌下，多少旖夢被揉碎了
在歲月的鐵蹄下，多少希望的花朵盛開又凋謝了
在時間的浪濤裏，多少的有情者漂泊了
當我踏出了校門，回首望著紅樓綠窗，赤尾松和椰影
　聆聽著熟悉的書聲琴韻
我知道我們的相聚已如彩虹般的渺茫
　我讓淚水疏通我的情感小河
　揚起白雲的巾帕和
　　夏風的裙裾
道聲　珍重再見
　向著紅樓綠窗

向所有依戀著的人兒
紅樓綠窗不值得留念，依戀著的是
念念不忘的是友情和思慕的人兒

靜瑟的夜空，滿天星斗
探尋著星子，依舊是孤獨伴著寂寞
午夜的南風很輕很柔，但捎來的信息更溫柔
展視你的筆跡，讓你幾分落寞消瘦
何時能再見？互訴離愁！

後來，我加了幾行字：

但是，環境很殘忍，塑成大家各種的典型
歲月也太無情，人兒追逐著歲月，淡忘了過去
真是的，人們跳不出框架的範疇與現實的執著。

我回到家，回到家鄉，回到了紛紛擾擾的現實。我聽父母說哥哥結婚後沒有能夠如所預期身心會改善，反而更複雜了。生下第一個小孩之後，依然如故。希望我回來後，跟他好好的談一談、溝通溝通，看有否幫助。我責無旁貸。

我帶回了滿腔的熱血與期許，我要回來本來就是希望改變我的現實環境。我要讓父母更好過，

要讓服役退伍帶回創傷症候群的兄長更健康，尤其看到了新生的小姪兒，那麼可愛，我更覺得義不容辭。我也要教育好故鄉鄉下那群可憐的貧苦小孩，我要為自己的家鄉做點事。

我既然回來了，我應該逐步實現，不能永久躲在框架的窠臼裡面。那時候的年輕人，很能將心比心，為老人著想，為小孩想，為別人犧牲。

❑暑假眞難過，先當農夫，卻病了一個暑假

回到了家鄉，暑假正是插秧種稻的季節，不忍父母的辛勞與病痛，我不管自己對種稻插秧的生疏，馬上下田做農事，帶著斗笠還擋不住炎炎夏日的煎熬，拿起鋤頭與鏟子修築田埂，好引水灌田，汗流浹背，好半天才修築了一小段，效率比年老的父親還差，而父母親還十分不捨我在烈日下工作，頗覺慚愧。我催促自己要爭氣，更為賣力去做。沒有哪一種工作做不來的，只有不勤奮的人，我堅信。果然越做越上手，越來也越像個農夫了。田埂修好，可是水圳的水量不夠大，每一塊田地在那麼熱天乾旱季節，都亟須灌水，實在供不應求，只好利用深夜來引灌，折騰了好幾天才灌好了水。我真正領會「誰知盤中飧，粒粒皆辛苦」的心境。

忙完了一項工作，接著做別的工作，連續幾項工作都在堅忍下完成了。我看爸媽都太老了，不能太操勞。那時的鄉下沒有抽水馬桶式的衛生設備，每隔一段時間要清理，把糞水搬到田裡當水肥。這個工作又髒又臭，又最費力又笨重。我既然回到鄉下，捨我其誰？雖然很厭惡，很噁心，很不習慣，老實說也有點力不從心。到底不是拿扁擔挑擔子的，挑起來，真是走不穩。

一大早，七點多就開始彎下身段挑水肥，搞到下午才勉強完成。途中遇到了一些鄉人，有的讚許了不起，能屈能伸；有的嘲諷，讀了一大堆書還不是挑糞；有的貶抑，百無一用是書生，挑不動還挑；有的疼惜，該請人做不要勉強，身體重要……。你一言我一句，聽的我的耳朵又癢又亂。從

早上挑到下午已經筋疲力盡，差點沒昏倒，又熱又渴，趕快喝涼水，沖個冷水澡，固然一時暑氣全消，但是原來的小小感冒加劇了。原本希望藉運動來治感冒，這是體育老師常掛在嘴邊鼓勵同學多運動、常運動的話。沒想到感冒更嚴重，渾身不舒服，咳嗽嚴重，渾身發抖，腳痠手軟。

鄉下生病看醫生不方便，往往有黑牌藥商準備一些常用成藥裝袋寄放各個人家，有病痛時拿起來吃，定時來檢核收費並補充。我也如法炮製，拿一包退燒藥、感冒藥、止咳藥來吃。結果退燒了，可是咳嗽更嚴重，整個暑假一直咳到不行。不得已找到老鄉長開的遂生診所就診。老鄉長問我症狀如何，我一五一十的說了，他問怎麼發生的，我也據實以告。他說，聽說你今年分發要回母校服務，很歡迎。我很驚訝怎麼知道，他說，當家長會長連續幾屆了，學校的一些人事異動多少會知道，也很關心，學校的傑出校友也注意。他說我的病情嚴重，要按時服藥，好好休息，準備奉獻母校的教育，服務鄉梓。不要把身體搞壞。他接著說，你剛畢業，等著教我們的下一代，是我們的希望。你一回來就下田工作固然很有孝心，可是一定要慢慢調適，不可操之過急，且要要適可而止。人，跟其它生物一樣，也是一枝草沾一點露，各有不同的特性與用場，不要擺錯地方，坐錯位置。你平常住校念書，既不能挑，也不常提重物，一下子挑水肥，心理上大丈夫能屈能伸，精神可嘉，令人欽佩，但是身不從心，會惹病上身的。我很感動，畢竟他是台大醫科前身台大醫專畢業的，且是出生窮苦人家，後來得到親友的接濟才得已完成學業，畢業後一直在故鄉懸壺濟世，造福鄉民，後來又連續選上鄉長。人生閱歷很深。如今聽了他衷心語重心長的一席話，頗為難得，把工作途中中一人一義，十人十義，通通包了，啟示我很多。

這一次咳嗽很厲害，也很囉嗦，雖然吃了醫生處方，仍沒有很快的好起來，有人說，咳嗽吃中藥效果較大，後來也看了中醫，吃了中藥還是依然無效。八月上旬分發在台南縣實習的實習教師，八月十二日到台南縣政府教育科報到並參加講習一天。首先聽縣長貴賓致詞，感覺講的都是一些官話，架式十足，對教育的意義不大。講完就猛抽菸，翹起二郎腿攤在沙發上。教育科長及督學，不失教育人員的風度。我抱病參加，席間只我一人咳嗽不停，打擾了開會，那時候經驗少，只知道不好意思，不過當時對於一般的感冒大家並不認為會傳染，所以還好還沒有遭受太多排斥，也不知應自動迴避，還是參加到底，把研習會參加到底。

❏靜心養病，觀察夏雨景象

已拿到派令，到縣政府報到，不久就要上班了，千萬不能夠拖到開學還未完全痊癒，不要給學校校長、老師、同學、家長壞的第一印象。有了這個擔心，有一段時間，我不得不專心養病。我一方面養病，太無聊拿起畫筆來重溫我的畫畫喜好，屋前屋後庭院的草木、竹叢、樹上的小鳥、村子裡的流水小橋、童子的嬉耍、牛羊雞鴨、藍天白雲、風雨雷電……都是我題材，倒也畫了不少的作品，這些作品也只能自己欣賞，敝帚自珍而已。

有時候我靜下心來冷靜觀察鄉下夏天的景象。然後寫下來。

【夏天的雨】（一九五九年七月二十三日）

夏天的雨最具特徵。

晴空如洗，這深邃而湛藍的天海，如赤子之心的純潔，一塵不染。炙熱的陽光，狂熱的吻著大地，吻亮了河水，吻綠了蒼翠翁鬱的樹林，吻出了萬物的千奇百態，吻起花木的萬紫千紅，一如狂戀中的情人吻爆了熱情如火，還吻出人們的滿身汗珠……

風，薰人欲醉的南風慢慢停滯了，小鳥也避開這狂熱癡情的陽光躲到哪裡去了。世界一時變得沉靜了，一切忽然停滯了。這中間有一段短短的時間正醞釀一種巨變。

須臾，從山的那一邊，陣陣的風推著朵朵烏雲怪獸湧進湛藍的天空，熄滅了陽光，大發雷霆，捶胸頓足，雷電交加，整個天空頓時變成戰場，交戰火光四射，霹靂啪啦，頃刻間大雨如傾盆而下，庭院道路田野頓成水流。約摸半小時，烏雲怪獸走了，雷電銷聲匿跡了，好像被天神降伏了。陽光落出臉來，又是晴空萬里，湛藍如洗，好像比原來更為清澈，應是被雨水沖刷過的吧！微風又開始送涼。

夏天的雨，來得快，去得也快，這樣寫他，是否有點誇張！？在這樣嚴熱的季節裡頭，不說的誇張一點實不相稱，你說是吧！

說真的，有的人性格跟夏天的雨真像，也有的家庭像夏天的雨一般，這種人真不能與其談心談性，更不能與其談春風化雨，這種家庭隨時讓大人不得安寧，小孩失掉可貴的安全感。

我最後一個感想是嘆了一聲：也許兄嫂就是其中一個，也許他們建立的小家庭也是活生生的例子，甚至比夏雨更為善變，且有時候遲遲不退成為淒風苦雨。我更感嘆，我很想幫助，可是，我嘗試，再嘗試，心餘力絀，涉入越深，擔心會沾滿身腥。我同情他們的小孩，我的侄兒。

所以回到家裡常常一天忍受好幾次的晴天霹靂，甚至成為持續不退的暴風雨。我許願我為了要讓父母更好過，要讓服役帶回戰場症候群的兄長更健康，我要教育好故鄉鄉下那群可憐的貧苦小孩。看來艱難重重，我已經不得不覺得有點洩氣。身體精神的煎熬，整個暑假已快過了，咳嗽仍未痊癒。

八月十九日的日記這麼記載：

我遭到失敗，我為我的過去而悲哀，我也為我的將來而顫抖。自從我回到家鄉至今已經五十天了，什麼成就都沒有，眼前似乎只呈現灰色一片。我為整個家庭著想，一直努力做家人之間的魯仲連，或潤滑劑。至今我覺得不但失敗，而且敗得很慘。兄長對我心生怨恨。下午我好心勸導他要對父母親好一點，要孝順，卻惹惱了他，而威脅我，「你給我小心！」作勢暴力相向。他一直認為我站在父母一邊，聯合欺負他，是何居心。我氣得發抖。我努力維護這個家，我息事寧人，卻惹得這麼大的誤會與回應，我難過，我生氣。

可是眼前面對的是我的哥哥，眼前面對的是在前線身心受創傷的親人，他是受害者。所以我不能失控，也不能回嗆，否則局面難料。我抑制心中的痛與怒。

我說，家和萬事興，人間和樂才是幸福，每一個人都要好好地活，快樂的活，活得有價值，不要傷害別人，不要傷害自己。為什麼你恨我，你平心靜氣想一想，我有對不起你的地方嗎？如果我永不回來，我要離開這一個家，你會過得更好嗎？

他猶疑很久說不出來。最後他說，父母親都都幸災樂禍，常找我們的麻煩。你回來還偏袒他們！

多麼傻的想法，多麼可憐的妄想，多麼可憐的癡怨！天下父母心，多少兒女能即時知道，多少人知道時，父母已不在，多少人，親情手足的可貴，到了解時已經是天上人間，何能相聚？

我能運轉出我的命運嗎？

所以我來將會不會陷入價值的框架中跳不出來？我由當時的處遇想到了很多。我在心中告訴我自己，你不能洩氣，你要更堅強，不能被擊倒，而且我也要靜下心分析事理，而覺得應以自己的處遇為借鏡，策勵未來，不能重蹈覆轍。

將來成家一定要慎重，要等到條件具備，時機真正成熟，才行，我一定要建立一個溫馨和樂的家庭，不讓自己痛，更要為我未來的子女創立一個溫馨可愛的窩，讓他們覺得安全、溫暖，讓他們展現他們的潛能與抱負。這是我心中的一個彩夢。

我知道家庭帶給我的是煎熬、苦悶……我不敢也不忍怪我的父母，因為他們沒受過什麼教育，他們也已經太夠辛苦了，我只能想像如何憧憬未來、如何改變我的環境，至於如何構建實踐這樣的計畫，沒有構想，沒有計畫，沒有藍圖。我領會到以我當時的知識與對社會的認識上，不足以構想如何才能改變我的環境。所以更堅定我一定要再進修，回到家鄉當個小學教師，間種農事，無法改變我的處境。當時所能做的是婉拒父母催我早早結婚的計畫，希望以時間換取空間。

在暑假之初本來我就擬好一個時間表，準備利用這一個青黃不接的空擋念念一些升學進修該念的書，無奈因為前面農事忙，後來的身體生病、養病，又加上家事煩擾心靈而遲遲未能按表操課，一再蹉跎，轉眼即將開學。不過我並不認為，也事實上也不是，畢業即放棄書本，即使身體病得不輕，每天還是會看一點書，從書本得到一點樂趣，紓解現時的痛苦、緊張、焦慮與壓力。在我來說，讀書是我的交心伴侶，只是身體不適的時候，讀書不要勉強。我服膺林語堂先生的讀書哲學，由自己喜愛的書讀起，才能漸入佳境，欲罷不能。只是原來安排要看的書並沒能夠依計畫進行。

踏上小學教師生涯

接到派令在畢業母校實習，小學教師生涯眞正開始

八月二十九日接到台南縣政府公文正式派令，被派到畢業母校國民學校擔任實習教師。當時的制度，師範畢業生實習相當於在學校接受公費訓練年期三年，為師資養成的一部分，未完成或不及格者不算畢業，領不到畢業證書。實習期滿，發給畢業證書，得以無試驗即能核發給正式合格教師證書。實際上的運作，實習教師與正式教師並沒有差別，實習教師擔任的工作與正式教師無有差異，待遇也是依年資核薪；工作上，一樣有兼任主任組長、導師的權利與責任；平日教學也獨當一面，沒有任何人來指導、輔導與協助。實習結束，由校長依平日的觀察或學生考試成績評量實習教師實習分數。

接到派令的這一天，我沒有一點興奮，反而是覺得後悔與惋惜，與一般常情完全不同。本來這個分發完全依照當初我自己的第一志願如願分發的，應該感到自豪，也應該值得高興才對。然而當時卻感到一種莫名的憂愁。

本來的考慮我是為改善家庭的環境與氣氛，為了可憐年邁的雙親，幫他們工作，也為了救濟帶著戰場退役創傷症候群兄長的心理復健與輔導，而回到自己的家鄉國校執教的。可是經過近兩個月在家鄉的生活，我失望了，我覺得太不自量力了。我錯估了自己的能耐，也錯估了問題的困難度。我已經把自己搞得身心疲憊不堪，無以為繼。我憫心自問：難道我做錯了嗎？我有一點茫然。但是

派令一下來，一切已底定，從今以後，我恐怕就是想跳也跳脫不出來。

當天不巧是一個颱風天，「韋恩」颱風來襲全部停電。夜晚，十二級颱風瘋狂地咆嘯，橫掃鄉下平日的寧靜與沉寂。到處黑漆漆一片，伸手不見五指，樹枝瓦片亂飛。我孤寂的靈魂伴著風雨中搖漾不定的如豆孤燈，在微弱的燈光下，一次再一次的端詳著這封派令，我似乎想發現奇蹟，幻想著在這分派令下能夠出現分發在別的縣市，在別的學校，而不是所看到的字眼。只要能遠離家鄉，到哪裡都可以，我希望流浪到一個沒人認識我的地方，把一切重新來過。我呆坐到深夜，伴著孤燈，聽著颱風的狂嘯！最後一陣大風穿過隙縫，吹熄了這一盞如豆小燈，孤單的我開始摸索漆黑的人生旅程。後悔嗎？煩憂嗎？恐懼嗎？徬徨嗎？失望嗎？

❏報到太遲，校長打官腔，擔任升學輔導班，失望又加一樁

同樣分發在同一國校的新畢業生明分兄一大早到我家來，相偕到學校報到。黃校長口碑並不是很好，未上班已聽到有很多的負面傳聞，包括囉嗦、喜歡罵人、口無遮攔。今天第一次上班見了面，當頭就說：「都沒有出來嗎？剛才接到派令嗎？怎麼到今天才來報到呢？今天已經九月一日，最慢昨天就要報到才對，如果我據實寫你們九月一號報到，那麼八月份的薪水就沒有了。……以後要……第一次我原諒你們……。」

聽他那又長又土味十足的台灣腔國語，我們一笑置之，其實我們已經向縣政府報到過了，校長也太會唬人了。我冒出了一句話：「教育科做事情也太馬虎了，應該註明清楚向各學校報到的日期，才有所遵循。」又補了一句：「至少在向縣政府報到接受講習那一天，也應該向我們說個清楚才對。」

不過他對我還蠻客氣的，原來是對我有所求，要交給我個苦差事。接著很討喜的跟我說：「林老師，你的成績很好，你志願回母校服務，我們很歡迎，五年級有三班升學輔導班，其中有一班要由

你來擔任做好，不准推辭，年輕人要多付出一些，不要只希望校長給你評量實習成績高，卻不願額外付出。」這一招數真的要把我掐死了，要叫我乖乖就範。我一聽，陷於兩難之中，我確實希望有好的實習成績，才有機會在三年實習期滿，憑著在南師三年的優秀成績申請保送師範大學進修學士學位。

當時六年義務教育國校畢業，經升學考試的篩選，才能升學初級中學或初級職校，由於僧多粥少，競爭激烈，為了準備升學考試，學生家長都很緊張。各國校接受家長的請託，都成立升學班加強輔導功課，早上提早上課，下午放學後繼續留在學校做功課，繼續加強。

按當時的制度，為鼓勵優秀的師範畢業生升學，有特別保送辦法，名額極少，規定嚴格，競爭激烈。成績優秀，競爭不可得，也可以參加聯考。

在師範學校課程的畢業成績，學業占六十%，體育與操行各占二十%，加權平均；另外實習成績要優等，達到相當高的門檻，才可能申請保送。實習成績是門檻，實習期間不好好的配合，休想有機會保送。另外，如果想要在實習一年後提早參加聯考升學，實習成績也要優等，才能參加大學聯考。我想要升學，不能不配合。但是，升學班的教學全以升學為考慮，從我們小時候的經驗及了解，一般的做法就是拉長小孩子在學校時間，往往是早七晚八，不斷的複習與考試，考不好就體罰。唯一目標就是考上當地最好的初中。學生家長期待如此，家長會期待如此，學校校長期待如此。考不好會被貶為二級教員，考得好會成為名師。

我才十八歲，剛剛從師範學校出來，腦子充滿著學到的教育理念，心裡面懷有夢想。我之所以寧可回到家鄉，除了家庭的考慮外，就是為了好好教育這群鄉下的貧苦小孩，讓他們接受正常的教育，這些孩子家裏很窮，沒有錢再升學，更應在小學六年中接受更正常的教育，學到好的生活習慣，做人做事的道理，建立各種學科的概念與原理，培養學習興趣與習慣，可以在社會上有效的生活，不斷學習和工作，成為有效的社會公民。擔任升學輔導班，進行補習，逼著才十一歲大的小孩，每天上課超過十小時，然後拖著疲憊的身心回家，其道與我心不合，真正讓我陷於矛盾之中。於是第一天報到我就帶了一個大難題回家。剛去了一個韋恩颱風，心裏面又颳起另一個大颱風。

我不能一去就把校長安排的工作推辭，而且我必須爭取良好的紀錄，才可能有優等的實習成績與優秀的畢業成績相稱，相得益彰，為升學鋪路。但是我也不能違背我原來的理念與想法。我當時幻想出了一個勉強兼顧的想法，我先接受下來，但是我有我的做法，不一定完全遵循過去一般升學班的做法，怎麼教我自有做法。於是我很天真地就接受了下來，我畢業實習第一年，就開始教升學輔導班，簡稱升學班，與學校內富有經驗且過去教過卓有績效的兩位老師擔任五年級升學班老師，一起打拚。這是責任制，要一直帶班到學生畢業升學考試放榜，驗收成果為止。

❏開學第一天，菜鳥教師覺得學校實際與想像落差太大

一九五九年九月八日，國校開學了。校長在操場主持開學典禮的時候，把我們新來的四位教師介紹給全校師生。面對著這一大群天真的兒童，自己深深覺得，我們不能不承認我們一躍成為教師了，尤其是要擔任升學輔導班的教師。我比其他三位更驚懼於此一角色的轉變，有些徬徨，不知如何做起。不過一方面我們也感到興奮，因為果然我已擔任老師了，實踐了很早就開始嚮往的工作夢想，從小就覺得擔任老師很神氣，也很有學問，大家都會尊敬我。窮人家出身好像從沒有得到過別人的尊敬，生活上接觸的親人，都是靠勞力辛苦工作餬口的，雖然教師並非高所得的職業，但是已改善很多，向前踏了這一小步，應是改變家庭社經地位與自己命運的一大步吧。所以我仍然非常的珍惜它。我自己惕勵自己，一定都要向前走，絕對不能輸。不管遇到什麼不如意，一定要忍耐。參加這第一次的升旗典禮也是開學典禮，讓我大開眼界，但聞老師們命令、謾罵、吆喝、處罰學生的

吵雜聲彼起此落，讓我們幾位新進老師懾住了。我們彼此交換了一下眼神，而露驚懼狀。

教升學輔導班是一大挑戰，理論與現實能妥協？

教升學輔導班是一大挑戰，經一週來的準備，招生、打掃、開會、編班……之後，九月十二日底定，真正接手五年級孝班升學班。這一班有四十八位小朋友，程度參差不一，看起來也不是很想用功。我想我在師範學校學了三年教育理論，印象深刻，我要學以致用來教他們。我上課時候，都是有備而來，我先引起動機，通常儘量利用生活裏面的實例來形成學習的氣氛，引起學習的動機，學生倒也覺得蠻好的。講解希望能夠由已知學未知，溫故知新，求能觸類旁通。務求在上課時，每個學生絕大部分均能聽懂為止。心想大概這樣教應無問題。不料下一次上課一問，或做一隨堂測驗，仍然是錯的比對的多，成績只是差強人意而已。我頗覺失望。我檢討原因，應是練習不夠，於是多派作業，加強練習，但是學生興趣卻缺缺，作業也大部分沒完成，即使完成也頗多錯誤，看來並不用心。回頭一想，也能理解，才十一歲大的孩子要他們多用功呢？！我想教師要有耐心，慢慢來吧。

但是問題來了，教導主任、校長反映說本班秩序差，教室表現散漫，要我加強。我有點茫然，不知如何是好，我看不出秩序太差，只是較為輕鬆，不緊張而已。這樣小孩子日子比較好過，發展應該也比較正常。

第一次參加聯合家長會

開學兩個禮拜，五年級升學班三班召開聯合家長會，校長帶領教師列席。家長不客氣的質疑校長的辦學及其經費運用，校長不斷澄清與辯駁，氣氛緊張。校長辦學其實還蠻用心的，只是心直口快，常令老師們覺得難堪而已。

接著家長建議，補習時間要長一點，同時要加強考試，考試的結果要排出名次，按科目要有個別學生名次，也要有班級名次。就這樣你一言我一句，建議越來越多。最後真的就決議，時間要長，要多考試，要排名次。

散會後好幾位家長留下來，跟班級導師說好聽的話，希望能討喜老師，他們說他的小孩很皮，希望老師要嚴格，不聽話儘管體罰，只要成績進步，將來考得上。看來家長認為將來考得上考不上就是你要給我負責。這些小孩從小多是打罵慣了，難怪好話說盡，還是依然故我。

我深深地感覺到問題大條了，升學班真的不好教。現在已是騎虎難下了，硬著頭皮走下去，但怎麼走呢？當下的困境是學生學習不理想，秩序表現不符學校要求，學生練習不夠，作業不能貫徹完成，成績要比賽……怎麼辦呢？我很鬱悶，我在猶疑，我是否要改弦易轍呢？家長要求要嚴格，校長要求要嚴格，有經驗的老師跟我說教升學輔導班哪有不打，能考出好成績的？！

掙扎於教育原理與教育現實之間

我掙扎於依教育學理來施教與因應現實要求來施教之間，我掙扎於為考得好成績與為快樂學習健康發展之間，我栽進在正常教學與速成教學之間，我猶疑、我摸索、我考慮、我左思右想，我不知不覺之間，還是跳不出現實升學班的框架。在這一框架裡頭，建構了一套理由，升學班追求的目標就是為了考試考得好，成功地考上第一志願學校，這種目標本來即有偏斜，不是正常的教育目標。在這種目標指引下，也只能採取非常手段去達成，否則將會被唾棄，也會導致挫敗，達不到目標，誤了學生的升學，家長的期待。但是，我還是十分在意兩者之間能否交集，能否兼顧。我還要求我自己留心於可以利用的交會的先機，加了一個但書，慰情聊勝於無。

經過一番掙扎，陷入了升學班的滾滾紅塵裡面，每次上課我雖仍緊守動機原則，但由學生與家長最關心升學相關的事例引起，而不再是由學生生活或有趣的好玩情境來引發學習動機。講解遵守合理邏輯原則，務求清楚，讓學生均能清楚，複雜部分再加以分析化繁為簡，瑣碎部分加以組織綜合，對於機械枯燥無意義的教材，並訓練他們以一些記憶術的有效學策略幫助學習。習題多樣化，按分類區分解題類型配置演練，每種類型題目夠多足以演練熟習，解題以教師的演示為依循，自己創新雖容許，但必須更為巧妙。習題作業嚴格要求，每次作業均要完成，嚴加檢核評分並要求訂正，類似「直導教學」，作業沒完成或隨便唬弄的沒有特殊原因施予處罰。

❏枯燥壓力生活下的出口

在這樣教學實施之下，學生表現果然進步很大，尤其數學課，效果最快，不久成績令人刮目相看。語文、社會、自然也陸續進步。

整天關在學校，與這些可憐的童子為伍，教書、考試、刻鋼板印考卷、改作業，顧影自憐，與這群童子也同病相憐，覺得機械、刻板、無聊，也對願景慢慢地越看越茫然。秋深了，望著校園的綠油油的綠樹慢慢枯黃了，梧桐也葉落了，引起了遐思。

在繁忙的刻板生活中，有時候也靜下心來，尋找點滴的趣味。一九五九年的十一月初，我記下：今天我的心底，靈感之網捕捉到了一首詩，頓時覺得無比的輕鬆與快樂，發洩了鬱積心頭的煩憂。

【秋的組曲】

於膩綠的，蒼鬱的，刺眼的夏日逐漸消退的夏綠地
從遙遠的國度
季節的使者，乘著疏捲的悠遊白雲
以楓葉的紅眼，以枯黃樹葉的懷念
以金色碩果墮地的迴響，以秋天的灑脫
灑滿了海灘，大地，田野，與視野和心坎的靈界
跳躍的音符譜成秋的幻想組曲在閃爍。
秋天的潮水來了
潮水來自蒼涼的暮色昏鴉，
　　蒼白的秋水
　遐思的吟唱

老人的訴說滄桑
還有，還有那
對春天的期待與幻想。
觸動秋的交響樂奏起
管樂的如泣如訴
樊亞林的優雅柔美
大提琴的悽愴低吟　渾厚滄桑
擁著精巧跳動的鋼琴節奏
還有我那孤寂的一把月琴
叫人沉醉於秋的幻夢與迷思，
走的都走了
該消逝的去不了，
不該走卻走了
剩下流傳著的些許流言話語，人間神話。

現實的煩忙與壓力之下，藉著這心靈的吟唱，也只能得到片刻的自我麻醉，對未來的生涯規劃，感到更為迫切與需要。

❏因應之道，妥協於現實與理想

但是在現實的工作壓力下，首先重點還是擺置在把工作做得上手。跟一些知情交心的同事聊聊天、訴訴苦，交換教學的心得，課餘做做休閒活動是減壓調適的方式。週六下午全校老師打排球比賽，賽後叫鄉下街上的小食堂送來人手一碗的炒米粉是最大的享受，打球時死拼活拼，賽後吃米粉的時候聊天說笑，忘記一週來的疲勞。有時候抓抓虎鬚，合夥叫幾道菜來打個牙祭，也是同事之間非正式的互動。這裡的同事有的是以前教過我的老師，從小我是用功的學生，他們對我的印象都很好，這時候有機會都還很照顧我。有的是同學或學長，來的時間相差有限，大家相處得不錯。有一些關係比較特殊互動較多。富貴老師的弟弟在我班，常會關心他的功課，她哥哥是我小學最關鍵的五、六年級時的導師，畢業後我每年都會利用寒暑假到他家拜訪老師，我們本即熟識，又是南師學長，我們課後常會一起聊天，彼此對公、私事都會表示關心，反正她比我年長，別人看了也不會大驚小怪的，有什麼心事跟她聊聊，覺得舒坦多了。後來她嫁到下營去，我退休後到致遠管理學院當講座教授，向在下營鄉小學擔任教職的同學打聽她的下落，都說退休了找不到她的資訊，有些悵然失落的懷念。

振輝與良忒兩位老師年紀與我差不多，同樣住西甲，住處鄰近，只相距兩三百公尺，平時常相往來，上下班也常會碰到，加上都是教升學班，相處的時間較多。當時的國校，通常早上是七點上班開朝會，下午五點開夕會，然後下班；中午休息一個半小時，沒有營養午餐，老師學生中午可以回家吃飯，一般家庭日吃三餐，都是自己做的，吃好吃壞無所謂。絕少有外食族，就是自己不想做飯，也沒地方可以買現成的來吃，就是買得到，也會惹來鄰居的指指點點。教升學班的老師要比一般教師早到學校，下午大家下班後，又要留到八點多鐘才放學下班。所以我們相處的時間很長，也有很多工作上共同遭遇的困擾與煩憂，可以互相溝通交換意見切磋教學的心得。工作餘暇，一起到鎮上去看看電影或在校園內樹蔭底下或走廊上閒話家常。

當時的國校沒有專設的保全人員，下班後或例常假日，由教師輪流值班，通常白天由女老師輪值，晚上由男老師輪值，負責學校的安全與偶發事件的處理與校產的維護。遇到我值班時候，他們常常會留下來，遇到他們值班的時候，我也會留下來作伴。遇到的偶發事情有時候一人照顧不過來，兩個人有個照應。像校產遭竊，教室辦公室有歹徒侵入，校園花木破壞，屢見不鮮，兩個人一起處理要有效多了。而且，我們真有一些談不完的話題，沒事的時候可在值夜室談到半夜。一直到他們有了女朋友，訂了婚，有時候還當他們電燈泡，他們還邀我到他未婚妻家裡去玩，觀賞園藝作物，喝茶聊天。雖然不是什麼死黨，至少應算是友直、友諒、友多聞。這關係一直維持三年，等我離職北上，由於交通相隔，關心的事各有不同，能見面促膝聊天的機會就少了。不過，他日重逢，仍是一見如故，永久的好友。

❏爲了學生的升學，施壓教學生，不斷練習，不斷考試，不斷訂正，不是僅以理解爲已足

學生的資質特性本來即有個別差異，學習動機有強弱，潛能有高低，毅力有大小，性向各有所偏，興趣因人而異，各個學生的考試顯現的學習成效自有高低差別，本來就不應強求成績都得一百分。但是為了滿足社會家長的期望，為了小學生在畢業時候，考上好學校順利升學，必須施以壓力；對性向偏頗者不能任其隨性發展；對動機不足者要施於外加的壓力，以提高其外在動機；對於潛能不夠者，要設法使其勤能補拙，使之人一之十之，自己則要十之百之。

這就要設法去啟發，誘導，規勸，說服，示範，強記，灌輸，演練。所以除了教師加強講解，對教材精密分析、組織，使能呈現高結構性的教材；降低學習的難度，學習的時候也就一定要加強即時的考查，並要求即時訂正，再加強練習使趨純熟。為使教材的組織更接近於考試的題材外，除了教師用心思考並補充以講義，為此必須補充以參考書，在教科書之外，以增進教材呈現的條理化與多樣化，也讓學生有更多的演練的機會；為了增加學生練習與考查檢核訂正的機會，也要不斷的

考試，幾乎每一課，每一單元，甚至每一天都要考試。隨堂考可能只用作業用紙，作業簿即能進行。一般考試均要印製試卷來考，當時的試卷製作非常原始。教師先編寫題目，要刻鋼版，再油印，費時費力，效率低。利用這種原始方法印製的考卷時間有限。出版商眼尖，看中這一片商機，大量編輯印製參考書與測驗卷應市了，供應教師使用。

這種情況現在並沒有因多元入學制度的建立實施以及九年一貫課程的實施，小班制的形成而絕跡，五十年後的今天每一領域的教科書，均附有參考用書與練習冊評量卷。只是當時純以紙筆考試為唯一升學篩選方式，故作業練習更密集，方式更機械化而已。這種增加使用參考書、參用測驗，無法避免，各學校各老師均在使用，也是家長所期望。雖然這種現象非我們的所願，也是教育行政機關所查禁。雖然是情勢所逼，也是普遍的現象，但是教育行政機關開一眼閉一眼，高興查禁就來一下，實為難以忍受的壓力。

在升學班不論老師與同學都有很大的壓力，剛剛才十一、二歲的小孩子，留在學校那麼長的時間，整天都有很多的功課、很多的考試，實在童年不起來，集中全力放在十二歲的升學考試，不能快快樂樂地遊戲玩樂。而老師受家長之託，指導學生卯足全力用功，不能讓學生輕鬆愉快的生活、快樂的生長，違背教育理念與教育良心，身心備受煎熬。師生都有壓力。這種升學制度即在這種社會框架下衍生出來的教育現象亟待改革。

在這一種制度下，我覺得我已經掉入一個框架裡面了。在這一種框架的桎梏下，我必須利用有限的空間，儘量發揮專業的權威，然而框架裡外的空間非常的小，無論如何，教師要盡其在我，用盡心思於教學，學生要打從心底體認用功的重要，尤其在家境不佳，中低社經出身的學生需要及早覺悟努力用功才能脫穎而出，出人頭地。而家長要密切配合，對教師的教學多喝采，對學生的學習更多給予激勵，有何懷疑或不滿意多溝通，減少誤會，更不可以引發衝突，否則效果大打折扣。

了解學生，積極用心，取得家長的配合，因材施教

學生來自家庭不完整，父母不和諧，或分居或離異，或單親家庭者，往往需要更多的關愛與照顧。吳同學住在較遠的村莊，家裡只有媽媽跟他同住在一起。爸爸在高雄經商，擁有產業，但少回來故里，對原配不加聞問。他的媽媽至為傷心，也從未去高雄相聚，把所有的心意放在吳生身上。常常到學校來找我，也看看小孩。我很同情她，對這麼一個盡責的媽媽。只是她有點自我封閉，小孩子難免受到她的影響，也非常的內向。我打從心裡同情他。我儘量的鼓勵他，多發表、多獎勵。他的語文能力很好，只是自己沒信心。所以每次有寫作或任何語文發表的機會，多多提供給他，讓他獲得更多褒獎的經驗，使他越來越有信心，寫作進步很快。本來有怯懦害羞的他越來越敢發表。

對數學本來不具信心，考試很容易粗心的，我輔導他要在心裡對自己喊話，我不僅語文好，數學一樣好。因為這個小孩，小時候沒有得到父親足夠的愛，被打入冷宮的媽媽多少有些遭受歧視的怨嘆，對小孩子影響很大，所以這小孩雖然聰穎，但是不敢充分發揮。我的適時鼓勵發揮很大作用，他功課越來越好。我跟他媽媽也越來越有話講。後來我也得知他有一個姊姊還是我小學同班同學，當時在高雄幫他爸爸做生意，於是我更具信心。我認定他爸爸對自己的骨肉還是非常疼惜的，並不想拋棄他，只是沒有機會，他也不會不要他的男孩，只是爸媽之間誤會很深。我跟他媽媽說，這小孩是一個可造之材，我會盡量激勵，讓他充分發揮他的潛力，畢業到高雄的招生考試，考取雄中的勝算很大，然後跟他爸爸住一起，他爸爸不歡迎你們母子也難。讓全家團圓，大人的事，小孩還不懂，大人能忍則忍，不要讓小孩子太早嘗到人間的恩恩怨怨。原來她還很難接受，後來慢慢聽進去了，媽媽越來越開朗，小孩也越來越優秀，也越快樂。這學生畢業後果真的考上雄中，一家團

圓，還邀我到他家作客感謝我。

個性很強的小孩，要發揮最大耐心，好好溝通，也與家長好好的溝通，降低誤會，成為良師益友，進而一起合作，發揮最大教育力量，會有意想不到的效果。班上有一位女生，聰穎清秀，每天穿著整齊，伶牙俐嘴，但是個性倔強，不如意的時候，不理會老師，很難說服她。有一次，參加升旗典禮，指責她一下，一臉不高興，然後強在那邊，說好說歹，就是不隨隊伍進教室，寧可在大太陽底下烤得滿臉通紅，教人不解，也十分不捨。好幾位老師過來勸說也不為所動，頗叫我這位導師，覺得難堪，最後請她媽媽到學校接她回去。然後我到她家，跟她爸媽溝通，了解小孩子的想法與感受。原來這位小女生自尊心很強，個性也很強，無論哪一方面都要表現最好的，不喜歡老師當眾指責她的錯誤，有什麼地方表現不好，她喜歡老師私底下個別跟她說，並告訴她如何改進。她爸媽也很明理，對教育非常熱心，對學校老師非常親切。她爸爸個性強，非常海派，交友甚廣，為人豪爽，熱心公益。年輕的時候曾有一段過去，放蕩一段時間，使得家庭破產，流浪在外，生活困頓，以致她上面有三個姊姊，都非常聰明伶俐，卻都沒有機會升學，大姊跟我小學時曾同班過，還常遭受同學取笑說她爸爸如何如何。她頂聰明的，國校畢業後，錯失升學的機會，二姊、三姊也一樣，因為正處於她家最困頓的時期。等到她爸爸痛改前非，浪子回頭的時候，開一家手工技藝店，三個姊姊均跟她爸爸學到一手好的技藝功夫。由於她爸爸曾經浪跡江湖，本即聰明機靈的他學到不少的功夫，不僅頭頂技藝功夫好，還懂得治療許多疑難雜症，更可貴的還是一位樂師，歌藝好，遠近馳名，慕名來者眾，人又長的帥，個性又豪放，樂善好施，對學校的事情也樂意幫忙協助。同事們絕大多數都到他家去接受他們手藝功夫和聊天，我也不例外，成為她家的常客。對於這位同學的功課，不僅她的媽媽極度關心，浪子回頭的爸爸更是為了彌補以前對子女怠忽父職的缺憾，所以對我班上這位千金非常關心。更為難得的是，她有才華使得不能如願升學的姊姊們，也全心全意支持關心重視她的功課，毫無委屈或感到不平的感覺，反覺得妹妹的成功也就是她們的姊妹們的成功，皆會以她為榮。這種全家人一條心，要小孩子努力用功，出人頭地的愛心與力量，我深為感動。我與他們熟悉之後，我也似乎與他們坐在同在一條船上，同舟共濟，目標就是這位小孩能夠如願考上理想的學校。這位小孩，本身生性聰穎，加上老師與全家人的愛心、關心之下，心領神會，不僅功課表現突出優異且多才多藝，表現傑出，演講、土風舞、歌藝等等樣樣都行，個性也變得溫文爾雅。她有一位比她大兩年級的哥哥，也在這種全家人一心一意的支持與協力下，成績非常優秀，成就非凡，印證此種力量的偉大。

另有一位同學，家長對他期望特高，希望他將來能當醫生。在台灣當醫生，從日據時代開始，向來是最菁英分子的唯一選擇，也是最愛的職業。台籍人士當大官是不可能的，即使當上了，也是傀儡一個。日據時代，最了不起．最有錢的父母，栽培子女，第一就是要他們當醫生，自由、有錢、救人，又清高的職業。光復後這種觀念與作法未曾改變。當時也只有台大醫學系培養醫生，想考取醫學系談何容易。不過，家長有心，順勢推舟，盡心盡力，做好第一階段的最紮實準備就是。

將來應會增設醫學系，機會就增加，那是以後的事。我十分樂意配合。雖然我評估並不容易，但只要能夠堅持，有決心、有毅力，遲早總會成功。我仔細了解，這位同學的學習能力不錯，但並不出類拔萃，並非天才型的。他雖然反應快但是容易粗心，解題考慮粗糙，不是很周致，有動機想學習，可是續航力不足，喜歡看書，但是不喜歡寫作。上作文課，常不假思索，未構思清楚，就動筆隨興寫寫，架構不完整，組織不嚴密，辭章不修飾，錯別字不少。數學與語文閱讀寫作基本功夫，讀書的正確方法與學習態度不及早建立好，未來想要學習傑出絕對不可能。

這類型的學生不少，只是家長並沒有這麼堅持一定要他考上醫學系。對這一類型的學生，要訓練他們的基本功，教學要更用心設計，使教材更精緻，教學更精熟，實施更用心。以數學來說，每單元的學習除給予整體的了解外，最重要的是，將教材加以分析，把握解題的訣竅，裡面應該學會的必要步驟。將學習與練習教材加以編排，使能循序漸進的學習與練習，一個步驟、一個步驟的理解與演練。依循步驟練習，務求精熟，且在任何關鍵時刻，使其做必要的口述。自己解說自己如何理解，如何演算，如何解題的過程，有錯誤隨時反省，為何會造成此一錯誤，如何才能避免，並提供習題即時演練，一旦發現有錯立即訂正。另一方面，也訓練他們能夠做開放性的思考，讓他們能夠思考活潑，遇到冷僻少見的題目，不會觸電而傻掉，提供一些需要思考的問題以茲調劑，經緯交織，使思慮敏銳，粗細靡遺。學習的過程雖然辛苦，進步是可見的。

❑成就非凡，半世紀後的相聚，備感溫馨安慰

這一班表現很不錯，參加升學考試，有考上台南女中的，也有考上高雄中學的，多位考取在地的第一志願初中，省立北門中學初中部。長遠的表現更為傑出，後來有兩位成為國立大學教授，其中有一位是知名的經濟學專家，常在大眾媒體上關心時局，暢談經濟發展趨勢及如何因應厚生之道；兩位有名醫生；還有一位留日，也當上大學教授，頗為難得；亦有多位小學教師，及公務人員。以當時的社經文化環境出身，能夠脫穎而出，實在難能可貴。

五十年後，當屆畢業的三個班級共同在台南的五星級大億麗緻大飯店，舉辦同學會，邀請三位級任老師參加盛會，這些同學已由當年天真不更事的鄉下小孩子，變成白髮蒼蒼，各自創出一片天的，各有表現的人士。很多陳年往事仍如數家珍，他們很感謝老師當年對他們教導，許多被處罰過的同學也心存感恩。而同學也特別感覺，我教的這一班同學表現傑出，我讚許他們奮鬥的精神與對人生抱著積極的態度，能夠永久堅持其志，不服輸，力拼一口氣的成果。他們還記得，老師雖然是剛從師範學校畢業的實習老師，卻能把他們教的如此表現，是老師教學之用心為他們及早奠定了紮

實的基礎。同時他們說更是因為老師本身身先士卒，力求上進，作為他們的表率，使他們不敢怠忽，再接再厲，努力奮鬥得到的結果。

▍學生畢業了，如夢初醒；接普通班，更需關心與愛心

一九六一年六月這一班學生畢業了，各自奔向自己的前程。接著下來，我如夢初醒，過去兩年，我醉心於把學生教好，使他們能夠如願升上中學，每天十分繁忙。現在他們畢業了，一旦醒過來，我警覺到我三年實習已去了兩年，一年後接著就要被徵召入伍。如果想要升學，已經該進入緊鑼密鼓的時段。我想突破命運的鎖鏈，在現實的框架裡，創造我未來的志氣又油然生起。過去兩年，已把過去準備升大學的心擺置著，把原先的一些升大學相關的書籍資料擺置著，至今已經蒙上一層厚厚的灰塵。我開始惶恐起來，決定把心收回來，好好的加強準備，參加明年的大學聯考。

本期待藉由直升保送大學，看來仍充滿變數。我把以前準備好的書開始重溫，我也新買了最近出版的一些新書與考題，更向正緊鑼密鼓在準備的同事李老師、張老師兩位借閱請教，互相切磋。

暑假開始我依照既排好的課表操課，國文、英文、數學、史地與三民主義，有次序地準備，鄉下沒有補習班，只能自己自修準備。憑著自己教過學生升學的經驗，已懂得一些準備考試的竅門。只是像英語、數學未曾按部就班讀過的考科，全靠無師自通，不免事倍功半，但也只能盡力而為。本校教升學班的老師，循例會有一年可以放鬆放鬆，等明年再帶升學班。所以順理成章地，新學期我要求讓我帶非升學的六年級普通班，明年可以一起畢業。

▍教室就在禮堂，自成一個王國

學校教室不夠，這一班教室只好安排在大禮堂。這是一棟獨立的建築，日據時代留下來的典型

日本風格建築，非常典雅。我念小學時，它是印象中最雄偉、最漂亮的建築。外表鋪釘著一片片的木板，漆上粉白的油漆，下有氣窗，中有大的霧色玻璃窗，上還有高高的傾斜氣窗，裡面大大的舞台，擺著大講桌，尚有一部巨無霸風琴，旁邊窗上懸掛著兩排民族英雄畫像，還有圓形的大眼窗，旁邊種著兩排龍柏樹。是最有氣質最典雅的建築。無奈經過歲月的蹂躪洗禮，不斷的日曬雨淋，颱風地震，有些破損，風華不再，殘存風韻，伴著斑駁的油漆，破爛不全的門窗，不禁讓人發思古幽情。等待著整修改建，卻沒有經費。但是，晴天大太陽之下，這裡最涼快，讓人沉沉欲睡；可是，風雨的時候，蕭蕭瑟瑟，醉人心腸。

這裡是一個小天地，沒人管，沒人理，離任何一棟建築都有相當距離。我與這一班學生，形成一個小王國。上課時，講話比較吃力，有回音，更增幾分情趣；下課時，小孩子有大大空間玩遊戲，快樂無比。我上正課外，安排許多的活動與遊戲，毫無壓力。我以為可輕輕鬆鬆好好地休息與看自己的書。

被遺忘的一班學生，我能放棄他們嗎？

然而，幾天後，覺得不然。這一班學生家境比較差，學習根底也不堅實，學習興趣缺缺，常常缺席，來一天缺席兩天，甚至有的長期不來上課，上課反應也不佳。看著他們，貧寒出身，欠缺鼓勵，動機不強，心裡不由得憐憫起來。他們能夠在學校讀書的時光已經剩下最後一年，卻不知珍惜，家裡也不把他們的教育當作一回事。人生來就是不平等，在升學班有不少學生實非讀書的料子，父母家長就是一心一意指望他們升學，但是在這個班，相反的，有不少學生其實資質不錯，父母卻不要他們念書，甚至阻擋他們上學。

我不能放棄他們，我要設法讓他們好好地用功，至少在這一段國民教育階段的最後一年。對於常缺席的同學先做家庭訪問，跟家長好好的談，請家長為他們珍惜最後這一年。我提醒他們，未來的社會，不能讀寫算是很痛苦的，請父母不要為了眼前的便利犧牲自己骨肉的求學機會，有什麼困難，老師也會配合協助學生。於是農忙的時候，通融他們帶年幼的弟妹到校，家裡沒人做飯還特准其提早回家作飯。慢慢的，遲到情形越來越少，在老師的關心之下，真正沒法到校上課的情形大為改善。

❑我教他們有信心，天生吾才必有用，自我珍惜

基本上，我教導他們，先要讓他們有信心，不屈服於命運，有命運沒人敢否認，但我們自己也能運命，重點是如何運轉自己的命。相信天生人，天生吾才必有用，縱然沒有機會升學，我體力

好，超會工作，必有用場；我不怕苦，能吃得苦中苦，必能成功。畢業後繼承父母耕農，一樣有出息；或者將來拜師學手藝功夫，成為師傅，一技在身，受惠終生。即使當黑手，只要力求上進，將來自己創業可能成為大老闆。我不喜歡讀書，但是我口才好，會講話，將來做生意或當業務員，可能是成功的一個大企業家。一枝草沾一滴露，人人有無限的可能，有無數的前例可循。

我特撥出時間蒐集各行各業的成功人物，給他們作為活教材，講給他們聽，或印製講義，使他們閱讀。他們大都能聽進去，慢慢的，也跟老師越來越親近。他們已經感受到老師是關愛他們的，也重視他們。下課的時候常會圍繞著老師，也願意把心中的話跟老師談，有困難說出來。在了解各個同學的性向及習性之後，適度的引導他們、建議他們，將來要怎麼走，規劃自己的生涯發展。一段時間以後，學生越來越想學習，動機也越來越強。

❏教材生活化，教學簡易化

接著我把枯燥無味的各科課本教材，想辦法加以組織編排補充，儘量生活化、趣味化、統整化，讓他們很輕易地就能學習並用於現實生活中，與各行各業的工作連起來，在實際的家庭、社會、職場派上用場，將來可以賺錢謀生成家，也可以當一種娛樂，而不是只用在考試。我教數學度量衡的時候，不僅只按教科書教以米達制，還教以更常用的台制，如台尺、台吋、台丈、英吋、英呎，可以實際運用於丈量里程，丈布量身；也會教給一些工程估價的問題。教國語時候，會教他們客人迎送，客人的客套話語，生意的應對語會話，各種場合的講話，上作文課給他們練習各種應用文的撰寫，書信、履歷表、廣告稿、海報、春聯……等；還有吟誦詩詞歌賦以增進生活的情趣。

教普通班、後段班，不能放牛吃草，更不能看不起他們，要同情他們，設身處地，穿上他們的鞋子，帶上他們自己的眼鏡來看東西，用同理心、同情心來教他們。自然能讓他們學習得起勁，學習得快樂，也學習得有心得。

用心良苦，成家與升學拔河

課後專注準備明年的大學聯考，仍是學校最晚下班的老師。上課的時候，用心教學，看學生學得有趣又有心得，心情很愉快。學生放學，老師夕會之後，我一個人留下來，我可以大大方方的在這裡看書，作功課。反正兩年來我已習慣於九點鐘才下班，所以往往是最晚下班的老師。我編了一個自修的進度表與時間表，每天除按學校的課程表教學生，也按自己的時刻表與進度表自我要求自修，準備明年參加大學聯考，所以頗有進度。當時有兩位同事張與李老師也正在準備，遇有困難，也會找時間跟他們互相討論，互相切磋。

家裡父母並不知道我仍然心不死，不知道我又開始念自己的書準備參加聯考。我也不想讓他們知道得太早，增加他們的煩惱與擔心。我任教的這兩年，我盡力幫忙他們，忍住身心的煎熬。自從第一年十月一號，領到了薪水，我全數交給了雙親。當時一個月四百八十元，十月份薪加上補領八、九兩個月薪，計一千四百四十元，我留下零頭其他悉數給他們。對他們來說是偌大的一筆款，是一個很大的安慰。心情上覺得到安全感，覺得終於苦盡甘來。我後來的薪水自己留下一小部分，存於郵局，其他按月送給父母。

農事我要他們盡量找人幫忙，我也就較少參與。有了一點錢，也比較捨得雇用人幫忙。

─•規避即時成家，心有旁騖，築心中大夢•─

❏父母卻忙於修家園，催促我趕快成家

父母從小很喜歡我很會讀書，不用大人操心。他們心目中覺得當小學老師，最好。學生家長都很尊敬，在鄉下風評也很好，有固定的收入，滿足基本的生活沒問題，教小孩子，教人學好，做善事會有福報。而當老師在自己家鄉最好，方便又在附近，最好一輩子就在他們跟前，這是他們的目標，再也心無旁騖。既然已經立業，接著就是成家囉。

所以兩年下來，他們倒開始物色對象要我趕快成婚，希望我在應召入伍之前。他們以為學校教學忙，綁住了我；找個老婆再一綁；大概生涯底定。他們也就安心了。而在我的心裡，卻不這麼想。我心裡還有我的夢去追逐。我想您們生我，育我，教我，愛護我，我衷心感恩，我一定要反哺報恩，我一定會奉養您們。他們的想法固然不錯，可是天生吾才必有用。人要盡才，才要盡其用，我覺得我還需要進修。我不願永久當個小學老師，也不願永久守住那幾分土地老死家鄉，我還要念書，我還有我的夢，我要跳出這個與生俱來的框框，我要突破鎖鏈，我要到外面去創業，更要創造另一個溫馨和樂的家庭，讓我的小孩能夠覺得溫暖，能夠自我實現的家庭。要作學問，我要做大事，做更大的貢獻。我要立功、立德、立言。我能夠忍耐，也能受苦，但是不能沒有抱負、理想。我要出人頭地，我要找到夢想中的人，志同道合的人，找到，與我同甘共苦的人，無論到天涯海角，一起創業，實踐人生的理想。難道我不能嗎?我天天在鞭策自己。

他們向來省吃節用，拿到錢也捨不得花，絕不會享受。第一年的深秋，卻開始大興土木，找了工程人員，糾工買料，整修住宅。將已被白蟻蛀壞隨時會塌陷的木質部分，全部換為永不久會被蟲蛀的檜木，包括棟樑楹，整個屋頂換新，石灰牆壁改為水泥。父母說為了家人能夠安居，而且說我現在當老師了，總有一些交際，客人來了，也比較有個門面，才不會失禮。

從小住在蛀壞的小房子，颱風時，外面下大雨裡面下小雨，整修整修，我也表示贊同，我覺得父母親真偉大，再怎麼樣也是為子孫著想，整修家園。可是我不希望為了我花太多錢在房子上面，只要整修得住起來安全就好。可是我不能跟他們說，未來我不可能廝守於這個老家，這樣會讓他們傷心難過。乃兄十分不爽，極力阻擋，威脅破壞工程，退伍軍人創傷症候群在身上纏繞，揮之不去，隨時會爆發。也沒有什麼太大理由，就是情緒不爽，為什麼我一回來就要修蓋房子，增加生活上的許多不便。

沒想到兩年後，父母親又開始設計再整修。這一次目標要美化，讓它看起來美觀，不會覺得寒酸，要有氣派一點。父親這麼說，因為常有人來說媒，準備為我找媳婦。我覺得好笑，我還有很多的事，要去完成。父母您們知道嗎？我正躊躇滿志，一切充滿著變數。可是我不能在他們面前說白，他們會傷心的。

❑兄嫂一家吵吵鬧鬧，我絕不敢輕言結婚

何況乃兄退伍回來不久結婚，兄嫂常常爭吵，有時候嫂子的娘家也來湊一腳，家事越變越複雜。兄嫂一吵，小孩驚慌哭叫，我都受不了啦，小孩怎受得了。有時候兄嫂一吵，嫂子不告而別，跑回娘家去，甚至丟著小孩哭哭啼啼不管。小孩靠爸爸也怕怕，他煩躁；靠阿嬤也不是，靠阿公也不是，靠叔叔也不是，乃兄都會吃味大發雷霆，家裡一團亂。乃兄氣消之後，到丈人家想接回孩子

的媽，卻被羞辱一番。我心裡面真為他們這一家憂心，更為侄兒擔心。不能管太多，又不能裝聾作啞，心裡很同情小孩，卻愛莫能助。上班三年，我早七晚八，在家時間不多，也許也是一種逃避吧！？

看到這幅情景，只是暗自神傷警惕，要存有戒心，我絕對不許再隨便找一房來湊熱鬧呢。

我只希望早一點離開這環境出去再闖一闖，即使流浪到遙遠的遠方。所以對他們所為，我只有虛與委蛇，敷衍以對。

❏有人來說媒，敷衍應對

當時的確有不少人來說媒，其中不少是已畢業升學班的家長。有一位學生的爺爺，擔任隔壁村的村長，三不五時就會來找家父聊天，無事不登三寶殿，媒說他的外甥女，家政學校畢業的，在市鎮開家技藝補習班，教學生學習家事才藝，才貌雙全，又會持家。說得家父母，大為心動。如果玉成，嫁妝多少，小家庭住到市鎮店鋪去。憑著當村長，常常講話的不爛之舌，說得大家動容。進而要我表示，我非常感謝家長對他孫子的教育非常關心，讓他學得很好，也感謝他關心我的終身大事，一定會永誌心頭。至於結婚的事，還早呢！我說我還不想結婚，最快服完兵役再說。他仍然常常來找我父親聊天，我在家的時候也跟他蠻有聊的。我家庭院種有三棵文旦，許多番石榴、香蕉、釋迦、龍眼等。他是我們水果最早的、最忠實的、也是最常的賞味者。他跟家父說，從他的孫子和直接跟我的接觸，知道我很能關心別人，能夠將心比心，做事情非常認真，非常有責任感，且非常堅忍。

他聽他孫子說，有一次一位非常調皮的同學，數學做錯了，老師跟他訂正，心裡不爽，看老師穿一件新的白襯衫，潔白亮麗，背著身子板書，就趁機從背後，把當時一般常用的自來水筆一甩，在潔白的襯衫上劃上一條藍色的點線。全班同學大驚失色，跟老師點破，老師若無其事，直到下課，才跟這位同學個別輔導。所以他認為我能動心忍性，了不起。對於我如此用心教導孫子，打好基礎，將來一定成材成器，他感謝在心，他也要他的孫子謹記於心，感恩圖報。結果我們跟他成為最常聊天的夥伴。當我實習期滿，要離家北上升學的時候，送給我一件編織得細緻異常的毛線衣，他說是他的外甥女親自編織的，要我旅北上學隨時穿上，好好保暖，我不敢接受。真謝謝他的用心。可是對這一位有心的女孩，我一直推三阻四，後來關山遠隔，終究沒見面。不知是否做錯了？兩年後，我聽說她成婚了，而且嫁得不錯。還好，沒有誤了她的大事，我祝福她。

還有一位家長，也是很有心。由於她家開商店在街上，經營得法，懂得客人的心，生意非常好。學生畢業考進心目中理想的初中，全家很高興。每次經過她店鋪門口，都會找我話家常。放寒暑假期間回家，她媽媽還送學生到我處，請我再幫她指導功課。本來底子就很好的她，功課更優秀啦。她媽媽跟我說，學生的二姊姊，你看得出來的最漂亮，其實她家的幾個姊妹個個標緻異常，健康又美麗，又是最伶俐，其實每一個都聰明，只是排行前面的幾個沒有升學的機會；她偷偷跟我說，她非常喜歡你。她說她二女兒漂亮，伶俐不說，能言善道你知道的，還會唱歌彈琴，能寫能畫，會烹調，還會縫紉，編織什麼都難不倒她，不僅是美女，還真是一個才女。將來結婚後可以回家繼續工作，也可以開任何的店鋪，你到哪裡她也可以隨你到哪裡，她都會侍候你，只要你喜歡她。我不能說我不喜歡她，但是實在是屬於一般朋友的喜歡。她也的確是個難得好女孩。但是我雖然還二十歲，年紀尚輕，可是我的人生閱歷已歷盡不少的滄桑，我不想匆忙之間，隨便與人早早 Go steady，跳進另一個框框裡。每一次提起，我總是找些話來回應她，不能給予任何的允諾，但也不能傷到她的心。我希望就這樣自然發展下去。不忍心揠苗助長也不捨摧殘幼苗。祝福也謝謝。

愛人被愛都是愛，都要覺得幸福。永存感恩，珍惜。

【感觸】

友誼是自然的　出於至誠；
　被認為為了其它目的則不免低俗下賤；
上天並不為了滋潤萬物而下雨，
　它卻滋潤了萬物蒼生；
　　益顯出它的可貴。
人際之間無形中發生友誼，不為其它目的，
　自然而然地衍生出情誼，彌足珍貴。

生活於冰窖的人，對於陽光感恩；
生活於沙漠的人，對於綠洲珍惜；
只有感恩，只有珍惜罷了；
　　感恩珍惜，不必啟疑，
　　　即使綠州陽光是海市蜃樓；

不說人生只有現在，應是過去，現在，到未來的延續；
過去現在已是既然，未來有無限的可能，
既然與可能之間，讓人躊躇滿志
　何必畫地制限呢？感恩珍惜是正面的，高貴的，

就讓它去吧
停滯於感恩珍惜也是可貴的，
不要破壞，不要摧殘。
揠苗助長是徒勞，摧殘幼苗是愚蠢殘酷；
土壤裡的種子總該讓它滋長。
滋長有無限可能；
摧殘必走上絕路，不論是為了一時的什麼光明堂皇的理由。
愛與被愛都是愛，永久心存感激
讓生命一切不斷生長，成長，發展，延續無限。

申請保送直升師範大學，興趣太廣，猶疑難決

在國校實習的第三年下學期四月中，績優且有興趣升學師範大學的畢業生，憑在原師範學校成績及三年實習服務成績，可以向原畢業師範學校申請三年實習完畢直升師範大學感興趣的科系，名額只有個位數。按照申請辦法實習三年的考核必須優等，在師範學校三年學業、體育、操行三項成績依序各占六十%、二十%、二十%加權合計為總成績來排序。依限定名額擇優保送所選擇的學系，每一位申請者可以選擇三個志願。我的性向興趣蠻多方面的，考慮也多向度。當時以我的成績來申請，機會應該是很大的，如果只依照畢業成績絕對無問題，但是尚需服務考績為基本門檻，那就誰也沒有把握。

我從小擅長數學，成績很優秀；閒來總是喜歡拿筆來做畫，常欣賞畫展，收集畫冊；有空喜欣賞音樂，也特別買了當時還稀有的一個音響聽音樂，唱唱歌；教育是本行，也蠻有興趣的，五、六年來也學有一點心得；所以選填志願時左思右想，拿不定主意。

最先我第一志願填數學系，後來有學長跟我說，數學系很難讀，師範生課程只學代數與平面幾何、三角，另修有小學教學用的珠算及算數和數學教學法，沒有修過微積分與解析幾何，自己也沒有參加補習班補習，以這樣根柢上大學的數學系，接續不來，太勉強是自找麻煩。然後我想數學整天沉浸在抽象的符號世界裡面，不食人間煙火，以從事教育工作者來說，也不近人情，非我所願。所以隔了兩天又跑回學校實習處要求更改，把第一志願改為音樂系。

後來遇到了一位老師，我跟他說明原委，他問我有沒有正式學過鋼琴，又問我沒有學第二種樂器或學聲樂，我全無，我只有在母校學的音樂課和風琴。聽說師大音樂系學生音樂素養都很高，大部分出身於高社經家庭，從小就跟名家學琴藝，以我們這樣的背景進去，恐成為笑話。我最怕貽笑大方，也怕落於人後，於是又折回找承辦人更改，他很勉強的讓我再更改為藝術系，我想這應是最後一次。果不其然，我們有一位同學保送師大音樂系成功，開學後上了三天課，知難而退，即時申請轉系。

不過，回來想幾天，仍然感到猶疑不定，幾天後我遇到了小學的導師黃老師，他正在師大藝術系進修，我請教於他，他說看我的情形，以美術為興趣，業餘消遣可也，不必專攻美術，因為他知道我美術造詣並不特別傑出，也未曾拜師學藝，也未嘗得過真正的大獎。我想是，在這年齡在藝術如果有特別性向，應早已嶄露頭角，同學之中已經有同學，像蘇新田已經獲得好幾次的美術比賽的獎項。

黃師建議我還是專攻教育，於是我回到母校實習處，這一次承辦人頗為不耐煩，不讓我再更改，於是我找實習主任黃老師，他跟承辦人交代這牽涉到我們校友生涯發展，只要不超過期限內就讓他們改，果然還是念教育的老師能夠了解我們的心。我很感謝他，於是還是走回本行。

❏保送師大成功，終止聯考準備

一九五九年五月十五日報紙上公布師範畢業生保送師範大學名單，我如願地榜上有名，保送台灣師範大學教育系。這是夢寐以求的喜訊。暑假結束我就是名正言順的大學生了，四年後就可以當中學老師了，也可當預備軍官而不是大頭兵了。

當時大學生是稀有動物，頗為珍貴。一個鄉鎮一年能考進一個大學生，就轟動全鄉鎮了。當老師本即神氣，教年級越高的老師越神氣，小學老師就很不錯了，何況更高一級的中學老師。至於大學教授則是視同聖賢了。所以報紙一披露，消息傳開來，大家都對我恭喜，同事們更為艷羨，恭喜聲不絕於耳。在這所國民學校還是第一次有人保送至師範大學，當然我也要感謝校長與教導主任的實習考核。雖然有幾次校長好像找我的不是，也曾有爭執，但是他們還是蠻有分寸的，評分實習成績還是蠻公正的，沒有故意擋年輕人前途，能堅持理解大家都是為教育、為學生、為理念。校長雖然口無遮攔，心直口快，常常傷人，但是仍是宅心賭篤厚，非常敬業。所以我首先特地跑去向他們表示謝意。

從我那一班升學班畢業後一直以來，兢兢業業，孜孜不倦於升學準備，預定要參加七月初的大學聯考，從沒有浪費一天的時間。但是我也犧牲了很多，為了準備聯考，我廢寢忘食，我雖然堅持教學絕對盡心盡力，但是忽略了生活，忽略了感情的經營培植與灌溉，忽略了同事的聯誼，我似乎由過去教升學班時候的核心教師，易位而邊緣化了。而過去常常互動的同事也淡化了，為了準備聯考，慢慢地疏遠了。這種犧牲也太大了，我警覺到一切都變了。所以我考慮了兩個晚上，我放棄不想考了。再考即使考上一般大學更中意的學系，沒有經濟的奧援，你也念不起，又如何。我決定放棄，雖然離考試只有一個半月。於是，我開始恢復了過去的正常生活，我每天對同事展現更多的笑容，也展開更多的對話和互動，同樣的，他們也給我更多的笑容。一些過去常常互動的同事朋友又回來了，我快樂很多。

跳不出性別框架？

有一位原來常常互動，交換共同喜愛的期刊雜誌，一起欣賞興趣的藝術作品，談天說笑交換心得的同事，最近一段時間也因為我忙於考試準備而疏於互動。這時候，她恭喜我，並問我想不想再準備下去，她很贊同我的決定。於是我們又恢復了原來的交換看書賞畫的樂趣。

她告訴我她想實習結束有意準備參加大學聯考，繼續攻讀師大，我鼓勵她。當真的，我很高興這位女同事，我的學妹也要再進修。於是，毫無保留地把所有的升學準備用書送給她，希望後繼有人，她也常問我一些問題，找些難題討論，幾次以後覺得頗有心得，彼此樂在其中。有一次她跟一位不太熟悉的男士出現在我面前，我也不便問太多他是誰以及他們的關係如何。

不久暑假開始，一個月後，她把所有我借給她的書悉數郵寄還給我，附了張紙頭，說她不想準備參加聯考也不升學了。爲什麼常常見面的同事有什麼事不當面說一說，談一談，討論討論或許會柳暗花明！我不解？這個疑問在我心中盤旋好一段時間，不久聽說她結婚了。我懂了，又是一件為了成家而限制自己發展生涯的實例。難道這就是女性的自我限制嗎？又是跳不出性別的框架。這一位同事，從此沒再遇見，或許遇見也認不出來吧？！

大學聯考，自己模擬

一九六二年七月七日大學聯考分四區舉行，三萬考生應考。已經兩個月沒看聯考的書籍資料，不過，遇到一年一度的大考還是躍躍欲試。我拿來大學聯考的數學題來試試自己的實力。雖然已經中斷兩個月的準備，我自己還煞有介事的找一個僻靜的房間考六十分鐘。結果獲得七十九分，我估計如繼續準備不中斷，可以考九十分，相當得意。今年作文題目是范仲淹的名句：「先天下之憂而憂，後天下之樂而樂」。是我的信守不逾的座右銘，也是我平常的行事風格。這個題目於我很能發揮，相信也能考得不錯。

❏國校畢業典禮，實習畢業典禮，離情依依

一九六二年七月五日學生舉行畢業典禮，也是我實習的畢業典禮。

今年我擔任的這一班畢業生是非升學班，在學校裡並不被重視。學生常被抓去出公差，做勞務的工作。學校忽視他們，我這一位導師可沒忽視他們，反而比我教升學班更重視學生他們，要他們把握在學校的最後一年好好的用功。果然表現很好，一直到畢業前夕，出席率還維持正常，跟老師的關係也很親。雖然功課無法跟升學班比，但是生活方面、服務方面，禮貌秩序，表現甚佳，且他們也很有信心，相信他們會有他們的未來，只要肯努力未來不是夢。

畢業典禮時候，當畢業生致謝詞，驪歌響起，他們都哭了。當他們跟老師告別時，抱成一團痛哭，他們知道我也要離開這裡了，哭得更傷心。其實我的心裡更想哭，哭完了，我再度與他們相互勉勵，他們心中似乎感到茫茫然，其實我的心更是，祝福他們也祝福自己。勞燕分飛，希望後會有期。

❏實習圓滿，感觸良多，學得很多

今天也是我的生涯的另一轉折點，我想到很多，五味雜陳。這三年的實習教師生涯，其實就是正式的小學教師生涯，工作與其他教師一樣，其實更多，也沒主管或同事認為你是實習教師，沒人會指導你，沒人會因為你是實習教師所以幫忙你。你領的薪津待遇實物代金，也與同年資的老師無有二致。你出了什麼差錯，也沒人關心你或協助你。好在我並沒有出過什麼大差錯，如果有的話應是有一次，督學督導時查到有學生書包裡有帶參考書。我當面辯稱，參考書本來就是供學生參考的書籍，既然可以公開賣學生可以公開買，它也有一定的參考價值，為什學生不能帶來參考？我並沒有用它來取代教科書上課。

督學駁斥這是規定，校長也在旁責備我。督學走了，校長再把我叫校長室責備一番。我再怎麼據理力爭辯白，也聽不進去。參考書如果是真得沒用或甚至會誤人子弟應列為禁書，不可以販售；參考書如果有其功能，如何運用應聽教育專家意見訂出規範。

我們的校長還算很勤勉，雖然對老師們講話容易令人難堪，但是並不記恨，過了也就算了。寫起字來正經八百，一絲不苟。每天一大早騎著單車從老遠而來，風雨無阻，僕僕風塵，一當就是二十年。他在任內受到很多的批評和攻擊，每次開會，爭論不斷，罵聲不絕。他都不為所動，罵歸罵，我做歸做。有老師指責他，會而不議，議而不決，決而不行。他充耳不聞，一直待到在這個學校，直到退休才告老還鄉，真教我佩服。我很想從他那邊學會忍耐功夫，不過再怎麼學還是學不來他的忍功，倒是學到他的刻苦堅毅的精神。

❏失業了，貧窮不安驚險，我鬱悶也矛盾

這個暑假應是我最輕鬆、最愉快、最沒有負擔的一個暑假，同事朋友見面都跟我這麼說，我自己也認為應是如此。舊的工作已結束，新的功課還未來。他們恭喜我，我只能裝笑笑。

我當三年老師，卻沒什麼積蓄，同學的喜帖接二連三的寄來，而下一個月起我再也沒有薪水了。我失業了，想來心驚驚，我卻不知如何是好？我把所有的薪給全交出去，家庭仍然是又窮又亂，當我需要錢的時候，我很不願意說出口，且我已辭離，薪金終止，父母會更難過。我已經天天耳根不清淨了，再增加題材將如火上加油，我能忍就忍。

「**那麼大了，還不結婚？人家來說媒，一個一個都被攆走！有固定的工作不做要辭掉？七老八老還念什麼書呀？……**」

聽不完的牢騷，發不完的脾氣，生不完的氣，這些就是我這個暑假的場景。

父母心中就是希望我安於現狀。我知道他們一直這麼幫我準備，他們把我給他們薪水節省下來，沒有享受，拿去蓋房子，希望人家來作媒，撐場面，讓人家看來不會太寒酸：他們拿去換買田地，七等則的換九等則的，遠的換近的，沒有產業道路的換有產業道路的，讓我將來好耕種，然後我就會安於現狀，成婚生子，一邊教小學，一邊耕種田地，從此廝守家園。

我很苦悶，我很鬱卒，人生願望就僅只於此嗎？我在三年前帶著很大希望與雄心回來，我希望能改變這個家，我希望能讓父母輕鬆，我希望對父母盡孝心，我希望幫我帶著退伍軍人創傷症候群回來的兄長舒緩症狀，逐著一個個夢回來。

結果呢？三年過去了，兄長結婚了天天吵鬧，生了兩個女兒，夫妻親子吵成一團，我充當和事佬卻反而動輒惹火上身，差一點跳入水裡難洗清，我愛莫能助。後來他們離婚了，我也沒辦法搓圓。我好失敗！

父母憐惜孫女，我心裡憐惜姪兒，卻愛莫能助。結果離婚了之後，留下的是一個心情更壞的兄長，和一團亂的家園。

我的用心對他好像毫無起色，毫無改善。我把三年賺到的奉獻出來，似乎也沒有帶來父母的快樂，我盡力說好說歹，奉勸仲裁，每當衝突時充當和事佬，並沒有什麼幫助，常常換來三面不討好，我失望極了。如果我繼續待下去能有什麼幫助，我願意，如果我趕快結婚能夠有所幫助，我也願意。但是，我評估只有治絲益棼，更趨複雜，無濟於事。我現在失望極了，叫我不沮喪也難。我想要逃，逃得越遠越好框將來有機會再成立個新的家，如果沒有機會，我終身不婚不娶，我已看盡了家是一個框框，是一條鎖鏈，讓你無法自由自在，讓你無法展翅飛翔框不會讓你更溫馨，卻讓你痛苦失望。

家庭是一個框架，有它的功能。在這框架之下，小孩能夠成長，老人有人奉養，年輕人能夠好好打拼，如若不然，在此中天天吵吵鬧鬧，又有何意義？如果反而限制個人的成長、發展與安養，又有何意義？能夠突破這個框架嗎？我心中自有期待，我要突破當下的框架，我要出去拼，拼出一個新的家，再把爸媽接過來。我默默地許了承諾，我只能在口中祈禱，能夠跟誰說呢！說了有人會懂嗎？

❏爆發霍亂，全國亂成一團

當年七月下旬，爆發副霍亂，疫情嚴重，全島人民壟罩在傳染病的恐怖之中，十六年來已絕跡的傳染病再現，叫人心驚。許多婚禮喜宴也從此不敢鋪張，場面縮水，客人不求多，正好對於同學接二連三接踵而至的喜帖邀請，只以禮物相送賀詞恭喜，剛好可以省下禮金，讓一貧如洗的我輕輕度過金錢關卡，只有春生兄的婚禮去參加。因為那一天同學也要到國文老師農老師家拜訪，並祝福剛新婚的他快樂幸福美滿。

相聚時難別亦難，東風無力百花殘

父親得了肺結核，家事如麻，我如何離家

八月初，每天早上常常一大早醒來就傳來父親的咳嗽聲，有好幾次咳得好嚴重，幾乎上氣不接下氣。我注視關懷著他，他老了，我睜眼看著他，歲月已經在他的臉上刻劃深深的皺紋，又深又明顯，凹下的眼窩深深的，無力的眼神，臉上很蒼黃，沒有什麼血色，我看了眼睛濕了，我十分傷心。我要帶他去鎮上看醫生，他不願意，他說還不是寒痰冷嗽，吃些中藥補補氣就好了。我也不敢太勉強。不過在心裡一直惶恐不安。已經好幾天還是未見好轉，心裡面越覺得不妙。我也跟媽媽說，爸爸的病好像很嚴重，請她要少碎碎念他，要注意密切觀察。慢慢地，常常吵罵的媽媽也緊張起來，對爸開始關心起來。我發現其實他們彼此蠻關心的。

八月二十日，爸爸轉趨嚴重，咳到不行，甚至痰中帶血，緊張了，覺得大事不妙，我堅持帶他到佳里街上看郭醫師診所，結果在心底一直讓我擔心的不幸發生了。醫生透過X光透視，說他的肺部有病變，他建議到台南結核病防治所進一步確實的複檢。我隔天帶他到台南檢查，透過專科醫師利用精密檢驗，確定是肺結核，讓我們膽戰心驚，這是令人不敢接近的傳染病。

醫生說病人只要對藥沒有抗藥性，就不至於有太大問題，一定要好好地配合服藥，雖然辛苦但一定要忍耐，治療療程需時三到六個月。而我即將離家遠行，心底也擔心，我已辭掉了工作，要在家侍奉他湯藥也不行，未來治療這麼長的療程怎麼辦？一方面也擔心我會不會也被傳染了？！果

爾，我也上不了師大，也不能回頭任教。那不就三頭全落空了嗎？無數的問號驚嘆號在心中盤旋。越想越可怕。

帶回醫師開的肺結核藥，據說很難吃，副作用也很大。回家照醫師囑咐服用，還好爸爸可以接受，但是擔心的是，是否會發生副作用，據說有可能影響聽力，嚴重者可能會失聰。我們都擔心，因為爸五官最好的是聽力好，如果聽覺受損就麻煩了。

在我同事為我慶賀即將進入師範大學更上一層樓的時候，我卻陷入一個艱困的時刻，一樁樁的災難接踵而來。七月底凱蒂颱風造成家園一片狼藉，至今未全清理修復；副霍亂疫情蔓延造成人心惶惶。大環境的災情，大家互相勉勵彼此壯膽還好；自家及個人的苦難則獨自承受，難以安眠。負債數萬，薪給已斷；父母已老弱，父親肺病治療才起始階段，艱鉅的療程誰來牽著他走下去？兄長才離婚，心情浮躁，病情加劇；社會不安，家庭一團亂。怎麼辦？放棄升學？還是再繼續教書吧，好像難題解決了一大半，上一週校長還再問有沒有確定要辭職？現在即時剎車應還來得及。可是放棄得來不易的直升，實在心有不甘。快刀斬亂麻，鐵了心，就是向前走，卻有點不近人情。尤其最近，父母關係也改善了很多，也開始關心我要離家求學的種種，讓我反而走不開這家事如麻的家。每當夜幕降臨，夜闌人靜的時候，常獨自徘徊於庭院，望著天上孤寂的月娘，左思右想就是想不通，不斷的煎熬，然後躺在床上，噩夢連連。偶爾有同事有為我餞別，滴酒不沾的我，也會一杯又一杯，借酒澆愁。沒人知道我的愁我的憂。我似乎常常掙不開框架的桎梏，感情的鎖鏈。我有勇氣離開這個家嗎？

❏紅色的徵召令下達，讓我快刀斬亂麻

八月二十三日紅色的徵兵召集令下達，常備兵，軍種空軍，役期三年，應徵入營時間八月二十

九日六點三十分，服役地點雲林虎尾。讓家人嚇了一跳，來得有點快。不過，半路殺出這麼個程咬金倒也讓我即時清醒，理出一條路，要怎麼向前衝。

幾天後我下定決心跟父母說，我決定上師大念書，修業時間四年，畢業後就可以分發當中學教師，一年後才應服預備軍官役只要一年，不升學現在馬上入伍當兵則需三年，上大學四年期間是自由的，隨時可以回來；現在應徵入伍當常備兵，為期三年，失去自由身，說不定還會被磨死，回來最多還是回任小學教師。兩相比較，立可見長短。父母也同意，我跟他們說，我也不可能回來再種田，您們年紀也大了，身子又不好，父親又有病待治療，現在家裡手頭又緊，田地不要留太多，趕快賣掉一部分還清債務，無債一身輕；把身體養好最重要。對於我，因為師大跟師範學校一樣是全公費，我的費用不用他們操心，食宿均無問題。有問題，我自己會解決的。我有教升學班的經驗，不怕找不到家庭教師當。父母恍然大悟，也聽進去了，接受我的想法。囑爸爸的病只要按時吃藥，定時到台南看醫生，拿藥回來遵照醫師的藥方吃，多休息不勞累，補充營養，就會好的。

❑提著同樣那隻皮箱，搭最低價的火車，上遙遠的台北

九月二日晚上子常老師、振輝老師、清其老師與萬川家長為我餞別，祝福我也勉勵我，情意重，讓我感動。三日一早我提著三年前搬回家的那隻皮箱，裝滿四季的衣服、工具書，揮別家園父母兄長，父母掉下了淚水。父親的病正在療養中，只能送我到家門口，這一次他們已不能送我到車站了。我回頭再三望著他們是越來越老了，不由得淚水在眼睛裡面打轉，禁不住還是滴下來了。平常的埋怨、鬱卒、衝突的情緒已消失了。我慢慢地走著走著，途中遇到一位同事，他嚇了一跳，怪沒有早一點告訴他，他原以為我親人會送行的，他馬上送我到車站坐車，跟我道別。他哪裡知道我的煩憂與父母的無助呢！？我搭上協成客運到新營，轉搭縱貫線最便宜的普通車，持救國團的五折

優待券買對折票坐上遠赴台北的火車。

這是第一次搭火車到台北，而且就要幾個月後，再回家。獨個兒一個人要搭七、八個小時的車，一路上望著窗外，熟識的田野、村落，向後飛馳著，火車吐著濃煙，經過一座座的橋樑，一條條的河流、小溪，穿過一個個山洞和隧道，翻過一座座的山，送走了一個都市又一個都市。我無心欣賞這些新鮮的窗外景觀，倒是心裡思潮起伏不安，隨著火車的奔馳，家鄉越來越遠了，父母的牽掛一定也越緊了，父親一定感受到越沒有依靠了，如何能夠告訴他們我的心還是跟他們繫在一起呢？我有時候也自忖著我是否有點自私，在家庭艱難時刻，鐵了心遠走高飛呢？有時又覺得我在家好像能夠著力的空間也很有限而減少些歉咎。

❑差一點補票罰款

經過新竹路段，列車長查票，看我買的是五折票，要查看我的證件，我回答是救國團的學生優待券，學生證？我哪有學生證！我秀出我的入學通知。他說你還不具學生身分，冒用學生參加救國團活動的優待券，要補票也罰款。天呀！我是為了省一點錢在這拮据的時刻才想辦法用優待券，竟然還要受罰，那這一趟不是花得更多嗎？怎麼受得了，我身上只有省下的當時小學老師的最後一個月薪水上台北念書。無時無地必須省！省！省！我當下須極盡所能利用我的見識和經驗跟這一位列車長理論。

我到列車長室跟他說，你擔任列車長有你的職責，你是一個非常認真的列車長，按照你們的規條執行職務，個人很佩服。我首先該給他帶一點高帽子。接著我說，不過有些情況也要由旅客的角度來考慮，怎麼樣才使車上的旅客旅途愉快，不受委屈沒有怨言，才能使鐵路運輸得到大眾的好口碑。在火車上你最大，你就是鐵路局的代表。

你們的規條有一些不夠周延，不是能夠完全適用於個別實情實況，有時候會有不通情達理的地方，這時候列車長應享有很大的空間來彈性處理，使旅客覺得合情合理，得到滿意的對待。像我現在這個例子，持有大學的入學通知，現在趕去註冊，明天就可以得到學生證。這張入學通知不是視同學生證嗎？你們的規定絕無持有這樣的入學通知可不可以，是吧？！你列車長比這死板的規定應通情達理得多。我現在已辭掉工作帶著僅存的一千多塊錢離家上學，一開始馬上要去註冊買書租房子，我能夠省就捨不得花一分錢，也不是無中生有隨便冒用，請你能給予通融方便。

他感受到這個年輕人的誠懇與言之成理，也幫他找到一個台階，並認同他的權威與地位，聽得他蠻爽的。於是就讓我享受半價優待，更不必罰款了，得到一個雙贏的結局。

下午四點二十四分到達台北火車站，台北市——台灣最大的都市，人多車多，交通擁擠，提著重重的行李，搭三號公車到師大宿舍，找宗親玉体、玉鬃學長兄弟。按照師大當時的規定，由於宿舍不夠分配，一年級生不能配宿舍床位，需要自己在外面租房子。在尚未租到房子之前，只好先找他們幫忙借個床位並且認識師大的環境。暑假有很多同學回家度假還沒回校，玉体學長住的四一五寢室還有空床位可以借住，一禮拜後舊生回來就得搬出。

擔心體檢通不過

隔天新生要接受體檢，特定項目不合格就不能入學，譬如肺結核、色盲。接受體檢是此行的第一目的。以忐忑不安的心情接受X光透視，色盲絕不成問題。到健康中心，完成了體檢，謝天謝地，終於順利通過結果合格，心才安了下來。再來就等下週的新生訓練囉。

離開家，才感受到什麼都要錢，吃飯要錢，洗澡要錢，洗臉也要錢，走路要錢——什麼都要錢。日常生活用品、學用品、交通費，無一不需要花錢，窮學生真可憐。好在大學旁邊供應學生的小商店都是賣給學生的廉價品，不過還是花得很快。不想辦法賺一些錢怎麼過四年的學生生活？隔天艾美颱風來襲，狂風暴雨，許多地方頓成汪洋澤國，師大這邊地勢較高還好，沒淹水。颱風遠颺，風雨停了，排水較佳，馬上公車照樣通行，覺得都市方便多了。

❏找家教，一再碰壁

我馬上去中央日報社登「家教待聘」小廣告。隔天登出來毫無回音，又隔一天來一位家長，要我去他家談，原來他要的是，一個整天陪伴他小孩念書的教僕。他小孩念一所私立中學，非常被動，要人盯著他讀書，他很滿意我的教學經驗，可是我卻很為難，我是要來念大學的，怎麼可能整天伴著一個家教學生念書呢？

隔了幾天。又再去登小廣告，當天即來了一位自稱是家長的朋友到當時借用的通訊地址——師大男生宿舍四一五室。他問名單上怎麼沒有名字，一付覺得你大概不是真的表情，我說明原委，這只是借用的，我是新生，尚未配住宿舍。他說他是幫朋友來看的，大概了解林老師的情況，學生是念初中的學生。他說他要回去轉告，要不要由家長決定。唬弄半天，預料根本他自己就是家長，他根本就懷疑你是否真的是師大學生，一方面也認為即使是真的話，你還是剛進來的大一學生，行嗎？可是我已經有教三年升學班學生的經驗哩！

❏窮則變，變則通？

幾次登報家教待聘小廣告，花掉不少錢，並沒有找到適當的機會。一時之間既不能開源，只能節流。省吃節用，不只是我如此，幾位師範生大概都如此，每餐撿最便宜的來解決，那就是在宿舍前龍泉街旁的許多麵攤吃一碗陽春麵兩塊錢，這已經省得不能再省的辦法。不過還是有人覺得太貴了，嘗試更便宜的法子。看到師範學校同班翁同學，他嫌吃一碗最便宜的陽春麵太貴，於是自己到菜市場買一斤麵條只花二・四塊錢，分三次自己下鍋，每次不到一塊錢，什麼佐料調味料也沒有加，只是白水煮滾，當然吃起來如同嚼蠟，索然無味。對著這碗沒味道的麵發呆，只好向房東要一把鹽巴，一匙醬油澆上去，但是還是難以下嚥，只好和著眼淚一起吞下去。當時還沒有泡麵，現在有泡麵是一大發明，也是一大貢獻，對窮學生是省事又好吃多囉。

在家裡受不了，現在離家關山遠隔，對家忘不了。真是相聚時難別亦難。想念家園，掛懷父母的心越來越深，思念之情越來越切，日子不知如何過，兩老有沒有互相疼惜，爸爸的病治療得如何？是否按時吃藥？……白天看周遭一切還挺新鮮，與同學互動良好，暫時忘記了煩惱，到了夜闌人靜，中秋時節，涼意襲人，常常思緒萬千，夜不成眠。

九月四日宗親玉鬃堂叔要回鄉特別拜託他到寒舍看看父母親，安慰他們兩老，玉鬃堂叔口碑好，最擅於言詞，別號「唬爛鬃」，輩分很高，是西甲林家先祖第五房之後，比我父母輩分高，爸爸都稱呼他為玉鬃叔，他回去跟父母聊聊絕對可以加分。數日回來，請我寬心，說家父母都還好，他們要我安心用功他們會自己照料自己的。

❏不敢違規賴在宿舍，終於找到租房

工作找不到，舊生也陸續回來了，開始要租房以為棲身。新生人生地不熟，就要外租房子，並不合理，宿舍不夠，應該讓四年級生老大外住逍遙，大部分大四生也高興，新生東西南北都搞不清，找房子不易。眼看就要沒地方棲身，不由得緊張起來。這時候，四一五室有一位同學林清〇人長得帥，人品又好，得到家教家長的青睞，希望他能長期住在他們家，輔導兩個兒子的功課，又可以當大女兒的朋友，所以他的床位就可以空下來，他有意借給我住。正苦沒地方租住時刻，如天下掉下來的禮物，令我不得不我心動。可是，住宿規定不可以冒名頂替，且有二年級生尚等待機會住進，一個空位出來怎可能不讓大家爭取。向來安分守己的我，還是不願昧著良心，衝破框架，違背規定住進去。雖然天人交戰幾天，還是決定放棄這機會，不要投機取巧，所以仍然一直想辦法找房間，最後，與師範學校的老同學合租於學校附近，月租一一〇元。學校開伙後，筷子、湯匙、湯碗則寄在四一〇室何穆學長寢室。

追逐大學之夢　真正上了師範大學

❑新生訓練，師長訓話，風度好，有內容，令人激賞

師大非常重視新生訓練，九月十日開始到十五日結束，長達一週，整整五天半。由宣誓、學校沿革的介紹，校歌教唱，行政主管、學術主管訓話、學校環境介紹參觀，圖書館介紹與利用、課程與設備認識、系主任講話與個別談話、自傳與心得寫作等等。應有盡有，務期學生在一週的嚮導與認識中，對學校的地理、社會文化、學習環境有真正的認識，從而能夠融入學校的組織文化，適應學校這小型的社會，利用學校環境資源，有效的學習和參與團體生活。一開始的宣誓典禮的誓詞這麼說：

「余謹以至誠，力行校訓，嚴守校規，尊敬師長，友愛同學，整肅生活，維護校譽，進德修業，獻身教育事業，竭智盡忠，完成救國任務，如有違背，願受本校任何處分。」

這一段誓詞有些很能引導學生努力目標，然而其中有些只是當時的時空背景下一般的形式八股，豈是一位大學生所能達成的目標？！一個大學生如何能完成救國任務？又不是總統就職誓詞。大家私下這麼想，少數人嘀咕著。

上台演講的都是大學教授，每一位風度翩翩，說起話來，頭頭是道，幾天內看到這麼多教授的風采，大家都投以羨慕的眼光，興起高山仰止的心情。當時全國大學只有數所，大學生很稀有，大學教授全國也沒有多少個……當然都是尊貴人物，本來即受到大家的極度尊重，擁有很大的權威與

名望。

平常在學生心目中最討厭也最覺得恐怖的是訓導主管，然而訓導長張中寧教授訓話，卻讓大家耳目一新，令人讚賞，而他的角色也劃定明確，扮演得道地。實際上他的觀點與要求也不是完全合理。但是他講話技巧高超，令人聽來趣味十足，很多如果直截了當說來會讓人反感的話，你卻在和著糖衣聽下去了，也就口服心服了。更對他表示幾分敬畏之心，而願意以他為圭臬。

他說做為一個長官應以身作則，自然能風德草偃，己身建立了權威，而在下者也學好了，工作做好了，大家都高興。他說拿誰的錢，就要聽誰的話。大家拿政府的錢，用國家的錢就要聽政府的話，以及代表國家政府來教育各位成為優良師資的師範大學的話。大家心裡面不一定都同意。可是聽者剛剛聽過他以自己如何教育子女，他如何以身作則，夫妻如何分工合作扮演父母角色，即是秉持此一原則來教的。結果他的子女各個成才成器，在大學學位是人人珍惜的社會名器的情況下，教出了十一個學士，四個碩士，他的原則就是你吃誰的飯，用誰的錢就要聽誰的，而兩夫妻一個扮黑臉，一個扮白臉，嚴父慈母的教導薰陶下各個成功了。當時的我們覺得頗有道理。

教育學院院長田培林教授，在師範學校早已拜讀過他撰寫的教育史教科書，讀過他的書卻尚未有機會瞻仰他的風采，今日他就站在你眼前，不表崇拜也難，看他帶著一頂紳士涼帽，臉上笑瞇瞇的，他的風度、神采、氣質、智慧，嚴然就是一位大師，且氣宇非凡，眼光高遠，掌握大局，瑣事不管，小節不拘，貌似一位位高權重的達官貴人。他是一位哲學大師。他說一個人決定志願應考慮：一、依照能力；二、是顧慮興趣；三、則是基於國家需要：果然是留學德國的。他說今日教育最重要，但念教育系的確最沒有出路，所以教育學系的同學能夠轉系就轉系，卻把我們教育系的新生迎頭潑了一盆冷水。猜想他的意思是念教育的一定要真正有興趣的人，去蕪存菁，採精兵主義。他又說教育學院是師範大學，到了二年級就會再分組，以備將來到中學任教的需要。他的話雖然在當時聽起來怪怪的，驗諸後來，果然不出所料，他真是一個高瞻遠矚的大師。之後教育系幾十年的變化發展與困擾跳脫不出他的這一句警語。

第四天教務長宗亮東教授講話令我印象深感動，聽他講話，我不僅佩服他講話的技巧，講的內容也深得我心。他說人生成敗三大因素：學問、品德、身體。他是教務長，所以講做學問。他說作為一個新生，很多人心中都會浮現一個問題，如何把握四年，做好學問？的確，我已經就這個問題，請教過幾位學長，結果並沒有得到滿意的答案。今天聽到教務長這麼說真正式深得我心，側耳傾聽。他說：第一，求真理要具有高度熱誠，求知若渴，主動出擊，自然永不倦怠，樂在其中。第二，做學問，要認真不苟且，越做越有趣，自我敷衍，得過且過，看都不敢回頭看，自然毫無樂趣可言。第三、思考重於記憶。第四、精練工具知識，包括語文工具，科學研究工具，所向無礙。第五，各學科系專門知識的學習，精練基本概念，各種專門學問，都與它的專門用語做為研究建立理論的概念，精熟這些專門用語即能鑽研這門學問，缺乏這些專門學門概念的嫻熟與運用就是外行，無法做學問，甚至連專書與論文都難以理解。

聽了幾場師長講話下來，我覺得在師大，師長講話內容均畫龍點睛，態度謹守分際，恪守本分，忠於職責是最大的附學習。他們講的話都是他們自身體驗的精華，值得我們這些怯生生的新生為學做人做事的座右銘。

新生訓練完畢，辦完註冊，選了二十二學分。還有隔一個準備週二十四日才正式上課。我上台北已經半個月，已完成了體檢和新生訓練，暫時也找了租房。週末與學長一起出去逛重慶南路的書局，在遠東書局買了一本英語工具書，遠東英漢辭典，又到虹橋書局買了一本英語語法精通，算是已做好下週正式上課的準備。

又到中央日報社再登一則家教待聘的廣告，一個晚上花了八十九元，至為不捨。可是工作找不到，該花的又不能不花。馬上要開學正式上課了，至今連最起碼的兼個小家教都沒有著落。這一個準備週，還沒有功課忙，心情卻有點忙亂。

❏想家的心又爬上心頭，只好到桃園南崁拜訪大姊

好久沒有看到家人了，想家的心情又爬上心頭。家是框架之一，親情也是一條鎖鏈，在家不免吵吵鬧鬧，不知吵吵鬧鬧也是一種幸福，想衝破框架，拉斷鎖鏈。離家旅北後遭遇許多現實的問題，讓你又想起家，親情的鎖鏈拉得更緊，而整個社會到處都是框架，突破了一個框架的桎梏，外面有更多的框架。

我知道人生是逆旅，到處不如意，但我要來追求未來的幸福。人生到處是寒冷，我卻要來追求陽光。然而，當連基本工作都找不到時，飢餓與寒冷則常相左右，趕不走也離不開。我開始懷念起家人來。雖然我在家時候，困擾不斷，有苦難言事不斷，總是覺得煩，煩，煩，似乎比現在更難堪，更痛苦。可是一旦離開他們，我的心底卻又暗暗地想到父母弟妹到底怎麼樣了，沒我在家的日子不知如何，父親的病不知如何？我望著藍藍的天，白白的雲，無語以對。

離台北最近的親人，是住在桃園南崁的大姊姊。去看看她及其家人吧，或者可以得到一點慰藉。自從他們舉家搬到桃園之後，我從未去造訪過。大姊在我小學三年級的時候出嫁，我還去當小舅子。我記得當每年迎神賽會的時候，我都會到大姊家去請大姊夫與大姊回娘家「吃肉」，那時候大家經濟差，平時大家買不起肉來吃，營養差，沒人擔心血脂肪太多，膽固醇太多，擔心的是營養不足，貧血的人多的是。難得迎神賽會過年過節才會有肉吃，所以請客叫吃肉。大姊在家吃苦很多，但是她生性最孝順，也最疼我。可是已經很多年沒看到她了。因為當時交通不便，台南來到桃園太遠了。好不容易定居北部，既然想親人就去拜訪大姊。

註冊後的第一個星期天，我從台北火車站搭九點十五分車班到桃園，然後再轉搭桃園客運車到南崁下車。一路上看到的是的是農田，林投樹，有些地方還是荒煙雜草，偏僻異常。不像現在到處是高樓大廈，洋房別墅，公司行號。到南崁只有班次稀少的桃園客運車，機車，腳踏車。我為姊姊叫屈，我以為你們是移居喬木，沒想到怎麼搬到這麼偏僻的地方來。

做夢也想像不到自從桃園國際機場闢建南崁以來，南崁如今已成為國家的大門，台北人的別墅，公司行號的聚落，交通四通八達。大姊心地仁慈，沒有讀過書，從小做苦工任勞任怨，但是她從不叫苦，有淚往肚裡吞。她保有傳統的美德孝心，我想她是應該得到這個福報的。

當我到站的時候，她已經在那邊等我了。也不確定什麼時候到，但她怕我找不到，已經在那車站等很久了。看到了我，她真高興，我也真高興。大姊夫也歡迎，甥兒女也很高興。大姊夫做棉被生意，比較辛苦。找人合作幫忙，生意不錯，生計還過得去。我也比較欣慰。大姊對爸爸媽媽的狀況垂訊再三，非常關心，溢於言表，非常非常孝順，而言談間流露出因為不識字，搭車不方便，回去一趟不方便，而覺得很虧欠。她以我能在今天有機會上大學而高興。吃飯時，大姊早已宰了一隻雞，自己養的雞要請我吃，做為慶祝。下午跟姊姊，姊夫一家人敘天倫，好溫暖，外甥兒女更感高興。下午我準備回台北，她說北部的天氣過了中秋，很快就變冷了，他們準備一件棉被，要送給我蓋。我說已經從南部家裡帶了一件去了，應該夠用吧。她說是姊夫自己做的，品質最好，夠保暖的，外面不容易買到，盛情難卻；還送我去車站，又送給一大罐肉脯，她說公費辦的伙食，不夠好，要補充一下營養。她真的想得好周到，好讓我感動。

❏開學了，大學生活充滿著新鮮與好奇

九月二十四日師大開學了，是大學學習生活的第一天，充滿著新鮮與好奇。我這一學期共選修

二十二學分。最怕的是大一英語課，是一門必修課。不過，對師範學校畢業來的，英語程度低是大家公認的，師大也知道其詳，特別開有特別班，供師範生選習。我不信邪，不服輸，我想多學一些，不僅選正規的大一英文課，而且還想利用大學期間旁聽英語系的課。我以為平常自己都自習英文文法，還在任教期間，買了一套靈格風來訓練聽力。自認英語應該還可以吧？當天下午沒有教育系的課，最後兩節課跑到英一乙去旁聽，這一節全部用直接教學法，一句中文都沒有。坐在座位上，聚精會神地聽，聽不到兩成，看來這樣的同學還不少，包括英語本系的同學。倒是遇到一位教育系同班同學也來旁聽，沒想到到高中畢業的他也這麼有心。有他在旁邊，互相提示一下，猜對了不少的意思，否則將如坐針氈。

後來上了大一英文，讀本第一課：是 Address to Freshmen，Harvard University 校長 Conant 對新生的一篇演講辭。一讀之下，我傻眼了，好多好多生字生詞，幾乎是查不完的生字，算一下計二八九字。怎麼念的下去！？當生字詞太多的時候，看起來像天書一樣，不知所云，完全不能領會欣賞她的美與真。

我們再去聽了幾次課，他不太感興趣。他不斷跟我提起，螢橋有多好玩，哪一家電影院演什麼電影，哪一家電影院的咖啡室設備多舒適，咖啡多香，他說英語要學會聽說要多看外國電影。我們有一次真的去看了一次。不過一張電影票花了不少錢，以當時的經濟情況，已感到吃緊。

隔天我收到老同事林清其老師的來信。他是我在國校服務的同事，也是我念國校三年級時的導師，我們住在同一村子理，種的田地又在一起，他對我家的情況瞭若指掌，也常表關心。他說那一天到田裡去種田，遇到我爸媽，覺得好可憐，身體很差，我爸咳嗽厲害……把信看了，眼淚不禁奪眶而出。

我馬上跑圖書館僻靜的角落，回信給他，還附一封給爸媽的家書。我把我目前的情況告訴他們。我據實以告，家教工作還在找，找到工作我每個月會匯一點錢給他們貼用，叫他們要依據醫師的囑咐服藥，要多休息，免得小病變大病。田地要設法賣掉一些。目前要找人工幫忙，好好養病。我心如刀割，我真的也不知如何走下去，我確實也不知什麼時候可以找到一點工作，而天天要花錢，僅有的一點盤纏越來越憋了。我下定決心要改變策略找家教以求開源，並改變消費策略以求節流。

❏找到家教了，是老同事雪花老師介紹的，彼此都很中意

有一天學長玉鬃去拜訪雪花老師，她是我小學任教時的同事，後來嫁到隔鄰鄉鎮的佳里興，她先生搬到台北，開水電行生意，就在學校附近的金華街，技術好，態度佳，承做公私的工程，業務興隆。雪花老師繼續在一所小學任教。宗親玉鬃邀我一起去看老同事也是鄉親，雪花師沒有忘記同事又是小同鄉的情誼，熱烈歡迎我們。她說，剛來台北，我什麼事也可以找她幫忙，她樂意為之。順勢我就不客氣在第一次見面，就把心底的話講出來，請她有機會的話，幫我物色個家教。她對我也頗為了解，有什麼專長，會教什麼，可靠性如何，她很清楚，她不多問，我也不多說，她就一口答應。

隔了兩個禮拜，她馬上通知我，已經幫我找了個機會，她還約定時間。親自帶我去拜訪面談。學生正在念國小六年級，馬上面臨升學考試，志在必得北一女（當時北一女有高、初中），可是數學太弱，國語社會尚可，以我教升學班的經驗，正可以好好的發揮。主人是外省人，雷先生，在中央部會當科長，媽媽家管，是非常正常的家庭。一談即合。家長高興，我也高興，雪花老師更高興。因為彼此均信得過，而且離學校也很近，就在牯嶺街的巷子裡。最後說好隔天就開始，一個月三百元。要找個家教也要有可靠的人介紹呢，從家長來說，信得過的朋友介紹的，把自己的寶貝孩

子交給你教，當然放心。我終於找到了一個兼差，而且是十分適合自己的家庭教師。

雷先生夫婦，人很好，對小孩子的教育非常關心，家裡整理得井井有條，窗明淨几，小孩子的讀書環境，淡雅素靜。每次我準時到達，小孩子也準時就坐，準備好做功課，學校教師有指定作業，先指導作業，沒有作業或作業做完，就針對學生的學習困難問題，補救教學，或配合進度，予以加深加廣，此外並歡迎學生提出各種難題，我對於國小高年級的教材，非常熟悉，得力於過去兩三年的教學經驗，幾乎所有難題都難不倒我。加上雷太太非常親切每次上課，很熱情的端上點心，上課時候有時還會在旁邊聆聽，越聽越滿意，而小孩子的成績進步很快，我與他們一家人都覺得很滿意，我也覺得蠻有成就感。

在這裡讓我覺得還感受到還保有一點當老師的感覺。雖然公務員家庭，收入固定，手頭不是很鬆，待遇不是很好，不過，相處愉快，彼此信任，學生成績能夠顯現我們教師的用心，就是教師的快樂。而且家長也能夠以老師之禮相待，這就夠了。

在這樣的氣氛中，很快就到了暑假，參加升學考試，果然學生高分錄取第一志願北一女。於是第二年又要我繼續教下去，還加進來五年級的妹妹。後來還介紹他的朋友的孩子加入。

我把每個月拿到的薪給，留下一部分自己買書本文具以及房租用，其它寄回家裡給父母貼用，雖然不多，至少貼一點心意，讓他們老人家覺得寬心一點。

❏意外的惡夢：教僕生活，寄人籬下，師道蕩然，如何教學

為了減低負擔，過得輕鬆一點，曾經吃了一點小虧，也學到一點教訓，對人生增進一些新的認識。

大約開學兩個月之後，我的女房東對我已有相當了解，對我多所認識之後，好心地跟我說，她

想幫我介紹個家教，他們是朋友，男主人是企業的老闆，很有錢，住的是一棟大豪宅，前後院有花園，氣派非凡。曾參加過地方選舉，可惜沒選上。他們有小孩子正在上小學及中學，他希望找一個師大學生，對教育比教有經驗的，可以督促也協助小孩子們念書。當時一般印象公職參選人，應是蠻有一定水準的。競選期間，與選民接觸，也有相當風度。所以一聽就覺得好的家教聘雇者，應把握機會，不輕言放棄。女房東還說，他們特別要她在他們房客裡面挑選一個最好的。她說挑來挑去就非我莫屬。還說學生家長還希望就住他家，她家房子很大，院子很大，就可以不再在外面租房子。女房東說他搶我的好房客，我無所謂，反正他們是好朋友。而你也可以隨時回到我這裡。我聽她這麼說，也完全相信她所說的。家教待遇如何，沒說清楚。家教時間，也不明確，她說一禮拜就一兩次正式指導一下，反正住在她家一切都方便好說。就這樣根本沒有跟家長說清楚講明白，就接受了。

隔了兩天真的就提了大皮箱，進了一棟花園洋房。跟女家長說了幾句話，我問時間如何，她說一個禮拜正式指導一次，其它時間機動式的指導。待遇問題我也不好再問。女主人說男生比較皮，要我隨時督促。我不便問她待遇，我猜想既然住這麼體面房子的人，且有心從事政治的人士，不會太離譜吧。然後她喚來女用人，領我把行李提到房間。我看了這個房間當場傻了眼。

這房間獨立於他們的花園大宅之外是另外搭蓋的違建，倚圍牆而建，一部分擋到了防火巷，他家的汙水排水溝穿越地板而過。看來不像房間，而像儲藏式小倉庫，簡陋無比。處於他們的豪宅旁邊，頗不搭調，甚至有礙觀瞻。看他們那麼大的地坪，怎麼會想出蓋這樣的陋室於旁邊，我百思不得其解。找一個家庭教師來教他小孩住在這個地方，更是匪夷所思。莫非另有所圖？本來我想揮揮手，當場拒絕走人。可是我想年輕人不可太衝動，只要能夠兼個差賺一點，可以貼補費用，就將就將就吧。就這樣忍著性子住下來，再觀其變。

室內只有有一張破舊的桌椅，一床塵封的舊木床。其它什麼也沒有。晚上躺在床上，吱吱作響，間有汙水的流水聲夾雜著，有時還有髒水的味道，很難睡得安穩。不是套房，盥洗如廁的時候，要側身穿過防火巷由廚房旁門進去，要趁著人家不用廚房的時候。晚上通常是虛掩著，我很擔心他家的人哪一夜晚把這一扇門實關著，我就難過了。我真正體驗到什麼是寄人籬下的境遇。

我期待正式上學生的課，應可以找回一點尊嚴以資補償。正式上第一次課，我發現我錯了，徹頭徹尾的大錯特錯。學生根本不把你當人看，更不要說當老師對待。我指導他，他一副愛理不理的樣子。對了，他根本把你視同他家的下人。我想要擺出正經八百高姿態，結果他反而更不甩你。我想發脾氣，怕被他家人認為借題發揮，我一口氣忍了下來，但是沒人支持你。

我當夜失眠了，我想了一個晚上，我是哪根蔥種在人家圍牆邊，擋住人家防火巷，聽著汙水溝的排水聲。大人都把你看成下人看，小孩子會把你放在眼裡面嗎？憑什麼去教人家呢？先聖先賢早就說過師嚴道尊，只有教師被人尊重，才能彰顯教育。好在當時社會家長大部分都很懂得尊師重道。教師這個工作才可以做，我擔心哪一天，社會家長不再尊敬教師，像這一家人一樣，教師就難教了。我不希望擔心的事會到來，不過聽田院長在新生訓練的一席話，加上今天的刻骨銘心的經驗，我是為我們教師而憂，希望那只是杞人憂天。否則我恐怕要及早改行，懸崖勒馬，不然會後悔不已。

這種經驗並沒有因我與他們見面次數增加而改善，而當場弄僵的機會也越來越多。我已經有相當的覺悟，為什麼我要寄人籬下呢？為什麼我要低聲下氣呢？為什麼我要屈身於人家屋簷下呢？你能忍受到幾時？看著他家夜晚燈火輝煌，晚餐熱鬧異常，可是一切的溫暖，熱鬧，亮光都關在他的深深庭院之內。我卻側身於圍牆邊，沒有感受到任何的溫馨與分享任何一絲喜悅。難道這一家人這麼沒有同理心嗎？這麼沒有同理心的人，如果選上，上台搞政治，我們的政治會如何？社會會如何？教育會如何？教師會怎麼樣？不可想像。

我已經差不多忍受過了一個多月，卻沒給我分毫津貼。我更為不滿，再過了兩週，小孩子考完月考，成績不理想，我想這是意料中事。他媽卻大驚小怪，很少看到的男主人女主人都出現了，好像在對我興師問罪。我跟他們不客氣地說，他不聽我的，把我看成是用人，我管不動他。我已想到，決定離開。只是不知什麼時候離開較為適宜。

幾天後，果不其然，擔心的事發生了，我那一晚上，腸胃不適，如廁頻繁，平常虛掩的廚房邊門，偏偏的被關起來了。我進不去了，我跑回宿舍找學長急難收容一宿。好在半夜就好了。

我一氣之下，那一個週末沒課我馬上搬走，提著一隻皮箱大步走出豪宅大門，卻不知哪裡去。他家人，難得客氣起來再邀我留下來，還特別騰出一間房間，要我住到裡面去，我去意已堅。即時走人，我頭也不再回一下，離開這一家深深大宅院。

我本想暫時借住一下宿舍，途中遇到同鄉英語系林同學，他問明原委，他邀我與他們同住。他本念童教科，今年重考，高分錄取英語系，仍與童教科老同學合租一起，是在一家豆腐店的樓上，現有七個人，八張榻榻米，五百六十元，分擔八十元，我加進去各分擔七十元一個月。負擔很輕，我非常感謝他們。人窮志不能窮，人要活得有尊嚴，要活得自由。我開始懷疑念教育，當老師，我能出人頭地嗎？我有點猶疑？不然呢？

這應該是少數人，我的另一位家教家長不是對我這一位家教很好嗎，以師之禮相待，讓我對教師這工作不全感到失望。

學習不後人　出人頭地　恆是我的美夢

我的英文生字生辭最多，英文實力最差，大一英文成績卻冠於全班，奇嗎？

看了大一英語第一課的課文，心裡充滿著惶恐。想到自己英語文的程度，越想越恐怖。因為我只有正式上過三年初中英語，然後停掉六年，一曝十寒。

回想起童年時代，還沒有電視、電腦網路；雖有廣播，但並不普遍，甚少人家有收音機的，就是有，電台節目也非常非常少，反正我家也沒有收音機，到底有什麼節目也不知，家裡父母兄姊沒有學過英語的。幼稚園尚不普遍，更無雙語班或全美語班，上小學前也沒有看過一部以英語或美語發音的電影。如果套用一下教育社會學的理論，學英語的文化資本、社會資本，真是太過於匱乏了，可以說是學英語的資本是近於赤貧的。

尤有甚者，我五歲前，正是太平洋戰爭正熾的時期，台灣當時是在日本人佔據時期，日本與英美打得如火如荼，視英美人如洪水猛獸，野蠻至極，哪裡可能縱容大日本的子民去自由地學英美語，遑論殖民地的屬民。所以小時候學英語的環境完全是虛無的，甚至可以說是負面的。

上小學時台灣已經光復，大環境已有重大的改變，中美曾是戰爭中合作的伙伴，有正式的外交關係，且當時台灣經濟凋敝，美援麵粉、豆餅飼料、脫脂奶粉，源源而來。對這些美援物資，我們只注意上面印上的的「中美合作」以及兩隻大大的手緊握在一起的圖騰而已，至於有什麼英文字母在上面，就不會去注意啦！反正大人小孩，父母看不懂，老師好像也看不懂。

小學六年，唯一接觸英語的機會，是有一天，學校來了一位美國來的小姐，金髮碧眼，身材標緻豐滿，窈窕淑女，看起來非常漂亮，驚為天使。全體師生屏息靜氣，聆聽她簡短的演講，我看沒有一個人聽得懂，但是大家對她欽羨不已，沒有任何一位老師跟她講話或提問，大家都呆呆傻傻的，好在有鄉長的媳婦接待。聽說這一位美國人是一位小學教師，在聯合國兒童基金會的方案下來進行草根親善訪視，由本鄉鄉長黃醫師家接待，因為只有他家有人懂英語，他的兒子女兒媳婦都念台大，媳婦是外文系的。

所以我在國小畢業的時候，對英語完全是陌生的，真的是零經驗。考取初中後，聽說初中課程有英語，頗為緊張。不過，既無親友可以幫你準備，更無補習班，更遑論家教啦！只有聽學長誇張的說如何的難，如何的可怕，而越想越恐怖。

學校開學了，英語課安排的是一位上海交通大學畢業的老師來教，他是學工程的，教科書採用的是開明書店版，林語堂大師編的，計有兩百多課，看起來厚厚一大本，蠻恐怖的。老師不是學語文的，沒有人文氣息，不苟言笑，上課表情十分嚴肅，毫無基礎的我們，上英語課真是受罪。老師簡直是對牛彈琴，我們則是如坐針氈。我是很認真念，每天利用徒步上學一小時的時間，邊走邊背單字、背課文。一學期下來，考試成績也不錯，在班上是名列前茅，不過說實話，發音閱讀一竅不通，萬國音標不會，都是在英文字旁自己加註國音注音，完全按國語發音。一學期下來，老師很認真教，但也只有上了二十六課，整學年也總共上了五十幾課，開明書局的英語第一冊計兩百多課，供初一學生一年使用，結果上不到四分之一。

學期結束，我的英語成績相當好，是班上出色的學生，還參加英語書寫與朗讀比賽得獎。升上了二年級，課本改用遠東版的，裡面還有彩色圖。課文還採用不少的童話或寓言故事，至今有一些仍有印象，像〈放羊的孩子〉（Wolf! Wolf!）、〈鄉下老鼠與都市老鼠〉（Country Mouse and City Mouse）、

〈熊跟你說什麼?朋友!〉(What does the bear tell you?)……課程安排由一位姓徐的老師教,比較活潑生動,但喜歡東拉西扯,講一些休閒玩樂的話,我們背後都說他蠻風流好玩的,不過並沒有真正經過查證,大概是由他上課的表現,這群似懂非懂少年學生推想出來的吧,實際上並無根據,所以即使在早期資訊不發達的時代,年輕人也喜歡想像,對大家共同認識的人傳些八卦。喜歡說些麻辣話語的老師,也覺得較為新鮮,對他教的課印象也比較深刻。至於要比較學習的效果如何,就要看你標準如何啦,如果你要比較快樂、輕鬆、好玩,當然是麻辣教師較勝一籌;如果你比較的是學到多少正課的知識內容,當然是正經八百的教師則較為出色。

初中三年級,面臨升學考試,有的同學要考高中,有的要考師範學校,考試的科目不同,學習的重點也就不一樣啦,我因為想要報考師範學校,不考英語,故專注於數學、語文與理科、社會科的加強與準備。慢慢的對英語漸漸疏忽了。所以到初中畢業,萬國音標還不會正確使用,字彙所知有限,說與讀更差。

考進師範學校的學生資質非常好,也都很用功。但是由於師範教育本來即是定位在國校教師的職前培育。在語文教育方面,則以本國語文科目為主,要求嚴格,主管教育行政機關當時的教育廳、局並定期抽考,實施畢業國語會考,但對於外語課程則不予以安排。雖然學生都很想有英語課安排,但學校則不予以重視。念完了三年的師範學校,初中學三年的英語幾乎後退回到原點。有時候也會飄過一些念頭,準備實習三年後再升學大學,不過當時大學僅有一所,學院也只有三所,升學大學只是偶而飄來的夢想而已。

現在真的上了師大之後遇上大一必修課程英語就傻眼啦。當下上第一課課文的時候,竟發現生字那麼多,開始緊張起來,寢食難安,求救無門。有一天半夜醒來,若有所悟的,我不能輸,功課的事是沒有為難得了我的,我不能屈服,我要拼。於是隔天一大早五點三十分起床,抱著大一英語讀本，一個人自己發奮念起英文來。爾後每天一大早就起床，搶在未升旗前到圖書館附近草坪上念起英文來。圖書館是一棟壯觀的希臘建築，在台師大和平東路校區最具特色，雖然該館由於年久，且為充分利用狹窄的校地不能不改建，但校友都對這一棟古老的建築頗有感情，終於把它留下來做為新建高樓的門面。

圖書館門口四根雄偉的巨柱與古銅色的門之間，有相當大的空間，巨柱上面有雕椽，很多小鳥棲息於其上。這時早起的鳥兒在唱歌或者正在餵食小鳥享受天倫之樂，我則在巨柱下面古銅色門前大聲背誦我的英語課文或生字生詞，在這裡頗有安全感，念錯了，小鳥們不會取笑你。我把每一課課文都背得滾瓜爛熟，還全文默寫。考起試來，無論考填充、問答、翻譯，生詞與片語，均無往不利。班上北一女中、建中畢業的同學他們英語程度極佳，他們還在報社幫翻譯英文稿，但我竟然考在他們前面，叫我頗為自豪，但也有點不好意思。所以我不後悔選正規的大一英語課而不選特別班。當然學期末的成績也是高得令同學羨慕，但是沒有一位同學會懷疑。其實英語文實力如何，我自己心知肚明，仍有待持續努力，加以充實精進，尤其是聽說能力。我希望有一天我的英語實力真正是領先群倫，出類拔萃而不是只有考得高分。

❑大學學術較自由，教授滿腹經綸，各有不同的風範

大一的教育概論與大四的比較教育老師是頂頂有名的孫亢曾教授。我們對他心儀已久，早已心嚮往之，在師範學校就念過他的教育概論，正中版。孫教授仙風道骨，上課的時候拿著一摺扇，邊講邊揮動著扇子，溫文儒雅，頗有大師風範。講授內容豐富充實，材料都是最新的，在那個時代，資訊科技尚不發達，他竟然都能以最新的來做為教材，頗為難能可貴。各國有什麼教育改革措施，教育發展演變的趨勢，經過他的講述，條理分明，印象深刻，讓我們總覺得是走在時代的前端。譬

如，教育投資的理論，在當時聞未所聞，卻在孫教授的講堂中第一次聽到，且引用了若干研究報告，並不只是道聽塗說或闡述己見而已，心裡好想將來也要像孫老師一樣。他上課認真，與時間賽跑，下課鐘響了，往往欲罷不能，意猶未盡，反而越講興致越高，扇子越揮越有勁。尤其冬天時天氣冷，到第四節同學飢腸轆轆，好期待吃飯，但是看老師這麼賣力的上課，也自覺汗顏。這樣敬業於傳道授業與研究的老師真是難得，足以為式，做為楷模。難怪後來他當上師大校長，以教育家的精神與認真不苟態度，整頓師大。在整頓校園的時候，發現有一位校警竟然在校園裡，利用宿舍開有一家地下餐廳，不務正業，不忠於校警職責，供逃避學生自辦伙食開伙的學生吃飯，公然利用學校的校園校警宿舍自開餐廳，孫校長有風骨要求餐廳關閉。秀才遇到兵，有理講不清，這位校警惱羞成怒，竟然跑到校長室，拉起文弱的校長，揮動拳頭，暴力對待這一位教育家。孫老師至為痛心，一氣之下，立即向教育部遞了辭呈，辭掉校長不幹。於是師大丟掉了一位好校長，師生均感惋惜。

有的教授學問造詣精深，看來真是蠻權威的，不過講話尖酸刻薄，批評犀利。有一位老教授，開四書的課，他說他是博士課程的教授，教我們這課是屈就。他說我的課絕不點名，我最自由民主，但是，我最反對那個標榜自由民主的，打著旗幟要打倒孔家店的××蛋。他不修邊幅，出口說話毫無遮攔，有一次在教師休息室與另一位教授吵了起來，鬧得不可開交。大學真是一個自由的地方，雖然有的教授言談之間仍透露師範大學校園仍不夠自由，不過已經足以令我們大開眼界了。這種自由開放的風氣對於封閉的中學畢業生，如何進入學術殿堂蠻有助長作用的。

教育系課程涉及的範圍真廣，從生物學的進化論與遺傳、生理學、心裡學、社會學，學到法學概論、哲學概論，以至理則學，應有盡有。當時心裡面不免有些納悶，什麼都學無一精通。及至後來修碩士課程、博士課程，以至今行學術研究，慢慢領會，念教育的學者，從事教育工作的確知識不僅要精深，更要博大。對於教育的見解與做法才不至於偏頗而不自知。教育的支柱，至少必須建立在生理學、心理學、社會學與哲學的基礎上面。

普通心理學，由鄒謙教授授課，他著有教科書，厚厚一大本，且是綢面精裝的，非常壯觀。他非常得意他的著作，並跟我們說，他要永久保持最新的面目跟讀者見面，有生之年，要不斷的修訂再印。不過，打開內容，真看不太懂，很認真的再三研讀，還是似懂非懂。他風度好，溫文儒雅，態度謙和，頗有學者風範。上課講授跟看書差不多，聽來印象不會深刻。以前讀過心理學覺得淺顯易懂，但是他的心理學很多時候含有哲學的心靈論，所以我們都說是哲學的心理學。他人長得胖，非常有福相，脾氣好，從不罵人之短，喜言人之長，而且講了再講，學長表現合他的意，他會不斷在我們面前讚揚他，為的是要我們以他為楷模加以效法。作為一個老師，他的修養他很好，可惜，可能太胖，少運動，教完我們這一屆之後，不久就心臟病發逝世。至為可惜，也叫我們難過。

力拼上游，異軍突起，各顯神通

師大教育系許多是師範生實習期滿參加聯考錄取或成績優異保送直升上來的，這類學生都很用功，力爭上游。有的用功課內功課，有的人改弦易轍，另闢蹊徑；有的對於當老師並不是很喜歡，有的人覺得念教育在社會上爭不到權力，也賺不到財富，永久是兩袖清風，只能自鳴清高，又有何用？

看學長，有的忙於家教，擔任好幾個家教，收入比畢業後專職擔任正式老師還多；有的準備考法官、律師，這是一條頗有吸引力，也是蠻有挑戰性的途徑。早在師範學校的時候，我們校外教學去參觀法院，簡報的法院主管都跟我們報告本院有幾位法官、幾位檢察官，其中有一大部分是師範生出身的，他們表現十分優異。當時當法官，權力大，地位高，又神祕，又威風，大家頗為崇拜。當老師兩袖清風，自命清高，整天教導對付血氣方剛少不更事的少年郎，雖然當時社會仍保持有一點傳統尊師重道的美德，但是，大家在未進師大之前擔任實習老師期間，境遇如何，都有一些感受，人情冷暖，酸甜苦辣，感受更深，繼續循這一條路走下去，如何，各人都有一些期許與省思。連教育哲學大師我們田院長，經歷一生的體驗，深邃的思索，都覺得不是每個人都適合念教育，從事教育，他建議不適合者可以及早轉系。我上一陣子在大戶人家當家教，寄人籬下，所遭受的待遇不如一條狗，還不如他家的佣人，為此痛心疾首，感觸良深。雖然在另家家教，我備受推崇，並獲得很大的成就感，但也覺得落得兩袖清風。我每餐到學長的寢室取寄餐具時，看到學長們那麼進取用心，力求上進，於我心頗有戚戚焉。

有的學長終日手不釋卷，看著林記東大法官的憲法、韓忠謨法學院長的刑法著作、薩孟武教授的政治學、戴東輝的民法大著作……等等，日以繼夜，一天又一天，一星期又一星期，一個月又一個月……甚至連正課都蹺課不上，跑到台灣大學旁聽法學教授的授課，他們是玩真的。我頗為震驚並深受感動。在正常功課之餘，我不能無動於衷。見賢思齊，古有明訓，看學長這麼用功，為未來生涯衝刺，我先則感動，而心動接著付諸行動。我也跟著學長一樣，買了司法人員高考用書，由謝瀛洲的憲法，林紀東的憲法、六法全書，到韓忠謨法學院長的刑法著作……

慢慢的理解到挑戰司法人的高考，不僅研讀理解法學理論，司法理路，法案判例，還要逐條背誦法律條文……，背誦法條條文，最難接受。我由憲法一百七十五條背起，一邊背一邊反思，越背越無趣；研讀法學理論，一直強調刑期無刑，對於一個人的行為等到犯罪，在來判他刑罰，關起來在監獄改過自新，效果有多少，為善去惡的內發動機能有多強烈呢！？不無可疑可議。要導人為善去惡，人之初立即循循善誘，潛移默化，不是更為積極主動，效果更大嗎？也更受人歡迎嗎？可以造福更多的人嗎？

那麼，教育比諸司法，不是更勝一籌嗎？我何必捨教育而就司法，勉強去學司法，攻讀自己不感興趣的司法呢？而且要蹺正課不上，貿然去旁聽他校教授的課。從小在艱困的環境長大，能夠脫穎而出升上師大，怎能捨得蹺掉師大本系的課呢！把握當下是我的求學原則，雖然成不了大功，至少敬其業。就這樣，我雖然佩服若干學長的勇氣與用功努力，但是我慢慢動搖了跟著考司法人員的高等檢定，然後考高等考試。雖然我已經買了幾本書，也死啃憲法與刑法總則，後來我還是急流勇退。

當時另有一類學長，也是一樣用功，天天抱著書本，力求上進，但是他們不是棄教育於不顧，抱著刑法，民法……，而是抱著教育哲學、教育心理學、教育史、教育行政等。他們埋首於準備另一類著高考——教育行政人員類。我改變主意，想衝教育行政人員高等考試，我向來忠於現在的機會，因為每一個機會對我來說，都是那麼得來不易，好不容易有念教育系的機會，我捨不得棄它如敝屣，我只希望把握它，開創更多的機會。

應考司法人員的高考也好，應考教育行政人員的高考也好，在學中的大學生，均不具應考高等考試資格，只能考普通考試。我們想應考高等考試，必須先通過高等檢定考試及格。於是卯起全力，加強準備，跟著學長，大一如願通過高等檢定，取得了應考高等考試資格。高等考試教育行政人員，要考九科目。因為大三暑假上成功嶺軍訓，必須把握機會，在大二暑期爭取考試機會。但是看了哪九科目，大部分都還沒有學過的，高年級才修得到的科目，對於哪種科目，毫無概念，只好學 Copy Cat，看學長買什書就跟著買。每一科目往往都有好幾本書，整個擺起來，那麼多的書要念，有的書買不到的，還要跟學長借來看，當時還沒有影印機，只能研閱後摘取要點抄下。耗時費力，又不能占用太多時間造成學長的不便，於是趁著學長不看的空閒時間借來，以最快的速度來閱讀，尤其借閱筆記更難。多方打聽，教此一科目的教授不多，大概可以猜想可能擔任典試委員的人選，可能擔任典試委員的教授，其講授的筆記與著作是人人搶看的珍貴資料，買不到就必須設法借閱。一般科目不容易猜得到可能的命題委員人選，就要把各書局出版的專書盡可能全數看。

一本多支是我常採用的方式，一科目很多的書本時，選擇一本為主幹，詳細研讀，等精通要點之後，以較快的速度閱讀其他書，無者增補，簡略者則以充實，雷同者則快速過目，大有出入者則綜合整理修訂。如此一來，所得知識必本根紮實，枝繁葉茂，內容充實。面臨考試，不論什麼題目，都可迎刃而解。科目多，書本資料多，要循此方式以研讀，必須十分專注用心，且時間要充裕，片刻時間難以如此閱讀，只能用來記誦。

大二應考高等考試　一考及第　羨煞人　暑假卯足全力準備

一年一度的全國性公務人員及專業人員高等考試循例在每年八月底舉行，一九六四年我已取得了應考資格，可以跟已結業的學長們一起報考。

大二暑假正是利用來集中全力準備高考的最好時光。除了一個禮拜兩個家教以外，心無旁騖，每天除開吃飯睡覺外，都是紮紮實實的一天，可以專注於考試的準備。通常六點起床，簡單漱洗後，拿著書本筆記就往圖書館跑，在館前左右的綠地上或玄關前面，一邊散步一邊讀書，人多的時候也趁早一邊排隊。暑假同學多數回家度假了，通常人不會多，有時候閱覽室空蕩蕩的，就可以坐擁不只一個位子。吃過早點，在圖書館的位子坐下，正課開始了，按表操課，由於沒有干擾，都能按照預先安排的進度完成功課。兩個小時休息一次，休息的時候遇到學長，還可以在樓梯間或穿堂跟學長請益或聊天。在圖書館閱覽室念書，雖然沒有冷氣，但有電扇，效率很高。不過人多的時候，如果遇到旁座是一對情侶，情話綿綿，顧影自憐，形單影隻，不無情緒，效果難免大打折扣。

整天都待在圖書館，沒有變化，比較容易倦怠。下午轉移到教室，選一個風扇底下的座位坐下來，最好不超過五個人的教室。太熱的時候，課桌椅成套搬到外面迎風的的廊下或樹下看書用功，只要記得看完書把桌椅搬回原教室，就不會有人干涉你。當時暑假什麼活動都由救國團包了，夏令營、暑期服務隊、戰鬥營，應有盡有，學校超安靜，是專心讀書的世外桃源。小鳥蝴蝶左右飛來飛去，偶而來一陣夏天的大雨，洗盡烏雲、塵土、暑熱、汗珠和疲倦，反而精神抖擻。念不完的書，整理不完的筆記，猜想不完的題目，回答不完的假想題目，累人是累人，卻也頗有心得。每天都有心得，有時候會覺得，即使不能一次金榜題名，也獲益良多。在一個明確目標的指引下全力動員，驅使全力拼鬥，斬獲多多。直到黃昏時分，星光月亮掛在天上，透過稀疏的椰樹，灑在草地上、頭上、課桌上，才收拾書本，恢復課桌椅，回到餐廳吃晚餐。

草草吃過晚餐，接著有家教，就趕去當家教，沒家教又立即回到圖書館閱覽室，直到圖書館閉館時刻，才走出圖書館，拖著疲憊的步伐，月明星稀下，走過月光灑落綠地的草坪上，或在月黑風輕中，看著閃閃星光，走過那一片熟悉的柏樹簇擁著的走道回到宿舍，腦海裡浮現從一大早到一大晚的作業，在疲累之中，常帶有一絲絲的得意。

洗過澡，再度撿拾書本，轉移陣地到餐廳，常會與好幾位的學長會面。有時候大家興趣一來會一起討論一下準備的情形。我常利用這個時刻請教學長，他們多數是今年大四的學長，所有專業課目都修過了，知名的教授也受教過了，個個又是哪麼用功。覺得有疑惑的問題，摸不出方向的或理不出理路的，我就不客氣向學長討教。我最常向他討教的是玉体，他不僅是學長，也是同鄉，更是宗親長輩。他總是知無不言，言無不盡，十分感謝他。昭賢學長也是我常請教的，他也是南師學長，他不僅讀書用功，更熱衷學生活動，服務熱心。

❑考場上的煎熬難以體會

終於考期到來，坐上公車，有志一同，互相切磋，全力衝刺，帶著又期待又惶恐的心上了考試院舉辦的全國性公務人員高考的考場，相當於古時候的科舉考試。榜上有名，就是國家公務員。考生年紀差別懸殊，個個緊張兮兮，像我們幾個算是年輕的，有的已經白髮蒼蒼。年紀雖有不同，緊張的情緒則無二致，雖然我們即使考上，不一定、也不會即時就去當公務員，但是一上考場，跟上戰場一樣，就是全力以赴，衝衝衝，輸人不輸陣，盡力拚。一連三天，每天考三科，除了作文公文外，全部都是申論題，不像高檢有一些是測驗題，做答簡單。這個時候全部都是要承題上意，動員腦力，搜括資訊，編輯整理，起承轉合，說理盡致，以你的生花妙筆，利用精準的文辭，抒發為文，針對要旨，滿足題意，求能不失分，更要辭章優美，以打動評分委員，得到高分。無論哪一場，考哪一科目，每一分每一秒都是緊張時刻，絕大部分的考生都是焦急緊張的寫到鐘聲響起的最後一刻。連續三天的考試，都是大太陽，天氣熱，心情緊張，由於長時間的煎熬準備，體力不夠好，好不容易撐到最後一場，差一點沒有崩潰。

❏金榜題名，大放異彩

一九六四年的高考，錄取人數很少，教育行政類只是個位數，不像有些年份，人數超多。我們師大應考的人數不多，成果不錯。同科及第，金榜題名的，大四學長有林玉体、林昭賢、林義雄，大二同學只有吳武典與我，國文系的宗親林玉鬃則是中了一般行政人員高考，幾乎多是姓林的。由於林玉鬃、林玉体與我都是來自台南同一村莊漚汪西甲同宗，同年同科金榜題名竟有三個，更傳為佳話。同年國父誕辰紀念日在中山堂由當時的院長嚴家淦先生頒發證書，儀式隆重，倍感光榮。會後，受頒證書的六人還特別到當時富有名氣在衡陽路的白光攝影社拍照留念。

不過對我來說，這一張霸王級大的證書，對我的職涯並沒發生什麼作用，我從未有一天去當官。那時候的制度，考取就可以當一定職級的公職，不須再接受訓練。等候通知，前後有三次，通知我就任公務員的機會，都是我分身乏術的時候，不是服役時就是上研究所正緊鑼密鼓的時間，退伍後或畢業後，覺得還是教書比較好，所以一直錯失當官的機會。反正我也對當官沒太強的夢想，也就無所謂了。

準備考司法人員的幾位學長，他們有的真的志在必得，雄心萬丈，焚膏繼晷，再接再厲，果然超越法律系正科畢業的，在高考中脫穎而出，舉中法官的如蘇昭瑛，確是不容易。畢業後蘇學長擔任檢察官，後轉任律師在高雄開律師事務所，辯才無礙，擅於廣結善緣，業務興隆，為高雄地區知名度頗高的律師。我來高雄師大服務期間，他曾捐助教育系獎學金獎勵優秀同學。雖然改行，可沒忘掉對教育系的關懷。

當時的師範大學生與師範生，資質好，求學的動機非常強烈，所以很會念書。大部分出身寒微，打從心底領悟到必須力爭上游才能出人頭地，否則會在人海中滅頂。不少同學跟我一樣，隨時鞭策自己，我要成功，我不屈服於命運，每天背負著苦命的吉他，苦練美麗的樂章，雖然每個人隱藏在心裡面所築的夢各有不同，卻多能踏實，創出一片天來。

同學，室友，個個有彩夢

台師大這一班臥龍藏虎追求成功則無有二致

台師大五五級臥龍藏虎，甲班的義雄兄曾與我是租房室友，他眼光獨到。當我在準備考高檢的時候，他不動聲色，當我在苦念英文的時候，他天天念阿拉伯語。當時的阿拉伯世界，一片荒漠，盛產石油，未受重視，是未開發的落後國家，他卻啃阿拉伯語。眾生均未想到阿拉伯在世界石油危機發生之後，在經濟上舉足輕重，阿拉伯成為富豪聚落。李同學教育系畢業後，離開教育界，風雲際會，運轉乾坤，當上富邦保險公司的總經理，來高雄時我們還聚會話舊，後來成為金融界爭相挖腳的CEO，在多家保險公司當過總經理。眼光看得遠，判斷準，膽子大，出類拔萃，是企業界的竅門。

老同學萬益兄，是師範生，服務小學七年才進師大教育系，比我年長四歲，比一般高中畢業進來的年長七歲。表現老道，待人誠懇，服務熱心，我們選他當班長，雖然通學，確能服務周到，任勞任怨。他雖然沒有博士學位，卻能在新竹師專由助教當到新竹師範學院的校長，其來有自。鐵雄兄，南師藝術科畢業，感情豐富，喜愛音樂，遇到挫折，從不屈服，藉著音樂頤養心性，執著到底，並知所變通，終於天旋地轉，風雲際會。在資訊教育還在方興階段，獻身於此一新興領域，又熱心幫助同事，終於成功當上台南師範學院院長，又當上教育部次長。不會意外吧？！

文雄兄，屏東中學畢業，富有財氣，知所變通，與我講話頗為投緣。有的同學見他覺得他粗枝大葉，不夠細緻，大而化之，，我更覺得他個性坦率直爽，頗有眼光，樂觀進取，對人坦誠。朋友有恩，念念不忘，喜歡說笑，但無傷大雅。後來他回屏東服務，我也到高雄服務，常有往來。文雄找到一位小學教師惠霞小姐，結為連理，我教過她，她非常聰慧，用心細緻，功課非常傑出。惠霞與文雄兄是天生互補的一對，可以說珠聯璧合。結婚後，文雄兄果然如虎添翼，持家育子理財事業樣樣稱心如意，飛黃騰達。屏東師院退休後，還被延聘掌致遠管理學院，後來發展為台灣首府大學。這個晚了一步創辦的大學，第一任校長不到一年就出走，文雄兄臨危受命卻辦的有聲有色，還開辦蓮潭會館，客朋滿座，座無虛席，為餐旅學系學生實習的最愛，其營收曾比高雄圓山大飯店還好。後來他屆齡退休，連續幾位接任校長都撐不過三兩年，他主持校政的六年是穩定成功的一段歲月，如今已改為台灣首府大學，希望能夠春燕歸來。他沒有獲得最高學位，但辦起大學來卻令人敬佩，他的成功，證明我對他的了解是正確的，早已是知心之交。

❏四〇三寢室，室友文化多元，多采多姿，各個成就非凡，創出一片天

大二住進學生宿舍，四〇三室，剛好全部八位室友都是我們同班同學。大家來自天南地北，分屬不同族群，語言不同，生活方式不同，但是認真用功則一。早上一大早，有的室友一起床，習慣地穿著木屐，重重地踩在日式宿舍地板上，重重地把門一開一關一甩，刺耳的聲音，驚醒大家的清夢。室友們有的抗議，有的怒目相視，有的氣在心裡口難開，有的人遞寫紙條……反正大家太不習慣，有點受不了。可是我們這一、二位老兄，從小就是這麼生活的，很難改變，他們不會生氣，也聽不進去，終究是還是依然如故。

我終於發現，叫一個人改變習慣真難。習慣成自然，自然成本性，本性難移，江山易改。從小文化的濡沫，習俗的制約，根深蒂固，成為牢不可破的框架，教人跳不出來。山不動人動，慢慢地

大家也不再浪費唇舌，也就逆來順受了。接著，大家每天也就都在這個時間起床，整理整理，各自用功去了。吵雜聲確成了我們寢室的起床號。每天大家常常會帶回一些笑話，無論上課，上圖書館，餐廳吃飯，及公車，看電影，約會……都會帶些笑料給大家當笑話，是我們的開心果。有的口無保留，或全盤脫出，有的同學，生性含蓄，演出三分，已經叫你驚嘆。清閒的時刻，哼著不同的調唱不同的歌，鬆弛一下情緒。

有的室友酷愛洗澡，尤其夏天，一天沖涼三次。有的室友就是懶得洗澡，他的洗澡是我們寢室的大事。睡在他的下鋪室友鼻子受不了，勸他洗，他說他過敏或感冒，不能洗。可是不洗又更嚴重，常為洗澡唇槍舌劍，還好還不至於為此吵架過，卻把它當成全室的笑話。畢業後幾十年，相見的時候，還是笑話。

四〇三室室友用功起來的時候，勢不可當，要熬夜也比別寢室強，要開早車更無出其右者，這一間寢室真是臥龍藏虎。果然後來的發展令人側目，有四位大學教授，有三位國中校長，另有一位為新竹科園管理處主任秘書，教授中有兩三位曾出任大學院校校長、院長，有一位系主任。

❏大學的分數不要太計較，但自問自己學到了嗎？

我們前後屆同學有人正課很少上，卻考取了司法人員，現在當法官、律師；有人上課背英文，下課上補習班，畢業即留學，幾年後搖身一變成為政府擁抱的青年才俊，雄居部會要津，或執學術之牛耳；有人上課蹺課，下課遊樂，逍遙自在玩四年，甚落得個三一退學或低飛通過，好像沒啥成就；也有人能蹺課就蹺課，發展自己的興趣，用心搞社團，後來把休閒發展成事業，名利雙收。在大學不是由你玩四年，卻是學習如何過一生。

在大學要摸索到自己的生涯發展方向，要準備如何成家立業，要準備如何過有意義的一生，大學要求學，學得大學問，關係你的一生的學問。這大學問可能在上課教室學到，可能在自己看書學到的，也可能在圖書館埋首於書堆中學到，也可能在實驗室做實驗學到的，也可能在樹下靜思遐想學到，也可能在社團游於藝當中學到……，但是飽食終日，無所用心，行屍走肉一般，則南轅北轍，不能學到什麼。不要太在乎分數，讀書也不要太侷限於教科書或課內指定書本，而要勇於嘗試，富有膽識，勇於開拓自己的興趣。

我們這一領域的教授們，上焉者，命題評量學生學習的時候，也很少出些選擇題型的測驗題考學生，通常是命製幾題申論題目讓學生回答，考核你攝取多少知識，理解到什麼程度，是否會能應用此等知識來解決問題，對於錯綜複雜的問題能否加以分析，化繁為簡，能夠對於雜亂無章的看法或見解加以組織綜合，化零為整。怕題目太少考不出整個範圍，可能再加一些簡答題或概念名詞詮釋；又可能再要求做口頭報告或書面報告，以觀察你的發表能力，培養發表的習性與態度。下焉者，拈手隨意出一二道大題目，要你做答。評分時，有的教授先扼要寫出要項或次要目，每一要項要目得分分別預先分配，沒掌握到大重點如何扣分，答得正確如何給分，義理詞章兼得又如何加分，評量嚴格者不乏其人，其評分信度高，效度也高。不過，老師懶得細細閱讀大同小異的答案，潦草不堪的答案者，也隨時可見，見怪不怪。當大學生時有的感觸，懷疑老師分數是怎麼打的？我怎麼這麼低，有的怎麼有這麼高呢？

大三時，有一位教授開授的一門課，下午第一節考，四個申論題，三點半考完，全班四十位幾位同學，四點半成績就出來了，看了成績，又覺得蠻離譜的，該好不好，該差的不差，與自己的預期出入頗大。有人嘲諷說考卷大概是用電扇吹的，被吹得越遠成績越高，是否真得如此不得而知，不過試卷評得太快，快得離譜則是真的，同學會有猜測之說也就不易避免。

另有一位教授，給分非常主觀，他教的科目我們這一班同學成績極為偏低，絕大多數只有六、七十分，也有不及格的，無人八十分以上；上學期另一班級則多數八、九十分，甚至九十幾分，真怪！同學大惑不解，原來過去的教育系兩班，編班時是把本地生編為一班，僑生編為另一班，兩班程度相差懸殊，所以習慣上，印象裡面一班顯然成績優於另一班，本即自然。

但是從本屆起，為了加強僑生與本地生的文化交流，學校已打破過去的做法，兩類不同來源的學生混合編班。這位教授不察，憑著過去以來的刻板印象，歧視給分，教同學為之氣結。大部分的老師成績評量還是蠻嚴謹公正的，畢竟教育系的教師都是學教育的，知道成績評量的功能及對學生的意義與感受。

我各科成績絕大多數都是非常高的，即使有的老師評分教為嚴格，也不會太低，且常居前茅。孫教授開授的比教教育科目是嚴格的科目，最高分罕見能達到八十五分，他給我八十八分，且是在校園裡走路無意間遇到時特別主動跟我說的，還褒揚有嘉，真是個例外。可見我在孫老師的心目中印象之深刻，讓我興奮好久。能得到孫老師的賞識是一大榮幸，後來上研究所專攻比教較育領域的題目撰寫論文，是受孫老師的影響。大學四年修業成績，成績全班第一名，沒有對不起國家的公費，師大師長的栽培。

❏希望補救英語實力，所以選心理組，不懂？

有機會上師大，有機會學英文，所以我一進來即下定決心，把沒讀過高中英語課程補起來，也把英語工具好好地裝備好，有機會的話才能進修。我下了很大的功夫把大一英文修過了。大二英文是選修，我也選來認真研讀。不過仍然不夠，尤其在聽說方面更差。後來看學長，包括研究所的學長，如清山、欽銘、茂發學長，都很認真地收聽 Studio Classroom，每天早晚收聽 Doris Brougham 全用英語講授的英語節目。這種直接教學法的外語教法在當時被認為正是最進步、最流行的方法。

師大英語系每年級招收兩班，一班為實驗班，實驗的就是直接教學法。教育系大二起教育專業分組。分有理論組、行政組與心理組，還有專門學科分組——國文組、英語組，以及數學組。

我本想選英語組，滿足想學好英語的初衷。但是，我也十分渴望選心理組，專攻一些心理學與精神醫學的專業知識，看看能否幫助我認識與應對那一位不能割捨又對他束手無策的罹患有退伍軍人創傷症候心理疾患的哥哥，即使不能消除我的痛，至少可以減輕我的苦。天人交戰，舉棋不定若干禮拜，最後我選了心理組。因為據學長說，心理組很重視原文書籍的閱讀，讀的英文資料比英語組還多。至於聽說的增進，我就只好利用自行收聽英語廣播節目來訓練。如此可以兩全其美。

心理學組有自己的空間，坐落在圖書館後側臨麗水街的圍牆邊的一棟三樓心理實驗中心，由留英的心理學博士黃堅厚教授負責。有自己的設備器材，人員資源，課程規劃嚴密，承接研究專案，國外交流合作計畫很多，看起來有隨時準備從教育系獨立開來成為一個學系的氣勢與態勢。

選心理學組的同學卻多是師範生。心理學組的同學在心理實驗中心上課、實驗、作業，與老師們的互動時間與機會多於在別的地方。在這裡也比較優游自在，我們喜歡待在中心用功，沒事的時候也喜歡到中心來用功、做實驗，或做助教事情。從古典的心理物理學的實驗，到現代的心理能力測驗，以至當時較先進的腦波實驗，我們都做過，而且很有心得。當時中心被委託修訂比西智力量表，暑假時間我還參與計分統計建立常模。同一組的同學互動頻繁，跟老師們的互動也多，好像一家人。有同學被老師賞識到幫她介紹男朋友，如許同學畢業後與台大一位心理系教授締結連理，就是當時師長牽的紅線，成為佳話。

現代心理學是比較新興的科目，正方興未艾，原來在師範學校教的教育心理學都是早期的心理學知識，很多是大陸時期的學者整理或研究的結果。心理學組的課程內容從早期至最新的知識與理論都有。為了使得我們學到最新的知識與發現，若干科目任課老師採用原文書，如教育心理學名著選讀，由蘇建文老師擔任，她剛留美回國，是一位頗年輕的女老師，就選一本最新原文書 Harold Bernard 撰寫的 *Psychology of Learning and Teaching* 作為研讀的教科書。蘇老師是台大心理學系系主任蘇薌雨教授的掌上明珠，年輕貌美氣質優雅，言談不時流露出來的不僅是一位秀麗的大家閨秀，更是一位才華橫溢的年輕學者，說話聲音脫俗有磁性且頗有說服力。同學看到那一本從未讀過的原文書，面有難色，卻不敢有任何不滿或怨言。這是第一次選修使用原文書來當學教育的教科書的科目。師範生的英文能力都不是很好，有的還是捨必修大一英語，選修特別班英語替補的，一下子面對精裝厚厚的原文教科書當教本，不怕怕才怪。雖然師範生，已經至少在社會上磨練過至少三年，多的甚有七年八年的，還是不免膽顫心驚。為讀英語文而讀英語，重點的是發音，字詞的記憶，文法語法修辭，句型練習，關心的是學到一種工具。研讀教育心理名著與來讀原文書，不僅是工具的，更重要的重點是利用這種工具來理解分析綜合知識內容。在這時候，熟悉這種語文是基本的，更重要的是要利用這種語文工具來學習新知，獲取知識，整理知識，應用知識，探討知識，討論評論。

大家都想好好地研讀，不想在老師與同學前面出醜而窘在那裡。尤其是在年輕清秀的女講師前面，惟恐冒犯了她，情緒起波濤，會傷到她儒雅的風度，清純的性情，優美的氣質。所以大家都很想用功，可是卻有點力不從心。於是想用分工合作的辦法，先分配好各個人幾面，翻字典，解其意，翻譯出來；然後湊合在一起分享。可是不是自己下過功夫研讀的部分，看不懂，再怎麼看還是不太懂。因為負責的同學也沒有懂得很透徹，或避開一不知的部分，斷章取義，翻出來別人看了，不易懂。要在上課討論，不出醜也難。老師看那一種場面，不難過也難。

只好改弦易轍，還是各個同學對指定的章節全部準備，瀏覽，精讀，查字典，研讀，對不懂的再仔細推敲，原文一次看不懂，再看，不懂，研讀再三，每一次都會有新的心得領會，不像看別人的翻譯，一次看不懂，再看，還是不懂，越讀越糊塗。因為翻譯者也不太懂。當你不太懂的時候，如何表達出來，讓讀者看得懂呢？然而，每次要看一、二十面，以我們同學一般的程度，實在並不容易，只好各自盡量努力吧。到上課那一天或前一天，再彼此質疑問難一番，慢慢的下功夫多的同學就成為諮詢的對像。我本來想選讀英語組也想選心理組，想把把英語讀好，將來畢業後，如果不能到師範學校去，可以在國中教英語。後來選心理組就是因為一樣可以讀原文，我的動機是雙層的，當然比大部分的同學強，所以也比同學用功，理解也比較多，也比較深刻。同學課前也喜歡找我一起討論功課，我得到的收穫當然較多。

一學期下來，真的把一本原文書徹頭徹尾看完，而且確實對其義理內容了然於胸。這是我真正看原文書，也是第一次把一本原文書看完。我非常感謝蘇老師，她引導我看完一本原文書。因為第一次把一本原文書看完，對於原文的感覺完全不同。之前看原文書像是天書，是另一個不同的世界不同的人種的人看的，離我好遠好遠，遠不可及。遇到困難，我不想看，我沒有信心，也沒有勇氣再看下去。現在我能夠把握住一個章節的要義，一個段落的要義；遇到冗長難解的句子，不會被嚇呆了，我學會如何剖解長句，去其繁文縟節，從根本理解，扼其要再修飾化妝美容。則不難解其真正面目，也很容易了解真正精義。我學到了看原文書的信心、耐心，與技巧。

接著，張春興講師的學習心理學與大四黃堅厚教授的變態心理學也都用原文書，他們指定的原文書其實都比蘇老師的難，只是並不像蘇老師的課從第一頁逐字逐句地研讀整本書而已，而是配合進度，指定特定章節課後閱讀，或課前預習。黃教授的變態心理學原文書更難，裡面的內容有很多是精神醫學的知識，我們的基礎並不強。不過，課前好好地研讀預習，字面上的意思認識的差不多，上課時候再聽黃老師的講解，課後再複習也就可以心領神會囉。黃教授的課雖然第一次接觸心理疾病的知識，但是我學得頗有心得，常令我心頗覺戚戚焉，有時也會懷疑自己是否也有點這種症狀；有時候會拍案這就是我兄長的癥結原兇。至於如何治療著墨太少，應該是精神醫學的領域，可是我們並不是精神醫學系，還意猶未盡就結束了。

另外，在諮商輔導的課，與台大心理系合聘一位美國來的客座教授陶華德博士（Dr. T. Ward）來支援授課。他第一次來台灣，不懂華語；我們則是第一次面對面聆聽外籍教授講課，所以又好奇又緊張。還好，他平易近人，態度誠懇，饒有風趣，畢竟是學輔導的專家，熟稔人際互動的技巧，口齒清晰，講話速度放慢，肢體語言又豐富。但是，上外籍教授的課是第一次，我們雖然很認真聽，還是聽不全懂。如果預先好好地研讀指定的資料，大概能懂大半。然而，到底是猜對大半還是聽懂大半，我仔細體會一下，我發覺教授講的話進入耳朵的聲音，傳到大腦神經中樞，經過解碼，再譯碼，理解其意義的不多，所知的大多是經由預先閱讀已知曉的，聽取聲音中看他的肢體語言抓取符合原已知的部分來理解的，換言之，知道原來知的部分；有時候，原先知的知識不夠完全，聽的過程中抓取猜測一些來加以補充缺漏，似覺得較為完整。即是，原來知的部分再印證一次，不知的還是不知，倒是知的不完整的，可以補充。所以我覺得我體會到我的閱讀能力是增加了，但是聽力還差的遠呢。至於講的部分，如果隨便發言，可以自己選擇喜歡的題材，也可選用自己熟悉的用字用詞來講，外籍教授大概也可以懂。不過，外籍教授跟你繼續討論下去，慢慢你就迷糊了，不知如何對話下去。如果是外籍教授主動問的題目，有一半以上的機會沒有得體的接腔或正確的回答，可見講的能力也是不行。外籍教授很客氣，也很有同理心，他不會怪我們不用功，知道我們聽講的機會太少了，而且學英語起步太晚了。我們聽到有幾位不知哪裡來旁聽的人士，聽講都很溜的，心裡羨慕不已。這位外籍教授下課時間，有時候也會跟我們聊聊天。有一次，學期快結束前不久，還邀我們到他住宿的台大客座教授宿舍請我們吃晚餐，他跟他的夫人和一個小女兒同住那邊。那一晚的主菜是義大利麵，這是我們大部分同學第一次吃到義大利麵，覺得蠻新鮮的。再分享大家帶去的一些菜，過一個愉快溫馨令人印象深刻的晚上。可惜他的課只有一學期，暑假就離台轉香港旅遊準備返美。萬萬沒有想到，後來傳來一個噩耗，說他在香港出了嚴重車禍，我們都感痛心難過。

這一門課讓我學到了老外也很好，敢去接近他，不會覺得他們是另一種動物，有機會我也想多接觸一些外國人。我也學到我的聽力與說的能力真的不行，需要加強。學習聽講要越早越好，不可猶疑，要學就要及時，現在都已經太遲了。所以我更堅定我一定要加油。

我從大二開始聽的 Studio Classroom 英語教學廣播節目，每天聽一次還不夠，效果也不夠大，需要再加強。原來每天只聽一次的廣播節目，現在儘可能每次都收聽，除了避開早上住校生升旗典禮以及早操的時間之外，早晚都收聽，每天可以收聽完整的三次。即使去上家教，路上途中還拿出隨身帶在身上的小收音機收聽。即使這麼認真收聽，效果仍然有限得很。當時有美國之音電台，偶而打開來聽還是聽不懂的比聽懂的多，而在校園裡有時候遇到有英語演講去聽還是聽不懂一半，討論時，有想法要表示意見還是不聽使喚。聽英語真難，講英語更難。

❏大學生充當義工：參與排課，增廣見識，歷練學校行政的甘苦

教務處為教學服務本是職責，但是教務處課務組為準備每一學期開課的緊張與辛勞，沒親身見識過恐怕想像不到。我在台師大求學期間可是親歷其境且親身體驗。因為擔任家教與準備考試，我很多學期都提早到校，所以教務處徵求義工同學幫忙開學前的準備工作，只要時間上能夠配合，我就義無反顧，勇敢地接受，可以為學校服務，也可以增益，學到書本上學不到的經驗，一舉兩得。

課務組的排課是極重要且往往是十萬火急的工作。各學系開課常因人事的異動而有遲到，最後仍有不能不更動的情形。而排課必須整體作業，也牽一髮而動全身，所以常常要等到全校各系人事底定，開課安排妥善，幾乎不會再更動，才全面動員來趕工。因為即使很早就排好，到時候開課有所更動，調動修訂起來更麻煩，可是又非得在開學上課一週前公布並通知到教授手上不可。所以急

如星火，連夜趕工，幾乎是每一學期開學前的課務行政現象。這時候，課務組人手不夠，學生自願應徵服務協助，行政人員非常歡迎。

我曾經有兩次參與這種服務。服務重點一是幫忙校對有無衝突，授課時間、場地使用有無衝堂，有無配當不合理之處等等。另外我們更常幫忙的是製作課表，當時不像現在文書處理電子化，一切全靠手工，不是手工抄寫就是蓋橡皮章，照行政人員鉛筆編排好的班級課表、學系課表、個別教師課表、全校課表謄抄正確，以備公布或分發執行。原來只是忙到晚間十點，越逼近就越晚，到最後常忙到通宵達旦。排課進行期間，最怕干擾往往找一個隱密地點或利用沒人干擾的時間工作。半夜準備有宵夜，早上則是供應早餐。我們學生也不知道是誰供應的，反正不會餓肚子工作就好了，一定是權責單位或主管人員供應的，他們以完成任務工作為己任，如何激勵員工自己想辦法。有時候因為連續熬夜，幾個人都感冒了是常有的事，做為主管也要知道設法安慰，在工作職場上的實景常常是書本上讀不到的。當學生有學習的機會要把握，有工作的機會要珍惜利用，反正都是教　育。意想不到的，這一段經驗對我後來在高師大擔任課務主任幫助很大。

❑集中試教實習準備不夠，效果有限

轉眼已是四年級，集中實習試教是大事。師範大學的集中試教實習不如師範學校的試教實習踏實與成效。一方面小學教師課程內容簡單，教育方法技術特別講求重視；一方面當年的師範學校學生還只有十八歲，過於年輕，不加強訓練，畢業後貿然執教鞭，無論為人師為經師讓人不放心；師範大學學生畢業至少已經二十二歲，已經不是少不更事的少年，為人師為經師較可放心；一方面後者分科設系接受訓練，重視專門學科的精通，各系對於即將結業的學生，重視其學科專門知識的鑽研，不太重視教學方法的精進與實踐。平常對於教育科目的學習各系並不十分加強，對於集中實習試教也並不十分在意。在準備上，大部分的同學到上台試教，還不會設計一篇完整的教案，做為教學的藍圖。在教學技術上，沒有一系列的訓練，如何板書、如何開場白、如何激發學生的動機、如何講述、如何集中注意、如何訂正錯誤……等等教學上常用到的技術，理論上在各個相關的科目都學過，但是實際的技巧訓練欠缺。對於實習，沒有嚴密的組織與規劃，也沒有行政實習相互配合。以我們教育系為例，只由班長根據實習學校行政主管的意思，安排哪些班級、哪些科目、哪個時段接受實習，安排各組同學實習時間前去試教。

我們教書多年的同學，固然可以應付，一般同學常感困難。有一位僑生女同學平常伶牙俐嘴，講話犀利，人稱為小辣椒。上了講台，竟然手足無措，全身發抖，講不出話來。許久，在下面的初中學生有幾位同學說：「老師，妳不用緊張啦！我們不會為難妳的！」笑成一團。我們都覺得尷尬不已。如此這般，培養一位專業人員的實習歷練感不足。

築青春之夢

大學四年匆匆，轉眼即將面臨畢業，忽覺孤單寡人

大學（university），人戲稱由你玩四年，我與我同類屬的人卻都沒有好好的玩過。用功，用功，再用功，除了學期中用功外，每一學年假期都忙。大一通過高等檢定，大二全力衝刺高等考試，取得公務人員資格，大三上成功嶺暑訓，完成預備軍官的第一階段訓練，即進入四年級。回想這幾年，我生活的非常安定又充實，每年有既定目標，傾其全力努力去完成；而且英語的程度也提高了，由於我不服輸，自己能用功的，不必求諸於人的，盡其在我，英語閱讀能力大為提高，補足自己沒有機會正式學外語的缺憾，當然聽說能力進步仍相當有限，但自覺已經盡力，未來如以英語做為一種工具，也有相當程度。

可是面臨即將走出校門，則感到徬徨，生涯發展如何，誰能與我為伴侶？有人說戀愛是大學必修的課程，我卻放棄沒修。四年當中雖然也有很多的機會，我並沒有好好地把握，有的是無意的，有的是有意的，錯過了她，擦身而過的是若干的她。我太古板，我太專注，我太執著……。看看班上同學，修了戀愛課的不少，及格修有正果者卻很少。不過玩一玩幫助成長也好，萬分可惜，我連玩一玩都沒有過。卻也有人差一點釀成悲劇的。記得的是，畢業旅行住在日月潭教師會館的那一晚，同學擔心受怕，一直護著一位女同學，深怕她想不開，成為畢業旅行最刻骨銘心的記憶。班對成功的只有一對，其他只是成為花邊故事而已。男女相處幫助彼此長大成熟是值得嘉許的，卻也不

必太認真，畢竟什麼條件都缺，能談什麼呢？尤其對我這樣的自己及同類的人來說。所以我沒有認真修戀愛課程，不是我傲慢，不是我寡情，不是我偏見，不是我冷血，我不得已也。我未能找到對象，是活該，我也就不必太在意。雖然男女同學的互動有很多，但只是同學的關係而已，只是一起做功課、一起做實驗、一起做作業的夥伴，對我們來說已經足夠。

大學修戀愛課程是必修，我卻忘了修，但是如今面臨畢業前夕卻感不安，感到孤單，很想有人陪伴，我不是早就期許希望創造一個新的甜美的家嗎？可是我做了準備了嗎？沒有。如今如夢初醒，什麼都沒有準備。在學校，大夥兒住在一起，同學大家可以隨便說說笑，好不寂寞，忙著功課，也會讓我無暇多想。可是，將畢業，勞燕分飛之前，忽然感到無限驚恐與擔心。大部分同學少有人像我這個時候這麼孤單，沒有人領會得到的特殊，也少跟人提起的特殊；我的願望也少人能夠懂得。我又馬上要走出校門，獨自開始要去面對，我四年來勤學敬業，專注於當下的工作，好像沒有用心於這方面的準備。我覺得我好像一隻烏龜躲在龜殼裡，一天又一天，一年復又一年，安於大學之象牙塔裡面。還好總算自助人助天也會幫助，後來我發現我的勤學敬業，得以在大二即通過高考與成績名列前茅，在成家立業方面，卻增加很大的賣點與籌碼，算是無心插柳，柳也成了蔭。

❑我選擇到高市實習

按照師範教育制度，師範大學修業五年畢業，在師範大學修習課程四年及格結業，按成績及志願分發中學實習一年及格畢業，授與畢業證書。我們這一屆是五五級，即將於一九六六年六月結業。所以大四學年寒假結束後，開始操心到哪裡實習。那時候選擇的機會還不缺，由於畢業人數還不及需求人數，不愁沒地方去，只看願意不願意去。我成績第一名，又高考及格，無意中成了賣點籌碼，更有利於選擇。當時的職場，私立的學校待遇超過公立多多，金融機構又比教育機構勝算多多多，且公教人員的退休金少之又少，奉獻一輩子，養老可憐兮兮，大家不太願意屈就公立公教人員。但是公費教育，實習服務是義務，只不過在私立學校實務服務也並無不可，所以有不少人爭取到私校實習服務。公私立學校都從事教育工作，都是為國家社會作育英才。我並無排斥私校，只是因緣際會，人家看重我，我也看中她，就選擇到高雄來。

當年高雄市正在籌辦一所初中，第十二中，由高雄市教育局中教股長黃孝棪先生負責籌辦並出任第一任校長。黃先生是教育系畢業，與鄉親學長清山是摯友，也常有來往。他辦學認真，人脈廣闊，待人熱誠，對這一所新辦學校期許甚高。他到處招兵買馬，尤其常回母校，明查暗訪，想羅致最好的人才來共同創辦一所新學校，披荊斬棘，慘澹經營以開物成務。我則是希望創新，一切從頭開始，沒有沉重的包袱，對我這麼一個早就被一層一又一層的框架鎖住的人，創新應可以解除或鬆綁框架。新辦的學校，又是熱誠的校長帶領，我喜歡。我的高考及格光環與第一名被黃校長相中，經與黃孝棪私交甚篤的清山學長鄉親的媒合，在這樣機緣之下，與清水、玉蘭一起被聘到十二中來。

補修戀愛課程，畢業前夕找到了伴侶

一九六六年五月小同鄉聚會在學妹秀鄉住處。這一次一方面是聊天，一方面也是畢業前的話別。秀鄉是學妹，也是宗親長輩，玉鬃、玉体么妹也。他們一家個個兄弟加上一個妹妹，都絕頂聰明，超級會念書。秀鄉，雖然是鄉下長大的女孩子，但是沒有姊妹，從小與哥哥們一起長大，個性豪爽，又極健談，人緣很好，無論念師大、台大的同鄉同學，沒事的時候喜歡找她聊天。

她對我了解很多，因為就同一個村子裡，且我與她的哥哥都是好友，並一起準備高考，她知道我個人以及我的家庭十分清楚。她知道我的好，也知道我的不好，知道我這四年在忙什麼，而至今要畢業了，覺得很茫然，她知道我很需要一個伴侶共同奮鬥下去。她很熱誠跟我說要介紹一個她的好姊妹給我，是她初中時期的好同學，非常用功，樸質老實，生活非常嚴謹。後來她繼續直上高中，她自己則轉上南師而分開了，不過一直都保持聯絡。聽說她高中時期即有同學對她很有興趣，不斷追求。只是，她很矜持，不會隨便接受男生的感情。不過，很久沒跟她談這方面的事，她畢業當老師之後，不知有沒有被媒人拐走或被男生追走了就不確知。她最近將回家，順便會前去找她，當面介紹。這是一難得的機會，宛如時雨甘霖從天而降在我久旱的心田上。我非常興奮，從未有的興奮，對秀鄉真是感激莫名，心想不管成不成。她是很認真的幫我在介紹，不是隨便說說而已。

兩個禮拜後，她跟我說可以寫信給她了，並告訴我她的通訊地址，她介紹到此，以後就看你們的努力與緣分。

我躊躇滿志，一兩天後，在一個夏天下午的一場雷電大雨之後，湛藍的天空萬里，光亮熱情的陽光梳過校園的椰子樹、棕梠樹的葉子，投射在綠色的草坪上，閃爍著耀眼的亮光，好像鑽石無限，與雨後天邊的彩虹相互輝映。世界是這麼的潔淨與光明，雨前的烏雲、雷鳴、閃電，一掃而空。

這是一個美麗的時刻，一個充滿光明的時刻。我把握這一個時刻，鼓起未有的勇氣，提起筆來，振筆急書。從沒有寫得這麼快、這麼順、這麼貼心。我相信這一封信一定會讓她感動，八成不會不理我；如果無動於衷，應該也不是我癡心夢想的菜吧！?

我由見景生情說起，簡單介紹一下我的過去，我的執著，接著想像她這一個時刻正在做什麼，我猜妳正與一群同學在一起，從事春風化雨的工作，勾畫一幅想像畫，把我理想、心目中的夢中情人勾勒出來；如果猜對幾分，她應該高興，叫絕這麼會欣賞我的人；如果完全錯誤，她不會裡我，會暗笑好一個好做白日夢的癡漢！轉而寫到自己正在十字路口，即將要走出校門，面對就業職場，投入真實社會，我帶有一點理想，也有一股傻勁，但我覺有一點孤單與茫然，所以需要一位知心伴侶；最後，我把我的自白與我對她的想像描繪隱約之間結合在一起，於是我們合理地期待未來無限的想像空間與光明願景。

一個禮拜後，我收到她的回信，我收到信，一時不敢打開，因為怕揭開謎底。不過，我發現看她的信封竟然是與我去的信一樣，字跡清秀，又寫得非常的工整，且回信的時間並沒有太多的耽擱。她是很慎重的在乎我的去信。我猜想，她是認真的，她不會討厭我，也不會拒絕我，她應該是給我正面的回應。果然信裡面她肯定我過去的努力與成就，並表敬佩。她對於教學很感興趣，下課的時候，常跟學生談笑，一起唱歌，讓學生如沐春風。是我感受到我們都熱中於當老師，已經有一些來電，但是並不便說出來，語帶幾分的保留與矜持。這一回合已經成功的第一步。

我興奮，我期待，我想飛。我想秀鄉和她的友誼不同凡響，讓她信得過。我馬上跟秀鄉說：謝謝妳。我馬上又寫第二封信，並附上幾張我班上郊遊七星山留下的個人照，以及畢業旅行時在太魯閣的個人留影。在雄偉的山水環繞景觀中顯得意氣風發，躊躇滿志，千山萬水我獨行，最需要的就是知心貼心的妳來作伴，讓她對我這一個陌生人先來如霧觀花，浮光掠影一番，不致他日相見，不敢正視。我也期待她能寄幾張照片給我，讓我端詳品賞，勾畫一副意象畫。果然數日後她的回信即時來到，裡面還有幾張她們在畢業謝師宴上留下的倩影和最近跟她與班上學生的合照。我們來回幾封信後，我覺得她應就是我所心儀的人，而她也頂喜歡我寫的信，她應該與我有相同的感覺與默契吧。只是我們都還沒有見面，好期待能夠馬上見面。

❏師大結業，戴上學士帽

我們結業典禮在六月中旬，沒有人來參加我的畢業典禮，好失望，沒有人參加我的畢業典禮。

我將獲頒學業獎的，好期待她來參加我的畢業典禮。見面都沒見過面，別癡心妄想啦，如果她是這麼粗俗，我也會懷疑她的高貴清新的。結業後，等待分發到做一年學校實習，暑期還要參加預備軍官的分科教育訓練。行程緊迫，我趕快結束家教學生的功課，然後整理打包行李，準備回家鄉看父母，更期待早日與我的她見面。

我看了父母，身體還好，沒有我在家，四年的日子，他們照樣可以生活，終於有驚無險地過了。這我就比較放心了，他們很高興我終於畢業了。我跟他們說，我有一個女朋友，我明天要去跟她約會見第一次面，他們更高興。我就更放心了。

夢中情侶見面了

第二天早上，我們終於見面了。她生活在一個大家族裡面，典型的農家，人丁旺盛，上有三個哥哥，都已結婚生子，下有一個弟弟，還在念大學，沒有分家，五個姊姊均已出嫁。全家十個兄弟姊妹。六姊妹中只有她受高等教育，真僥倖。兄弟之中，也只有么弟受高等教育，真可惜。每一個都是人才，當時的台灣社會，多少人才未能得到充分的教育。在這一個大家庭裡面，她與兄弟姊妹相處得很好，頗為難得。尤其嫂嫂對她非常好，她也在上班之餘幫忙照顧侄兒女，侄兒女都喜歡她。伯父母不錯，也很開明，對我這一位陌生之客並沒有排斥，還能接受，雖然不是很熱情。

我造訪她家，並沒有增加他們太多的困擾，田照耕，牛照跑，工作照做，小孩功課照做。給我們一間小客房，自由交談，大嫂送來點心讓我們享用，雖然在一個大的家庭第一次見面，我第一次就暴露在這麼多家人的眼光之下，未免也太大膽了，因為沒有自由度可選擇。不過也好，只要過了今天第一次見面，未來家人阻擋應該就不會太多了。我沒時間猶疑與躊躇，因為我後天要遠行。

我們有獨自交談的時刻與空間，就夠了。我靜靜的看著她，她也靜靜的端詳著我。她的英挺筆直的鼻子，美如維納斯的鼻子；她那秀麗可愛的嘴唇，教我不心動也難；她的皓白整齊如玉米的牙齒，真是珍貴；她的寬厚渾圓的下巴承載著溫暖與福分，難得。我看了，非常的舒暢、寬心與愛慕。

小孩喜歡找她，可見她蠻有愛心；嫂嫂也喜歡她，可見她好相處；父母也很尊重她，可見她不是一個隨便的人，老人信得過她。聽她講話，話不多，不是一個喋喋不休的女人，我最怕碎碎念的女人，她不是；看她穿著，是端莊但不虛榮的女孩；她生長在農家，也常常幫農事，不會怕苦；我們第一次見面，卻一見如故，讓我很傾心。她知道我即將回到台北接受軍訓，暑假難得見面，透露關懷，囑我要保重。然後我依依不捨的說再見。我要她回信，她說請多寫信，她會喜歡看的。

她應該就是我的伴侶，終身可以相知相惜的伴侶了吧！？未免有點天真。我確實感受到戀愛的滋味，可是第一次見面，我要遠行了，才剛相聚，卻是即要離別，是道別，不是一天，一週，一個月，可能是一年兩年……！？哪知？

❑上復興崗，接受預備軍官的分科教育訓練

師大結業第一暑假，男生不是休息，不是準備實習，是接受預備軍官的分科教育訓練，是上北投復興崗，接受兩個月的預備軍官分科教育訓練。準備一年實習結束，師大正式畢業即徵召進入部隊服役。因為當年是反攻復國動員戡亂時期，國家等你當兵已經很久了。早在大一，剛到師大報到還未取得學籍，即緊急要徵召我應徵入伍當兵。我急得如熱窩螞蟻，教育行政機關保送我上師大進修，兵役行政機關卻急如星火徵召入伍，他們執理師範學校實習結束畢業就是要當兵，師範生服務一年，成績優良可以報考聯考，錄取者直接升學的辦法不是早已終止了嗎？其實廢除的是僅服務第一年即參加聯考升大學的部分。兵役行政人員堅持一定要我取得正式學籍證明確實在學中，才能緩征。變通辦法是教育部出具證明。於此，我奔跑於學校師大教務處與教育部之間，終於獲得緩徵。

如今師大學業結業了，為取得服役預備軍官的資格，全部師大結業生役男，等不到實習即應先接受分科教育訓練。所以大三暑假上成功嶺接受新兵訓練，大四結業接受預官分科教育，實習一年完畢，大五畢業即正式要被徵召入伍當預備軍官。就是當時的兵役徵召制度。

軍令必須服從，兩天後我們就上復興崗報到受訓。雖然覺得時間不太對，但不能調整一下。因

為就工作與教育來說，我分發到高雄市新成立學校實習，篳路藍縷，百無待舉，人手不足，必須即早動員，校長要我盡量早報到幫忙，參與行政工作，而且可以見識體驗如何興辦一所新學校。就私人來說，難免兒女情長，渴望與新見面的她常見面，剛剛萌芽的愛情幼苗需要悉心照顧，才能長大。但這些都不成理由。好好地接受軍訓吧！其他的就要順應環境囉。

這裡的訓練與大三暑期成功領的訓練旨趣與內容大為不同。成功嶺的訓練是新兵訓練，側重在生活教育，基本教練，鐵的軍紀養成，攻擊防衛的技能操演……多為戶外訓練。現在的訓練預官的分科教育，旨在充實專科的專門知識與技能，使能成為一個軍官；訓練內容視兵種與兵科而定。以我們在復興崗的分科教育，大部分是室內的課，或聽講，或討論，或報告，或發表演講，或公文寫作與處理，或行政實務。當然，也有室外操演的課，其比例較教室內課少了許多。我們的大腦有千億細胞，可以做各個不同的連接，形成無數的網路，來進行認知的、情感的、意志的心靈活動。由於環境制約與內在的心境不同的侷限，大腦細胞的連接與運用非常有限。我們常常受到框架的範圍與限制，並沒有充分運用大腦，有人把大腦比喻為叢林，開發與利用只是一小部分而已，未開發的則占大部分。

軍中的訓練是嚴格的，分明的，以我們大學畢業生金頭腦來學這些知識與技能，是桌上抓柑，輕而易舉，可是我們軍紀嚴格，必須每一節專注用功。這時候，就是讓我們胡思幻想的時機，卻也是讓我們自由發揮大腦功能的機會。晚上規定十點鐘就寢，這時候是讓我們思緒奔馳，大腦網路細胞隨意連結網絡的良機，這時可以放鬆心情，想我所看不到的，把一天所接觸的刺激隨意連結，把所蒐集的資訊任意編輯，如幻的，似真的，若在眼前的，遠在天邊的，在大腦叢林中一切是自由的，無論在夢中，或半睡半醒之中，甚至坐在教室上課中，各種不同頻率的腦波顯現，想很多，靈感如流水，源源不斷，有時候越想越甜蜜，有時候越想越擔憂，有時候越想越幸福，有時候越想越痛苦；有時候覺得風光無限，有時候覺得前景灰暗。白天裡，望著山岡上藍天白雲綠樹花草，也引發無限的思念與情緒，夜夢裡，如飛舞的蝴蝶，看盡一切的景觀，更是情意萬千。這裡表面上的機械呆版的生活，卻讓我們情感思緒翱翔。

我構思了如何去面對新學校的行政，如何面對我的學生……。當然愛情的力量無邊，激發我大腦潛力的發揮，創作我一封又一封的情書，無論是一草一木，藍天白雲，星光閃爍，月圓月缺，颳風下雨；聆聽教官教授講解；同學討論，閒聊；外面出操；生活點滴，做夢遐想……都會是愛與情的題材，讓我有寫不完的愛情樂章，天天寫不厭的信札。一有時間即有靈感寫，充分利用一分一秒，沒有休息的片刻。

讓與我才只一面之緣的人兒，在遙遠的地方忘不了我，丟不掉我，使她不得不割捨愛慕她的同事的追求；絕緣那些比我條件更好的，近在眼前的男人。所以雖然兩個月都沒有見面，我與她，剛發芽的愛情幼苗繼續成長，而且長得快，長得更美。結訓結束，只約在車站匆忙見面一下，我就趕到高雄去學校報到，但是我們的心理上距離已經拉近，成為真正可以無所不寫，無所不談的一對情人了，我的心中只有她，她的心中只有我。

實習教師之夢

參與構築一所新設初中的創辦　創出了一所明日之星

分科教育一結訓，即前往高雄報到，開始第二次的教師生涯。分科教育八月二十七日結訓，早已超過師大結業生實習報到的日期，也超越中學生新生報到的時間，當時國民中學正在新生訓練，所有行政人員、新生導師、任課教師，全員參加。我的實習學校是剛成立的新學校，所有的老師全是新生的老師，當然全部參加新生訓練，何況校長又要我兼任註冊組長。早在幾天前即要我結訓時即報到履新，所以我在結訓隔天立即報到。

我剛回到家，又要提著那一隻皮箱告別父母，又要離開家園到高雄去報到當中學老師。這一次我的父母倒蠻能接受的，因為高雄是他們的第二故鄉，他們年輕的時候曾經在這裡一起奮鬥過，而且在這裡建立了家庭，生下了兩個姊姊，一個哥，跟我。父親還在那邊停留更久的時間。其實高雄離家園不近，就當時的交通來說，轉車坐車，單程至少得花兩三小時。我提著一隻大皮箱，心裡面卻有三大疑惑，第一，我不知道裡面要裝什麼？第二，我不知道到高雄的什麼地方？第三，我已經找到了心中的她，卻選到遠方的高雄實習？我已選到高雄實習，卻選一個在台南鄉下的她？真怪？

借住在學校唯一辦公室，參與創辦新學校

高雄第十二初中今年暑假剛成立，校舍還正在興建中，來不及開學前落成使用。她是在林德官

的一片農田果園裡興建起來的，附近沒什麼學校，所以先暫時借用鹽埕區光榮國小辦公以及馬上到來的開課。光榮國小在當時熱鬧的高雄市區，離市政府很近，校舍高度使用，所以只能借用一間會議室辦公。這一間會議室倒蠻特別的，是獨立於他們連棟的校舍包括教室與辦公室之外的獨立建築。利用起來還蠻有自主性的，只是覺得太小了。從校長，各處室主任、組長、組員、員工全部集中在此一小小的辦公室裡面。已經覺得夠小了，我卻提來一隻大皮箱，在擁擠的辦公室裡面占了一大片地方。本來隨著我南北奔跑好幾趟的這一隻皮箱，我向來不覺得大，現在卻覺得太大了吧，而裡面卻沒有裝多少東西，因為我匆匆忙忙來到這個地方，也不知今夕會落腳何處，也不知如何過夜。我是有點生澀，困窘，也有點煩憂。也好，大不了住旅社。

❏上上下下，大家都是新鮮人

這裡的工作團隊氣氛不錯，上上下下大家全體動員，都在賣力的工作，氣氛融洽。校長帶同仁確實有他的一套，大家對所有的要求沒有怨言，再困難都能克服完成。我一報到，校長鄭重地向同仁介紹。他跟同仁說我大二時就高等考試及格，今年師大教育系成績第一名畢業，學過公文書寫與管理，不懂公文的同仁可以請教他，我們要請他兼任註冊組長。

公文的辦理與撰寫雖然為高普考行政人員考試必考的科目，其實需要在真正的行政情境裡面來歷練，我這方面還十分缺乏呢，有待歷練，對於校長的讚美當作是一種激勵與自我期許。我只是來學習，請大家多給我鼓勵與指導。雖然是新學校，但是同仁很多不是生手，大概是校長在教育界人脈廣，從別的學校挖角來的，他們比我有經驗，處事做人我要戒慎恐懼，要虛心學習，不要惹議招忌。他還說，我昨天才預備軍官分科教育結訓，匆匆趕來報到，精神可嘉。他還沒有租房子，沒地方住，各位方便的話可以幫忙介紹。晚上沒地方住，就請他委屈一下，兼工友，看這辦公室。校長真有同情心，這樣子至少還有個暫時棲身的地方。

我趕忙說幾句客套與感謝的話。我還沒進入情況，許多地方要請各位指導，協助與幫忙，做不好的地方請大家海涵，我會認真學習。

我是有點怯生，因為兼任行政的同事沒有任何一位是我熟識的。怎麼辦？我怕被視為異類必須先與大家和在一起。出我意料之外的，那天晚上校長邀大家在「新陶坊餐廳」吃晚飯，讓我跟大家有較多互動與認識的機會。不知是校長本來的計畫要犒賞大家，或是為我做刻意的安排，我都非常感激。這種非正式的互動，不是只有填飽肚子，而是藉此讓彼此並不很熟悉的我們，在另一層面上認識，雖然我不善於喝酒，但是能夠感受到熱絡的氣氛。有些話平常講太正式，太直接，太驚悚的，利用吃飯的時候，聊天的氣氛中講講更具效果也不傷和氣。

黃校長在對事務組長與我喝酒的時候說，你們兩位角色非常重要，在我們行政各處室組織中，你們兩個位子是最容易吃官司的，事務組管採購財務買賣，註冊組管成績學籍，最為重要，不能有所差錯，你們都是最細心的，我知道，我很放心。這倒是真的，我向來是非常細心的人，而且一絲不苟，一介不取。聽校長這麼一說，我更戒慎恐懼。他有知人之明，我真佩服。

酒酣飯飽，大家回家休息睡覺，我回到孤伶伶的辦公室，不知怎麼生活。我是有點累了，我就坐在辦公桌的椅子上，趴在桌上，迷迷糊糊就睡著了。三點多的時候醒過來，雙手發麻。雙手動一動，按摩按摩，還好，很快就恢復了。我拿起筆，拿出隨身攜帶的信紙，開始寫信，振筆疾書，寫給我的她。寫完了，天還沒有亮，我不敢再趴睡，我和著衣服，躺在沙發椅上睡。半睡半醒之中，不覺天亮了。終於度過了第一個夜，中學教師的初夜。

❏新辦一所學校，如何後來居上

創辦一個學校不容易，剛開始較吃虧，學生家長存著觀望，不願意進來。因為新學校還沒有亮麗的成績出來，熱心的家長對你沒有信心。我們這個新學校，如何留住附近學區資質優秀的學生？進一步如何吸引較遠的學區資優學生來就讀？這是首要課題。利用人脈，擅用媒體，加強傳播，擴散宣傳新學校的特色，校長的辦學理念，教育的抱負與理想，校長的經驗與策略，年輕與優秀的教師強大陣容，傑出教師的宣傳，大方提供富有吸引力的獎勵誘因，用以行銷新學校。

第十二中初辦時候，比位置坐落，比交通，比環境，比過去的升學率等等，均難以與排行前面的學校匹比。但是，比校長人脈與校長及同仁的行銷策略，真的是令人耳目一新。尤其，黃校長更會利用機會把握行銷的契機，任何有公開展露的機會都不放過，如校長佈達典禮，校舍破土，家長帶新生報到，學校校舍落成，節日慶典遊行，懇親會時候。

尤其，當師生參加全高雄市的節日慶祝大會與遊行，想盡辦法排在最搶眼的位置，教師的服裝，學生的服裝，陣容的設計，特效行動均精心設計，給大眾的印象深刻清新。學校的校徽、浮雕、校歌，也設計精心，尤其想辦法爭取到幾位大眾人物或權貴子弟來就讀。這個地區的人，很多從外地遷居來的，很受到重要人物或大眾人物影響。校舍的設計建築雖然受到原來籌備九年國教校設計的限制，但仍留有很大的自由空間。建蓋校舍，到處觀摩，集合大家的優點並展現自己的特色。知道有什麼知名大眾人物或權貴子第，本身資質又不錯的學生，更是展現各種策略妙方，設法磁吸過來做為招牌。在這所學校草創時期，即努力在形塑一種力爭上游的文化。

新生訓練，學校沒校舍，借用高雄市最體面的集會場所，新蓋的體育館舉行，排場夠大，校長也請來貴賓致詞並祝福，全體老師參加。新生訓練，也是全校同仁的社會化歷練，正式，隆重，踏實，認真，少有學校能出其右。師生，不僅認識了這一個學校教育的有關規定辦法，學校的行政運作，更重要的是體會學校的用心，感染校長辦學的精神，體會全體師生彼此關愛，共同醞釀一種共同的組織文化。我初出茅廬，生活也未定，卻也浸潤於一種特殊的學校文化中而感動不已，願意鞠躬盡瘁，致力教育事業。有良心的家長一定不能不感受到我們的用心，而慶幸他的子弟進對了一所學校，而絕不會後悔進了一所連校舍都沒有，目前仍寄人籬下的學校。新生訓練是很累，但是，收穫是蠻大的。

❑初到一個地方，人生地不熟，老同學玉姊眞心協助，感念至今

玉姊是我同班四年又是同組的同學，在師大我就是與她很談得來的同學。她在國校服務的經驗比我還多年，年齡比我大，所以我一直叫她玉姊。現在分發實習在一起，好難得。尤其是我，家在遠方，沒有地方住，朋友在遠方，有老同學在同校一起服務，我們都好高興。

新生訓練結束，她邀請我到她家吃晚餐，盛情難卻，只要求她簡單，不要為我添她家人的麻煩。到她家，才發現她是那麼認真的在接待我這一個同學。她爸爸，媽媽，她先生，她弟弟和妹妹，都親切款待我。他們像很正式的款待一個貴客，我的認知我只是要來禮貌性的拜訪一下她的家，叫我覺得很不好意思，進退失據。

她爸爸在公營企業公司服務，媽媽持家教子，先生有很好的工作，妹妹也有很好的工作，好和樂的一個家庭。全家人都那麼熱情親切，敬酒、夾菜、關懷，溢於言表。我真是受之有愧，卻之不恭。雖然我曾經在社會教過三年書，也參加過很多應酬，並非社會的陌生人，但是仍顯得頗不自在，略感幾分尷尬。因為他們心中好像在招待一位貴賓，我卻只是一個生客而已。玉姊真的是蠻幸福的，成長於這麼一個溫馨的家庭，每天唱著甜蜜家庭，叫人好生羨慕。

那一天晚上，我真的過得蠻盡興的，有賓至如歸的感覺。事隔多年我仍記在心頭，難以磨滅，常懷感念。對一個連落腳處都沒有的新鮮人的我來說，我是感動莫名的。她知道我還沒得住，她說

她妹妹很熟悉，還囑她妹妹帶我去找房子，非常熱請、貼心，可是租房不合意，還是非常感謝她。我覺得她跟姊姊一樣，是一個非常好的女孩，非常乖巧，也非常聰明伶俐的女孩，又是非常懂得人情事故的女孩子。如果我還沒有女朋友，我一定心動，也會傾心的。現在我只能感動而已，感謝而已。

我借辦公室過夜，以桌椅為床，曲肱而枕之，夜黑利用廁所洗手台洗澡，延續十幾天。後來，有位學生家長，介紹她親友的出租房間，房客剛搬出，按前任房客價錢承租下來。終於結束了游民的生活。

這個房子的位置適合，坐落青年路近成功路路口附近，離光榮國小騎單車約需五分鐘，離正在興建中的第十二中校舍約十五分鐘。房東是日據時代的區長，大小老婆，年事均已高，對人和氣，不太管事，一切由兒子媳婦管理。房子有點老舊失修，掛滿古董書畫，仍聞得出來濃濃的書香氣息。兒子媳婦均受日本教育，日語流利，兒子在公營機構服務，非常忙碌，媳婦持家有方。待房客非常和氣，不會計較，從沒有對我們有何不滿與要求。育有兩子，均乖巧聰明，遺憾的是可惜一個在當年小兒痲痺疫情嚴重時，不幸罹患留下後遺症，行動不便，致不時發小脾氣，較為父母家長者痛心。偶而聊天言談之間不時透露，令人深表同情。這讓我們感覺到傳染病防治的重要，公共衛生制度與教育的重要。

❑第一期校舍完工，國父誕辰日搬入新家

等待中的校舍終於趕在十一月完成，國父誕辰十一月十二日，第十二中師生在校長領導下由借住的光榮國小移出，搬進位於五福一路的新校舍。一棟嶄新宏偉的四層樓，在一片果園與農田中巍然矗立起來，顯得非常突出，傲視左右。巍峨的玄關門面大，又挑二層樓高，粉白色的牆貼上墨綠

的大理石，氣派非凡。浮雕上放出太陽的光芒，一艘迎風破浪的帆船，展現這個新設學校的抱負決心與願景，光明燦爛，豪氣干雲，雄心萬丈。我忝與其中，為團隊一幹部，無限期許，也不時自我鞭策。

落成進駐典禮時，邀請地方行政長官、仕紳、民代議員、媒體記者、家長觀禮，無不感覺又一顆新星正在高雄市教育界升起，星光閃爍。不相襯的是，祝賀聲與師生鼓舞中，隨著西南風一股臭氣不斷傳來，非常刺鼻難聞。不是一陣，不是突然的排氣，過了就消失掉，而是源源不斷。原來校園的西南角落，還有一家牛皮工廠不關不搬，真倒人胃口，刺人口鼻的臭味就是牛皮製作過程傳出的臭味。待在這樣的環境中師生如何上課呢？現場有這麼多的官員、民代、記者、家長都有同感共識。校長當場宣布已跟業主談過，未能談妥，請大家協助幫忙，讓學校能有一個美好的環境。

果然蔚成的力量巨大無比，沒有多久，牛皮工廠從善如流搬走了，還給這個學校一個方正完整四四方方的校園，可大力發展的空間。這不是憑著學校一個總務主任或一個校長就能請走一個根深蒂固的一個工廠，也不是憑著師生怨聲載道即能夠很快解決的事，這憑的是校長的人脈手 腕，加上家長及各界的力量匯聚一股巨流促成的。

❏註冊業務繁瑣，表格簿冊一一設計

註冊組管理學生學籍與成績，從報到，註冊，入學，編班，編號，學籍建檔，轉學，休學，復學，退學，考試成績移送，成績建檔，成績查核，成績通知，補考，畢業，證書核發，註冊檔案保存與管理，以至於學校概況的資料蒐集統計分析與陳報……等等，業務浩繁重要。新設學校，表格簿冊、辦法體例、制度成規全無，有待設計規劃設計建立，一個新手實習教師，也沒有原服務學校資料檔案經驗可藉用參考，做起來頗為生澀棘手。但也因此沒有太多的拘束限制，可以放手設計。

設計完成可以請教務主任指教，重要的表件簿冊辦法可以在開會時提出就教討論決定，次要的試用再說，以後再改變修訂。雖然耗時較多，但坐上哪個位子，就是要忠於職責，認真其事，緊守原則，戒慎小心，講求效率。

對我來說，講求效率非常重要，因為於行政是新手，於中學的教學也是新手，在愛情的經營方面我也是新手。我必須把握時間做好時間管理，期能花最少的時間，卻能完成最多的事。教學方面，我初次教英語，大學四年我在英語方面下了很大的功夫，在閱讀語文法方面絕無問題，但是我不是英語系畢業的，也不是英語組的，沒有按部就班學過語音學、語音練習與實驗，雖然也旁聽不少，畢竟還是不夠。我教國一英語，最怕不能讓初學者學到最正宗最標準的發音，所以我每天仍如同在大學時一定聽 Studio Classroom，讓我自信能給他們最好的教學，除外，我蒐集利用可能得手的外國人發音的課文單字錄音帶，於上課特定時段供同學做正音練習，務期同學能學到正確的發音。讓同學學得滿意，家長也滿意。

另外，學一種全新的課程最怕一起跑就輸了，後來越輸越遠，以致積重難返，學生就放棄了。當時學英語對大部分的學生來說都是新的，最初也都期許自己能夠學會。不過，倒不一定，不是每個學生學英語均從零點開始，每個學生的語言性向語言智商也不等，更常見他們學習一種新語言的資源與社會資本及文化資本差等甚大，學習的動機更見差別。所以一開始學習英語表現相差很大。有的同學遠遠落後，經幾次想追趕上去卻仍然落後一大截之後，就洩氣了，知難而退，自我放棄了。奇怪的是，他的中文表現不錯，也沒有語言能力的缺陷，為什麼英語學得那麼吃力？往往起點行為不同，學習資源資本不等，學習環境比他人差，再加上沒能即時補救，以致積重難返造成的，最後自己認定我是英語的白癡。

我發現我教的學生的確有一些有學習的困難，自覺落於人後很多，如果不特別給予補救，勢必自暴自棄，以致最後放棄。如果及時補救，縮小落差，就會跟上去。於是我調整教學進度，個別輔導，改變學習方式增加額外的學習時間，使這幾位同學能夠在自我放棄之前即能縮小與他人的落差，迎頭趕上。對於二十六個字母的學習，基本的語法，前面幾課課文，務使學生學習到精熟的程度，精練學習的工具，建立積極的學習情意態度，樹立學習的信心，以後的學習就能勢如破竹，學習的困難阻礙也能迎刃而解。這個證明效果良好。有家長跟我說，他要提供一個可上課的空間，布置桌椅與教學設備，請我幫學生補習。我說我現在租的是一個和室，裡面有床鋪，一套書桌已夠了。我不好意思說明年暑假一開始我即要上部隊正式服兵役，現在怎麼搞補習。

校長精明幹練，對待老師誠懇，親自登門造訪各位教師家裡，發送聘書，真是周到，卻同時可以認識環境擺設，是否是養鴨人家。當時的教育環境很重視學生的功課比較，個別間比，班際間比，學校間也比。為提防惡性競爭，定期考試，命題教師及教務處及其他相關行政人員全部於考試前夕入闈命題製卷，包租飯店套房做闈場校長親自上陣督軍，忙到半夜更深，才能回家。其嚴謹慎重有如升學考試。

❏思思戀戀伊一人　思戀是我的慰藉

剛剛找到心目中的伴侶，在學與復興崗受訓期間我人在台北不能相聚，如今受訓結束回南部當老師仍然難得見面，真叫人不難過也難。當初既經由宗親學妹介紹認識，經互相欣賞，已是彼此以心相許的伴侶，越難在一起，越是想念。

教學行政忙翻天，我仍保持一片空間在我心田裡，思思戀戀，不能或已。每天把工作做完，很有效率的做完，思戀宛如蟲兒爬上我的心頭，念著她，想著她。於是我拿起筆來，開始寫下我一天的生活，我對她的思戀，我對她的情，對她的想像，對我倆的未來憧憬，似真似幻，在半醉半醒之間。寫完了，糊里糊塗的進入夢鄉，在夢裡相見歡樂，真似夢裡不知身是客，一饗貪歡。她能體會我的心，我們的戀。我們真的進入熱戀之中，她也每天寫信給我。空間的距離沒有叫我們生疏，反而更為眷戀，更想在一起。

於是週末，我們安排約會。為了省錢省時間，我們每次約會在禮拜天一天。星期天早上我從高雄搭火車或公路局的金馬號到台南市，她從七股搭興南客運到佳里轉車到台南市終點站。我都會早一點在興南終點站等著她。客運不像鐵路火車，時間很難控制得準，遇到旅客多的時候，擁擠又嚴重慢分。尤其星期假日遲到個十分八分是常事，慢個半小時一小時也不會太意外。往往等得心焦如焚，是耶？非耶？何姍姍其來遲？最怕車子出意外，遲到沒關係。見面時好興奮，好想緊緊抱在一起。只是當時社會氣保守，怕被人指指點點，我們只能情不自禁把手緊緊地握在一起，唯恐失去了對方。我們要到哪裡去呢？她蠻乖的，總覺得只要能在身邊，到哪裡都一樣。我不敢帶去旅館休息，對於家庭，我看得很重，考慮得很多，謹守分寸。我深知實習結束還要到軍中服兵役一年，雖然已覺得我深深愛著她，她也深深愛著我，但是我們還不能結婚，這是我的早年的處遇教給我的教訓，也是給我套上的框架，為了我要與真心相愛的人未來建立我心目中的家庭。

我們往往在市區逛一逛，看一場電影，到中山公園或到我的母校，或延平郡王祠樹蔭下坐下來聊個半天，吃個館子，或羊城餐廳，或西門町的傳統美食攤，吃頓飯，或再上個咖啡店喝杯咖啡。相聚的時光總是那麼快，一下子就到了四、五點，我不放心她一個人搭車還要轉車，車班不多，怕回去太晚，所以冬天季節大概四點多就要趕回，夏天大概五點多趕回。

別時容易見時難，為了珍惜一分一秒，也捨不得離別，我總是陪她走一程，跟她坐上車，到第一站安順站，才依依不捨的握著她的手，輕輕的親一下，匆匆告別她下車。然後若有所失的，買車票等南下的車回台南站。心中萬分的不捨，讓心愛的人離開，下一次見面還要等很久很久。我們心中越來越有默契，她知道我很有責任感，她知道我很會為她著想，我們見面無所不談，她很相信我，我也相信她，我們相知相惜。我們每一次約會都讓感情更為濃密，我們的心也越來越貼近。然後我又到火車站搭上往高雄的火車或公路局金馬號，覺得沒有她在旁邊，好孤單，我想她也是的。在車上，思潮澎湃，想像她正一個人坐著車，一定跟我一樣寂寞，一樣回味無窮今天的約會，一定也跟我一樣，憧憬何時能夠天天在一起，不要離別。我們想很多，回到高雄客居，又不自禁的開始寫我的情書，寄給我的她。兩天後郵差信會送到她的手，我也大約同時會獲得她的信。

教學行政忙碌，又想念意中人，每天趕著把工作做好，講求效率，才有時間趕著週末府城約會，與情人見面。這樣一天天，一禮拜又一禮拜，一個月又一個月的過去，轉眼間秋已去，已經來到了冬季。我們的感情也越來越成熟，到了論及婚嫁的時候。約會時，她跟我提起，父母親大嫂有時候唸她，聽說林先生個人是很受鄉里稱道，從學生時代到當老師，但是家境不好。追求妳的，家世很好的大有人在，有的父親當校長的，有的氣大財粗，在地方頗有勢力，妳不跟人家約會，卻跟林先生約會，會不會後悔呢？……妳將來要跟他結婚嗎？

我不能否認她的說法，我家真的有點窮，家境並不好，可是我就是志在創立一個新的家庭，與志同道合的她建立一個夢中的家，甜美的家，為了我們，也為了子孫。一直以來就是如此想，也就是我的一個夢呀！也是為什麼一直要逃避家鄉，不早結婚的原因。

妳應該就是我的她吧！？難道不是？

所以我覺得最重要的，還是她的看法與想法，來排除我的問號。如果她也如此一般看法，那就完了，這一篇人生的樂章就再也唱不下去了。

我問，那妳的意思呢？

遲疑了好一陣子。大概在心中繞了九彎十八轉吧！

然後，她很鄭重的說：「我重視的是這個男孩子本身如何？有沒有進取心、上進心與責任感？能不能吃苦？他在我的心中怎麼樣？是不是能依賴終生？能否同甘共苦？能不能為我著想？他在我心中的印象如何？在他的心中，我的空間有多大？占有什麼樣的分量？」這就夠了。我的眼光與她的眼光交會著，聚焦在一起。她那小巧可愛的嘴唇上，說出的肺腑之言，是那麼認真，那麼真誠，那麼堅定，那麼期待！又有一些許擔心。這就夠了。

我們緊握著手，我們牽手在一起，心連心，共同奮鬥吧。

論及婚嫁，緣定三生：築成家之夢

幾個月來的交往與與魚雁往來，我已暴露給她我真實的一面，給她真摯的感情，她也完全地感受到了，並徹頭徹尾的解讀與詮釋。她知道我從哪裡來，受過什麼苦，如何從在逆境中奮鬥，如何脫穎而出，對未來抱有什麼的理想與抱負？感受到想要突破框架，掙脫鎖鏈奮力發展的雄心。我真正地感覺到我倆的眼光聚焦於同一焦點上，我倆的心貼合在一起，我們不由得想緊緊的擁在一起，好像擁著世界的真、善、美、神。我覺得她是我未來人生旅途上同舟共濟的夥伴，她應該就是我的真命王后吧。我們心中都嚮往一個完美的彩夢。

寒假到了，我請玉鏜宗親，介紹人的三哥，到她家提親。玉鏜先生跟她父親說明來意，她父親不同意。他說這男孩子誠如你所知的，風評不錯。但是男孩子還要上軍中服役，變數太多，現在訂婚太早，我們不放心。我們還要考慮考慮。

玉鏜宗親回來後跟我父母與我談，我們說現在訂婚並不是馬上要結婚，我們計畫等到服役後再結婚。我與她彼此已經都認識已深，情投意合，以身相許。我們請玉鏜宗親改天再走一趟，請他陪我一起去提親，向伯父伯母與我的她一起提親。

那一天，玉鏜宗親跟伯父母說年輕人彼此已交往一段不短的時間，相知相惜，天生有緣，讓他們早一點文定下來，心也定下來，互相勉勵，互相協助，是福分。伯父說那就請他們倆說說看。

我說我們真的無所不談，彼此已相當了解，我了解她，她也了解我，我需要她，她也需要我，我深愛著她，她也深愛著我，我們彼此都離不開，早日訂婚彼此心有所屬，對我們工作，對我們未來發展必有幫助，請伯父母玉成。我與我的她深情脈脈注視著，目光交會著，迸出人間最美的星光，我們心跳的好快，我們的臉上泛發著紅暈，幸福的期待在臉上表露無遺一我們都期待老人家點頭。

伯父裝著沒感覺，問我的她，他說的可都是真的嗎？她說爸爸媽媽，您們放心，林先生說的也是我要說的，他的感受也是我的感受，他的期待也是我的期待。他會是個值得信賴的人。

玉鏜宗親跟伯父母說，看他們已經以心相許，是天生一對，就這麼訂婚吧，至於結婚，林先生說他會考慮最幸福的時刻，對他們創造一個小家庭最好的時刻，他保證是服完兵役並安定下來之後，他捨不得您們的女兒受苦。林爸媽說會完全尊重兩小口的意見。我們越談越投合，越談越高興。

於是我請玉鏜宗親擔任媒人，擇二月十四號，夏曆一月六號，按台灣禮俗完成文定之禮。從此，我們確定成了一對正式的終身伴侶，我們是一對未婚夫妻了。伯父母也就成為岳父母。

❏訂婚之禮很重要

鄉下人當時還保守。在當時的社會框架裡，這套程序非常重要，未經這一套程序，一個男孩子常到女孩子家，會遭人指指點點，有了這道程序，到她家是名正言順。因為我們已經是未婚夫妻了，左鄰右舍，不會投以異樣的眼光。所以我從高雄回去，不再只能在車站見面或逛逛街而已。有時候我會直接到她家去拜訪準岳父母一家人，當然最重要的是，與未婚妻約會，訴說相思之苦。不過，我跟我的未婚妻所談的與純粹男女朋友時候已經不一樣，不再侷限於此。我們會談談未來的計畫，目前工作上遇到的困擾難題，把妳的工作看成我的工作，妳的困擾看成我的困擾，妳的未來就是我的未來，一起討論，表達想法，共同仔細分析利害得失，共同決定如何對策。沒有辦法立即決定的，也會都存在我倆的心裡，繼續思索如何因應面對。我們都覺得彼此是知心的人兒，我們不會覺得落寞，我們會覺得更有勇氣面對未來，我們也會覺得我們的決定成熟了很多。

我們好像一隻船隻，孤獨地漂泊了相當久的行程，如今進入一個港灣，加裝了電動馬達與新式羅盤，不僅動力更強，且航向更為正確，覺得安穩幸福多了。我們也愛屋及烏，彼此關心對方的父母家人，對彼此的爸媽表孝心敬意。

但是面對未來也感惶恐，我們能夠永久這樣嗎？我們能夠常常在一起嗎？我們好想現在就在一起，永不告別，我們很想馬上結婚，建立一個我倆的家庭。共同創立一個美滿的家庭是我倆共同的願望。可是，眼前的工作分開兩地，還可以週末見面；即將面臨的應徵服役，會在哪裡？說不定是整年都難得相聚，誰知？我捨不得讓我的一半在家守著空閨，且當時服兵役是大事情，大負擔，也是冒險，因為役男服役出問題的時有所聞。未婚妻敢冒這危險跟我在未服兵役前訂婚，是很了不起的事。因為服兵役的變數太多了，所以我一定要遵守諾言，等服役完畢再結婚，算一算至少要在訂婚後一年半才結婚。我的同事她的閨友說你們絕不可能等這麼久，等著瞧吧！？我倆意志都很堅決，我們決心建立一個理想的家庭，我們要讓子女享受到家庭的溫暖，我要讓我另一半過得安穩幸福，絕不急著吃眼前的一塊棉花糖，而要吃未來吃不完的棉花糖。每思及此，我們隨時自我要求，分寸拿捏得宜，不能有所逾越。

三月初，她的一個外甥女與住在高雄的對象結婚，未婚妻與岳父母大嫂與姪兒都來參加他們的婚禮，我很高興可以聚一聚，好好的接待他們。我隻身在此，好不寂寞，除工作外，好想念未婚妻。我本來也要參加他們喜宴，但是他們說還沒有結婚，不要露面較好，我只好聽話。

他們來到我租屋處，我好高興，可是他們只停留了二十分鐘，就匆匆忙忙離開。我與未婚妻還沒講幾句話，手都沒能握一下，更不用說抱一下囉，我希望吃完喜酒未婚妻會再回來，讓我們有更多時間的相聚。可是他們說還不知什麼時間才能結婚呢！？

我的未婚妻從未來此過，現在來了，卻驚鴻一瞥，一下子又走了，只留下來孤單與寂寞伴著我。我不知不覺哭了，我好傷心難過喔！我又套入另一個框架裡面。未婚妻來信說她也很難過，那一天喜宴菜很好，可是她吃不下。只有我倆知道為什麼我們這麼難過。

她說看到我孤伶伶的一個人住在一個空曠房間裡面，她實在有點丟不下我，可是長輩之命難違。我們都好期待能夠在一起，我們心情實在好矛盾。

我跟未婚妻都希望很快能在此再相聚，訴說我們的心內話。不久春假到了，趁著她們學校春季旅行之便，她藉機來此一遊，補償上一次的遺憾，也一起好好的慶祝她的生日。

應召入伍，此地一為別，不知落腳何處，離情依依

一九六七年七月實習結束，把公事整理移交清楚，學生成績算好，做好交代，剛好接到徵集令。七月四號即應徵入伍，服役期限整整一年。

軍令如山，依據徵兵召集令，當天上午八點集結於徵集地點新營火車站。按規定必須於清晨一早在佳里火車站集合，搭第一班小火車，到麻豆再轉車到新營。

那一天清晨六點多，未婚妻隻身來到佳里小火車站跟我話別，送我入營。我們有好多好多的話要說，最重要的是她紅著眼眶跟我說你要保重，我一定會等你回來。我也一再的關懷她，我不在的日子，一定要照顧好自己，我會常常回來看妳，只要允許。開車的時刻到了，我們相擁告別，沒有話再說得出，只有關懷的眼光注視著她的每一個地方，緊緊的手握著，怕一鬆開就要離別了。

小火車走得很慢，但是我還是覺得一下子，視線就模糊了，看不到我的她，留下來的是思戀，離愁，與煩憂。今朝此地一為別，今夕將落腳何處，完全不知，我不知，我的未婚當然更不知。我們這群應召預備軍官，完全聽兵役科的帶隊人員安排，到新營轉搭縱貫線北上火車。然後一站又一站，應召入伍的也越來越多，可是就是誰都不知我們將開往何處才到達目的地。火車火車你要開往何處，才要放下我們？完全是軍中機密。火車你好殘酷，難道不知道你造成多少人的離別？拉斷了多少人的親情？讓多少人情牽？那時候我們沒有手機，沒有電腦，當然更沒有網路，不能傳真，不能傳簡訊，沒有Email、Line，不能手機留言，只有心有靈犀一點通。

下午約三點鐘，來到了中壢，已進入桃園縣。帶隊人員命令下車，然後到X軍團部報到，等待

分發。我們也不確知如何分配的，近傍晚時分，我們這一組來了一位軍官命令我們帶著自己的用品走原路回中壢火車站，這一次不是繼續北上，而是轉搭南下班車，目的地仍然不知，但心裡面暗爽，南下回頭不就離家鄉更近，離我的未婚妻更近。走走又停停，一站又一站的過，心裡雖嘀咕著，真沒頭腦，浪費資源，怎麼抽籤分配，我們根本不知，為何不早分配好，該到哪一機構或那一部部隊報到直接就去了，何必勞民傷財，勞師動眾？不過越是回頭越多站，我心裡面越高興。我祈禱最好能夠回轉到台南，明知道這是不可能的事。到了晚上八、九點，來到后里站，一個我從沒來過的地方。一路上不苟言笑，表情嚴肅的帶隊軍官命令下車，然後率領我們走到離車站不遠的一個軍營——陸軍后里基地。我終於知道我被分配到一個大家最害怕的野戰部隊的步兵連當預備軍官。我知道我這一年服役日子是不好過了。雖然我知道無論抽什麼籤，我向來很少有好機會的，何況這一次到底怎麼抽的，完全不知。當兵就是要訓練服從，很多時候沒有講道理的機會，軍人的職責是保國衛民，是要打戰的。打戰是不講道裡的，能夠講道理，要打戰嗎？

所以當兵第一天起，我就要覺悟必須忍辱負重，逆來順受。從早上辭別了父母、未婚妻，一路上隨著火車的飛馳，一站又一站，一個村莊又一個村莊，一個都市又一個都市，一重水又一重山，一座橋又一座橋，終於落腳於這一個陌生的地方。我的人兒，關心我的人，所有認識我的人，都不知我今夕落腳於這裡；而所有現在跟我在這兒的人也從來不認識我林某人，他們只認識我的姓名叫林生傳，預備軍官一六期，還有我的兵籍號碼。我好像切斷了一切社會關係與脈絡，被拋入另一個陌生的世界。

我疑惑，我惶恐，我不安，我孤單，我害怕做錯了什麼⋯⋯我一切要重新適應。但是，我雖然很累了，我好想睡個覺了，卻怎麼也睡不著。我想家，想父母一定非常懸念，不知我哪裡去了。我想我的她，我真正想跟我在一起一輩子的未婚妻，早上送我到車站，不由得紅著眼睛，眼淚卻不聽使喚撲簌簌滾下來的未婚妻，現在也一定一樣輾轉反側，卻不能跟任何人說，她在念著念著，人兒你在何方？你什時候能告訴我？你何時能夠回到我的身邊？我想了很多，很多，好像我的頭腦還是自由的，很好。然後不知什麼時候我糊裡糊塗的睡著了。

我上的部隊，是虎頭師，天下第一連

隔日清晨，被軍中的號角聲驚醒。軍事生活管理這一套，我從十五歲念師範學校起三年的教育已經被訓練過，不成問題。擔心的事，看了一週的課表，基地訓練的確不是一般人過的，天天都是打野外，緊張，忙碌，危險，又嚴格。無意中聽到老兵、老士官、訓充員兵說，不好好訓練學好，基地結訓後到外島前線，看你的頭保得住保不住，我裝沒聽懂。在聽幾次老兵的經驗之談，我大概心裡有數，我們這一師虎頭部隊從抗戰時期就是令人側目的部隊，多次駐守前線。今日接受嚴格的基地訓練，大概又準備開赴外島前線，十不離九，所以訓練非常嚴格。不僅阿兵哥如此，長官、部隊長都非常緊張，所以嚴格要求不在話下。我真的是中標了，分發到即將擔負重任的部隊，打野外的作戰部隊，而不是上班下班的少爺部隊。這一部隊正在接受開赴外島前的基地訓練，真的是再硬也不過如此的服役。

❏幹訓班訓練，生活規律正常

幾天後，我們這一批預官立即接受幹訓班的訓練。上下都覺得我們是菜鳥軍官，如何帶隊打戰。開訓時官長即明示這個班的用意，要把我們這一些菜鳥軍官訓練為鐵鳥幹部。但是，訓練課程理論的多實務的少，經驗之談多，實際歷練少，室內課多，室外活動少。

我們這些預官被分配在這樣的部隊，一開始在幹訓班有機會聊聊天，大夥兒慢慢熟悉，同病相憐，成了患難之交。由於大家的聽說耳聞，得到資訊，人人幾乎預知我們未來的重大任務，大家都認了命要有能夠吃苦的心理準備。

幹訓班一直到九月中旬才結訓。這一段期間是我服役間比較正常的時段，每週的作息固定，照表上課。週末大概也能夠放假休息，週六即使有開會討論專題，大抵四點即告結束，讓大家放個假，我趕回台南已經晚上九點鐘了。有一次，因為下午開會結束晚，慢了一班車，回到台南已經近十點鐘，趕最後一班客運車開往佳里的班車。雖然到達佳里，卻沒有班車轉回漚汪的家，也沒有車班到得了七股未婚妻家，可是我早已經在信裡面告訴她說今天要去她家，她一定比我還緊張，焦急地在等待。沒辦法之下，不得已只好徒步走去未婚妻家，到達時已經深夜，果然她還在焦急的等待。

當時的交通，鐵路沒裝冷氣，高鐵不知為何物的情況下，有限的時間，來回奔跑，耗時費力，但是為了團聚，我樂此不疲。我要趁著還在本島的時候，掌握一分一秒的時間趕回家看父母，看未婚妻和岳父母一家人。我的付出與熱誠，未婚妻看在眼裡，疼惜在心裡，也愛在心裡口難開；我岳父母也很感動，確信我是多麼的疼愛他女兒，也確信他女兒從未如此的關心另外一個男人，真正領會到為什麼我希望能先訂婚。否則，如果沒訂婚，在當時的時空下，三更半夜我有何名目常造訪她家。我之所以這麼做，是因為我們真的是愛到心坎裡，為對方什麼都願意付出，以身相許。訂婚是社會框架中的一環，維繫著有情男女的互動、交往與保證，給我們安全，也給我們限制。

❑任務前的基地訓練，拼死拼活

九月中旬幹訓班結訓回到原單位，真正開始打野外訓練，體力戰技實力遠非按部就班從頭操練官兵可比，實在有點吃不消。因為不是從頭按部就班訓練，一下子接受基地訓練的最後課程，即將面臨驗收階段，顯得特別的嚴酷辛苦。吃苦可以忍受，可以動心忍性，增益其所不能，沒什麼不好。但是真正出了問題，則欲哭無淚。

回連隊沒多久，基地訓練已接近評核驗收考驗階段。連長好勝心超強，治軍嚴格有名，要求甚高，在他的字典裡面沒有落後，更沒有失敗，只有勝利，第一。我剛回到連部隊，還沒有出操幾次，即要參加營教練，行軍五、六個小時，我用了最大的耐心與毅力，堅持走完全程。連長看了很高興，他說他擔心我是新任來的預官沒有訓練走不來，你表現很好，頗感欣慰。

❏師對抗前夕，連長想衝第一，我卻得了急性關節炎

萬萬沒想到隔天早晨起床號角一吹，膝蓋關節疼痛異常，左邊膝蓋更嚴重，直不了，也彎不了，根本就動彈不得。勉強走，瘸著走，只能一拐一拐的，跟昨天完全判若兩人。實在不是裝的，確是動不了，這種疼痛是從未有的經驗。輔導長說趕快看醫生，下一週師對抗，要行軍幾百公里。部隊軍醫也都是預官，診斷了也看不出什麼病因，只能開幾片消炎片，吃了等於沒吃。每天祈求神佛保佑，快快好，不然我真的要無語問蒼天，在好勝心超強的連長看來，一定會認為是害群之馬。師對抗是基地訓練的高潮，也是訓練結果的最後驗收。連長絕對要衝第一，他絕對不要咱連部隊唯一的預備軍官成一個傷兵，我這個咬著牙根，噙著眼淚長大的人更絕不願意成為一個走不動的傷兵。可是日子一天一天過，疼痛依然沒有改善。這一禮拜，並沒有隨著一次又一次的裝備檢查，安全檢查……緊張氣氛的昇高而降低疼痛的程度。

❏瘸著腳的預官，咬著牙根攀山越嶺，行軍走遍中竹苗

那一天，五點鐘，著裝完畢，肩著槍，紮著彈夾，背著沉重背包水壺口糧，弟兄們還負著所有的輕重武器裝備，部隊緊急集結完畢。號角響起開拔，儼然上戰場的態勢。不錯，演習就是作戰，何況是師對抗，至少五天的戰役演習。

我使出最最大的力量，咬著牙根，奮起精神與弟兄們出發。才走一、二十步，就痛得不得了，但是整個部隊，豈容得你脫隊，我勉強地往前走。我堅定決心，冒著汗珠，淌著淚，流著血，我還是要走。師對抗，要掩護，要偽裝，要出奇，要耍詐，要活用戰術，要強渡敵隊異想不到的急流河水，要攀爬敵方料想你爬不過的山頭，有時候連夜急行軍。我使出吸奶的力量走著，不知流了多少的水，分不清楚是汗水還是淚水，幾度實在受不了了，幾乎要癱瘓了，我還是忍，忍，忍——我害怕一癱下來可能再也回不來。我想了很多，有時候如果一下子死去了，是不是更痛快？可是我立即想到，如果我真的倒下來，我的父母，我的未婚妻，他們會如何？定會哀慟逾恆，比我更痛苦。而我們的部隊，增加一個負分數字，又如何？……我不敢想，我一定要撐下去。

很奇怪的事，當爬山攀岩的時候，反而比走平地不痛，某特定角度不太痛，某個角度特別痛。我體會出來一定是特定角度的過度施力，造成的韌帶或神經的嚴重創傷。我就這樣勉強地走，麻木似地走，下意識地走。走到第二天，痛到極點，咬緊牙根也不行，真的休克了，我一陣昏眩，然後什麼都不知了……當我醒過來的時候，我在一部車子裡，我休息了半小時，我要求下車再跟著部隊。後來狀況多了，隨時要對付各種戰況，有時走進田埂潛伏而行，有時藉著防風林匍匐而前進，有時短兵相接，更全身動員，更為緊張。雖然還是疼痛至極，但是，忍功更強，韌性更大，在一再的堅忍下，在痛徹心脾中，仍然撐得下去。餐風露宿，累到極點，什麼地方都可以躺下來睡，曾在田野，樹下，墓地上，水塘邊……過夜，真怪！在墳地睡覺，卻一點也不怕，能夠躺下來減輕身體的負擔就是福氣。補給趕得到，一個饅頭，一碗大鍋菜，是人間美味，因為常吃的是軍用口糧餅乾配水。轉戰於台中、竹、苗之境內，到第五天於竹東芎林決戰，結束這一場逼真的演習。

戰爭是殘酷的，軍隊是訓練來作戰的，如長官說的軍人是國家雇用的職業兇手。在這個框架之下，軍人就是要拋棄社會老百姓的一套，要重新社會化，學會服從，要堅忍，要殘忍，要奮鬥，要賣命，要犧牲；不必講理，不能仁慈，不能退縮，不能失敗，否則沒人會給同情，沒人會施與安慰。我在這一次師對抗中，真正體會到了。

❑演習結束，回家探眷醫治急性關節炎

師對抗演習結束，基地訓練的高潮已過了，進入較為緩和蓄銳階段，準備好進一步接手更為嚴峻任務。職業軍官輪休探眷，充員官兵假日得以回家省親。自從幹訓班結訓回營後，回去省親約會的機會不多，雖然我只要抽得出時間，一定寫信給我的未婚妻，除了演習外，一兩天就會寄給她一封情書，她也會幾乎一兩天寫一封信給我。我們彼此都寄與無限的關懷和祝福。藉著書信，我們的心仍繫在一起。眼看基地結訓在即，移防外島重任不可避免，未來役期回家省親探眷如緣木求魚，腳傷已經緩和，想返家一行順便可以看看醫生，否則後果不堪想像。她看到我腳仍不免一拐一拐的，想到如何走過幾百里路，又爬山涉水，每走一步路都是挑戰，心如刀割。她是感同身受，我真正體會她真是我的人兒。我不知她有沒有後悔在當兵之前跟我訂了婚。前面仍布滿有不可知的多變數的時刻。但是此時此刻她是真正的把我當成她本身一樣的關愛我，我們苦樂相共，是一個生命共同體，應該不會「兵變」。

她陪我看了醫生，檢查結果，醫生檢查，觸診，問診及X光透視結果，憑著醫生的豐富經驗綜合診斷說：按理運動必須循序漸進，不可操之過急。你久未激烈運動，忽然激烈持續運動，肌肉韌帶神經過度疲勞造成運動傷害，受損嚴重，重則不可回逆。不過，既然這幾天已經稍微緩和，應該不至於IRREVERSIBLE，應可寄望復元。要我注意保養，做復健治療。我們對於如何作為同命鴛鴦有更深一層的體會，我們也對未來有更理智更嚴肅的體認。我們整天在一起，難分難捨。我在心底深處是有一點後悔與愧疚。我不應該未服完兵役就提親，她太可憐了，也太孤獨了。可是我們又緊

緊在一起，不願意離開。我是不是有一些矛盾？也有一點自私呢？無論如何，我不能讓她一個人承受太多的負擔與痛苦。

沒有算好歸營的最後時刻，因為我們都捨不得告別。最後時刻才驚醒，不得不離別。最後她隻身回家，我也不得不搭著最後一班趕上歸營的火車。一路上想得太多了，一方面回味無窮，一方面對未來又感茫然無限，又是非常累，最後糊裡糊塗的睡著了。等醒過來的時候，已過了我們的營地「后里站」，逾站逾時沒下車。這當下，覺得事態嚴重。到時候逾時未歸營，明顯違軍紀，非同小可。「勝興站」未過，超過尚未一站，到了「勝興站」迅即衝下車，剛好有列南下班車也在進站，在「勝興站」錯車，真是如有神助，旋即又衝上南下這一列車，一隻腳差一點被車門夾到。趕回「后里」，還來得及最後一分鐘歸營，阿彌陀佛。真是恐怖的一樁經驗。而這麼迅急衝上衝下，竟然我的膝蓋頓時大為改善，好了很多，神奇。不知是就診醫師的妙手治療，是愛的力量，還是神佛的保佑，疑似神機。

戰地之夢：移防外島　竟然是馬祖第一線

❏風雨前的寧靜，告別家人未婚妻，告別台灣

歸營後由上到下，一層級又一層級的檢查，從安全檢查到戰備檢查，什麼檢查都有，幾乎三天一檢查，五天一大檢查，天天忙個不停。無非藉檢查做為移防前線的準備，兵不能投閒置散，必須枕戈待旦。如此忙過幾個禮拜之後，一九六七年十一月十五日、十六日放了一個特別假給官兵回家省親，料想得到該是移防外島之前的最後一次假了。此一假彌足珍貴，這是風雨前的寧靜。上級交代回去只能說將移動駐地，不可洩露地點，否則祭以軍法。雖然大家猜測，心知不妙，但是無人確知將移防何處，而為了安全，大家也不願多講。

我即時趕回家，珍惜這最後的假，告訴父母親、我的未婚妻和岳丈岳母，我即將駐防外島，不是澎湖，就是馬祖、金門，再不然就不知道了。此後將至少有半個月不能通訊，等駐紮安定我自會寫信。當時雖然八二三砲戰砲聲已遠了，但是仍頗為緊張，而越戰正熾，傳言不少，兩岸仍頗為緊張。聽到要開赴前線，家人無不憂心忡忡。尤其我家，兄長駐守金門，參加八二三砲戰，帶回退伍軍人創傷症候群，全家仍備受其煎熬未過。如今我又要上前線，父母真是擔心。

我回家見爹娘，也去看未婚妻及岳父母一家人。十六日我帶著未婚妻回家看爹娘，跟父母交待一些事。爹娘非常高興，特別燉了一隻雞招待我的未婚妻，並為我餞別，還特別為未婚妻最近脾胃太涼抓個處方燉煮。我們對爹娘的用心很感動，未婚妻覺得吃得好，吃過了果然脾胃舒服多了。我

跟爹娘和未婚妻說，我不在期間，未婚妻有時間會來看看爹娘。看到了準媳婦也等於看到兒子，他們會安心一點，而且他們不識字，寫信不便，可以告訴我的近況，也可安慰他們，有信息要連絡，也可以來稟告父母公婆。雖未入門，難得未婚妻也欣然同意，父母對於我自己找的媳婦也頗為欣賞。我們在一起的時候總有說不完的話。餐後我們上佳里看一場電影。未婚妻說，她好擔心，我會不會移防到馬祖去，聽說那邊環境非常惡劣，也很危險。真的大學時期，我也早已聽過從馬祖退伍回來的畢業學長繪聲繪影，艱苦危險，說得活靈活現。同學聽了，都祈求將來服役，千萬不要上馬祖。

我不知道她怎麼也那麼清楚。她說，如果你不回來，我不知要怎麼辦呢？因為我倆締結姻緣是自己主動的，大人只是消極配合。然後她眼兒紅了，淚珠兒再滾轉著。我只能跟她說，無論到天涯海角，我一定會回來，回到妳身邊，即使有什麼意外發生我也一定會回來，當妳做夢的時候。其實我心裡有數，真的變數很多，平常人生際遇中都很難預料，何況是在戰場前線。我們彼此海誓山盟，坐在一棵松樹下，祈求願我們的愛情如松柏長青。我跟她說，過去我已經吃了很多的苦，我都能度過，現在有妳在支持著我，在撫慰我，再怎麼樣的苦，我一定會堅忍下去，力爭上游。我倆都一致認定愛情活在我倆的心裡，雖然我們即將別離，大山大水遠隔，只要妳的心中有我，我的心中有妳，此心不渝，此情不變，這就夠了。萬一我真的……未婚妻阻止我再說下去，眼睛紅了。

那一天晚上，我必須趕回軍營，所以我又跟未婚妻到岳丈岳母家告別，他們全家人都很高興，老人家關懷再三，要我保重自己，妻舅也說說他們當兵的經驗相勉勵。他們為我準備大晚餐，我倉促吃了幾口晚餐，岳父母本以為我晚上可以在他家過夜，沒想到我竟然這麼匆忙，怪未婚妻沒早說。

我們祝福再祝福，珍惜再珍惜，依依不捨，時間並不站在我們這邊，時間聲聲急，催著我們不能不告別囉。擁著我們彼此的信心，愛心，揮淚告別，不知下一次相聚在何時？我離開後，未婚妻禁不住離情別緒的沖激，哭了。

此後通信中斷一段很長的時間，從十二月二日接到我在后里營區投寄的最後一封信，一直到十二月二十四號才接到我上級解禁日十二月十四日即寫的信，期間未婚妻寢食難安，日思夜念，又不能跟別人說起。

爹娘也牽腸掛肚，好在未婚妻十一月二十九日到我家去看爹娘。不巧他們外出，等一個小時後他們才回來，老人家很掛心我怎都沒有消息，未婚妻帶給他們很大的安慰與信心。未婚妻說其實她心中有無限的掛念與孤單。以前都是我帶著她來的，而今孤單一個搭著車班稀少的客運再轉車才到達，再看到老人家他們的懸念，更覺傷心；又看他們那麼親切的接待，更覺得不知如何是好。

十二月十五日，母親禁不住想念，為什麼還是沒有音訊，好像失蹤了，已經歷一個月沒有任何音訊囉，她搭上公車，逕自跑到未婚妻服務的學校，利用午休時間找到未婚妻去問有無我的消息，母親還特別帶了燉好的雞肉給準媳婦。未婚妻為了安慰她，編說已收到我的來信，請她不要掛念，要保重，實際上她了無音訊，一樣心焦如焚。下班後還是看不到我的信，她好難過。我倆與父母都不知移防前後有那麼久的時間中斷通信，當時電話不方便，更沒有手機。我覺得愧歉他們，可是也沒辦法，只有彼此都要承受不能承受的痛苦，讓無限的思念啃食我們的心。因為資訊不通，又無經驗，想像與實際落差太大，真是叫人煎熬。

❑十二月六日夜開拔移防馬祖

一九六七年十二月六日半夜，部隊集結，官長訓話，訓勉，訓誡，提防，也約法三章，本次任務是上前線。弟兄們要絕對謹守軍紀，違者祭以軍法，以在戰場違紀論處。旋即摸黑行動，部隊開拔，我們都不知開往何處。到后里火車站，整個部隊上一列專車，往南飛馳。

幾天來已忙了一大陣子，實在太累了，上了這一列專車，想過去又想未來，想到底會上哪裡去，反正不會是在台灣本島，明天就離台灣而去，家離我遠遠啦，未婚妻也會離我遠遠的，不知何時能見面。這個時候車上的每個人，都靜靜地都在想著心事，想著他的家人他的情人，充滿著離情別緒，眼神那麼沉重，心情那麼沉重。對未來如何渾然無知，也感惶恐與無奈。就這樣，在疲勞、惶恐、離愁、傷感與冥想、遐想中糊裡糊塗地闔上雙眼，半睡半醒，腦子一片空白模糊，醒來時竟是在基隆火車站，正是破曉時分。車站一個旅客都沒有。只有清一色穿著綠色野戰戎裝的同袍。正奇怪昨夜上車時火車不是南下專車嗎？怎麼早晨下車時竟然跑到基隆站來了？還來不及想個清楚，已經火速轉進碼頭急催上船。真的，我們要上馬祖前線去，不是澎湖，金門，大夥兒憂形於色。但是老士官們大部分都蠻高興的，他們高興一則煩人緊張的基地訓練終於結束了，二則前線才有機會。有人問你不怕打戰嗎？有什麼好怕的？爛命一條，打贏了，升官發財，戰死了，一了百了。說也對。記得我大一時的系教官曹教官，官拜少校，他最後一次跟我們說，我已決定回部隊軍中去，且我自願到前線金門。我們問為什麼？他說軍人就要在軍中，在戰場，軍人在學校能夠做什麼？軍人就是要打戰，才有展現的機會。幾年後無意中重逢見面時，他已官拜將軍了。

上船後，當時我們眼看著海岸線消失了，離台灣陸地越來越遠了。充員官兵實在很難理解，直覺哪些是鬼話，哪些是風涼話。在登陸艇上，浮在大海中飄盪搖晃，睡也睡不著，坐也坐不穩，很多人吐得一蹋糊塗，我還好，並沒有嚴重暈船，大概我一直思思戀戀我心裡的人，非常清醒。想念，還是想念。移防過程是艱險的，官長都非常緊張，整個航程都隨時會有危險，旁邊兩三艘戰艦相隨護航。心想一到目的地，就是危險萬分緊張兮兮的前線。心情上覺得還有什麼比這更為無助，無奈。明知道要航向緊張的前線，還是希望趕快到達。戰死在陸地上，總比被炸沉在海上好吧。

不知經過多少小時的航行，有人叫著馬祖就在前面了，大家引頸探看，果然茫茫的大海遠遠的前方處浮現了幾個山頭。我們已經度過了台灣海峽，成功地穿過對岸的監視。島嶼越來越近了，不久登陸艇泊在一個小小的海灣，然後火速集結，大夥開始搶灘登陸，把所有的裝備搶上岸。

❏馬祖到了，沒水沒電，山還是山，巨石還是巨石，還有漫漫海水和咻咻海風

向前望就是一座座山，岩石堆滿山，不少巨大的磐石悲壯的矗立著，較小的岩石雜著相思樹，及其他小樹相陪散布著，其他就是一些荒煙曼草。山腳下十來戶人家，看不到什麼耕地，只有幾畦小小的菜圃，旁邊圍著石頭堆著的防風牆。在這十二月上旬，凜冽的寒風猛吹狂嘯，穿過稀疏樹林，幾乎乾黃的野草，穿過石縫怒號，刺痛著這些新來的阿兵哥的心，好像對這一群不識趣的新人下馬威。大夥兒無不感覺怎麼差那麼多，昨天離開台灣時刻，還覺不出是有什麼冬天的味道，最多只是有一股深秋的涼意而已，沒想到一夕之間，過了一個海峽，卻是這樣的冷，身體冷，心裡更冷，從頭到腳，裡裡外外，都是冷颼颼的。

弟兄們聽命令布署在海邊據點及山上據點，由於是岩岸，無不形勢顯要，到處有巨大磐石盤踞，海風淒厲，如鬼哭神嚎，夜晚陰森恐怖，像是進入鬼魅之域，看來風聲鶴唳，草木皆兵。到了春夏之交，四五六月的時節，濃霧鎖住全島，能見度不到三公尺，蛙人摸到你旁邊，可能都難以發覺，聞之喪膽。連長告誡再三，二十四小時全時必須全面保持最高警戒，槍不離手，手不離槍，眼耳必須緊盯遠近任何角度視野。哨兵崗哨交接絕不能有任何差錯盲點，蛙人水鬼隨時都有可能乘隙現身在你前後左右，要你的頭，在你疏忽的一瞬間。

老兵們更流傳著多故事，驚悚無比，傳說有全班被水鬼摸走的，有查哨被遇害的。言之鑿鑿，雖半信半疑，但確實讓大家恐懼萬分，戒慎非常。因為這樣的地形地勢地貌，這樣的風聲水聲浪濤聲，水鬼要上岸，掩飾偽裝藏躲非常容易，要對抗阻止正式部隊上來不難，單兵刺客摸索上來突襲

難防。在這裡真的是隨時神經繃緊，緊張萬分。過去聽到的傳說，不是空穴來風，原來我來的地方是這樣恐怖的地方。剛來的時候，夜裡常有衛兵崗哨大叫：口號！然後一聲槍響，咻！子彈咻聲劃過恐怖的夜晚，結果找不到什麼，衛哨過度緊張自己嚇自己。

這裡是馬祖的北竿島，當時沒有水，也沒有電，各據點各碉堡配有一盞煤油燈，夜幕低垂暗黑一片，只能靠這一盞油燈照明。風很大，從碉堡的縫隙鑽進來，閃爍的油燈黯淡的光芒，引起無限的遐想。剛來的時候，每當夜晚聽到了海浪拍打著岩岸，積起千堆雪，浪濤聲，征人伴著斗大孤燈，隨時熄滅，想起父母、未婚妻未知如何，已經斷訊多天了，你們一定牽腸掛肚，問人兒你在何方，為什音訊全無？難道你出了什麼意外嗎？我已經寫了幾封信，可是我料想得到你們一定還沒收到，因為登陸艇還沒來到過。

小時候雖然我們曾有過沒電的日子，但是早已習慣了有電的日子至少二十年了，一旦處於一個沒電，不是暫時停電的沒電，而是真正沒電可用，也完全不見電器，連個插頭都不見的生活環境裡面，真是要叫人發慌，發狂，昏頭失序。好像時光倒流，一切生活作息都要重新學習，不得不回復到古時候最簡單的生活，我們的生活好像倒退了一甲子。電的應用，實在是形成社會變遷的主要因素之一，讓人們的食衣住行育樂改觀，讓人的意念的表達，存取，記錄，傳達，溝通，創造都產生亙古未有的大改變，讓人們的互動關係完全改變，在有電的社會裡不覺得它的方便與可貴，一夕被拋在於沒電的社會，頓時失落，無依，無助，與無奈，孤單而寂寥。

這裡也沒有水，不僅沒有自來水，連抽水機也沒有，一口井也沒有。移出的友軍，行了個善，留下一個水缸，水缸裡尚留有三、四碗混濁的水，下面汙泥沉澱於底層。這是連部唯一可用的水，也是他們所能做的功德一樁。水是最寶貴的，聽老兵說，這可是要節約很久才積存下來的的一滴滴水。這裡唯一取水的方法是找個地方，挖個洞窟，存取雨水。下雨的機會不多，雨季積下來，也不能儲存，沒有啥設備。收取來的水倒進水缸裡讓它沉澱，上層較清者供飲用，下層較濁者洗菜用。洗澡呢？那就免了吧！乾洗吧！

所有的食物幾乎全靠後方，台灣的補給，所有精神的食糧也靠後方的補給。航行危險，次數數量必須節制，大概一週到兩週才有一次補給。補給到了才有食物吃，報紙看，情書家書看。高處的弟兄看遠遠的桅頂遠遠而來，大聲一喊，大夥兒，興奮至極，眼看著登陸艇慢慢駛近。大家手之足之，舞之蹈之，欣喜若狂，可以看到報紙了，雖然新聞已成舊聞，也可以看家書、情書囉，雖然情書家書裡面有很多淚痕！

我從貧苦不安的環境中長大的，現在竟然連當兵服役，都是來到一個這麼想像不到的艱苦環境中。記得大四的環島畢旅，朝拜北港朝天宮的時候，我求媽祖賜我支聖籤，賜給我的竟然是一支下下籤。籤詞曰「一重江水一重山，誰知此去路有難……」，一看我的眼睛視線模糊了，媽祖確實靈，真的這是我的命。從小的境遇與奮鬥，真的是如此，我只能認命。到如今人生已日薄西山，垂垂老矣，朝天宮媽祖呀，祢的聖籤仍然靈驗，雖然在任何境遇下，我力爭上游沒有一刻停息，但是，在框架裡面，我還是沒有辦法改變我的命。

❑影帝在連上，天天認眞扮演各種角色；連長是國軍明日之星，文韜武略，運之於掌上

當時亞洲影帝柯俊雄也在同一連。不知是因為兵役徵集上陰錯陽差出了一點問題，被發配到這樣的部隊來吃苦，或是跟我們一樣走霉運，抽籤分配到這樣的駐地，還是他自告奮勇自願到此來嘗鮮，不重要。重要的是，他確實是我們連隊的一個充員兵。跟大伙兒一樣的出操上課，修建碉堡做工；跟大夥兒一樣的，等著家書情書等得心焦，收到信欣喜若狂。他做什麼像什麼。當時他表現的是，他是一個忠實的情人愛人，等不及戀人的來信而心焦，等到了戀人來信而雀躍萬分；他是一個堅忍賣力的士兵，做碉堡出操作戰上課認真不後人的士兵，他演什麼像什麼。

有一次週末看勞軍電影「英烈千秋」。主角就是他，他主演張自忠將軍，台上是兩顆星的中將司令，堅忍不拔，氣壯山河，壯烈犧牲，為國捐軀，名留千史，感動所有的觀眾，他比台下的任何官兵官階高，更勇敢，更壯烈，更偉大，他是一員大將，是一個忠貞不二的軍團司令。給人感動的是，他是一個英雄豪傑。而台下的他是一個普通的士兵，認本分的一個小小好士兵。他真的演得太好了，太神了。有空閒時他會找我這一位連上唯一的預備軍官談天閒聊，他會跟我談他的過去，如何從一個拍片的時候在旁邊幫忙搬道具的臨時工脫穎而出，成為一個正牌演員，獲得金馬獎坐上了影帝。他靠的主要就是用心，專注，賣力，能夠全心全力入戲，演出來就會感人動人。人生如戲，戲也是人生，台上台下，莫不如此。難怪他會成為一個偉大的影星。

我們的連長湯曜明中尉，陸官畢業才四年，滿懷鬥志，衝勁十足，了不起，好勝心強烈，什麼都要第一。對半生戎馬的老士官、士官長、老兵，關懷備至，愛護有加，視同長者，使他們以連隊為家庭，願意全心投入，死心塌地用他們的經驗與嫻熟的技巧奉獻於團隊，起帶頭作用。充員兵大部分是菜鳥，怯生生的，自然跟著衝，跟著跑，跟著出生入死。他帶充員士兵，紀律嚴明著稱，稜角分明，訓練徹底，毫無商量通融餘地，違紀充員士兵，被治得呼天搶地者，並非新鮮。

他不僅用心於連隊，能扼其要領，用人高明，知所進退，不怕對人好，也不怕對人壞，愛憎分明，有時難免給人過於冷酷的感覺。對上級單位的策略方法領導統御，頗有見解觀點，無不顯出其雄才，宏謀大略不時透露在笑談間，可見其治軍用兵之勤奮與抱負之遠大，知道者聽得其精深門道。後來風雲際會，果然成為台籍四星上將，高級將領，掌軍政大權，應非只是僥倖而已。雖已是高級將領仍不恥下問，不辭辛勞，到台師大進修教育專業知識，給人印象，讓人不禁覺得此一人物，確實了不起，不僅勇敢善戰，抑且心思細膩，不僅持己之長，更願補其短；不僅精於武略，更望文韜；不僅管理致勝，更思慕春風化雨，涵濡沫化。

❑外島過年，守著碉堡，守著信，思親人，想情人，憧憬著未來

在農曆除夕過新年的時刻，真叫人思戀，叫人消瘦。雖然在前線仍有加菜與摸彩。但是，每逢佳節倍思親，幾人能免。除夕夜下午我寫了一封對聯給我的人兒：

> 雲霧濛濛，朔風悽悽，征衣人駐居前線，是游子思家園，怎不柔腸寸斷，安以除舊夕！
> 碧海蒼蒼，白雲茫茫，心愛人遠在他鄉，有情郎想有情女，何堪淚流心傷，如何迎新歲？

一九六八年一月三十日是農曆新年，是家家戶戶喜氣洋洋團圓的一天，是一年中最短的一天，春宵苦短的一天，在此與嶙峋山石，滔滔海浪，颼颼冷風為伍，無時無刻無不枕戈待旦，戒慎恐懼的戰地，思念情人家人的心裡面，感覺是最長的一日。

還好，除夕夜摸彩，我意外的摸到了特獎，僅次於勝利獎的獎項，一隻紅色的「皇后牌」「熱水瓶」，讓我心情為之一爽。於是我給我未婚妻信裡面說皇后、紅色、熱水瓶、賀春節，這象徵我們今年鴻運高照，紅鸞星動，退伍後我們即將結婚，讓我們耐心的等待吧，不要難過。新年這一天，我整天守在碉堡裡寫信，寄給未婚妻，家人和朋友。

可是我的信，家書情書郵遞的好慢好慢，讓他們懸念不已。春節期間的信，半個月以上都沒有再接到信件。未婚妻說回到辦公室，好期待工友發信會有我的來信，結果桌上總還是擺著一杯茶和

一罐墨水。每回到家裡，桌子上空蕩蕩的，好寂寞傷心。讓未婚妻及爹娘，懸念不已，日不下嚥，夜不安眠，真是虧欠。一直到二月十三日，一下子接到了七封信。。

下一個補給船班送來一個驚喜，是我未婚妻寄給我的春節禮物。悉心包裝的一個包裹，是新年大家最想吃的牛軋糖、瓜子和肉乾肉脯等。牛軋糖代表我倆感情甜蜜又牢固，如膠似漆難分難離，分離不容易，瓜子代表瓜瓞連綿，肉乾肉脯是我最想吃的。我好高興，她好貼心，讓我真正感受到了過新年的味道。

在春節的節日，她的心裡面想到的是前線的我，在人家興高采烈的品嘗大魚大肉除夕大餐的時候，她默默的悉心準備了最具意義，最寶貴的禮物給我。不厭其煩的包裝，用最工整的毛筆字書寫包裝掛號包裹，托郵差寄來。這些禮物不只是些食物零嘴而已，是藏著無限的愛與關懷。我心非常感動，大山大水並沒有使我們的感情隔離，更證明了我們的感情是經得起考驗的，遠而彌堅瓜瓞絕對不會有「兵變」。我噙著淚，我要讓她知道，我要做一個最好的男人，忠於職守，做好一位前線的軍官，保家衛國瓜瓞讓她覺得光榮瓜瓞得到最完整的愛。我要爭氣，拼命到底，為一個真正愛我的人奮鬥，我也有充分的信心瓜瓞我倆一定可齊心努力創造一個美滿幸福的家庭。

春節放假期間，與訂婚周年的那一天，她跟我說回憶去年甜甜蜜蜜，如今離情依依，日思夜夢。除了寄信，她什麼地方都不想去，只待在房間裡，聽唱片，看書，或看學生作業。

我在信裡面向未婚妻說，一年來雖然時空變化這麼大，然而有一項東西沒有變，就是我倆的心。妳的一半不管在天涯海角，不管多久無法回去看妳，不管在如何痛苦與艱難嚴峻的環境裡面，我的心中唯有妳最讓我牽腸掛肚，白天為妳沉思，夢裡與妳纏綿。我沒有一分一秒會忘記——我一定要讓妳感覺到安全可靠幸福，有一個最專情的未婚夫愛著，有一個最負責的終身伴侶可以為伴，有一個最為妳設想最負責的男人照顧妳，還有他將是一個永遠自強不息，絕不屈服，奮發向上的丈夫。

兩岸砲口相向，為何？

❑何日可以玉帛祥和，祈望

信投進郵筒不久之後，忽然對岸打過來幾顆砲彈，是砲宣彈，著地之後蹦出宣傳單，滿地滿山都是宣傳單。裡面沒有裝殺傷力強的炸藥。還好，但是隔不久傳個壞消息，有村長家正在用餐被砲宣彈打個正著，女兒炸成重傷。當時真正的砲戰已遠，但是隔天互轟砲宣彈，傳單上是一些真真假假，似真似假，擴大宣傳誤會抹黑的資訊。當時資訊不流通，誰也不確知何者為真，何者是假？還有一些反動宣傳文宣，罵來罵去。我們心底都覺得，同屬華人為何砲口相向，互相謾罵，互相詆毀，為何不能和平共榮，化干戈為玉帛？華人地大物博，歷史悠久，文化資源豐富，期待有一天，兩岸分久必合，家和事興，必能民富國強，成為世界強國。

撿到者無論軍民必須繳回。砲宣彈有什麼效果值得高度懷疑，但是對軍民心理上的安全威脅極大。尤其剛去不久，一到轟砲日子心驚肉跳。在這樣的環境中，哪一天倒楣要發生什麼意外，誰也難說，我心裡面所說的是不是太天真了啦？

信心可以克服一切，我要讓我的未婚妻有信心，我自己必須要有信心。我喃喃的對自己說。不時想著，同屬中華民族，為什麼兩岸要砲火相向，叫多少親人離散，叫多少情人情傷，叫多少年輕人陣亡？

然而，有一天我到砲兵連用他們的二十四倍望遠鏡瞭望對岸，正看到「人民公社」的慘狀，失望極了！簡直不敢相信，怎麼對岸老百姓生活得這麼慘，這麼苦。為了不讓我們也淪為那麼悽慘痛苦，維護我們自由繁榮的生活，我們不得不堅守在第一線，作為中流砥柱，保衛我們的同胞，捍衛我們的生活方式和社會制度。

希望有一天兩岸的政治，社會，經濟不再天差地別，希望大陸有一天經濟繁榮，政治民主，國力強大，兩岸人民生活接近，自然分久必合，就沒有對幹的理由，不再兵戎相見，不再砲宣詆毀對方，到時候自然攜手合作，再度創造華人的光榮史。只好再禱告拜佛，求神佛賜給那一天快來，兩岸吉祥安定和平，讓年輕人不再為駐守前線離別親人愛人，肝腸寸斷，也不虞有同袍少數弟兄遭遇「兵變」而傷心欲絕。

❏到處有危險，必須要有信心

砲宣彈，殺傷的可能性相對於一般砲彈小得太多了，只有被彈頭打個正著，才可能致命詆毀不必想太多。聽多了砲彈聲音，可以由經驗學習到，砲彈遠近，可以依砲彈傳來的聲音高低強弱緩急尖銳混濁有程度的不同，有經驗，沉著的人能夠辨別出來，妥為因應避險。聽多了也就慢慢釋懷囉。

蛙人的故事很多，真正的新聞很少，橡皮艇出沒倒時有所聞，尤其是夜間，是否是蛙人的橡筏，有可能但也有不可能。每當出現，海岸第一線部隊緊急動員但很不容易攔截抓個正著。有一次，橡皮艇已經瀕臨海岸，但濃霧很大，指揮官下令打照明彈，但老士官不懂英文標幟，卻打出一顆煙霧彈，結果橡皮筏在煙霧一團亂中逃脫了。真可惜。

來到馬祖足足經過一、兩個月的摸索與調整，多少知道如何趨吉避凶，也就逐漸習慣於這裡的生活，就沒有那麼緊張了。除了盡責於自己的職務與臨時任務外，有些時間可以自由運用。我想我學教育的，應該對教育的問題多多思索。當時政府正準備延長九年國教，釜底抽薪，一舉根絕長年以來的國小補習問題，有很多的題材可以談論與研究。我也想到許多教育問題可能馬上面臨，諸如由選擇性的初中變成普通國中，學生程度資質個別差異甚大，如何教學；學生程度差異如何客觀評量；教師人力不足如何救急又不致有降低師資素質之虞，初中校際差異明顯，依入學考試分數分配學生。改為國中後，如何分發，又如何防堵越區就讀；九年國教目標與初中教育目標顯然有別，如何使初中教育教師認識且認同於九年國教，並力求實踐……等等問題。可是，由於沒有學過教育研究法，也未曾參與過教授或其他學者專家專題研究，到底如何著手，如何蒐集資料，如何分析討論，如何撰寫，實在一竅不通。當時大學教育並無教育研究法的課程，各科目的上課，還是教育學生學習現成的知識為多，了不起讓你寫一個報告，主要還是找一些文獻資料，研讀、分析、歸納而已。認真者多蒐集一些文獻，研讀文獻認真一點，整理撰寫報告篇幅長一點。即使是教授的論文，也很少是實徵性的研究，原創性的研究。我好想學習做研究，自己能夠針對實際的教育問題做研究。

畢業後第一年的實習，也讓我覺得學教育的人在初中教 ABC 字母音標和最簡單的英語，本身並非主修英語的本國人，也不是以英語為母語的英美國人，更沒有學外語教學，對英語的發音學、語意學、文學所知有限，涉獵不足，教英語實在不能盡興，得意，也不會到位而竟其功，對於教師個人實在沒有什麼成就感。所以我想還是要在教育本行上繼續進修研究，把握進入研究所的任何機會。

我學英語是把她當作一種溝通與學習的工具來學習的，並不是把她本身當作一種科學或文學藝術來學習。就當作一種工具來學習，要常常習用，多聽多講多看多讀。在馬祖既無聽的機會，更無講的機會，更不能收聽 VOA 及外國廣播，事實上也沒有能聽收短波廣播的高品質收音機。有時候有美國顧問或外賓來前線訪查或檢視，官長特別叮嚀說不能私下跟外國人講話，以防洩密。

我在這裡唯一能做的就是多讀外文書籍資料，好在我手邊帶來了一本教育心理學和學習心理學。我天天看這書，不過覺得範圍太狹，於是我訂了一份 *China Post*。很高興，果然寄來了，只是一來就是三五天份的，有時又隔好久才來一次。作為一種精神食糧而言，有時脹死，有時會餓死。其他，我一有空就唸唸教育學與心理學的專書，無論是英語的或中文的，這樣可以充實戰地生活的空虛與無聊，緩解一點緊張，或許也可以回去參加研究所的入學考試，一舉兩得。將來變數很多，我也不敢說將來一定能上研究所，即使考得上。

未婚妻得知我有意考研究所，也持非常積極支持的態度，她說她們同事們，已感受到初中教育今年暑假即下學年度即將改制為國民教育的壓力與問題，他們預想得到現在初中生程度經過入學考試進來的，程度上尚感整齊，明年改為國民教育以後，程度相差懸殊，如何有效教學呢？不知怎教？需要我們教育專家們去研究。我是學教育的，應該去好好研究教育，到國中教學生難免會有大材小用的感覺。我也心有同感。

過年的時候未婚妻到我家，找到考教育研究所最有用的書寄下，包括一本英文的心理學，Ernest Hilgard 的 *Introduction to Psychology*，一本教育學，一本教育哲學，和一本西洋教育史。另外還寄來我最需要的禦寒皮手套，加上她的熱心支持，我更積極進行準備報考。後來我得知充員士兵與預備軍官一律不得請假，即使回台參加考試也沒例外。我很失望，也就放棄積極研讀準備。

❑第一次看到下雪，驚奇與懷念

今年的冬天特別冷，我的未婚妻與家人來信說，比往年冷多了。馬祖屬連江縣，處閩北，已接近浙江，冬天氣溫比台北約低五、六度，沒有預期會下雪。可是今年卻不同。一夕之間，竟然真的下起雪來囉！連在地人都嘖嘖稱奇。二月七號早晨起來，連日下個不停的霏霏細雨，忽然停歇了，一會兒下起一顆一顆的冰珠來，是冰雹不是雨點，須臾冰雹與雪花齊飛下，接著下來冰雹停了，滿天雪花紛飛，有如柳絮因風起。不久大地草木披上一層雪白的大衣。我跑到外面去，雪不厚很快就開始融化，滑溜溜的，差一點把我滑倒。抓起一把雪花，端詳了好久，雪花是端端正正的六邊形。我跟我的未婚妻說，妳一定未曾看過雪花，想要寄一把給妳，彈指之間就融化了，真傻呀！這是第一次看到下雪，是在戰地外島看到的。

❏參加軍官歌唱比賽，得到了亞軍

部隊為了慶祝青年節，三月底舉辦歌唱比賽，歡迎軍官士兵參加，分為軍官組與士兵組，原則上軍官都參加。歌曲自選，自由度很高。我也就樂得參加。本來我就喜歡唱歌，但是平日很少唱歌，難得有機會唱，也就忘記了自己的興趣。記得畢業旅行時，在車上曾唱一曲——在那遙遠的地方，聞者動容，同學都驚奇四年同學從未曾聽他唱歌的林某某，竟然這麼會唱歌。

現在要比賽了，在這遙遠的外島上，過著戰地的生活。在當時的環境裡面，為的是保家衛國，十分悲壯；另一方面，我已訂婚，正與情人兩地相思。但是為國家，為山河，必須氣壯山河；為兒女私情，又怎能不思思戀戀。於是，我選了一曲小學中學就學過的「滿江紅」，另一曲趙元任作曲曾約農填詞的名曲「教我如何不想她」，都是我心裡本來即很想哼哼唱唱的心聲，自己找時間練唱。基本上，我也不在乎什麼技巧，什麼節奏高低，什麼旋律，什麼主歌副歌，什麼真音假音。我就是把心底的聲音唱出來，唱出我的感受，感情，感想，唱出我的愛我的恨，我的委屈，我的得意。當我唱「滿江紅」時，我想像岳飛的心情，悲壯，冤屈，與豪邁盡忠報國的忠心與孤獨，我也認真思索如今投進這個成天與山石海浪為伍的島上，不畏艱苦危險的擔負起保家衛國的重責大任。當我唱「叫我如何不想她」的時候，我想像趙元任不能與心中真正的戀人聚首的淒美心傷，我更想念與我未婚妻難分難捨，日夜思思戀戀的情牽夢迴。無論看到什麼，遭遇什麼情境，難以觸景生情的情懷。

臨場比賽的時候，我一點都不緊張，我好高興有這個機會，在這孤島上竟然有人聽我開懷唱歌。我把握機會盡情的唱出我的情，我的愛，我的恨，我的懷念，我的期望，我的委屈，我的夢想，我的期待，我的抱負，把一切的一切感情寄情於歌聲裡面。結果我贏得了熱烈掌聲，得到了第二名，只輸給一個原住民軍官，他說他從孩提時期與山林為伍，在山谷林間盡情拉開嗓門歡唱，練就一個好歌喉。名次不重要，重要的是我唱出了我平時難以啟齒的心聲。這些就是說也說不清楚，即使說清楚，也沒人聽得懂，有此一機會，大聲唱出來，真是暢快。

❑馬祖實施戰地政務，我被派任副村長，貼近島民生活眞實的一面

當時馬祖是戰地，有一次，上級派我擔任一個漁村副村長，最基層的政戰人員。

雖然幾十年後，覺得好無聊，但是在當時架構下，副村長是重要職務，如有違反，犯的是滔天大罪。今天擬構建馬祖成為博弈之島，成為遊樂之島，真不可想像。人類的歷史有時候是蠻荒謬可笑的，反正框架是社會建構的，而個人又免不了框架的控制。我剛上任的時候，我發現這個工作是最基層的工作，任務卻是蠻大的，管的事倒是蠻多的。這個基層的戰地政務官管的事，包括戶口，民防，治安，交通，衛生，消防，保防……等等。民職的村長只是掛名，實權實責全包在軍職的副座上。

這個村是一個漁港，位於北竿島的南端，與南竿島遙遙相望，兩個島有交通艇水鴨子作為渡輪。我第一天剛就任的時候，繞著村子走一圈，想先認識一下環境狀況。我走過第一家，看到一具棺木擺在客廳，覺得毛毛的，怎麼這麼不巧，好像正在辦喪事；再走到第二家，又見客廳擺一具棺木，更覺得不對；再走另一家，還是一樣。我覺得不對呀！本來我覺得人家在辦喪事，不便打擾，仔細觀察其動靜氣氛，不像在辦喪事。我問村民為什麼家裡客廳擺了一具棺木，她們說不是每一戶

都有，只有經濟上比較好的才有，擺了比較有安全感。死生有命，人什麼時候要走掉很難預料，一旦天數到了，在這島上沒有任何大樹木材可以做棺木，必須由台灣本島船運渡海過來，從訂製到運送到本島需時若干時日，緩不濟急。為了預防不測，先準備好壽居，家人才會安心。在台灣，廳堂擺具棺木覺得十分詭異與不吉利，令人心裡生不祥預兆。在馬祖完全不同，正好相反。可見民風民俗是社會人們為適應環境建構出來的，並沒有絕對，也非天造地設。人常常自己建構一些架構來嚇自己，也在無意之中把自己綁住了。

村子裡居民主要是靠打魚維生，因為沒什麼可耕之地，最多只是在房子周圍屋前屋後方圓一兩平方公尺的小空地而已，再加上氣候，海風淒厲，難以種植什麼作物，等於沒什麼產業。出海打魚是男人的事，女人在家無所事事，要打掃洗衣都很受限，因沒水沒電。男人討海又危險，女人空閒又憂心，所以聚賭以為消遣壯膽，成為風氣。

我剛開始覺得蹊蹺，怎麼我所到之處，都有人躲躲藏藏，怕被我撞見，難道我是洪水猛獸，女人看了避之唯恐不及嗎？難道我這一少尉軍官有那麼恐怖嗎？後來我發現幾個左鄰右舍的婦女聚集，正在賭博。等我弄清楚她們的背景處境，再加上她們的賭資只是零頭小錢，賭博對她們來說，只是消磨難熬的時光而已。我很同情她們，她們這種聚賭行為跟職業賭場完全不同，同時並未有因而引起糾紛情事，更重要的，並不會危害到軍民的安全。所以我雖然一輩子不賭博，也看過不少因賭博而傾家蕩產的個案，但是對於當地這一種聚賭行為，我開一眼閉一眼，不太去管它。不過如發現有軍人混在裡面得嚴格取締，絕不寬待，避免引起軍民糾紛

漁船管制，最為大頭。漁船管制有幾方面的用意，一般為使漁船裝備與作業符合規定，保障漁民作業安全，但也為防船隻偷渡或走私不法物品，更為防不明人物、危險人物滲透進來破壞。所以關係到社會產業，國防，部隊安全及社會安定。所以我在這方面的處理非常戒慎恐懼，深怕出任何

差錯。由於這方面我沒有什麼專業知識與背景，我多方面討教，請示長官，請教老士官，更常跟村長、村幹事討論，更主動與漁民談話，了解可能發生的狀況，如何防備，一旦有事故，如何救急補救處理。不敢等閒視之，不能只求沒事。要常常預想可能會發生的狀況，防微杜漸，防堵禁止，不怕一萬，只怕萬一，讓偶發事故減至最低程度，讓有心投機份子知難而止。還好在我任內未發生過任何事件。

人口流動遷徙的管制與掌控也是職務之一。為了完全掌握戰地人民的行蹤，人口流動與遷徙都需到村辦公處登記，並取得放行證，避免不明人物或情報份子伺機行動破壞。

然而人民有遷徙的自由，憲法有明文規定，戰地的人民需限制此一自由，情非得已。但規定如果太過，執行太不通情理則不免怨聲載道。有時候需了解個案，通情達理的處理。必須出海到別的島嶼，一律登記取得通行證。本島內的移動則有彈性，必要時可通融處理。

民防在戰地，十分重要，關係軍民安危，社區安全。戰地役男不服充員兵役，但所有成年男人服國民兵役，防衛社區安全。這裡沒有警察機構，治安民防由戰地政務人員負責指揮。國民兵每天都要輪班向村辦公處報到值勤戰地社區崗哨，以照顧社區安全。戰地青年守法守紀，他們平常工作認真，對勤務盡責，不怕苦，不退縮，不遲到，不早退。我擔任副村長兩個多月，四月底歸建原單位，平平安安。村長在家裡做了一桌簡單晚餐，歡送我，也感謝我。

這段期間，這個村子非常平安順利，沒有任何事故案件，跟村民村長相處非常愉快。不僅不覺得重大負擔，反而對他們有更進一步認識，增加很多的深層理解與見識。即使這麼一個最基層的職務，在最基層的單位，只要戮力厥職，用心思考，一樣可以有發揮的空間，從中學習很多，利人利己。

❏春夏之交，濃霧鎖島

在這個季節，馬祖還是春寒料峭，氣流不穩，陰晴不定，常常濃濃的霧氣罩滿山頭，鎖住了粗壯的山腰，鎖住了陡峭的山頭，鎖住了迷惑的港灣，鎖住了冰冷的碉堡，鎖住了恐怖的崗哨，鎖住了茫茫的大海，鎖住了詭譎的山徑，鎖住了剛猛芽的小草與待發的相思樹，一切都籠罩在愁雲慘霧之中。霧茫茫，雲茫茫，視線茫茫，心也茫茫，不知何方看得見回家的路，不知何日是回家的時機？碉堡裡面濕漉漉，碉堡頂上滴著水，牆壁也滲著水。這個缺水的島上，忽然到處都滴著水，大氣中充滿著水氣，而這水又不能喝，不能洗，卻會讓棉被濕漉漉，衣服晾不乾，叫關節疼痛，手腳發麻痠痛不已。

這樣的島竟然有一天，已開闢出一個飛機場，如果能早個幾十年開闢，也許我們可以減輕許多難以承受的鄉愁。這個季節也是最容易出事的季節，兩方的蛙人水兵騷擾不斷，人嚇人，鬼嚇鬼。補給也最不正常，讓我們望著茫茫的海水想家，想念著心中的人兒，渴望著家書情書，書報，還有物質的食糧。

❑食物中毒，又紅又腫徹夜難眠，輾轉反側

冬去春來，天氣潮溼，濃霧籠罩，全身不舒暢，不洗澡實在難過。後來知道島上有個地方開有個澡堂可以付費洗澡，專供無水可以洗澡的駐軍洗澡。那是在北竿島的另一端，塘歧村。由這一端到塘歧村開有一公路曲折蜿蜒於山壁之間。爬起來，要花個近把個小時。為方便來回，有交通車，是軍用卡車充用的。有此一發現，約隔個半個月，利用假日到塘歧來個痛快的熱水澡，洗掉汗酸、汙垢、與一身的疲憊。這是一件大事，所費不貲。洗完之後，覺得全身舒暢，胃口大開，看著福利社販賣著那麼多貨品食品，買來安慰一下自己。尤其已經好久難得吃到的水果，更是食指大動。我買了已經久不知滋味的鳳梨罐頭，大快朵頤。

不意回到連部晚餐後，嘴唇開始發癢，擴大到整個臉部發癢，拿出手邊的萬金油、白花油塗抹，毫無作用，接著手腳也癢，全身發癢，癢之所至，又紅又腫。在這群山困住，大海環繞，濃霧封鎖的半山腰上，深夜的碉堡裡，除了一盞搖晃飄搖的微弱油燈陪伴以外，只剩下無助與無奈。輔導長索連部所有官兵帶著可能止癢的藥品，卻無一樣奏效。奇癢無比，想抓又不敢抓，發紅發熱，好像火在烘著全身的皮膚。我以最大忍功克制自己絕對不能抓，抓了一定會抓爛。還是受不了，偶而偷抓一下，忍耐再忍耐，輾轉反側，到了天現出了些許光亮，大概是曙光吧，好像癢到最高點，紅腫到最高點，不得不緩和一些，還是對癢的感覺已經疲勞了。

我想到昨夜沒出事，應該可以稍微安心吧！連長要我到團部看軍醫官。因為第一節我要教政治課，沒有人代課，我勉強先上課。弟兄們看我這一副樣子，都嚇了一跳，但也無計可施。忍著上完課去看醫官。醫官臨床經驗不多，也難診斷定是什麼原因，他說可能是食物中毒，我想也是吧！相當可能是鳳梨罐頭食品中毒，可能是保存不佳或罐子含鉛而中毒，合理的推斷。開了藥方回來吃，效果緩慢，還好至少沒有繼續惡化。結果拖了三天，才脫離恐怖的陰影。從此我絕不吃罐頭食品，尤其是水果罐頭。

❏誰說要洗澡？難得洗澡，不痛不癢，天天洗澡，奇癢無比

馬祖服役，出門就爬山，練得好身體，體重增加，健步如飛。沒水洗澡也非壞事，節省時間，節省水是積德，也少用清潔劑，一舉多得。以為皮膚會出問題，還好，皮膚也沒病變，反而更健美。不知道，每天洗澡是怎麼來的，反正從小就是天天洗澡，不洗不舒服，人家也會笑你。退伍回家了，當然又恢復天天洗澡。隔天，皮膚癢癢的，心想大概皮膚太髒了，洗得不乾淨吧！於是更用力用心的洗，甚至每天洗兩次三次，想要把積累下的髒污洗刷掉，結果越洗越癢。表面看起來，沒

有變化，就是癢，不抓，忍得住，還好；忍不住，抓破了，就發炎了。所以必須忍，忍，忍，忍到極點，還是癢。看了醫生還是癢。

癢了差不多一個月。我相信我的皮膚癢不是真正生病，而是調適不佳，所以我堅持不吃藥，也懶得擦藥。有一天，忽然靈機一動，我想既然是調適的問題，就從頭開始重新調適吧！我改成兩天洗一次澡，好像比較不那麼癢。於是我又再調一次，改成三天一次，更為改善。我又改成四五天洗一次澡，好奇！不癢了。幾次後，我慢慢調整，改回三天一次，不癢了，再改回兩天一次，也不癢了，再隔幾天，才恢復到每天一次，也不癢了。好奇！就這麼慢慢調適，總算治好了馬祖的皮膚敏感症候群。

❏訂婚後不在一起的日子，動心忍性，正是考驗

不在一起的日子我們想到很多，想著未來如何共建幸福的家庭。

有一次，未婚妻在信裡面跟我說，她看到《讀者文摘》三月號刊登一篇文章，好丈夫具有三；一是安詳沉著的舉止與態度，含蓄不膚淺；二是溫柔忠實，愛護另一半無微不至；三是聰明 IQ，具有進取心。

她說，這好像是我的畫像，正相符合。她好光榮、驕傲與幸福，讓我感動不已，也讓我戒慎恐懼，銘記在心，隨時自我惕勵。

在她的日常生活圈裡面，她有很多機會可以玩遊，但是她沒有，因為她想到的是她的另一半在戰地的島上，受苦受難的情景。她不忍心自己獨享快樂的生活。每天除了上班外，從教學生工作中得到樂趣外，就以寫信給我，編織未來我們共用的桌巾，雙人枕頭套，聽著唱著思戀的歌聲，沉醉於其中，然後想像著我倆的愛。對於我對於父母的懸念，她也感同身受。幾次她冒著寒風與烈日，

到我的家去看望我的父母。

有一次，在四月中旬，正是梅雨未到，春陽已熾，氣溫很高的下午，正是農人曬蕃薯簽的季節，她跑去關心。不巧爹娘不在，等了一小時沒等到見面。太陽烈日當空，走去一趟已經滿頭大汗，再走一趟回來，更如火上加油，擔心更加難過。到了客運車站，已熱昏了頭，叫一杯涼水要解渴，想到未婚夫在前線，想到專程而來看不到公婆，不能幫我看到年邁的父母減輕我的懸念，難過得無法下嚥。整杯水原杯未動，車班來了，拖著沉重的步伐上了車走了，難過好幾天。她告訴我。

春天來了，我們開始構想等我一退伍，就結婚。她在假日與同事上府城買布料訂製新裝，準備新娘禮服。我們構想將來一定要住在一起，互相疼惜照顧。不是我回到高雄繼續執教，然後她也過來，就是我也到她現在服務的學校。

五月一號，她的教師登記證下來了，核予登記為初級職業學校商科教師。她擔心新學年度起，延長九年國教，初級職校與初級中學已改為國民中學，哪有初級職校教師？我們登記辦法並沒有前瞻作業，配合學制的改革，這也是造成教育改革難以落實的因素之一。

這是事實，我心裡面也擔心。但我跟她說，不用擔心，一切都會修改的，教育改革，牽一髮而牽動全身，國教由六年延長為九年，整套制度與做法勢必相應檢討而做通盤的修訂與調整。只要我們彼此有愛，就能永久有福同享，有困難攜手合作克服，我們有信心明日會更好。我們不想永久停留在現狀，有我們互相支持，我們一定會有未來。過去沒有妳相陪的日子，我覺得累，我很孤單，我很容易倦怠，以後有相愛的我們攜手，我一定會更有雄心壯志奮鬥下去。我們要共建甜美的家庭，在裡面給她最真心的愛與安全。我們要養育出最可愛，最聰明，最善良的小孩；當然我們要創出我們一番事業，讓家庭生計無憂，讓生活無愁。那是我從生命中體會出來的理念與堅持。基本上，我倆會給彼此最完整的愛，永恆不變的愛，因為那是我們奮鬥的原動力。而我們相信經過差不多兩年的交往，一年半的未婚妻關係，歷經大山大海的阻絕，我們真正體會到我倆真正是真心相愛的一對，可以同甘共苦的終身伴侶，共創未來。我們體驗到什麼是愛，什麼是離別，相聚又是什麼。

我們也會關心準公公婆婆與準岳父岳母，愛屋及烏，我們在這段時間，未婚夫妻倆小口越是想念彼此越相愛，不能在一起，越是戀得更深，也愛得越切，自然而然地，對於愛人之所出的父母爹娘也關愛起來，每當思念起未婚妻，也會想起她的父母健康否。她常常不顧風吹日炙，前往探視我的父母，然後把看到的情形告訴我，讓我感動不已。我在寫信的時候也會問候老人家可好，尤其前一陣子，準岳母眼睛白內障開刀，更令我關心懸念不已，老人家看了也備覺溫馨。老人家最需要年輕人的關心與噓寒問暖，渴望到年輕人的孝行孝心。

五月二十一日，台師大研究所招生考試，確定我們在外島馬祖服役的預備軍官，不准回台應試，未婚妻鼓勵我不要洩氣，明年再考。我們商訂退伍就儘快結婚，天天相親相愛不分離，卿卿我我，補償這一年的分離之苦痛與懸念的心傷，老人家更期待我倆完成終身大事。郵差先生一定也期待我們快快結婚吧，減輕他們的負擔。

六月九日，未婚妻去看望準公婆，老人家好高興，好期待我倆趕快完婚，締結良緣。

❏等待退伍，船班誤期，再擇吉日佳期，重印喜帖

按照兵役役期我預定七月四日退伍。意料之外，由於等候船班的影響，未能如期到家。父親早已選訂婚禮七月十六日舉行，看我遲遲未歸，也無電話可打，音訊全無，未婚妻也沒我的訊息，大家都緊張。我在回程上也焦急異常，結果回到家已是七月八日。眼看時間緊迫，許多事情要親自張羅準備的，短短的一星期怎麼來得及。

我匆忙回到家，拜見過爹娘，拜過祖先後，立即趕到未婚妻家，拜見準岳父母及家人。我感謝

我的父母及岳父母老人家在我前線服役期間，他們給我倆的關懷與愛護，以及他們對於神佛虔誠的信仰頂禮默拜，感動了神佛保佑我倆走過這段漫長的煎熬的路段與危險的險灘。我感謝我的未婚妻跟我同甘共苦，對我掏心掏肺，無微不至的體貼叮嚀，讓我發揮最大的雄心壯志，征服任何困難與艱險；讓我體驗愛情的偉大與永恆，使我學會如何愛我之所愛，如何為愛而忍耐，如何為愛來奉獻，如何為愛什麼都可以犧牲。於是情不自禁的我不知有沒人在場，我緊緊的抱著我日思夜夢的人兒，她也緊緊的抱著我，體驗我們已經淬鍊過的真情摯愛。我們緊緊地抱著為我消瘦，為我失眠，每天為我守著真情真愛的人兒。我們好渴望今天就是我們的婚禮。我恨不得今天就把她抱回家，我要把她攬得緊緊的，不讓她離開我，我再也不要離開她。這一幕實在太感人，我們希望這一刻成為永恆。

—•新婚春夢：訂婚後五三五天，千山萬水隔離，魚雁來往九九九封，結婚•—

❑我們的婚禮簡單隆重，表示感恩　感謝　祝福　分享　與承諾

踩在現實社會裡面，一切復歸於現實。我向岳父母稟告婚禮佳期，他們覺得太過匆忙。生傳你已經服役退伍，看你們這段訂婚後的真情相待，我們老人家很感動，希望你們快快結婚，經營新家庭。不過禮俗還是要照走，至少要半個月時間的籌備，也不要太急促，時間也要避開農曆七月，之前之後都可以考慮。這一段時間，你們要住哪裡都可以，只要你們高興，過去這一段時間你們也夠辛苦了。我們謝過爸媽的體貼與愛護，我也感謝爸媽他們老人家對未婚妻照顧的這麼好。然後我報告，原訂的時間太匆促了，家父家母另外請高人合八字選定有另一個時間，是在七月二十三日，不知岳父母認為如何。老人家欣然同意，我倆頗感欣喜。早一點成婚，我們才能及早計劃安排教職工作調動，找屋落腳，拜見恩人親戚，也才有較多的時間蜜月旅行，成家立業……

我們沒有時間，沒有心情，也沒有條件鋪張講究排場。我們沒拍婚紗攝影，我們安排婚禮當場做最真實的婚紗攝影；我們也不訂飯店，婚禮就在自家的庭院舉行；我們不鋪張，只邀至親好友，喜帖傳統也保守，不必刻意設計，我們的新房就是鄉下一間普通房間，很簡單樸素，貼上紅色對聯加一些吉祥賀詞，加裝窗簾布簾。我們不必採購一大堆東西；我跟未婚妻說，不必準備什麼嫁妝，我們要落腳何處都還不知，不必追隨著一般的風氣嫁了一大堆家具，成為搬家的累贅，我要娶的是

妳，妳的真情真愛，陪妳嫁過來的只要有妳幾個月以來一針針編織起來的雙人枕巾，一朵朵細心勾畫編織的桌巾，還有那我們一筆一筆，一字一字寫出來的，用我們心，用我們的情，用我們淚寫出來的情書。這些情書兩年來我寫了五〇七封，我的未婚妻寫了四九二封，合為九百九十九封，代表我們的愛情長長久久。

結婚是創造宇宙繼起的生命的開始，是奠定人間倫常的基石。感恩天地神佛的保佑，讓我倆從初生至今順利長大成人，能夠負起創造生命的使命。感謝祖先瓜瓞綿延，讓我倆承先啟後，香火不斷。感激爹娘生我，育我，掬我，昊天罔極，不管我倆成長過程中並無錦衣玉食，許多時候是受苦受難，畢竟父母都是盡了心盡了力，在所處的框架中得到呵護照顧，如今我倆都成人了，能不跪拜感恩嗎？所以不論為了安自己的心，或為了教化後代，或為了移風易俗，成風成德，謝神，祭天，拜本地守護神，謝恩人的典禮必須隆重嚴謹又虔誠，要沐浴齋戒跪拜。結婚不僅是我倆小口子的事，也是兩府大事，不管男女兩方都必須認識整個家族，認同整個家族，適應一個新的家庭，宜室宜家，宜其家人。所以有些禮俗本來即負有這些功能，也不能忽視或省免，當從俗如流，謹慎將事。

這些我們倆都很認真的奉行照辦。結婚是終身大事，慎重為之，才不會視同兒戲，高興結就結，不高興就離。結婚是社會慢慢建構出來的框架，保護大家的權益，也限制部分的自由，以謀求多數人的利益。所以我們婚禮雖然不鋪張，不張揚，但也很節約，要求簡單隆重。

經過這一場婚禮，該感恩的感恩了，該感謝的感謝了，該認識的認識了，該聯歡的也聯歡了。更重要的，我倆對未來的使命與責任義務也都體會至深，內化於我倆的心坎裡，始終不渝，該承諾的，我倆都鄭重地承諾了。另一方面在這個終身大事的大典禮，至親好友，光臨分享新人的喜悅，並給予新人祝福。尤其我倆的這段姻緣至為特殊，過程艱辛，歷經考驗，為人艷羨，奉為典型，許多親友不吝給我倆最深最大的祝福，該贏得的祝福贏得了，我倆至深感動。尤其難得有遠道來的同學，和愛妻的同學來到鄉下參加我們的婚禮，分享我們的喜悅，叫我們感激莫名。

這一切的一切在一九六八年七月二十三日，我倆婚禮與隔天的回娘家歸寧，兩天我們都完成了。我倆是正式的夫妻了，是終身牽手伴侶了。此刻，我倆締結連理，攜手同心，相互給予允諾絕對給與對方最完整的愛，營造幸福的未來。在未來的歲月裡，我們將使出我們的全力，發揮我倆的智慧，共同創造一個家庭，給下一代毫無保留的愛護與照顧，最美好的教育。從今以後彼此不棄不離，彼此牽手走過人生旅程，為無限的子子孫孫奮鬥，不管遇到再大的風再大的浪，永結同心，堅持奮鬥，白首偕老，五世其昌。這是我倆經過兩年的歷練成功的體驗與誓言，寫過九九九封信傳情獲得的結局，有情人終成眷屬。這是美麗的結局，也是責任的開始。

❏日月潭蜜月旅行，甜甜蜜蜜

我們的蜜月旅行，沒有時下流行的國外旅行，如同當時一般的新婚夫婦一樣，只能在國內旅遊。我們選擇了日月潭，做為度蜜月的地方。

群山環繞的日月潭，蒼翠翁鬱，風光明媚，日月光華，與我倆的愛情，互相輝映，相映成趣，並為見證。我們住在日月潭教師會館，早晨，看著太陽從山的那一邊升起，照在湖面上，金黃色的波光，絢爛美麗。踩著晶瑩奪目的露珠，漫步於湖畔，找個座椅，我依著妳，妳依著我，相依相偎，我的心中有妳，妳心中有我，聊天又吟唱，回味我們的愛情故事，享受最喜歡的水蜜桃、情人糖與各樣點心。湖裡魚兒雙雙對對慢慢游，湖面上鴛鴦戲水，相親相愛不分離。物我合一，天地共枕，渾然神遊於天地間，享受最美最真情最神聖的意境，進入忘我的境界。

下午，坐著小小的遊艇，倘佯於湖面上，聽著款乃款乃的槳聲，欣賞著鳥群天上飛翔，魚兒湖中追逐。微風從山間吹來，吹得遊人癡又醉，遂叫客人錯把此湖當西湖。然後，小艇停駐於原住民的景點，穿上原住民的服飾，唱著阿里山姑娘的情歌，雄壯威武又美麗，陶醉於原始的情愛之中。

黃昏，含情脈脈的月亮，送走了火熱的太陽。夜晚，調皮的星星扮著鬼臉，月光迷戀著風情萬種的湖水，湖水洋溢著銀白的貴氣與春光，多情的湖水擁吻著月兒，纏綿悱惻，如膠似漆，遂叫人不陶醉難以自已。於是擁寢而睡，珍惜春宵蜜月，沉醉於蜜也似的美夢中。

春宵苦短，告別嫵媚甜蜜的日月潭回到台中，住進台中教師會館。相偕漫步於台中公園，嚐試台中有名的各式各樣糕點酥餅，品嚐這裡的冰果，逛著並不熟悉的台中街頭。無意中發現一歌廳，應是「南夜歌廳」吧！門口好多人等著買票，是紅牌歌星張琪與新星鄧麗君駐廳演唱。歌廳當時正方興未艾，電視還不夠看，而我們還沒有上過歌廳。平常聽歌最常聽黑膠唱片，在留聲機上播放，只聞其聲並不能看其影像。雖然聽覺主導，聽得更清晰，總覺得意猶未盡。利用這個不期而遇的機會，我們買了票進歌廳聽看兩位歌星的表演。

張琪是當紅歌星，聲音高亢，響徹雲霄，她的歌聲教人心頭發麻。鄧麗君才青春年華，清純可人，還是高中生，頂著學生頭髮，清新可愛，歌藝超群，音色美妙到無以復加的程度，溫柔婉約，歌聲雋永，如行雲流水，自然純真，扣人心弦，遂叫人回味無窮。我與愛妻都喜歡她的歌，也買了好幾張她的唱片。幾十年來，有唱歌的機會，都會選她的歌來唱。這是我們第一次上歌廳，卻也是最後一次上歌廳。沒想到所聽到的歌手，是最偉大最讓人懷念的歌壇熠熠紅星。

❑歸途，風風雨雨，路斷橋斷，苦樂相依

隔天天氣變了，我們的蜜月旅行也將結束。我們整理好行囊，帶著回來給長輩的禮品，搭上火車踏上回家的路。一路上風雨打著車窗，我們的興致不受影響，看著霧茫茫的雨景，愛心讓我們緊密的相依相偎在一起。下了車，發現回家的路到處是水，一片汪洋。進村莊的路淹大水，竹林，籬

笆，花草，馬路，小橋都泡在水裡，分不清路還是橋，水塘還是堤岸，水深淹到大腿，愛妻嚇到了。雖然長年不在家鄉林里走動，但我從小在這裡長大，至少比起新進門的愛妻老馬識途一點。平常遇此一情境，我也會心頭怕怕，裹足不前的，但是現在愛妻在我身邊，我不自覺的膽子壯了起來，力氣也大多了，我什麼都不怕，一心一意想要保護著愛妻。我緊緊牽著她的手，擁著她，小心翼翼地帶著她，摸索著嘗試著涉水；在最危險的點，我把她抱起來，緩步前進；平安的渡過這一帶淹大水的地方。過了這一大水塘地帶，好多了熠終於有驚無險回到了家。體會風雨同舟，互相扶持的真情。這一趟蜜月之旅讓我倆體驗到共枕眠，同船渡，新婚燕爾，也體驗到風雨同舟，犯難與共，夫妻一體，相互扶持的同命鴛鴦的真情至愛。

❑家就是家，要安身立命，安居樂業，安於何處，樂於何事

結婚後成立家庭，夫妻手牽手，希望天天在一起，尤其像我倆，自從認識交往以來備受相思苦，更希望能夠如膠似漆不分離。為此，本來我想回高雄敘舊職，也把愛妻接來，再賃屋居住。後來愛妻說他們學校李校長歡迎我去，請我兼行政職務。

我問愛妻說妳覺得如何選擇，妳比較喜歡？她說，你明年要不要考研究所，我尊重你的看法。她知道我向來都是把她擺第一考慮的。我內心裡當然喜歡回舊職，可是我考慮到考研究所繼續進修，我就不能不猶疑囉！愛妻知我會從她最方便最有利的角度來考慮，考慮到如果明年上研究所，當然一動不如一靜，她留在原學校，我這一年就應李校長之聘，來為學校今年改制國中而一起打拼，明年上研究所後，萬一她北調不成，留在工作多年的這學校，得地利人和之便，且離娘家我家都近，比較有個照應，不會頓感無助。而且學校正在興建教師宿舍，我們一起積分會更高，應能申請得到一棟眷舍，寒假過後就可以進住。

那末，即使明年我離開學校北上進修，有宿舍可住也較為方便安全。我在腦子裡轉了轉，然後我說，那就跟隨妳吧！妻說那你會不會覺得委屈？怎麼會？只要能跟妳在一起，只要妳覺得方便安全就安心了，她知道我的用心，妻說，對呀，萬一你明年上研究所，我又不能立即跟你北上，而那時候如果有了小 baby，我不知怎麼辦？我們的眼神互相交會在一起，泛起幸福的亮光。

築了新家庭，甜甜蜜蜜，希望時光永久留駐

結婚後，正值暑假，先住在我老家，夫妻天天在一起，與父母住一起。父母很喜歡這個媳婦，愛妻很容易相處，對公婆很貼心，相處愉快，不過上班很費事。爲了減少舟車之苦，岳父對佳里很熟，幫我們在學校附近民房找到一間房間，與房東合用客廳與廚房。妻本來就成長於大家庭，煮飯家事，幾個嫂嫂都做了，哪裡輪到她做，北上讀書住學校宿舍，當然除簡單的自己料理外，也沒什麼家事可做，她主要是利用課餘幫忙照顧幾個姪兒，而姪兒們也喜歡她，所以對煮飯炊事等家事幾乎都不會。

我生長於小家庭，從小多少要幫忙一點家事，十五歲起就常住學校宿舍或租屋外宿，洗衣服也難不倒我。剛結婚的時候，家事我比她懂得還多。我會教愛妻煎魚怎麼樣才不會焦，滷蛋要怎麼滷，電鍋怎麼使用，忘記外鍋加水怎麼補救……。我們料理家事學起來，又有趣又好玩，增加很多生活情趣。我們不僅享受畫眉之樂，還有家事之樂。從頭學起，摸索學習得很快，也很有心得，尤其愛妻很用心，不久她做起家事來，駕輕就熟，樂在其中咦。

我們合作得很好，每天一大早問妻子要煮什麼，我騎著腳踏車，掛著菜籃子到菜市場買菜，然後一起上班去，我兼行政工作，比較走不開，妻中午沒課可以先早一些回去做飯，我回來馬上一起享用。下午下班後一起散散步，然後一起回家做晚餐。飯菜我們吃得很簡單，卻很愉快，也很健康。因為心情愉快，自主性強，高興怎麼煮就怎麼煮，煮什麼就吃什麼，我們從來不挑嘴，不嫌難吃，覺得既營養又衛生，又有滿足感，又省錢。天天夫唱婦隨，其樂融融，覺得好幸福，人生從沒

有像這一時段那麼愉快與幸福。周末，有時候回家看父母親，有時候到娘家看岳父母，有時候他們老人家過來跟我們相聚。老人家也覺得很快樂。我好希望時光不要流逝，就停駐在此一時段吧。

時光沒有感情，它還是不斷繼續流去，片刻不停留。我心裡開始醞釀，不再考研究所進修了。這樣過著生活不是很很好嗎？我對過去兩地相思的日子，苦命的那一種生活是有點累了。

❑積極向上的社會氛圍，天生吾材必有用的社會，鼓勵大家向前衝

當時社會的氛圍是積極的，往前衝的，勤奮的，奮鬥的，幾乎任何行業都朝氣蓬勃，每一個人表現十足的奮鬥精神。在當時的框架裡面，社會上，無論才智平庸愚劣的人都可以有發揮的一片天空，且人人樂於工作，勤勉不懈怠，十足表現台灣牛的精神。大家相信只要奮鬥，認分認真認命，都可以成功。工場如雨後春筍，每個人都可找到適合他的工作，我不會讀書，生性較為魯鈍，我可以做小工，只要認分認真，有一天可以當師傅，也可以包工程，做營造，賺大錢；我喜歡操作機械，不太想讀書，從小學當學徒，從黑手做起，只要不怕苦，能忍耐，有一天黑手可以變頭家；即使家庭主婦，也群起趁著這股風氣，從工廠拿出加工品回來客廳加工，縫扣子，繡花邊，克勤克儉，客廳也可以成為工廠。大家忙得不得了，沒時間發牢騷，沒時間看電視，沒時間鬥嘴鼓，報紙電視報的都是積極的，沒有所謂名嘴。

會讀書的人，大家更力求一直向上進取，因為完成每一階段的教育，每一類別的教育，都有相對應的工作職位等著你，名至實歸。如果你自信有足夠的資賦，積極上進的心，不斷進修，有一天拿到了最高學位，可以成為學者專家，大學教授，海外學人，特別延攬的客座教授，甚至有可能是台籍菁英，青年才俊，大家對你佩服得五體投地。社會不會虧待任何人，只要你肯努力，窮人有窮人出頭天的機會，笨人也有成功的道路，聰明人更有揚眉吐氣之方法。只要認分認命認真，努力不

懈，自強不息。

有一天我跟愛妻說，我們就這樣過的好愉快，好幸福，好自在。我們好像是漂泊的船，停進了安穩的海港。如果永久這樣多好，我不太想離開家再考研究所囉。妳覺得如何？

愛妻跟我說，你停在這個港，我會跟你相依；你離開這裡，再航行向著大海，追求夢想，我永久跟隨你追求夢想；萬一你迷失了方向，我也永不放棄，不斷摸索前進；我們永久以生相許。她又說，水往低處流，人往高處爬。我感動不已。

在當時社會建構的框架裡面，察覺社會的氛圍，感念愛妻的支持與鼓勵，我追夢的決心躍然再起，永不停息，比以前更加努力。

❏正逢九年國教　全面實施　問題一籮筐

九年國教是一個重大的改革政策，自五十七學年度全面實施。原來的六年制國民教育延長為九年。國民學校改稱為國民小學；承接以新的三年制國民中學。國民中學有部分由原來的初級中學改制而成；有部分為新設的，由於一時籌設不及，尚有不足部分，由私立初級中學與少數初級職校經申請改設為代用國民中學。學生國民小學畢業志願上國民中學者，直接由原畢業國民學校按照學區造冊送行政機關轉送國民中學，原來激烈的初級中學入學考試一律廢除。這一學年開始，正好我應聘到佳里國中擔任教師並兼任註冊組長。

這一重要里程碑的教育改革，當時沒有寬籌足夠的資源，在硬體設備是如此，在軟體方面的準備更是如此。不過，由於政策正確，合乎教育理念與趨勢潮流，且確實符應實際需求，加上當時政府決策的魄力與執行的決心，所以在資源師資設備都欠缺的情況下，一聲令下，還是全面上道，過程中沒有抗爭，沒有公聽會，沒有地方政府杯葛或怠惰，也沒有造勢抗爭。

當年九月九日上午九時，台灣省在台中省立體育館，台北市在中山堂，各國中在原校就地參加，透過廣播，同步舉行聯合開學典禮，並播放先總統蔣中正訓詞。這一教育改革政策實施，馬上立竿見影，使得長久以來，國民小學階段越來越趨惡性，漸受人詬病的補習嘎戛然而止，銷聲匿跡，而所謂明星國校也黯然失色，沒人再風靡了，國小學生的壓力即刻減輕。這真正是道道地地的教育改革，為近年來任何教育改革望塵莫及。

❏國民中學初設，課程教學仍因循傳統初中做法，困難重重，需要研究

然而，九年國民教育後一階段的三年國民中學，卻問題重重。這一階段在新設的國民中學與原來初中改設的國民中學實施，運作時，卻面臨到許多的困惑。

教師們毫無心理準備，根本不知道如何因應調適，行政人員更感困擾，不知所措。我們這所學校原來是佳里初中改設的國民中學，學生素質不錯，在過去升學考試中為學生及家長優先選擇的學校，僅次於省立的北門中學初中部。今年開始改為國中後，省立的北門中學初中部停掉了，所以實應是為本地區的第一選擇，學生很優秀。

然而，現在不必經過入學考試，來者不拒，頓時由原來的選擇型教育變成沒選擇性的國民教育，學生資質跟原來的初中，立見差別，不僅程度相差甚多，且性向差異很大。

我在教務處，一下課，就有任課教師到教務處發牢騷，舉所遇到的個案當笑料。考完試，秀出他們考卷，有的連姓名三個字都寫不出來，不是忘記，而是寫錯，或寫不完整，或寫錯別字。其中有一個同學的姊姊卻還是同事，又漂亮又聰明，姊妹相差如此之大。有學生阿拉伯數目字寫不正確，錯誤百出，有學生九九乘法背不上來。教師習慣於教選擇型初中學生，從未遇到過這樣差的學生，現在不知如何教起。他們主張應該能力分班，不要把學習基礎，學習能力相差懸殊的學生擺在

一起，雞兔同籠。但是，遵照教育部規定不能按程度分班，必須隨機分班，按報到先後，或按住居地編班，或是抽籤隨機分班。光是編班大家就非常有意見。

至於課程方面同仁也表不滿。以程度這麼參差的學生要學同一課程，許多還是蠻理論的知識性科目，真的不容易。照理說，國民教育應該加強學習一般國民素養課程，這樣的學生實在不適合太多理論性的學科，重點應放在實用取向與生活化的課程，譬如加強體能訓練的體育科目；培養勞動習慣，增進生產技能的勞動課程，並從中培養紀律；重視為他人為社區，參與救助急難的服務課程；加強增進生活情趣的藝文活動課程。而不僅只重視國英數考試取向的課程。

這應該在改革伊始階段明確制定強制實施，以求貫徹，讓任何學生學習起來均覺得有需要也都學得來，抑且符合國民教育的旨趣；期能培養出活活潑潑的好學生，健健康康的好國民。可是，事實上並沒有，我們這一波教育改革，重視的只在於學制方面，至於課程與教學沒太大改變，家長與教育人員的心態也沒有改變。隨機常態編班後，要如何教學確實是一個值得研究的問題。

記得佳里國中李校長在第一次接見我的時候，跟我說過一句話，讓我印象深刻。他說，教初中國小，也不需要什麼大學問，只要把成績最好的國小畢業生，留下來教國小生就行了；初中還不是一樣，把畢業生最優秀的留下來，也能教得呱呱叫。其意涵應是，以前老師怎麼教我，我就怎麼教人，至於教書只要照本宣科，輕而易舉，如此就是了，教學沒什麼大學問。如今，初中改成國民中學之後，連過去教學頗具經驗的老師，都覺得不知如何教一班裡面個別差異如此之大的異質性學生，老師們請教校長到底要教什麼？要用什麼方法才能把他們都教好，教會？他也說不出一套辦法，這時候他也不知如何領導教學了。他總不能說就依循過去做法吧！？也不能明說，學得來的就教，學不來的就放棄！？他只好說，林老師是學教育的，請教他好了。說實話，我也只能泛泛之談而已。這倒是蠻大的，也蠻複雜的問題。

另外，國民中學是國民教育的後段，既屬國民教育，接受國民教育是國民的權利，也是義務。所以學生功課再差，品行再壞，也不能處罰，也不能退學，也不能開除。以前初中學生是經過入學考試進來的，本來就有成就感，榮譽心，覺得自己比他人強。人人怕被處罰，怕被記過，怕功課不及格，怕被留級，更怕被退學。改成國民教育，性質完全不同，這一階段學生如何管教與輔導也是一個大問題。

這時候太多的問題在教育上發生，的確亟待研究。

❑賢妻良母之夢：妻子懷孕了，一切爲胎兒，只希望生下一個健康聰明美麗的心肝寶貝

不久妻子有喜了，我們都很高興。那時候，大家都比較早婚。我們結婚的時候都幾近三十了，算是比較晚的。我們一結婚，在心理上就是希望生小孩，為下一代建立好家庭，生育教養下一代。愛妻果然是一個好媽媽，有喜之後，一切為懷胎中的小孩著想。

所以她絕不吃藥，生病也不吃藥，怕影響小寶貝的正常生長。她害喜，吃不下飯，醫生開給她藥片和維他命，她一片都不吃，她說為了胎兒的健康，她要忍受。聽說吃魚吃蔬菜，對胎兒發育好，她再不喜歡也吃下去，她平常好喜歡吃炸雞排，吃烤肉，吃臭豆腐，但是怕影響胎兒的生長，她從懷胎之後就決心不再吃。老人家說孕婦雙手不能舉高，她依從；聽說不能跨過水溝，她就繞道而走。聽說懷孕期間聽美妙柔和的音樂，是一種有效的胎教，本來不怎麼喜歡聽古典樂曲的她，每晚必聽。不管是來自科學，或道聽塗說，或源自迷信，只要是與胎兒的發育有關的，她全部接受，並切實自我要求實踐。這可是苦了她，也苦了我，不過我們從認識交往，目標就以建立一個幸福美滿的家庭為志，所以我們覺得天生一對，琴瑟和鳴，每天彈奏著甜蜜溫馨的樂章，雖然過得辛苦繁忙。

其實在當時那個年代，大部分的成年男女大底也是秉持這個觀念，只是程度上稍有差等而已。為下一代犧牲奮鬥是應該的，把小孩生育教養大了，是天職。期許孩子長大知所反哺報恩。那時候就能享清福了。如此一代一代的傳下去，生得越多越福氣，活得越老越幸福。這是一般的觀念，至於能否力求自己，反躬實踐，則程度上仍然差很大。

我們的事業才開始，向房東只租了一個房間，煮飯只用一個大同電鍋，做菜的鍋具，能用的只是一隻就是小電爐，還不是電磁爐，更沒有烤箱，微波爐，實在煮不出來什麼好吃的美味佳餚來吃。所以害喜中的愛妻味口差，很受委屈，她都能坦然以對，加以忍受。只是小 baby 長得不夠快，肚子不夠大，每次產檢，醫師都說要補充營養。我們僅有一個小小的陽春電唱機，沒有精密的音響，也談不上音樂響宴。直至四月下旬預產期到了，要請產假，許多好友同事，都還蒙在鼓裡，撲朔迷離，懷疑還沒有看到她懷孕挺著大肚子，怎麼要請產假啦!?

住進台南市崇愛醫院待產，醫師是本來就是常為我們做產檢的醫師，看來還蠻熱誠負責。隔天，即將臨盆生產，獲得醫生的特別允許讓我進去產房關懷，所以整個生產過程我全程看清楚，感同身受。看愛妻在產床上呻吟痛苦的生產過程，咬緊牙根，使盡了全身力氣，在醫生的輔助之下，費盡千辛萬苦才把小寶貝生出來的模樣，我感受到那是人間最偉大的生產工作，最艱鉅的工程，是偉大母愛在支撐著，否則誰能挺得住。產婦能夠忍受得住的痛苦係數絕非是一般人忍受得了的，我心中非常感激愛妻為小寶寶的盡心付出，以及承受的苦，我也由衷的對所有勇於生產的婦女表示敬佩。我也覺得做為子女的如果能親眼目睹她的母親是經歷什麼的苦楚才把她生出來的，應該更會感恩至極，知所圖報吧。

經過兩個小時的奮鬥，終於生下了我倆的第一個小寶貝，是那麼可愛，那麼健康，又那麼漂亮，只是體重輕了一點。護士把剛出生的小寶貝抱給愛妻的時候，她帶著眼淚開心又得意的笑了，是人間最得意的笑，最真情的笑，也是最美的笑，勝過蒙娜麗莎的微笑，此刻才是真正的快樂。有偉人曾說過，什麼是快樂？他說快樂是痛苦之後的一種感覺。我真正心領神會到了。

護士說，其實嬰兒體重不胖也好，比較好生出來，好好的補充營養就可以追上了。崇愛醫院是天主教會辦的醫院，醫護人員都非常客氣，也很認真，很多公教人員喜歡到那裡生產。住了五天就出院了，我們都非常興奮，看到了我倆的愛情的結晶在愛妻的肚子裡面醞釀了九個多月，終於順利的降生，我倆好興奮，爹娘也非常興奮。出院的時候，爹娘也來迎接這一位寶貝來到了林家。我倆也真正目睹領會到老人家對於兒孫的愛心。老人家與我倆對小寶貝呵護備至，小寶貝鑾敏感的，也鑾會哭的，照顧起來，並不輕鬆。往往一個晚上要起來好幾次。大概還不習慣於這個大地環境吧，需耐心與時間照顧讓她適應。

❏妻產後出血，急壞了我和爹娘

學校宿舍已蓋好，按積分高低分配宿舍。我們按積分申請，終於分到了一棟。宿舍很大，是獨門獨戶的兩層樓連棟建築，剛落成的。紅門綠窗，矗立於離校舍約百公尺的田野裡面。常有野狗出沒，每天夜裡常聽到野狗狂嚎，令人心生恐懼。

我們準備很快進駐。等愛妻生下了小寶貝，我即抽空利用一個周末下午找工人幫忙打掃整理，準備偕妻與小寶貝來坐月子，老人家也可以來幫忙。忙了一個下午，四點多尚未完全整理好的時候，家裡緊急來電話到辦公室告知，妻子出事了，要我趕快處理。此刻，大部分同事都下班了，只有值班工友急急忙忙的跑來通知。我聽了嚇了一大跳，心急如焚，旋即刻緊急停工，一心只有我的愛妻，怎麼辦？

我心驚肉跳，幾乎慌了手腳，不知所措，沒有什麼一一九專線，家裡沒電話，在我們家鄉村子裡，整個村子裡才有一隻電話，計程車才剛推出，數量稀少。我只有一部腳踏車。妻子在家裡離學校大概六、七公里，離醫院二十五公里，學校離醫院約二十公里。還好，如有天助，爹不知怎麼找到計程車。不久，我爹已找好計程車，馬上帶著我的愛妻來找我，需緊急就醫。陪著愛妻趕上台南崇愛醫院，看了愛妻，臉色慘白，大量出血，把墊著的被單和坐位都染紅了，我緊緊的握著她的手，冰冷的，我急得像熱鍋上的螞蟻，焦慮萬分。她看著我，依偎著我，好擔心，我倆都好擔心，是怎麼回事？會如何！？不敢想像。

祈求神佛保佑，祈禱著我倆的愛能夠度過難關，爹一路上念著他記得的一些心經咒語。到了醫院掛了急診，馬上輸血，還好，馬上由原接生醫生緊急處置，血止住了，醫生診斷為產後收縮不良致大量出血，可能原因是胎盤仍有殘餘留在子宮內，醫生以最快的速度，最認真的態度，明快處置。雖然醫師似有疏失，怎麼接生讓胎盤殘塊留在子宮內，不過我不忍苛責。看愛妻臉色漸趨正常，我的視線片刻不敢離開她，終於脫險了，謝天謝地謝醫生囉，更感謝神佛菩薩的保佑。另方面，心想生小孩的確痛苦，上一次受的苦已夠苦了，竟然未了，再折磨一次，好事多磨。

希望天下子女能夠用同理心來感恩父母，大人要冒著充滿多少變數的冒險才生了他們；天下的男人要以同理心感念天下的妻子如何冒險受苦，盡力幫為生育子女！

❑參加師大教育研究所招生考試，榜首錄取　陷於兩難

大女兒出生才滿月，台灣師大教育研究所招生考試，我一次再一次猶疑考慮，最後在妻子的鼓勵之下，我還是報考參加。

放榜了，錄取人數只有個位數，我僥倖錄取了，而且位居榜首。喜出望外，但也開始擔心，接著下去路怎麼走。小寶貝還蠻黏人的，喜歡大人抱，兩個人都照顧得累呼呼了，況且有時候還要爹

娘來幫忙。

入學通知來了。本來以為還有一個暑假可以緩衝，再想想有什麼好辦法，沒想到卻要在八月一號新學期一開始第一天即報到，不是一般的九月中旬，而是要立即報到且開始暑期的學習與工作，令我驚慌。打聽之下這是新任教育研究所賈所長的新做法，嚴厲異常，沒人敢擋。

這時候我開始猶疑，要不要請休學，明年再說，以時間換取空間。因為匆忙之下，到台北市要在短短的時間內找到住的地方，為妻找到教職工作，談何容易。而好不容易才住進來兩個月的學校宿舍又要搬出，又開始租屋的生活，心有不甘。如果我自己一個人升學去，放著重擔給另一半承擔，心有不捨也不忍。

後來有同學跟我恭喜，且提供訊息，考榜首教育研究所的相關學系，只要有助教缺，都會優先聘為助教。當時的慣例，只要當上助教，畢業後有碩士學位，即能改聘為講師，也就可以有機會，循序以研究的成果和年資，經審查合格，即有機會晉升到教授。很少有辛辛苦苦當助教，後來不被續聘的，除非自己不求上進。

所以助教是人人想要爭取的工作。我在大學畢業時，無論學系全部課程的成績或在心理學組課程的成績，均名列前茅，再加上研究所入學考試名列榜首，如有職缺，理當應得聘任。如果不是因為在前線服役，已經有學術主管擬聘我，去年早已當上助教。雖然知道前程維艱，奮鬥不易，面對著剛滿月的小寶貝，愛妻還是一本初衷鼓勵我，叫我放心，攻讀下去，小孩子她會照顧的。我倆相擁而泣。我說，我先上去，妳暫時留在原地，等工作住處有著落，我會想辦法儘早把妳跟小孩接上來。在這一段時間，請爹娘來幫忙。

我向校長報告，校長反問我，你要再念書嗎？小孩剛出生，夫妻同進同出，又住學校新蓋好宿舍，令人羨慕，校長正準備要聘你當教務主任。你捨得離開嗎？你回去考慮考慮，黃老師同意你再來跟校長講吧。我感謝校長對我們夫妻的關愛與領導，我們會再慎重的考慮。

三天後，我已擬好辭呈，再度向校長表明辭意，校長說年輕人有理想，有美夢，有抱負，有決心，再為難，還是不能不准，雖然不捨。最後並叮囑記得常回來看家庭，看學校。我真正感動與感恩。

兩難的惡夢再起

□萬般不捨離開才安頓下來的新家庭，上了研究所，禍福不知

八月一日，我抱過小寶貝，告別爹娘，擁吻著愛妻，提著簡單的行囊，告別新成立剛一年的新家，揮別還住不到兩個月的紅門綠窗的洋房宿舍，又開始另一段漂泊生涯。

我心頭有無數個不捨與不安。宿舍離市區很有一段路，一出門就是農田，晚上一片漆黑，常有野狗狂嚎，聲音淒厲。妻子住在這裡會怕吧！？萬一小孩子身體生病要怎辦？萬一老人家身體不好怎麼辦？萬一農忙爹娘不能在這裡幫忙，小孩託給誰？愛妻如何上班上課？想來想去都是問題。不敢想太多。

下午抵達台北，即時趕到教育研究所報到。所長是新上任的賈馥茗教授，台灣第一位女性教育博士。她要教育研究生提升人文素養，顯然受精粹主義者的影響，規定未進入教育研究之前要先研讀經典古籍，必讀《資治通鑑》，及選讀諸子百家經典，提出報告；且研究生要實際參與研究所的研究工作，輪流在所辦值班，體驗研究生活。所以雖然學校各系所在九月中旬才開學，我們卻要在八月一日即提早開學，研讀這些經典古籍，也要參與實際的研究工作。大家看著《資治通鑑》等經籍，嘀咕著我們又不是中文研究所，也非經學研究所，為何要研讀這些經典古籍。後來還要求研讀西方的經典古籍，不過，因為現在所裡面還沒有購置這些西方古籍，到時候再說。

既來之，則安之。我每天到研究所辦公室報到，在那間兼用為圖書室的研究生教室看書，下班

後所辦有事隨時相機幫忙。下班後找房子，拜訪學長、師長指教如何念研究所，並請協助幫內人尋覓教職，希望能夠尋到好機會。

身在台北，心裡面隨時想念愛妻，還未滿四個月的小寶貝，和爹娘。禁不住想家之苦，週末就趕搭著火車回家，禮拜天搭夜車趕回台北。我跟妻都有默契，回家是為了天倫之樂，偉大的愛；出門是為了創造更好的未來，有用的前程。所以這樣奔波，又累又花錢，但是我們都知道為了什麼，除了更關懷對方，就是更珍惜相聚的時刻，也更深深體會感謝爸媽的用心支持與協助。覺得年輕人常嫌老人家不方便住在一起，現在卻覺得還是有一對老人家在一起，比較有安全感。這段時間媽媽除了特別農忙，如收割稻穀，種植雜糧，媽媽都到宿舍幫妻子照顧小孩，爸爸有時候就來宿舍幫忙，帶些自家種植的水果與紅甘蔗來。

妻子好相處，我不在時候與爸媽相處愉快，我從未聽到媽媽說什麼，埋怨什麼，更未聽妻子說爸媽的不是。如果問他們，說的都是好的。媽媽說媳婦很乖，很勤勞，很貼心；妻子說婆婆很疼我們和小孫子，只是太節儉了，菜都捨不得吃。岳家兄弟姊妹共十個，孫子女多，幫不了我們，也不會干涉什麼，橫加阻擋，任由我們自主去奮鬥。我不在家看如此相處，還蠻感欣慰的。

可是有時候實在讓人放心不下，有一次小孩夜裡發燒，那一天媽媽恰巧回鄉下家裡去，妻子一個人滿緊張的，晚上一出宿舍，就是一大片田野，種著甘蔗，黑漆漆的一片，背著小嬰兒，走在小小的產業道路上到鎮上去看醫生。好在有驚無險，但還是讓我難過好久。

那時候，學校還未開學，心想為什麼我們就要這麼煎熬呢?雖然當時並沒有教師統一甄選制度，但是新學期開始了，找教職實在有點遲，各個學校人事都已定。我必須利用學校還沒正式上課前時，打聽有無學校臨時缺額需要找人補實的機會，想辦法把妻小接過來台北。

❑擔任教育研究所助教，掛名教育學系

八月二十二日，教育研究所賈主任（現在改稱通用頭銜為所長）找我去到她的主任辦公室，說所上行政老師黃昆輝講師今年要出國進修攻讀博士學位，所上的事情非常忙，她想聘榜首的我和國文成績最高的樹坤兄承接黃老師所裡的行政工作。不過研究所的編制只有教授與副教授，沒有助教的編制缺。沿襲前例，借用教育學系助教名額，實際用在教育研究所辦公，畢業後可以升任為教育系講師。

這是個變通的辦法，在老所長田培林院長與教育系老主任林本僑教授的高度默契下，教育系大老與系主任均在所上開課，學系與研究所合作無間，彼此互惠，多年來行之順利，效果彰著。

所辦的業務非常繁多，剛上台的賈主任要求非常嚴格，近乎苛求，不分白天晚上，不分週末週日，隨喚隨到。黃老師與賈主任都住學校宿舍，比鄰而居。他外圓內方，做事認真，貼心盡責，討得她的歡心。承接這個職位，負責這個工作，很多人叫我要慎重考慮。我想學用合一，能夠有機會跟我的老師一起做事，是最有效的學習方式，所裡面所做的事大部分都是學術相關的工作，我可以學得比人家多，我可以真正學會怎麼樣做研究，即使辛苦一點，也是值得的。

擔心的是我的自由支配時間少了，不就連週末都難能回南部看妻小了！怎麼辦？唯一能夠化解這個困境的辦法是設法幫另一半找到教職，才能化解目前的困境，且是一勞永逸之計。我在信裡面跟妻說，我應聘為助教，依當時的框架，好好的幹，總有一天可以當上台師大的教授。

因為當時的制度，大學教師分為四個職級，助教、講師、副教授、教授，拾級而升，年資一到，檢具升等論文，不需其他著作，也沒有其他評鑑成績，即可申請升等，只要審查合格，教育部

即核發證書。大學數量少之又少，學生是稀有動物，寶貝異常，至於教授更是珍貴。我跟妻說總有一天妳將成為教授夫人，現在辛苦一點，我們都可以忍受，只要我們同舟共濟，應有出頭的一天。所以我們都決定以破釜沉舟的豪情，拋棄既得的，另起爐灶。

破釜沉舟 另起爐灶，正值研究所翻轉革新，雷厲風行

得到幾位服務在台北的教育系學長昭賢兄及東嶽兄等提供詢息協助，民權國中出缺一位職業教師缺額。我想有機會了，檢具學經歷資格證件應徵，緊急通知內人來面試，正好颱風來襲，冒著風雨接受面試。當時的陳校長慧眼識英雄，頗表滿意，欣然同意聘用，讓我們喜出望外。

面臨開學在即，妻臨時向原服務的佳里國中提出辭呈。剛應聘，接受了聘書之後，臨時變卦，實非得已，我也特別請李校長俯察下情，予以通融。李校長通情達理，沒有為難，特予照准。說走就走，即時搬離住進未滿四個月的獨門獨戶紅門綠窗的兩層樓房宿舍，確實不捨難過。匆匆離開同仁同學不能一一告別，我倆夫妻留下的是對於校長、同仁、與同學們割捨不下的無限思念與不捨，和對這一棟宿舍的懷念。有時候回想起來，也覺得這個賭注是否下得太大啦。萬一想回頭怎麼辦？不過，我們真正以破釜沉舟的決心，來到台北，準備在這裡奮鬥一輩子。

在匆忙中遷居台北上班，居處尚未著落的非常時期，小寶貝如何安排是一個問題。好在爹娘能夠體諒我們的匆匆異動，也非常喜愛小孫女，他們樂意把才四個月大尚在襁褓中的小寶貝小孫女放在身邊，看起來小寶貝也喜歡跟他們在一起。不過，我們還是頗為不安。一來老人家年齡大了，又要忙農事，恐怕負擔不了；二來我們看不到小寶貝，太想念啦。我們無時無刻，一心一意，念茲在茲，不是都希望為下一代營造一個最滿意的家嗎？這樣的安置方式頗為歉疚，難能讓我們滿足，我們還須趕緊設法，把小寶貝接過來，或是也把娘一起接過來。

不久我們租定了房子，就把小寶貝接過來，幾個月後我們買了不到十坪大的一棟丙式國民住宅

在永春街，也請了娘來幫忙照顧小孫女。

❑新任教育研究所女主管，展現雄心大志，意圖成爲台灣第一

我以研究生兼助教上班，是嚴峻的，天天都忙翻天。賈老師新官上任，要求特多。每天早八晚六還不夠，常常要加班到很晚。沒有週末，沒有假日，有時候還侍候到家。對所有的要求，我跟另一位助教樹坤先生，我們都順來順受，逆來也順受，反正前瞻有望，越做越有幹勁。尤其學術方面的事，還在門外，我們正在學習，應該吃苦一點也是當然。在研究學術的殿堂裡面，我們只是學徒，對師傅的要求應言聽計從，而且是心悅誠服，老師才會傾囊相授。

賈主任是女性主管與教授。然而，她有理想，有抱負，有方法與策略，有相當大的企圖心，超乎一般的主管與教授。她接掌辦理教育研究所，志在她人格的體現。

她極具企圖心，她是第一位女性教育主管，第一位女教育博士。台師大教育研究所自一九五五年創立以來，向來以教育哲學的研究為主流。畢業學長絕大多數畢業論文，都是寫中外教育家或學者的教育思想，一人寫一位學者，幾乎把中外偉大的學者寫光光了。賈主任對中國古代先賢哲理本來深有研究，後來留學美國加州大學洛城校區，獲得心理輔導博士學位，對心理測驗統計頗為有研究。她一當上主任，心中希望把教研所現代化，辦成完整的的教育研究所，鑽研教育科學而不再侷限於教育思想的研究。

❑改造研究所課程，嚴整教育研究所課程

在課程方面，擴大教育課程的領域，建立完整的教育學知識體系，除了她本身開設的高級教育統計學，教育與心理測量研究，輔導的理論與實務，人類行為測量研究外，並開設教育心理學方面

專題方面課程，特殊教育研究方面課程，教育社會學方面課程，與教行政方面的課程，而且珍惜並繼續教育的哲學基礎。她認為在教育研究所之根柢已經深植於紮實的哲學基礎上之後，接續分枝葉茂開花，在教育科學分門別類發展，這是非常正確的理念與信仰，也是她上任後第一件要務。

❑淘汰大老　延聘新秀師資，盡屬青年才俊

當時延聘許多國外學成的歸國學人，俱屬菁英分子，正是政府拉攏延攬的青年才俊，教育研究所也成了政府的教育智庫，備受政府最高當局及相關部門的重視。時值五七年延長九年國教育之初，許多教育問題浮現出來。一時菁英之選的教授，承接專案不斷研究專案，有教育部的，有國科會的，有研考會的。教育研究所已不再是好整以暇，坐在安樂椅上揮扇子看書寫作的教育研究所師生。

教育研究所師生頓時繃緊神經，除了在教室裡聽講課，在書房圖書館裡看書之外，要觀察，要操作，要實驗，要訪談，要測驗，要演講，忙碌異常，要接受諮詢。老師們，賈馥茗教授，郭為藩教授，林清江教授，黃昆輝教授等後來各個成為部會首長，黨政高級幹部，大學校長，絕非偶然。我們兩個助教周旋於幾位青年才俊教授之間協助打雜跑腿，協助執行專案研究，忙得不亦樂乎。

承接專案不斷，要編製一套心理與教育測驗，供國民中學心理輔導與教學應用，進行教學實驗。教育部為便於國中實施心理能力測驗，中教司特別委託教育研究所編製一套國中學生適用的心理測驗，包括十種測驗，從普通能力測驗，動作能力測驗，價值測驗，以至各科成就測驗，還有科學創造才能衡量工具等等。每一種測驗從編製試題項目，初步編選題，找樣本預試，項目分析，篩選題目，因素分析，建立信度，效度，標準化，選定代表性全國樣本，跑遍各地區建立全國性常模。工程浩大，曠日費時。

賈老師講座教授專案研究數學創造教學研究，不僅設計創造能力教學模式，而且實際抽樣國中學生進行實驗教學。記得當時選定金華國中進行實驗。實驗前要實施前測，教學中要協助觀察，輔導，實驗末了，還要實驗後測及追蹤測驗，每一步驟都是禪精竭慮，用心設計，謹慎進行，最後實驗終了，整理資料，撰寫報告，印製報告。看得見，也覺得怎麼這麼嚴謹仔細認真，真感佩服。

❑嚴選管理工讀生，我們的工讀生後來當上教育部長

當時的教育研究所承接專案不斷，尤其編製測驗，都需要統計與資料的整理，所以長年都雇用工讀生。對於工讀生的雇用，也極為慎重嚴選，並加以訓練再任用，對工作的要求也認真。工讀生經過一段時間在研究所的工作後，表現得非常的亮眼。清基同學就是一個典範。

清基當時念教育系大學部，他畢業於台南縣省立北門中學，是我的學弟，晚我十年，並與我同鄉，他家與我家相距約四公里。不過，直到他進研究所當工讀生，我才認識他。我是助教，他是工讀生，他叫我老師，其實我沒教過他的課，受之有愧，只是他工讀生的工作歸我管而已，難得校友又同鄉能夠天天在一起，也是緣分。他出身清寒，在中學時品學兼優，表現傑出，獲得導師的器重，視同己出，鼓勵有加，愛護備至。他們的師生關係維持到永久，是難得的師生關係。

他當工讀生謹守約定，準時上工，工作勤快，從不遲到早退，認真負責，交代的事不必你操心，都會認真做好，遇到真正困難知道虛心討教，直到把困難解決，偶爾臨時交代額外的事也毫無怨言，樂意去做。對人彬彬有禮，舉止進退動靜得宜。

大學畢業後，回師大教育研究所完成碩士學位，又進一步完成博士學位，又出國研修，一步一腳印，腳踏實地，在教育研究上下工夫，在教育實務上努力。最後果然不負眾望，當上教育部長，執全國教育之牛耳。

前此他當台北市教育局長時，對於一綱多本，實際上造成無綱多本自由選，面對畢業統一會考，造成全國家長擔心，學生恐慌，老師茫然。從基層出身的他感同身受，立即體察民情，知所變通，北北基改採一綱多本選一本即由他主導。他的出身經歷讓他真正知道民間疾苦，跟有些政治人物不食人間煙火，專斷獨裁，自由心證剛愎自用，又善於權謀，或利用民粹者，不可同日而語。他對教師的權益十分在意，在合法的原則下維護教師最大權益，遇到教師權益受到侵害或睡著了，他勇於維護。

郭為藩校長掌教育部任內，在立法院的壓力下，廢掉了師範教育，至為痛心，耿耿於懷。我當教育學院院長時，郭前部長曾發起幾位師範大學院長想辦法聯合師範院校，希望加強聯合，不要讓師範校院因規模小被廢校，而有台灣教育聯合大學系統的構想。如今清基先生勇於擔任台灣教育大學總校長，天天上班當義工，不僅實現他的老師郭校長的宏願，也顯示他有情有義維護他所從出的師範教育，其風範令人敬佩。

❑保守正科教育研究所的數量擴充，積極拓展研究所功能，創辦教育人員碩士學分班

在研究所規模的擴充方面，採取保守的精兵主義政策，不輕易增加招生名額，與當時的友校另一所教育研究所不斷膨脹數量的政策不同。雖然不斷檢討，還是維持重質不重量。

然而，對研究所向來所忽略的推廣服務功能，則積極推動採取開放的政策。以有限的專業人力，符應當時教師及教育行政人員進修的需求，在法制法源依據未備時，教育部消極應對之下，以最大的魄力，開辦教師及教育行政人員碩士學分班。首先是利用暑假開辦十六學分班，後來增加到四十學分班，並擴增到週末班，夜間班，為後來教育部積極鼓勵各研究所大量開設碩士學分班，後來又發展為碩士班與進修專班的濫觴。當時這種由下而上的學校體制改革真正是往昔罕見的新猷。

❑功能擴大，專案接踵而至，助教全程參與，不分晝夜，沒有假日週末，寄望明天更好

在教育研究所功能大為膨脹，聲勢更為浩大，承接專案更為增加，資源越來越充裕，品管越來越加強的時候，我們兩個小助教參與所有的工作，方案的醞釀，構想，計畫的研擬，提出申請，細部規劃，人力的配置，資源的分配與有效運用，計畫的執行與掌控，期中的檢討，計畫的檢核，期末效果的評量，期末報告的研擬，印製與繳交，成果發表。每一步驟，每一階段都不能不參與其中，負擔也更為加重，業務更為繁雜，在主任與主持人的指揮與督導下，任由驅策，全力以赴，盡忠職守，總是希望把事情做好。雖然我們都有自己的家庭，有妻小，許多事情要處理，我們都把研究所的業務，放在優先地位。

在賈主任的帶領下，在研究所擔當助理的工作是血汗工作，跟當時其他系所的相當工作比較，天差地別。不過，當時的想法，認定前瞻有望，百年媳婦熬成婆，只要努力，只要忍耐，總有一天我可以學成，我就是教育碩士，台師大教育系的講師。所以即使沒有白天沒有晚上，週末加班，沒有星期六，禮拜天。也沒有怨言，只求愛妻原諒。好在她多能體認時務，明大體，還多方幫助我。我們都能把希望放在未來，希望明天會更好。

❑女主管要求完美幾近苛求，治學嚴謹，行事認眞，對部屬嚴格

賈主任治學嚴謹，教學嚴格，做事嚴密。這是當時的我們研究生同學與助教們的感覺。那時是她剛回國執教前五年，擔任學術行政初期的她給我們的感覺。不過後來聽說讓學子頗覺即之也溫，且溫馨的像是媽媽慈母，這對我們早期同學來說，則頗為新鮮驚奇。

我們上她的心理學史與高級教育統計學，都是用原文書。前者利用哈佛大學教授 Edwin Boeing 名著 *History of Experimental Psychology*；後者還是一位學經濟學的人寫的統計學專著。兩本書都不是容易讀的書。以當時我們英文程度，要徹底懂得全部要義，必須要盡全力研讀再三。大家都有工作，怕用功未盡全力，所以她逼得很緊。兩門課每一章節單元每一個人都是必要研讀仔細，不可以任選，所以要每一位同學均必讀也必要精熟，不可以分工合作，更不可投機取巧。上課時候介紹要點，然後指名報告，再討論。討論時，每一位都要發言，老師要打啞巴分數。不分年齡，不分男女，不分現在專職地位，同樣要求。即使作為她的助教，每天為所上工作，忙得焦頭爛額，上課一點不馬虎，照樣要求，不符要求，照樣電你，毫不保留。好在我已念過好幾本的原文的教育心理學專書，應付起來還勉強可以得心應手。

賈主任對於工作的要求更是一絲不苟，不論是行政方面的工作或是對於學術方面的工作，甚至對於家務事都是如此。有一次，趕時間印製她的一篇研究報告，好像是有關教師特質的調查研究報告。我與陳先生週末加班校對再校對，並催促承印廠商加班趕印。最後一校她也出現於辦公室，並對校對稿過目一下，她發現了兩個誤植的字，沒校對出來修正。她大發雷霆，把整個校對稿，狠狠地甩在地板上，頭也不回的走了。奇怪，我們已經非常仔細的校對過，絕對沒偷懶，怎麼還有錯呢？犧牲假日，沒有在家陪妻兒，專心無酬加班，還惹得老闆生氣如此。真是情何以堪？但是前瞻有望，後退無門，且目前面對是我們老闆，是我們的師傅，只好忍氣吞聲，把稿子撿起來，重新再校。不解的是，我們已經很認真的校對過，怎麼還有錯誤？！

有時候電話打不通，大發雷霆，把話筒一摔，破口大罵，留下的是，無辜的話筒懸掛在桌腳邊，好像正在接受絞刑。率性而為，性情中人，青年才俊，少年得勢，躊躇滿志，亟想表現，是早期賈主任的寫照。也是我們跟她一起三年，她的真實面目。

❏小助教在系所互惠利用和諧關係中生存，不幸系所關係開始變調

她對學術非常堅持，她有她對研究所課程規劃的理想，對研究所師資要求也頗高，認為本身沒有完成博士學位，哪懂得研究，沒有做過實徵性研究，寫實徵性的論文，那懂得研究方法，不精通教育研究法怎麼研究，又怎麼教研究生做研究。為了課程的需要，也為了對師資的堅持，任教研所所主任第一年，就對向來在所裡面開課的教育系大老教授，包括現任系主任與前任系主任的課程停開，另開新課，請由新聘的青年才俊型教授授課。長久以來關係密切相互合作，平等互惠的系所關係開始變質也變調。我們兩位小助教在系所互惠為用的唯妙關係中生存工作，在這種情形之下內心開始擔心起來。不過，我們總相信，應該可以化解系所之間的緊張，就讓時間來緩和吧。可是，兩位主管師長都屬於少壯派型的人物，自視都很高，均有自己的主張與堅持，兩位主管之間的關係並沒有緩解，但也沒有表面化。

❏改建教育大樓，各單位虎視眈眈，趁機積極爭取空間，系所之爭，更表面化

後來，工業教育大樓及周圍草坪改建為教育大樓。各系所均虎視眈眈，奮力爭取分配較大空間。教育研究所屈居於原來教育系心理實驗中心樓下一隅，空間狹窄，有寄人籬下的感覺，與賈主任躊躇滿志，雄心抱負，規劃出來的教育研究所，顯然相差天壤。她想這是一個未曾有的良機。這機會絕對不可失掉。

賈主任理想中的研究所，除了有上課教室，教授研究室，還要有圖書室，會議室，每一研究生均有研究座位，還有實驗室……從一開始興建，各單位即開始爭取，大多數均想以人頭數來思考分

配。研究生師生人數少，如何能爭取到較大空間？！

於是賈主任改變策略，以設備及需求來爭取。利用專案計畫及專業服務爭取到的經費，加上學校分配的設備費，大量購買鐵櫃，辦公桌，研究桌，書桌，辦公椅，課桌椅，多功能傢俱。只採購卻無空間擺置，結果是整個心理實驗中心大樓裡裡外外，擺滿了傢俱，惹了別單位的抱怨與不滿。

這招以設備與實際的需要做為爭取空間的策略，帶來很大的震撼。新蓋的教育大樓本來即是給教育學院各系所利用為主，教育研究所要爭取更大空間，勢必壓縮其他系所爭取到的機會，於是更加劇各系所之間，尤其是教育有關的系所之間的競爭。不論是舊恨新仇，不論是個人恩怨還是公事糾葛，均拿來做為激勵鬥爭的動機。系所緊張地雷早已埋下，何時引爆只時間問題。

❑地雷爆炸了，名掛學系，實在研究所賣命的兩助教，明亮的前途黯然無光

果不其然，我在研究所的第三年，正在趕寫論文的時候，有一次全校系所主管及行政主管開行政會議的時候，教育學系雷主任起來發言，他說教育系近來業務繁忙，師生又多，連講師都忙得不可開交，而教育系的助教名額卻被其他的單位占用，跑去忙別人家的工作，真是豈有此理！雷主任本來講話就大聲，聲若洪鐘，本有雷公的雅號，且一直講下去，越講越激動，會場雷聲隆隆，震驚全場。

賈所長一聽之下，當場也發飆了，飆淚起身回答，這不是由她開始，她只是延續前任系所主管已建立好的默契與舊規，雷主任這麼不滿，這一學期結束，所裡面的兩個助教我都不要，馬上叫他們離開，歸回教育系辦公。回到辦公室，賈主任痛哭流涕，隔天眼睛發炎，連續看眼科醫生，好幾天才痊癒。

地雷爆炸了，毀掉了三年來鋪陳的前途！兩大之間難為小，我們不能去怪罪哪一位，也不能質

疑他們的誠信。我只能暗自神傷，難道這是命？難逃媽祖早已以聖籤預示我的「一重將水一重山，誰知此去路又難……」的命運。這種結局跟當時的制度相悖離，跟過去的成例不符，跟我們原先的預期南轅北轍，跟我們在這裡拚死拚活的夢想背道而馳。我當初以破釜沉舟的決心，全家克服一切困難來到無根又無葉的台北落腳，抱著滿懷的夢想，合理的夢想，如今竟然呈現眼前的竟然只是海市蜃樓。

❑碩士論文涉入系所之爭

接著下來的是，我的碩士論文不知怎麼寫下去。當初要決定題目的時候，我請教賈主任，她說你最好寫教育系開課需要的題目，最好請雷主任指導，對你的未來工作比較有幫助。關懷之心溢於言表，於是我選擇當時國內很少人著墨的大學教育。我負責採購研究所的圖書，我發現國外大學教育正在創新改革階段，連最保守的英國大學教育都起了很重大的變化，以因應大學教育功能的擴張，因此我想寫我國大學教育的創新途徑。聽賈主任的話，請雷主任當指導教授。這樣子，本想可以兩得其美，一方面滿足學位需求，一方面可以做開課的準備。而比較教育在大學時期，也是我喜愛的科目之一。雖進入碩士班以後，由於工作的關係及所上課程的方向，接觸比較教育少了，但是要我重新開始，也不難。正是論文寫得正上手的時候，沒想到半路颳起大颶風，所系關係幾乎決裂，公開化，不知何時能夠修復，我們已不敢再存期待。

後來我裝著若無其事的寫論文，可是雷主任卻希望我換人指導。我懇請他繼續指導，繼續寫下去。後來寫完了大學課程與系所關係章節初稿，送請他指導指正的時候，他非常生氣，說我態度偏頗，完全站在研究所一方講話。他要我換賈主任指導。我不能這樣做，即使不讓我提論文，我不會在這種情形下換指導教授，所主任也不會同意。所主任也認為如此合理。不過對於課程與系所關係這一部分，我再怎麼修改他都不滿意。還好，最後他同意我提出論文口考。賈主任特別安排教育界大老，前校長劉白如先生，梁尚勇校長擔任口委。口試中，還是被電得滿頭包，悽慘無比，雷主任把我論文給分給得很低。從此我下定決心不想再延續研究有關大學教育的論文或做這方面的研究。因學者教授，意見太多，常涉及本身的立場，以致難以客觀研究立論，常會招致嚴苛甚至無理的批評，無情的攻訐。

雖此一議題，後來成為教育上急切需要好好探討的重大議題，演變到後來大學教育問題已成為國內最難解決的棘手問題。後來我在學術研究上改弦易轍，從此返回原本就是我屬意的實徵性研究的領域上去，直到升上教授後，才再寫比較教育及論述性論文，對大學教育的發展與改革多所評述建言。

❏賈先生神往教育與文化精隨，崇拜田柏蒼大師，志在東方精粹主義

賈教授雖在美國攻讀心理與輔導新興專業領域，然而對於教育與文化之精粹至為神往，對美國Hutchins至為仰慕。對於中國的「中庸」教育哲學，鑽研執著，用力很深，視為教育之本質，如日月經天，永世不變。她一講起「天命之謂性，率性之謂道，修道之謂教。」神采飛舞，滔滔不絕，連續兩節課仍意猶未盡。教育乃修道的功夫，道本率性，順性而為道，但道有各種不同的道，有羊腸小道，田中小埂，有鄉村小路，有崎嶇山路，林中小徑，林蔭大道，椰林小徑，碎石子路，柏油大路，有驛車馬路，高速道路，鐵路，高速鐵路⋯⋯。要不斷整修，利用科技，因應交通工具性能配合社會需求。

她是一位女老師，她不喜歡人家稱她為「女士」，她認為不恭敬，認為男士女士，是一般稱呼，毫無敬意。「先生」前輩與「後生」晚輩是相對，尊卑分明。她喜歡被稱為「先生」，以致台師

大教育系教師名榜無論男女老師一律稱呼「先生」。先生出任教研所主管，理想崇高，急功好勝，剛猛異常，同事則難以接受，格格不入。

後來，晚輩視之，不只望之儼然，而且變得溫柔敦厚，漸趨圓柔。早期的學生是經驗不到的。晚輩學生言談字裡行間，透露她如何處處為學生設想，宛如慈母，即之也溫，視學生如子女，好叫學生懷念。她的紀念文及八十大壽大會中，越晚期年輕的學生越是懷念越是感恩，如倒吃甘蔗，越來越甜，正是寫照。莫非是她的哲學論述，修道工夫的力行實踐？人發呼本性，率性而為，均為道，但是必須仰賴教育研修，不斷整修，矢力求止於至善，才能創造文化繼起的道統。她的早期之道仍是羊腸小道，後期修成林蔭大道，她的改變莫非是她的哲學堅持的力行實踐。

她對西洋 Hutchins 精粹主義與 Eduard Spranger 文化教育學派的教育哲學情有獨鍾。教育研究所曾採購一部 100 Great Books，所費不貲，要求研究生盡量研讀。因為全人類的文化精髓多在其中。教育研究所的創始所長，也是教育學院院長田柏蒼博士，是文化哲學派掌門大師 Spranger 的入門弟子。她對田大老尊崇備至，是師生，情同父女。田老退休後，賈先生接任，時田老雖已退休，患有嚴重高血壓，賈主任晨昏定省，還特別懇請他以「專題講座」的方式，利用每週三中午時間，在演講聽講述文化與教育。所有研究生必出席外，讓我們仍有機會入門為柏蒼大師弟子，所裡的教授及住在附近的所友被邀聽講。柏蒼大師思想深邃，體驗深刻，但寫作不多，尤其晚年血壓甚高，更疏於寫作，故論文專門著作更為少見。柏蒼大師講課時，輕鬆悠然，貌似聊天家常，但是精闢的教育哲理則隱含其中，教你回味無窮。

賈先生上課，至為專注，並勤為筆記，讓我們後生晚輩，不禁汗顏。課後並請同學協助到中央圖書館蒐集文獻補充，仔細研讀，與柏蒼老師討論，精研熟慮。將柏蒼大師的思想精蘊整理成為《教育與文化》專門著作出版，供後學傳誦，以弘揚老師的思想，堪為弟子敬師風範與治學楷模，田老師之意願亦因此而感滿足無憾矣！

❑教師需有權威，學生尚未成熟，豈可評鑑老師

賈老師反對學生評鑑教師，態度堅絕，絕不含糊。她認為學生心智學問不成熟，所以求教於老師。不論年紀多大，既然受教於老師，一定在老師所教授的這一科目或這一領域不如老師，當然是成熟專精的教者評鑑受教者，豈可反其道而行？這是倒行逆施。

且教育要求有效，教授者要有相當權威，使教者評鑑受教者，即是教者權威運用的表徵之一，所以即使是研究生也不應評鑑教授。上課她極具權威。在所上，有人附庸風雅，追逐民主自由之風，建議期末給研究生同學評評教授教學，她都堅持不肯。

好多年後，分久必合的系所復歸合併。聽說她在教育系授課，已通行學生評鑑教師，讓她知道，馬上走人，中斷不教了。時她已擔任考試委員，來上課是情義相挺而已。時下有些大學，大倡學生評鑑教授，甚至做為續聘不續聘的依據，部分教授反過來討好學生，師道淪喪，莫此為甚，賈先生地下有知必痛心疾首。

風雲變色，局勢急轉直下

系所兩主管個性都很強，都屬於少壯派，好勝心強，誰都不願意低頭。系所緊張非一日之寒，自從在行政會議上衝突表面化爆發之後，幾個月過去了，全無和緩跡象，我知大勢已去。「兩大之間難為小」，我與樹坤兄在公餘只能同病相憐說出這麼一句共同的心底話。

我把論文依口試委員意見修改完妥，並印製完成繳交出去。隔了幾天，賈主任要我到辦公室談話。我知道關鍵時刻已到，再也沒有空間也沒有時間可以逃避了。她跟我說：你學位已拿到了，恭喜你。你三年來很用功學習，幫所上也做了很多工作，應該也學會許多學術研究與公務處理的事，我都看在眼裡，很感謝你。

她跟我說，你知道的很清楚，系所關係結凍已不是秘密。你名字本來就放在學系上，所裡面沒有助教與講師缺。現在你畢業了，可以以學位升等講師，不必再留在所上幫忙。自下學年度起，你可以有兩種選擇，一個是回到教育系，一個是找別的學校講師缺。前者我已幫不上忙，後者我會盡力，以你在所上磨練三年的經歷，不成問題。不過如果你不想動，你本來拿的聘書就是教育系的助教聘書，現在已取得碩士學位，依當時的制度，循過去一貫的做法，你可以以學位升等講師，名正言順回到教育系當講師；教育系不幫你準備座位，你就自己準備，在系辦公室找個角落就坐下來，總有一天，會叫你做事的。我即時回答，我不願坐冷板凳，也不願意遭白眼，請主任幫我外面找。雖然心中有百般不願，因跟我原來的期望落差太大了，也預知前程坎坷，更會拖累妻小。可是，人總要活得有尊嚴。

我毅然決然決定要離開台師大，那個我三年來日夜奮鬥的標的。有的師長給我鼓勵，肯定我的選擇，他們說在台師大，近期內總是跳不出這個框架，大家都是你的老師或是你的學長，很難突破，一方面受到保護，一方面也受到限制。到外面去，一切從新開始，海闊天空，大家是平輩，大家都是新人，往後完全看各自的表現。你在台師大教研所辛苦三年，本來留在台師大擔任講師是應該的，是正常的酬報，可是現在形勢上不利於你，都覺得惋惜。但另一方面你也學到很多真功夫，到別的學校去發展，只要你保持雄心與大志，將會令人刮目相看，眼光放得遠一點，不要怨天尤人。師長語重心長，我心領神會。

我離開台灣師大後，患難兄弟樹坤兄也走了。教育研究所不久搬到台師大在景美新蓋的校舍，與理學院一起成為台師大景美分部，與教育學系徹底分立。

人生如轉蓬，該落足於何處似早註定

❑我選擇到高雄師院，開拓我的人生

黃昆輝學長出國進修，已順利獲得博士學位回國，他本來就在所上幫忙的，如今學成，名正言順應聘為教研所副教授。賈主任運用人脈，並得黃昆輝先生的周旋，幫我找到了三個學校的講師職位。一個是在中部的學院，一個是台南的專校，另一個就是才成立四年的高雄師範學院。三個學校都面談過，都歡迎我去。推想，一方面是看賈所長的面子夠大；一方面研究所的訓練嚴格與我在這三年來在所辦的歷練，名聞遐邇；一方面知道了我這故事。

後來，我選擇到最邊遠，成立最晚的，當時資源最窮的高師院，因為我看好她。我分析高雄的發展最具潛力，過去二十年人口由四十萬人增加到將近百萬，社會經濟變遷最大，工商業蓬勃發展，由台南縣故鄉遷進來的同鄉人口非常多；其次，高雄市一個人戲稱的「文化沙漠」，高師院只是唯二的「綠洲」，未來教育文化發展可能性最大，也最快，變遷發展才有機會。另外，高雄是我出生的地方，也曾經是我父母在此工作的地方，我到兩歲的時候離開。有一天我要請他們過來住，應該不會反對。過去，我大學畢業時也曾在這裡的第十二初中實習一年，參與創辦一所學校，還有一些些老朋友。繞了一大圈，還是回到原鄉，冥冥中我註定要落腳於此地。

❑妻子受了很大委屈，淚流

自從上了研究所當了助教，我與內人以堅毅的決心，同心協力再苦再忙也忍耐下去，希望在台北常駐久居。決心學好研究，好好的辦事，寫好論文，認真研究進修，不厭不倦，完成學位。依當時的制度及成例，有一天，助教依循用功逐步漸進，就熬成教授。所以前瞻有望，不眠不休，逆來順受，夙夜匪懈。

當時小孩還在襁褓之中，妻專任國中教師，我們天天忙得人仰馬翻，還是咬緊牙根苦撐下去。妻子常背著小孩，忙進忙出。當時沒有托嬰制度，也沒有育嬰中心，更無育嬰假辦法，只好拜託阿娘丟下農事來濟急。愛妻個性好，婆媳相處很好，可是鄉下農忙，且老人不適應台北天氣，所以也沒辦法持續下去。娘決意回鄉下。她說服相下鄰居女兒來幫忙一段時間，青黃不接期間，找鄰居一位福州阿婆協助。就這樣關關難過，終於關關過。

在我們悉心照顧及保母的協助照顧下，小孩長得還蠻健壯的。只是老二生下來，在產科醫院住五天出院回家，就一直拉肚子，當時最好的最貴的奶粉，都難以吸收。看醫生，診斷是過敏，卻無法改善，吃母奶比較好，但是產假結束，就無法可施了。小孩吃牛奶，當時最好最貴的牛奶 S-26，拉肚子，換別的廠牌，更不行。光喝米湯，餓！餓！餓！餓得吮手指頭。不得已，嘗試用果汁機米粥加蔬果與肉，加當時剛進口的最貴的嬰兒罐頭，份量調到能適應接受，可是費盡苦心。最後終於，調出特殊處方的嬰兒餐，吃起來還能接受的，後來怕營養不夠，逐漸增加 S-26 奶粉份量。在一再試探中，逐漸摸索養育之道，我與內人在養育小孩的路上，可是絞盡腦汁，用心良苦。

總希望小孩能夠得到最好的教養，營養足夠平衡，長得健康。因為我們在成長的過程中，由於生不逢時，都有一段悲慘的經歷。我們希望我們的小孩不要再重演我們的遭遇，可是這樣的用餐，如果工作異動，又要開始飄泊，能夠嗎？而妻子並不是師大正科班畢業的，教育的就業市場已經跟幾年前大不相同，能夠順利如願嗎？總希望系所緊張關係能夠轉圜，不要逼得我們非走不可。

當我把決定異動的消息告訴愛妻，她的眼淚撲簌簌的流下來。雖然我已經跟她說過學系與研究所關係緊張的情勢發展，以及我的名分與工作，和未來處境的艱難。她最了解我的抱負，我的期望與我的奮鬥過程，三年來，並全心全力毫無保留的一起打拼奮鬥，為了未來的事業以及為了我們家庭子女，我們之間沒有保留，沒有隱瞞，我們仍然至為相愛在共同奮鬥。當我告訴她系所之間的緊張關係，可能叫我無法如願。她半信半疑，她還很樂觀，相信大學是智慧之都，菁英的組合，這點小事，學術界大老，校長院長出面斡旋一下，杯酒泯恩仇，叫我別杞人憂天。

沒想到學術界，教育界，竟然也這麼困難溝通，這麼會勾心鬥角。難怪，現在聽到我這麼說，我下學年度將離開台師大，要離開台北，她激動不已，無法接受。因為打破了成例，毀了允諾，與期望落差太大了。面對突如其來的未來，不知如何應對。

當時交通不方便，即使最快的光華號，台北高雄也要五小時，且車班班數少，莒光號要六七小時。小孩子還小，且胃腸過敏，飲食難以伺候，真不好帶。兩個大人一起合作，都搞得焦頭爛額，兩個大人一旦分開，怎麼辦？！所以妻子也一定要跟我下去，只是教職不易找，好不容易在台北找到的教職，做的正得心順手時，且學校正推薦她要參加專門科學分的研習，好改變登記為國民中學的數學專科教師，如今勢必要離職。

我勸慰她，高雄是我的出生地，上一次也去過，我們回高雄去打拼，我大概這一輩子註定要在高雄定居，不是一時的，應是終身的。我會再度燃起我的雄心，只要有妳相陪。妳的工作不用擔心，找得到就上班，找不到就帶小孩，教好自己的小孩，也是奉獻教育，更偉大的教育。生活不用擔心，只要我有飯吃，妳就有飯吃，孩子也有飯吃。如果沒飯吃要挨餓，我會自己先挨餓，不會叫小孩先挨餓，也不會叫妳先挨餓。決心已定，開始行動。

❏繞了一大圈，還是落足高雄

一九七二年的八月初我搭第一班車赴高雄。我來到高雄已是午休時分，下車馬上打電話給系主任張壽山先生，問說下午什麼時候可以拜見他。他很乾脆說，現在就來，告訴我宿舍地址直接到他的宿舍找他，叫我受寵若驚。

他非常歡迎我來，讓我有賓至如歸的感覺。他希望越早來系上越好，他要請我在系辦公室幫忙，除了專任講師擔任教學外，要借重我在師大辦所務的經驗，幫忙系務兼學系祕書，學系沒祕書編制，他想爭取減少教課時數，減輕我的負擔。我說，學校剛成立，經費有限，不用爭取，有我可以效勞的地方，我願意，當義工性質就好。他接著說，教育系剛成立第三年，人手不足，像你這麼有經驗的老師很難得，希望你貢獻你的才華來幫我，幫教育系發展。幫忙學系發展本屬應該，義不容辭，我願意；天天坐辦公室，就有點納悶，已經有兩位系助教，哪有那麼多系務可幫？既來之，則安之。不過，只要時間不要太嚴格，給我留彈性，我有很多事情亟待處理，我願意全力以赴。

張主任慧眼獨具，知人善任，做事稜角分明，絕不苟且。後來擔任本校校長，曾大膽破格任用國文系助教國彬先生擔任總務長，表現亮麗，比之教授擔任，有過而無不及，跌破一般人的眼鏡，叫人佩服不已。

❏下定決心，舉家搬離台北

於是我一方面上班，一方面造訪親友，找個棲身之處，也設法謀求妻子的教職。後來獲得在教育局服務的老同學榮桐兄的引薦，找到一個原來私立職校當時因應九年國教公立國中不足暫時改為代用國中的教師職位。明明知道這個職位不可能長久，代用國中一改掉，就沒了。我仍然決定把全家妻小搬離台北跟我到高雄，來不及跟北部的親友辭別。我們感謝台北民權國中陳校長三年來的愛護，並請他讓我內人倉促辭職，妻子很捨不得地辭離台北民權國中，跟我南下。

南來高雄以後，妻子的教職就陷於不穩定狀態，對她來說犧牲很大。但是她毫沒怨言，保有嫁雞隨雞，嫁狗隨狗的傳統觀念，真了不起，同甘共苦，真感謝她。後來有一段時間她曾當兼任教師，專心照顧子女。我跟她說，專心照顧子女也是從事教育，更偉大的教育工作，我更憐惜她，為了家庭她貢獻很多，我們也更為恩愛，我與子女也更為用功。

剛來的時候也沒有房子住，在還沒租到房子之前，借住妻子的二姊家。俟租定房子之後，我回到台北把那一棟代表窮酸到不行的丙種國宅轉售，然後整理搬家，已經不再是一隻大皮箱帶著走的搬家。這一次要請搬家公司利用貨卡才能搬了，因為根本沒想到會有這一次搬家。不知太勞累還是吃到不潔食物，還是情緒激動，搬到高雄第一晚上，嚴重腸胃炎，狂拉一夜，幾乎脫水。中餐是跟那一位搬家的司機與搬運工一起吃的，希望他們沒事。

經過多少波折，風雨過後，終於把本可以安定的家從台北搬過來高雄了，希望從此安居樂業。一切是那麼突然，一切是那麼有違情理，來不及告別在基隆的妻舅以及在桃園的大姊與姊夫全家，真過意不去，然而情勢發展太不盡情理，變化太突然，行動也太倉促。告訴他們會叫他們惋惜，也會花不少唇舌，只好不告而別，以後再慢慢解釋吧。

❑高師院脫胎自高雄女子師範學校，倉促籌辦，看似不像師範學院

省立高雄師範學院是因應延長九年國教的改革，國中師資大量不足，臨時將培養小學師資的高雄女子師範學校改制成立的。時間倉促，省教育廳當時只編列新台幣二百萬經費。硬體沒辦法增

建，圖書無法充實，教學設備，實驗器材無法購置。習慣於台師大教育研究所經費充裕，專案不斷的環境的我，實在難以適應。

我初次來的時候，在火車站下了車，叫了計程車，跟司機說到高雄師範學院，結果把我開到五福國中，我於六年前在五福國中當實習老師兼任註冊組長一年，參與第一期的校舍建築與落成啟用。我嚇了一跳，師範學院怎會是在五福國中。我跟司機質疑，這怎會是師範學院。司機說，附近就是這一棟學校最雄偉，又像大學的了。不是這裡，會不會是轉角過去和平路那一棟，那是高雄女師。對，我說就是高雄女師改的師範學院，可是學院不是大學嗎？怎麼會長哪個樣子呢？

當時的師院，看起來小家碧玉似的，校門口只有兩根簡陋的門柱，右邊那一根上掛了一個牌子，寫著「台灣省立高雄師範學院」，一點都不起眼。校門口矮矮圍牆漆成紅色；整個校舍建築，一棟兩層樓的L型建築，另一旁一棟二層樓的，併成不完整的ㄇ型校舍。白色的牆壁，墨綠的門窗，一排高高的椰子樹矗立在校舍旁，圍成一個不大不小的前院，幾株龍柏散布著，左邊一方草坪，草坪邊小小水溝，幾株垂柳隨風搖曳。看起來好似樣一個衛生所或是一間大型診所。

不過，未來之前，對高師院我已略有所聞，知悉大概，且我已經以破釜沉舟的決心矢心來此奮鬥生根，所以我並不以為意，只是想如何來貢獻一己之力於組織的發展。當時院長薛光祖先生，才來第二年，初次見面，感覺他真是一位真正的教育工作者，溫文爾雅，謙虛誠懇，對新來的老師表示熱烈歡迎，他說他希望各位系主任都比他本身能力強，更希望各位老師都比系主任更強。辦學者學校領導者有此雅量與氣度，才能做好知識管理的工作，將能使大家同仁同心協力，盡自己所知、盡自己所能奉獻於組織效能的提高。我決心也願意鞠躬盡瘁於高雄師院。

學系初創，篳路藍縷，資源少，系主任，懷理想，有抱負，有很大的企圖心

張主任做事認真，心思細密，對於所負職務，鉅細靡遺都要完整擘劃，以為發展的藍圖，且要執行徹底。他放眼高處極目遠眺，想構畫願景，他還環顧周遭，詳審現況，想詳擬途徑與方針，步驟。

他說我研究大學教育，且三年來又辦理所務，見多識廣，要我妥為詳擬教育系的發展目標以至課程途徑與進行方針。我自信在撰寫碩士論文期間，確實研讀過許多大學教育的中外書籍文獻，名家典籍，對國內的官方書卷，各校的校史校刊也諸多閱讀。因此他的囑咐，我樂意效勞，竭盡心智，認真建構。

擬定學系宗旨、目標、系徽，規劃發展方針，實施策略，行塑學系文化

教育學系初創，慘澹經營，硬體簡陋，軟體貧乏，體制未備，目標含糊，方向徬徨，方針不定。我遵照系主任的囑咐，就我對大學教育以及對教育專業的認識，更重要的是我體認這裡是我這一輩子的家，我不再遷徙，我不再漂泊，我願盡我所能在這裡奉獻，研擬出來高師大教育系的系旨，功能與教育程序，施教課程架構，實施要領。美工部分找當時第一屆三年級同學培村協助。

依循當時高雄師院的教育目標培養教育家、各級學校教師、教育行政人員，擬定學系宗旨為「心誠志宏，學博術精」；教育功能及其教育程序依循定向→分化→專精→統整。

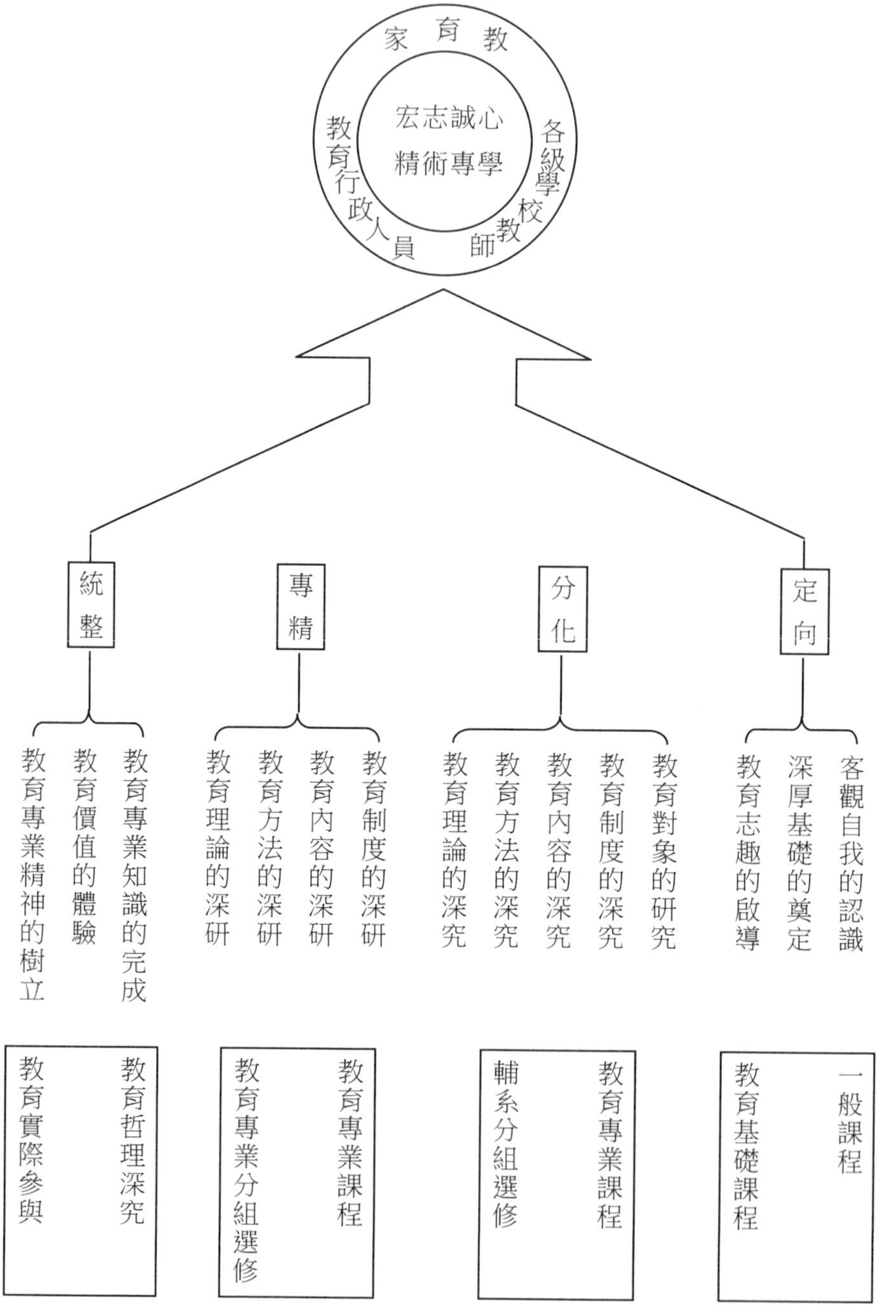
家育教
宏志誠心
精術專學
教育行政人員
各級學校教師
統整
專精
分化
定向
教育專業知識的完成
教育價值的體驗
教育專業精神的樹立
教育制度的深研
教育內容的深研
教育方法的深研
教育理論的深研
教育對象的研究
教育制度的深究
教育內容的深究
教育方法的深究
教育理論的深究
客觀自我的認識
深厚基礎的奠定
教育志趣的啟導
教育哲理深究
教育實際參與
教育專業課程
教育專業分組選修
教育專業課程
輔系分組選修
一般課程
教育基礎課程

大一新生經聯考或直升保送進來，心未定，願不足，何以學教育，從事奉獻於社會的教育事業；又涉世未深，知道不多，所以一年級生，先要「試探」，「輔導」，看清自己，把握發展方向，所以「定向」於教育專業知識之學習，藉由一般課程及教育基礎課程完成其功能。

教育工作包括甚廣，專業知識領域博大精深，學子心一定下來，據以想學為教育工作，鑽研教育學術；接著還要選擇未來從事教學科目領域，以及專攻的研教育學術領域，於是二年級開始專門學科分組，且在教育一般的基礎性理論知識通盤認識之後，區分專業知識領域分組，分別規劃課程。故以二、三年級為「分化」與「專精」階段，除藉教育專精課程外，並藉由輔系分組選修以及教育專業分組課程完成其功能。

只知分化，不知統整，可能只見樹木，不見森林，應用時不知融會貫通。所以，最後要統合整合，分化與統整相互為用。所以四、五年級要發揮「統整」功能，藉由教育實際參與、撰寫畢業研究紀念文與實習完成之。

在研究方面，亟需注入新的活力，我以過去學術上的歷練與經驗，有求必應，毫無保留的付出。我所擬的教育系目標，系旨，課程架構重點，實施方針，後來提到系務會議通過，至今仍謹遵行不變。

❏學術研究方面以自己的學術歷練，沒有保留參與付出，滿足公私需求

在學術的研究方面，我憑著在研究所的學術歷練，樂於參與及貢獻。當時的教育系，教師同仁還不多，有博士學位的只有一位，是專攻宗教哲學的張奉箴神父。在教育學術上歷練涉入不多，有的老師是由行政機關轉進來的，在行政上老到歷練，游刃有餘，在學術上則仍感生疏。

研究是大學教師的專職之一，且有升等的壓力。本校是省立學院，是省政府教育廳直屬設立

的，有關台灣省的教育問題，常委託本校教育系來承接辦理。教師都心想研究，然而舉步維艱。學系承接專案，我在系辦公室接觸多，需要從中協助的或參與的，無論是團體專案或個人研究，我覺得義不容辭，樂意效勞。無論研擬計畫，編寫問卷測驗，接洽施測，整理統計資料，撰寫研究報告論文，我歷經研究所三年的錘鍊，駕輕就熟，正可以發揮所長，利己利人。如果不健忘，在這裡我正是如魚得水，水也得魚，相得益彰。我貢獻自己所學所知，我也更進一步有繼續成長的機會，我所服務的單位與協助的人也互蒙其利，相互助長。

雖然我未能依循往例，繼續留在台灣師大，生根葉茂花實，不得不連根拔起舉家南來，逼得我的另一半離開她喜愛的教職，找不到理想的職位，引為遺憾。就我從事學術工作，我以為學術是整體的，不受校園圍牆所限制，只要在學術上繼續專攻，來日貢獻教育學術，應該沒有太大差別，當然起點是有分別落差的，萬事起頭難。在這一塊荒蕪的化外之壤，仍待一步一腳印慢慢的開墾經營。至於朝哪個方向，定位於哪一領域來著力開發開墾，則茫無頭緒，也沒人指導。

❏承擔新開教育社會學，心理與教育測驗等科目教學

我很擔心會安排什麼課給我教，因為在那個時候，大學老師的授課一上，大致上一直教下去，很少更改。正值教育部大學必修科目表修訂，教育系必修科目增加了教育社會學，教育政治學，教育經濟學，與教育生物學。教育社會學沒人願意教，也沒人能教，於是系主任安排給我。

一九七〇學年度林清江教授從英國學成回到師大教育研究所開教育社會學研究。聽說此一科目是新興科目，與國內在師專開設的教育社會學，有很大的不同，於是我利用所辦公餘暇到課堂旁聽，有時候公務忙碌也常常缺課，不夠專心用心，感覺很新穎的課目，但由於用功不夠，所得不多，感覺此一課目不是好念的科目。如今，沒想到竟然輪到自己要接手這一科目。真正要開課，要

蒐集資料，需要用心備課，蒐集國內外文獻來研讀，林教授不久也出了教育社會學的用書，他送給我一本，很有幫助。然而此一科目，學生這方面的基礎不好，不易懂，加上自己本身造詣未深，初教起來，蠻感吃力。其實林教授的教育社會學在台師大教研所開設的時候，研究生學起來也蠻感吃力的，所以我不覺得奇怪，只覺得需要再加倍努力研讀研究。

❑心理與教育測驗的教學如曇花一現

至於心理與教育測驗，倒是我蠻喜歡開的科目。我在大學部教育專業科分組課程，我選修心理學組，跟路君約教授學習蠻有心得的，成績名列前茅。上研究所之後，參與國民中學適用的十種測驗編製專案，後來也修了賈主任的心理與教育測驗，無論理論與實際歷練均有相當心得，擔任這一科目，我充滿期許，心想正可以把自己的經驗與所學奉獻出來，也來編製各種能力性向測驗與學習成就測驗應用在教學與輔導上，滿足當時急切的教育需要，讓高師大他日也成為測驗重鎮。

只是測驗方面大學用書國內有的過時，新的卻少見，所以我不得不採用了美國一本最有名也用得最廣的專書，就是美國心理測驗學會理事長 Anne Anastasi 撰寫的 *Psychological Testing*，當時國內有書坊照原文翻印的版本，是允許翻印的，也允許應用。所謂智慧財產權保護法尚未建立，翻印先進國家的原文書當時被默許的，只要不帶上飛機回到原出版國內就好，原作者也不以意，甚至有的作者獲悉更引以為傲。

這一本書詳盡細緻，是一本典型的女性教授著作。為了教學方便，我把要點摘錄整理，寫成一張一張的卡片，便於整理編輯應用，心裡也想，可作長久之計，年復一年可便利教學作為教學講義。所以這一科目準備得很用功，對學生要求也很多。考試評量，出了問答題外，並精心設計選擇測驗題，準備累積下來作成題庫。

我教得認真，學生也被逼得不能不用功。初任教，對學生要求頗高，我在台師大大學部修課時候，最心儀孫亢曾教授，心中以他為偶像，孺慕有為者亦若是。有機會任教於大學，我一定要學他，教材力求最新，教學講解認真，給分嚴謹，不敷衍，不苟且，讓學生學有心得。學期結束時，終結評量之結果，有兩位同學不及格。我認為考試評量絕對標準，客觀測驗題測量的給分公平無偏，不及格就是不及格。有人傳話要我再斟酌考慮。我回去拿起試卷，審視再三，觀其答題情形，其基本觀念未建立，最起碼知識都欠缺，作業也沒有全部完成，離及格水準太大，而且期末評量是採客觀評量，分數客觀明確，不宜隨便加分，且認定他們才大三，明年有機會再學習一次，暫應予以不及格，有再學的機會，可以學得好，更紮實，達到預期的目標。

下學年度，沒得到任何訊息，這一課科目就另做安排了，從此我中斷教授此一科目差不多二十年，想編製測驗的期望也落空了。我當時沒說什麼，也沒跟任何人表示什麼。我僅編製了教學調查表，大膽的請全班學生依他們的感覺及心得回答，是教學評量的濫觴。結果該班學生絕大部分給我相當肯定。我將評量結果整理出來，藉以了解我的教學在這班學生心目中的感覺，印象與心得。知己知彼，我並不想爭取什麼，只要維護學術的尊嚴。

為此我也常反思反問自己，是否我做對了？沒錯，我還是堅持在當時大學教育是菁英教育的時代，且學系初創，學術水準絕對要堅持，學生才會用功，學業勤惰要能顯現於成績考核上，訓練出來的學生才能如所預期。此後，教育學系的學生在學業上都不敢苟且敷衍，各個同學均腳踏實地學習。

正式參與大學行政工作，擴大服務

專任講師兼辦學系工作一年，第二年薛院長找我說，你在系上幫忙表現甚佳，大家都肯定你的表現，今年教務處課務組主任出缺，想安排我接任此一職位。我說謝謝院長的照顧，不過我很難跟教育系張主任說明。他說張主任那一邊他會跟他交代，教務處張主任也會找他溝通。

我本來想利用此一理由作為藉口推託掉，因為我知道教務處課務組這一工作的性質，安排課表常常是連夜趕工，還惹得怨聲載道，不管上游作業如何的慢，再怎麼趕也要來得及開學前幾天前送達教師手裡。到了老師手裡，還有許多單位或同事會提出更動調整的要求，不能相應不理，一定要應付調動。我在台灣師大大學部求學階段，在註冊開學之前曾經多次義務幫忙排課，並體會排課的經驗及許多課務組的行政人員的刻骨銘心甘苦談，我心仍有餘悸。

而且來高師院擔任教育系教職之初，我已允諾幫忙張主任系務，一年來，我們做了很多事，他也很欣賞我，合作無間，幫一年就走也不太妥。何況我也略知，兩位張主任為了聘請教師曾有過緊張關係。

院長說，你能力很強，為學校扛起課務，服務對象更大，認識的人會更多，貢獻更多，更有利於你未來的發展。

不過院長這麼說，我也很難推辭，再難我也要赴湯蹈火。我只好說只要教育系張主任同意，我樂意為學校做事。後來張主任勉強首肯。我說，以後還是要請主任多照顧，我永遠是教育系的人，有任何能夠效勞之處，我願意。

❏安排課表吃力不討好

本校的課表在開學前不僅要排定，公布出來供學生選課之用，並函送一份教師個別課表給諸位教師照表授課；最後還要把全校課表編印成手冊，立即請印刷廠排版印刷，分送各單位師生人手一冊，供做選課教學上課與行政依據，才算完成。當時的印刷還是傳統鉛字印刷的時代，要撿鉛字排版，再三校對才能付印。光印刷就要花至少三、四天工作天，即使找到一家最能配合的廠家，至少要在五天前，將課表送到教師手上，和提供學生使用。換言之，至少在十天前排課完成。

假期是教師異動時段，各個學系新聘教師作業進行中，尤其大部分新設學系，教師陣容還在增長中，異動很大，甚至教師歸屬學系都會異動。人事未定前各系所開出的開課表與各教師授課分配表，都有可能要求變動。各系各班各教授的課表是整體的，只要變動一位教師的課，或增開一門課，或停開一門課，牽一髮動全身，全部要再重排檢視，不能不戒慎小心。否則一不注意，可能造成衝堂，衝時間，衝教室，漏掉課或誤植課表，常常為了等待各系的前置作業完成，不得不熬夜趕排。當時沒有電腦，也沒有工讀生，往往靠自己開夜車安排課表，再三校對，再請職員蓋課表排定。不管怎麼趕工，不管怎麼耐心等待，到最後關頭還是有系所要更動開課表或教授要求再更動時間。基於行政服務教學，教師，學術，盡最大努力去滿足大家的要求。

有一次甚至都註完冊選了課開了學，也印好手冊，當時英語學系的一位外籍主任把開課表與教師授課重新分配，來個乾坤大挪移，搞得雞飛狗跳，惹得組內職員大為生氣，一方面要安撫課務同事，而且也還要再三跟那位外國系主任溝通，結果還是課表重排，重印，真是悽慘。難怪課務組主任常常更動，沒人幹得久，結果我一當，即當了四年，當時是空前的，笨吧？

❑承辦定期考試，千萬不能出差錯

考試也是課務組的大事。定期考試由課務組安排時程實施，先函請各任課教師考試一週前提送試題，各老師試題送到課務組，我指定有專人收取保管或直接交付主任。考試時間到前三天統一拆封印製。

當時資訊科技印刷技術不發達，大部分老職員還是喜歡沿用鋼版刻字再油印製卷。影印印刷剛問世，影印效果還是很不理想。當時的影印，有晒圖方式，有照相方式，有燒製方式，效果都不佳，有的字跡模糊，有的製作時臭氣逼人，有的容易退色，保留不久，仍在慢慢地進步中。但學校經費有限也不能常常更新，所以設備不好。還好張主任很了解試卷印製的重要性，爭取經費，配合購置較新的機種，勉強滿足試務的需求。

❑集中考試，怨聲載道，啞巴吃黃蓮

當時學校為了激勵學生用功，杜絕學生投機取巧，期中期末考試採取集中於禮堂進行考試方式。課務組只好配合執行，每次定期考試，預先要安排時程表和座次表，增加不少事務性工作。試務組要會請事務組把各教室的課桌椅集中，搬到禮堂，然後分配座位，增加了不少負擔。

但此舉給教師感受很差，覺得學校不夠尊重教師，而且勞民傷財。我向學校爭取好幾次，不要集中考試，都不成功，反而學校覺得課務組執行不力，教師卻覺得課務組找教師麻煩，裡外不是人。

不久，豐原高中發生禮堂塌陷慘案，學生傷亡嚴重，各界無不關切。學校建築的安全問題正在風頭上，本校禮堂是角鋼架搭蓋屋頂，經鑑定其安全性不夠，是危險建築。不怕一萬只怕萬一，必須改建。順水推舟，才得以停掉，不敢再集中於禮堂考試，避免萬一出了差錯，誰都擔待不起。

惶恐夢魘

❏半夜跟校長擎著燈火翻找電腦卡，大海撈針

一年一度的大學聯考更是一大工程，全校行政人員與主管全體動員任務編組，教師則分擔監考。課務組循例編為卷務組，負責到台大聯考會闈場領試卷，運搬試卷，保管試卷，轉交試務組分發試卷與收回試卷，運送試卷回聯招會集中閱卷。當時測驗題採用電腦答案卡，另送到新竹交大聯招電腦中心點交清楚才算完成。每一步驟絕對嚴謹，絕不容許出差錯。

聯考前學校找本院隱密地點設置為高雄分區闈場重地，請職工配合工讀生輪流看管。主任自己親自督軍，並請教師協助到台北，搭台鐵縱貫線專門車廂領回試卷。考試前絕對保密，無時無刻均有人盯著考卷，任何片紙隻字不能由闈場流出。考試前一天上午趕七點到台大闈場領取明天要考的考卷，點交簽名，領卷時間絕不能誤失時機。

考完試，點交清楚，即刻雇用專車送回台大聯招會闈場，電腦卡繳交大電腦中心閱卷。這個工作緊張刺激，全時程繃緊神經應戰，每一關卡交接均需點清簽字，不容含混，提防一出問題無從追蹤查究。

有一年答案卡繳送到電腦中心，點交時發現短少兩張答案卡，再怎麼算還是短少兩張答案卡片，不能完成點交工作，這代誌大條啦。電話緊急傳到院長，那時候已經是入夜，院長馬上通知我想辦法即時清查尋找，且保持秘密不讓任何人知道。

我嚇了一跳，擔心的是真的發生了。我到儲藏試卷袋倉庫處，拿著手電以微弱的燈光，查看那堆積得像滿山滿谷的考卷資料，幾百個考場各科的考卷靜靜躺著，也沒嚴格照一定次序存放，從中如何找到兩張電腦小卡片？我望了望堆積整個倉庫的試題廢卷，簡直傻眼嚇呆了。

只好靜下心來想，可能會在哪一關節處出錯。先確定這兩個考生這一節確實應考。再推想假設兩張電腦卡片的遺失，有幾個可能。一是學生答不好隨身帶走；二是被風吹走，考生知道不說；三是混在試題卷袋內。無論是哪一種情形，關鍵在監考人員繳交給試務組人員時候，點交不確實。隨身挾帶走應是特殊學生才會這麼做，研判不太可能，因為這一考場是一般考生，不是特殊考生。被風吹走，那一節課天氣好，無風無雨，可能性不大。所以我猜想，有可能還在試卷袋子哩，如果不在袋裡，想找回來的可能性就渺茫了，必須及時想補救辦法。

旋薛院長也趕了過來。院長擎著手電筒，我判斷哪一科目那一考場可能是堆在哪一角落，從堆積如山的試卷袋，開始翻找著一袋又一袋的考卷袋，翻來覆去，翻了好久，越找越慌，終於從最底下最邊邊，找到了那一科目那一考場的試卷袋，忐忑不安地打開來，好像等待大樂透開獎的期待心情。關鍵時刻，我拿出考卷一張張點，不能少，一片紙片不能漏掉，逐張逐張的翻閱審視，慢慢心情越下沉，看院長表情也跟我一樣，先由充滿期待而漸漸失望，心也越來越往下沉。怎麼辦？哇！在最後第二張考卷夾縫之間，赫然看到兩張電腦卡出現啦，好像中了大獎。找到了，院長與我鬆了口氣，相對笑了，即時封存，差專人驅車趕送到新竹交大電腦中心，才完成點交了工作。緊張！緊張！刺激！刺激！

院長囑咐把監試人員及考場場次科目記下來，簽請懲處。我跟院長回應，這兩場監考人員是他校人員被邀請來支援的，不好處理，議處之後，明年度誰要來支援。我說只能做為明年考前講習的負面教材，加強訓練，減少差錯。當時聯考是由各大學輪辦，沒有正式的固定班底，每一次都是新手，臨時找來任務編組成軍，監試人員更需動員各校人力支援，倉促作業，難免差錯。承辦主辦人都小心謹慎，再怎麼小心還是無法保證萬分之萬完美，有時候還是難免小差錯。一發現，就提到聯招會，基於公平公正，又考慮考生權益謀求補救。有時候，寧可儘量寬厚對待補償受害考生損害，前提是在不影響其他考生錄取機會之下。

其實我負責卷務組，這一次出錯在於監考人與試務組人員的點算交接，試務人員的聘用與督導是屬於試務組的職責。本來我不便置喙，但是基於整體運作系統，我還是表明善意的建議。院長說我講的對，雖然摸黑找考試卡，我們也沒有怨言，反而覺得做了一件善事，否則考生利益受損，承辦人被批，高雄考區必挨轟。

❏博士學位是稀有珍貴鑽石，擁有博士學位者如同鶴立雞群，自命不凡

當時學校擁有博士學位的教師非常少，教授雖然很多，但有博士學位者少之又少，因為很多學門，國內根本沒有設置博士班。絕大部分的博士學位都是到國外拿到的，投資多，機會少，彌足珍貴。故而獲有博士學位者，也自命不凡，學校也如獲珍寶，大力重用，而未被重用者常會有異乎尋常的表現，以示與眾不同。

某學系有一位新科博士，系主任只有碩士學位，但有豐富的教育行政資歷，是行政幹才。眼見大部分學系主管都是博士，此君因為一時得不到重用，覺得頗不服氣，常藉機發揮，開會的時候，跟主任槓上不是新鮮，而在學校走動時，也常常自我行銷，放話學校一有重要主管下來出缺，非他莫屬，讓聽者聞之竊笑動容，有職員工友傳說此君是否心理異常。我倒覺得，勇於服務，捨我其誰，無可厚非，現在社會就是這樣。不過，倒可看出當時洋博士得來不易，投入的血本與代價，歷盡的艱辛無限，叫洋博士自命不凡，異於於常人，要謙虛平凡也難吧！

另有一位留美歸國的物理科學博士，學校開學了，課表也送達手中，開學了卻遲遲不到課堂授課，課務組拜託系上主管人員前往溝通，回答說，他還在等得獎的消息，他的研究快得到諾貝爾獎審查委員會通過，等被通知得獎時，他會趕快去授課。後來一直等，搞得妻離子散，還在校園內鬧出許多笑話。結果等到最後，被送往專治精神病患的台灣療養院，可憐！

❏教師升等制度未建立體制，衍生恩怨是非

當時教師升等以年資與學術著作為準，年資一到，提出一篇升等論文，經學系主任同意，即報請教育部學術審議委員會審查。審查通過，即由教育部核發教授證書或各級教師證書。可見當時幾個特色：

一是中央教育部學術委會集權處理；

二是只須繳送出升等論文一篇，不需其他；

三在校內即是由系主任專權處理。

有一位副教授年資一到，提出一篇論文，擬申請升等。系主任看了，翻閱一下，看來十分單薄，只有十幾面，且只是蒐集文獻加以整理探討論述成文，非原創性研究，也非實徵性研究，馬上當面擋了回去。

這一位副教授至為震怒，跟院長埋怨，跟同事談論批評系主任做法，很不滿。他以為系主任不講理，不應該把他的升等申請擋掉。他說一來系主任不是學比較教育制度的，是學心理學的，完全不同行，怎麼看得懂他的升等論文；二是升等論文不是看份量多少，應是詳細審查論文品質，以份量單薄來排斥，毫無道理。

系主任跟這位副教授兩方都跟我談及此事。公說公有理，婆說婆有理，我也無法作判斷，也不

能認同哪一方，也不能選邊站。

只能安慰一下這位副教授同仁，對主任只能說需要建立明確體制與程序可循的升等制度，免得主任負擔這麼大責任。升等是大學教師最切身關心的事，影響專業成長，關係進修動機，決定專業素養與名望權威，確實需要建立一套縝密的制度與行政程序，讓執行主管便利處理，也讓同仁大家心服口服，並能達成組織的目標，增益大學教育目標的達成。既不能敷衍鄉愿隨便放水，也不能故意刁難，致教師同仁心灰意懶，洩氣喪志。

因為沒有一套嚴明制度以資遵循按一定程序審查篩選，以致這位同仁覺得備受委屈，挫折沮喪，結果是後來此君絕不再提出升等申請，直至二十幾年後以副教授退休，而系主任覺得他本應責負第一線把關篩選，錯不在我。彼此的心結永無化解釋懷。

亟應建立一套升等制度，在這一套制度下，同仁的升等，不論是根據一篇升等論文或一代表性論文，再加上其他參考論文，經學系認定已具備足夠年資，也沒有明文的消極條件，即應送給學術專業社群同儕審查，再依據審查結果，來決定是否可以再進一步送外審查核定。無論升等辦法的制定或個案的審查處理，應採委員會的方式審議決定，避免給人私心自用的口實。後來升等制度辦法建立，罕見這種情形再度發生。

追逐學術夢

❑克難研究，即時開始

剛出任課務行政的工作，怯生生的，感到有一點挑戰性，傾其全力用心規劃，認真辦理，倒覺得新鮮。不過不敷衍不偷懶，一回生兩回熟，三次駕輕就熟，不再覺得有什麼挑戰性，但覺得仍挺花費時間的。同樣的事情，定期一做再做，卻又不能馬虎應付，總是在限定時間內趕工之中。類同的工作，定期重複地得趕排課，又沒什麼創新的空間，漸感厭煩。除了教書以外，整個時間做一些機械的，文書性的工作，覺得頗不值得。

我在研究所修碩士期間，即深深體會大學之所以為大學，乃在於研究。大學是學者的組合，不僅在教學，更在於發揮研究學術的功能。前者為傳播知識，後者為生產知識，發現真理。大學之靈魂乃在於能夠從事研究，發現新知。是故大學教師不是教書匠，他不僅傳播給學生現成的知識，更要從事研究，發現知識，開發真理。這種認識，加上在研究所修業期間躬親參與研究專案的體會，漸漸覺得擔任課務行政工作與教學，不能滿足我的角色需求與夢想。於是我由衷地覺得我需要研究。不做研究，實在有虧做為一個大學教師的職責。

❑由本土化的研究開始，就地取材

我開始思索做要哪一個領域的研究。環觀高雄市是一個頗具特色的都市，民國四十年代人口接近三十萬，到了六十年代的這個時候，人口已衝到接近百萬，人口增加速度極為快速。這種成長類屬社會成長，少部分是自然成長。人口大部分又是由鄰近的縣市遷徙而來，人口的社會成長率驚人，因此社會變遷急遽，對於教育的衝擊甚大。一部分也是由於當時大家拼命生小孩，生育率驚人。

我教教育社會學，一個沒人要教的課，所以我對於這一塊問題感受特別深。進入一個在地化的領域，且國內少有人進去研究這個領域，而在國外又是方興未艾的領域，應該是頗具挑戰性與吸引力的。當我坐著公車上街，或騎著單車在街上走的時候，我就覺得這個都市，不像都市，又不像鄉下，這裡的人鄉土味道特別重，言詞粗俗，不加修飾，黃金其首，泥土其足，開著雙B轎車，卻是吐著檳榔，上餐廳，開懷暢飲，划拳聲音蓋過一切。許多暴發戶，卻不知如何花錢，對小孩子的教育不是不甚重視，就是過度重視，或重視不得其法。我思索再思索，覺得這領域非常適合我來做。我請教林清江教授，他對我鼓勵有加。於是我在這一領域裡面，用心思索要找什麼樣的題目來做研究。

❏研究環境落差很大，不可喪志

我過去教過小學生及國中生，發現學生的成績不僅是決定於智商高低，環境因素扮演很重要的角色。我回憶自身學習的過程，也感受很深。社會環境因素是影響學業成績的重大因素。在這樣的動機驅使下，我不僅心動，也開始付諸行動。不過手頭上參考資料少之又少，在這一個剛剛由女師改制而成的師範學院，研究環境及研究資源奇差無比。

社會環境的概念如何？包含哪些內涵？有幾個層面？只憑空想，想來想去，還是有限，不夠周延。我開始搜集文獻參考資料。但是本校的圖書資料非常匱乏，這一方面的書籍期刊，幾乎是零。只好利用假日沒課時，上台北圖書館去找。當時資訊科技不夠發達，為了找參考資料，到各大學或中央圖書館（現在易名為國家圖書館）找參考資料，是常有的事，甚至電請國外親友蒐集資料也不稀罕，不像現在數位傳訊非常簡便快速。

早在我剛到本校時，我即已為了撰寫有關智力方面的研究，專程搭火車到台北搜集參考文獻資料，而且各圖書館還沒有影印設備，需要參考的部分還必須逐字逐句手抄下來。沒有高鐵，沒有捷運，沒有高速公路，交通花費很多時間，抄寫資料速度又慢，又花很多時間，抄下來以後又難以整理編輯利用。文具界商人嗅覺靈敏的，設計印製有專供抄寫資料的卡片，便於整理應用。可惜高雄少有人做研究，文具店也沒人賣，沒得買。在高雄，我跑遍了文具店，店員聽都沒聽過，告訴你只賣印帖子或名片的西卡紙而已。連這抄寫用的卡片，都要跑到台北才買得到。

把好不容易蒐集到的文獻資料，仔細研讀，據以編製問卷，然後抽樣調查。被抽樣的學校校長，抽樣班級導師十分配合不說，難得有大學教師蒞臨學校實施問卷，實施時十分高興，簡直歡迎之至，傾盡全力幫忙，甚至親切招待。不像現在，被抽樣的學校常藉各種理由加以婉拒；即使接受，也是表現一副勉為其難的樣子，或加以限制，加以刁難。教育界的感情十分濃厚，尤其在這一個鄉土味十分濃厚的高雄更甚。

當時其研究設備工具更差，沒有 PC 電腦，沒有中央系統電腦，連小型計算器都非常少見。好不容易把資料收集整理齊全了之後，接著常只能利用人工筆算或珠算統計分析，輸入資料以後，仍要利用人工方式來計算進行統計分析。往往統計一個零次相關要耗掉半小時，樣本大的資料更不知耗費幾小時。萬一有一筆資料，x 變項 y 變項順序搞錯一下，可能查證起來，要查得風雨變色。

資料難找，工具簡陋，缺乏研究經費奧援，雇不起助理人員，教學行政負擔沉重，環顧左右罕有人在做研究，研究環境差到不行。不過，在這樣的環境之下做出來的研究，特別珍貴，分析特別徹底。憑著我以前參與過很多研究與撰寫論文的經驗，很仔細地加以分析，但限於統計工具匱乏簡陋，只能盡其在我，撰寫成論文。唯當時統計分析受限，想要做較複雜的統計分析，卻心有餘力不足。不過各個統計數值，均是作者親自算出來的，對每一個數字說的話早在心中腦海繞了十八回，絕不會誤會。不像現在均假手電腦，常令研究者不知所云，或似懂非懂，被電腦欺騙了也不知。

❏多發掘好利用：高雄地區題材豐富，開採教育社會學知識的大礦場

做研究越做會越有趣，做完一篇會衍生出來更多的研究題目。好像在一個礦場挖礦，會陸續發現在這一個礦場內，有一個接一個值得開採的礦坑。做完了上一篇研究，我接著想到接續可以做的研究題材，像都市化中遷入人口的教育適應，計畫家庭子女的特質與學習，家庭結構類型的變化與學童適應，核心家庭的父母角色扮演與子女的行為適應……一連串停不下來的研究等等。

當時台灣的人口成長率至為驚人，年自然成長率近千分之四十，名列世界前茅，人口生長太快成為社會問題之一。高雄市為新興都市，學校教育設備不敷需求，校園內空間不夠，運動場地缺乏，教室內桌椅排得滿滿的，學生座無虛席，學生下課走動都有困難，軟體設備差，校長及行政當局沒什麼教學領導的概念。

大家喜歡生小孩，人口成長快，表示大家看好前景大有可為，社會給人前瞻有望，社會的倫理價值讓父母覺得辛苦養子女是值得的，這是好事。然而，人口成長太快也會成為社會問題，也是教育問題。大家生的多卻疏於管教，人口品質將會下降，教育不能配合，教育問題叢生。

當時有識之士如農委會主委蔣夢麟博士極力推展家庭計畫，倡導節育人口政策。不過政府叫人家不生小孩，很難讓人信守奉行，農業社會父母總以為多子多孫多福，很難改變。兩個恰恰好，一個不算少的口號，很難為一般父母接受。

在這種政策與社會氛圍之下，我想利用科學方法實徵研究，是否家庭計畫有助於提高人口素質

與教育品質，以鬆動父母傳統的觀念。經蒐集國外許多文獻，家庭子女維持適當的人數，且相隔適當期間出生，又是在父母殷殷的期待下降生的，非不速之客，這些有可能比較有利於於子女智力的發展，也能形成比較積極正面的自我觀念，成就動機也比較強。

基於此，我依據理論提出研究假設：計畫家庭的子女的智能會比較高，情意態度較好，當時所謂的智德體群四育會有比較好的發展。

經我編製問卷了解家庭及子女生育養育狀況，並實施標準化測驗，包括語文非語文智力測驗，自我觀念測驗等，還蒐集四育成績等資料，加以統計分析。證實了計畫家庭子女的智力，自我觀念，學校智德體群各方面成就確實較非計畫家庭子女略勝一籌。在智力方面尤其是在語文智力，相差更大。

這一實徵性的發現令人興奮。對於當時計畫人口政策及政府相關部門推動家庭計畫，如同打了一針強心劑。許多媒體都相繼報導，尤其是當時重要媒體「新生報」以更大的篇幅顯著報導。當時的報紙只有三大張，卻願意以巨大的篇幅來報導，引起社會大眾父母的注意與興趣，社會處與家庭計畫研究所給予相當的肯定與歡迎。有官員跟我說你的發現，大大超過他們的推動文宣與激勵的效果。做研究本不是為政策背書，我們只是探求真相而已，不過如果研究發現印證了政策的正確與時效性，則相得益彰，是美事一樁。為此也引起同校同仁的讚賞，而自己也自得其樂。

接著，我陸續進行一系列高雄市社會變遷與教育的關係的研究，類多利用實徵方法蒐集第一手資料，統計分析，以驗證假設。時在六十年代，正是先進國家新興教育社會學狂飆時期，而國內除了林清江教授做過一篇開其先鋒以外，幾乎闕如。我進行的一序列教育社會學實徵研究正可以踵事增華，藉以拋磚引玉，引起學術界的注意。

❑省立師院小講師申請國科會研究成果獎助，年年得獎，好的開始

那個時候，正值國科會鼓勵學術研究政策變革的階段。過去憑著一紙研究計畫，申請研究講助，國科會即核頒獎助，期滿研究結果提一份簡單報告，也未再給予詳細審查。所以每期獲獎者大概總是那少數知名度高的人物。在原來的獎助辦法底下，我們在邊陲地帶剛成立的師範院的小講師，作夢都不敢想申請。

一九七五年起，國科會鑒於過去這種獎勵政策，發揮不了實質的獎勵效果，乃一改過去做法，實施新的政策與新辦法，改以研究成果申請獎助，申請者必須憑著已經執行完畢，且撰寫成研究報告或論文的學術成果申請講助。我正好進行了這一系列的研究，且已有成果，我暗忖時機來了，可以大膽一試，乃把研究成果撰成的論文，依辦法申請。雖然同仁都覺得我們是地處南部高雄文化沙漠的小小師範學院，想申請國科會獎助，未免癡心妄想，難囉。

我卻大膽的打破這一種自我設限，毅然決然走出去，提出申請。出乎意料之外的高興，第一次申請即得到了第一次國科會研究成果獎助。這是高師院創校以來的第一次有老師得到了國科會獎助，接著連續幾年每年我都以新完成的研究成果得獎，這簡直讓人覺得不可思議。大家也覺得這個新進的年輕老師到底是有什麼神奇之處，為什麼申請一次就得獎，而且每年都得獎。當時有人問，你是不是有什麼特別神通之處，所以能夠年年得獎。我說沒有啦，只是幸運而已。我只聽說國科會這種成果獎勵申請案，因為申請者都是大學教師或研究機構學者，所以應該都是請國外學者審查。我半信半疑，因為那麼多申請案怎麼可能呢？幾年後，聽說都是分送北部委託比申請者職級高的資深教授審查。我毫無神通之處，且幸運之神罕降臨我身上，不然的話，我名正言順地應該是落根台

師大，怎會一時之間風雲變色？怎麼人生之旅途走得這麼艱苦？

我自己分析一下，為什麼以當時我還只是剛創校的省立高師院的小講師，怎麼可能成功地跟北部國立大學教師來競爭，能夠爭取到獎額？這個對於來南部以後，由雙薪家庭變成單薪家庭的我們這個家庭來說不無小補。我想除了因為我經過教育研究所實際參與專案研究的煎熬磨練，養成研究態度認真，方法運用縝密的研究習性之外，重要的是，我研究的題材，取材於高雄這樣的新興港都都市的特殊問題，不僅具有國際性，更具有特殊的本土性，有待急迫研究的問題，且與國內學者，尤其北部的學者的研究絕少有機會重複重疊。我的研究絕少機會侵犯別人專長領域；且我的研究都是原創性的實徵性的研究，與一般的論述性或整理文獻探討學術地位不能等量齊觀，在學術價值上更勝一籌。於是我從一九七五到一九七九年連續累積不少優良作品，其中若干篇後來都有發表。

老少團聚，終於圓了團圓家庭夢

繞了一大圈，仍是回到出生地，把父母親接來住，一家團圓，實踐自己的諾言

一九七二年，我與內人下了最大的決心，把在台北落地才紮跟的小家庭，宛如剛長出來的嫩綠可愛小樹，正期待其欣欣向榮的時刻，連根拔起，舉家南遷，搬回南部，落腳於我六年前待過一年的高雄。好像冥冥中有一股超能力在主宰著我們，叫我們一定要回到這地方，而且落腳的地方離上次租屋處不到一公里。我只好認了命，認定大概這是這一輩子的地方了，我發誓再也不想再流浪。

父母年老力衰，也蠻能夠接受這個文化沙漠的高雄，因為這裡曾經是他們年輕時候一起奮鬥的地方，也是他們這一輩子過得最甜蜜的一段時光，以後聚少離多，吵吵鬧鬧，只看到他們怨來怨去，少見他們恩恩愛愛。我原來想離的遠遠，不想看到他們的吵吵鬧鬧，可是我還是回來了。我希望他們能夠回到年輕的時候的地方，也能重溫年輕時候他們的恩愛，老小能住在一起。等我把家搬回南部，他們捨不得他們一手奮鬥買回來的台南鄉下家園。他們往往是一個來，一個株守老家園，兩個一起來住的情形不太多。

剛回來第一年，我在學校附近跟一位「田仔僑」暴發戶租了一棟房子，兩層透天，在一條巷子裡。這房子雖然獨門卻沒有獨院也沒圍牆，一端沒巷口，車子行人出入少，門打開，兩側住戶彼此都開門見山，十足的鄉下味道，老人彼此不分彼此，隨時可以聊天談心。當時民風樸素，宵小少見，搶劫更聞所未聞，所以老人家也願意來住。他們對台南高雄的交通很熟悉，自己可以自行來

去，我也很放心。他們其中一人常跟我們住在一起，老大已上幼稚園中班了，老二也已經兩歲，小孩都喜歡阿嬤和阿公，他們也喜歡小孫兒，我跟內人也非常歡迎他們能夠住在一起。妻子心地好，從小三代同堂長大，知道如何敬老慈幼，所以有老人家一起住，其樂融融。

可是到了第二年的夏天，有一次媽媽回鄉下再回來，卻在到達高雄下車後途中迷路了，隨身帶的金項鍊及隨身攜帶的東西也不見了，在街上繞了好久，回不來。好在後來遇到表姊，把她帶回來。而媽媽一臉驚恐，心有餘悸，問她什麼都忘光光，只記得遇到了一個人跟她搭搭訕，她說腦筋一片空白，而且頭昏沉沉，什麼都想不起來。我想應該驚恐之後猶有餘悸，慢慢就會好吧。可是從此以後，就常說頭痛頭暈，從此慢慢頭腦反應越來越差，情緒越來越不穩。我深感疑惑，也至為憂心。

我請開有自家醫院也在國軍總院及民眾診所門診的本校醫師好友王醫師診斷開藥給她吃，不過時好時壞。

後來學校新蓋宿舍，我難得配住到宿舍，即搬進宿舍。住進四層樓公寓的第三層，住居環境跟原來完全不同，也沒有聊天的對象，她不想住到宿舍來，回到鄉下住。我有時間就回去探望他們，來來回回。一九七五年卻忽然明顯的中風了，我請教王醫師怎麼辦，他說馬上住院。當時交通不像現在方便快速，也沒有像現在的急要救護系統。

王醫師毫不猶疑地，立即開他的私人車子，陪我到鄉下做初步診斷後，立刻送到高雄國軍民眾診所住院治療，來回跑了近一百五十公里，讓我們內心感動不已。當時有私人車子者少之又少，整個高雄師範學院只有院長即今之校長一部公務車，教務長一部私人車。如果不是他的熱心協助，可能緊急救援問題難解。真正感謝他。

住院初期治療頗有起色，一段時間後，又陷入昏迷狀態。當時醫院不像現在，有各種方式的服務的照護方式及伙食，除了一般護士外，妻子必須在任何能抽空的時間準備媽能吃的伙食，我必須跑醫院，盡可能的陪伴在側，侍奉湯藥。幸得大姊從桃園回來協助支援照顧，否則我們這小家庭我跟內人都上班，小孩還都那麼幼小，真撐不過來。不過我能理解我姊夫與外甥們的感受，謝謝你們也對你們表示歉意。隔年一九七五年春天，媽媽敵不過病魔仙逝。

好夢苦短，樹風仰止

媽媽一生吃盡苦頭，備極辛勞，沒有享受，我事業才要開始，才要開始回報時，媽卻走了，永遠回不來了，感受到「樹欲靜而風不止，子欲養而親不待」的痛。我傷心，我悲慟，我懷念，我自責，我也自憐。她最放不下哥哥，心裡面一定期望我能協助他，可是一直到臨終時都沒講出來。我心裡也很想能夠，我也會盡可能去做，可是我有很多路要走，我有很多使命要擔當，我有很多的地方要去，我也有事業要去開創，我有我的夢想要實現，還有很多人要服務。我確實要幫他，但不知如何才能幫他，可能永久不知，只能走一步算一步，他可能會是我一輩子的痛，又不知如何止痛免痛，我從來不跟別人說起。

母親走了以後，父親更形孤單，工作也更多，對母親無限思念牽掛。在世的時候雖然吵吵鬧鬧，一旦離開卻思念憐惜不已。我要他到高雄來跟我們在一起，也減少幾分寂寞，他不願意。他說工作離不開，家園離不了。我們星期天盡量回去看看他，但時間極有限。他更認真做農事，賣農產品，沒有人願承接批購的農產品則自己零售，這樣工作負擔就更重了。屢勸他不要這麼勞累，畢竟年紀大了受不了過度勞累，但是他卻說這樣才不會想念先母，出去跟人家有些互動也另有一番樂趣，可以排除寂寞與想念。結果不到一年，就病倒了。在先母過世當年的十一月就病倒了。身體非常疲累，全身皮膚通紅，不斷脫皮。

我把他接到高雄來跟我們住在一起。帶他去看當時高雄中正路上最有名的皮膚科羅福嶽老醫師。這家診所遠近馳名，不僅羅醫師本人診治，他的年輕女婿醫師也診治。原先以為只是皮膚病而已，醫師診斷應是肝臟發炎引起的皮膚病變，讓我更為憂心。三個小孩年都還小，都喜歡阿公住一起。可是每當幫他洗澡時候，掉落一層又一層的皮，有時甚至會堵住流水口，而且又奇癢，看在眼裡，痛在心裡。我很擔心，很不樂觀，不知怎麼治療，也擔心不知會不會傳染給小孩子們。

每一次帶他去門診，醫師雖然盡心盡力治療，可是進步有限。當時友人介紹到高醫看某名醫，也診斷為肝炎，開處方繼續治療。看來藥量蠻重的，他已服了太多也太久的藥，結果服了幾天藥，就受不了，全身虛弱衰竭，於二月七日下午過世，離先母過世不到一年。我痛心不已，妻子與小孫子也哀戚不已。當時住在學校宿舍，同仁多位也過來慰問，同表哀悼。同仁也協助辦理後事，像陳教授人面熟，安排殯儀場所與公祭儀式事宜。

我想讓先父與先母能夠同在一起，不會寂寞孤單，必須在高雄祭拜弔唁後運回故鄉墓園。此一工程浩大，還須同仁接待並照顧稚齡小孩，像嘉雄老師、松林老師盡力很多，非常感動。系上從主任到各位同仁，還有教務處張主任與同仁，在薛校長先生的率領下蒞臨哀悼，備感哀榮，讓我至深感韌。

父母親這一輩子過得很辛苦。他們都重視子女，對於教育很看重，抱著很大的希望，卻也失望很大，也不知如何才能教育出好結果，一輩子都感疑惑，希望有更多人矢志教育研究。我體察雙親心意，為了獎勵後進，後來我在教育系捐助一個獎學金，名為「清天獎學金」，獎勵學生教育研究性向最強且成績優秀者，精煉教育研究方法的學生，期待未來教育研究更出色更放異采。教育系雖然已有不少獎學金名額，但專為獎勵教育研究性向強，有志於研究者，尚付闕如。在我服務公職之年，每年頒發一名額。

築理想庭教之夢：對孩子的養育教育無限付出

❏教育從胎教開始

愛妻喜歡小孩，我也重視小孩，我們都很重視家庭，我們從認識，交往，訂婚，遠隔相思，以至結婚，訴盡無窮的心裡告白，一直神往建立一個的甜蜜的家庭，一個溫馨的窩，讓我們愛情結晶得到最理想最幸福的生長環境，讓他們健康，快樂，安全地成長，看清自己的目標，知道自己的方向，勇敢的奮力前進，爭取最大的成功。

我與內人知道懷有身孕之後，自我約束至為嚴謹，食物絕不以滿足自己的口舌快感為選擇，而以什麼才是對胎兒最好的為考慮。許多食物原來她最喜歡吃的，都因為考慮胎兒而捨棄。絕不亂服藥物，像感冒藥，消炎藥，以前醫生開了就吃，或買了就吃，現在也絕不吃。平常更是謹言慎行，不隨便生氣，盡量保持情緒的穩定與生活的平衡，天天要散散步聽聽音樂，以胎教也。這是有道理的。無論東西方古時候就都知道婦人懷胎期間，應勵行胎教，但是這要有很大決心與毅力，我的另一半她做到了，我很感動。我給她更大的愛心與支持並表敬佩，我說將來小長大了，我會跟她們說，她們一定要記得媽媽的偉大。

❏生下來就是心肝寶貝，不分男女

小孩出生下來，無論男女，我們都視為心肝寶貝。她更用心了，也更忙了。我們趕快到書局買有關育兒類書籍。後來選購一本由國內教學醫院小兒及大學相關科系的權威醫師及教授專家寫的

《育兒百科全書》來研讀，諸如從怎麼餵食，預防疾病，打預防針，一般疾病如何防治照顧，到衛生習慣的養成，以至健康心理習性訓練，無不細心研讀，勵行實踐，不敢有任何大意。其用心比準備大考還用功，因為心底一心一意就是希望養出一個健康精光的小孩。對小孩的期待如同傳統父母，對小孩的養育方法則師法最先進的教育養育方法。

對小孩子的三餐更是用心，蔬菜與肉食材都是選最好，最新鮮的，價格高低擺一邊，小孩子的營養喜愛及健康擺中間。當時進口的食物不多，不像現在進口食物很普遍，所以少數進口食物價格很貴，有時候也捨得買一點給小孩吃，大人都捨不得。我們說要節儉，可以節儉大人，不能節儉小孩。三餐都是媽媽親手料理，又新鮮，又衛生，吃得放心，吃得溫馨。

至於大人的飲食並不講究，每天正常三餐，注重營養足夠平衡，不講求美食，不重視色香味俱佳，不喜歡調味，吃最天然的，最省力省時的。年輕的時候，我也很喜歡嚐嚐令人垂涎欲滴的美食，於是在書局當我看了味全公司剛出版的一本食譜，是有名的美食專家傅培梅女士寫的，銅板彩印精美，裡面介紹的烹調，不流口水也難，蠻期待妻子有空的時候，會按圖索驥，嘗試照食譜做一兩道佳餚美味來吃，結果等了四十年都沒照美味食譜做出來。妻說我們吃清淡疏食，不要加什麼調味料，自然美味最好，於是我也慢慢習慣於清淡疏食，反而有益健康養生。

最後我把那食譜做回收資源送走了，讓想要的人可以拿去享受，不然做成再生紙張也好。

❑音樂啓發心智發展，陶冶情操，培養興趣

對小孩身心的發展與興趣的培養更為用心。有些理論認為音樂對於嬰幼兒的發展頗為重要，我們相信並嘗試。從嬰兒時期，就有提供古典音樂欣賞，當時資訊科技尚落後，我們特別到專賣舶來品的「崛江市場」買了一部當時最高級的手提音響，每天播放巴洛克音樂錄音帶給他們欣賞。尤其

晚上上床時刻，必播放催眠曲給孩兒聽，讓他們心情放鬆，陶醉在優美的旋律中與父母的溫暖懷抱裡，進入甜美夢境，沒有壓力，沒有負擔，沒有怨恨，只有溫暖，只有溫馨。雖然大人還在創業時期，背負著無數的壓力與負擔。我們不知播放過了多少的樂曲，播放多少的卡帶，許多卡帶一放再放到最後帶子斷掉了。

好像是真的，優美的旋律，節奏，真的對嬰幼兒的發育與才能的發展有正面的能量。我們的三個小孩對音樂都頗有興趣，而且在才能方面的發展也都很好，連學數學都有幫助。尤其小女兒，做數學的時候，一定一邊聽著古典樂曲，一邊演算數學，思考數學，整天聽不完的音樂，也做不完的數學，從不覺得厭倦。她做數學，從不記公式，自己導，自己演算。音樂停了，大概就是該休息的時刻了。結果她的數學從不叫我們擔心，考高中聯考數學得滿分一百二十分，一九九一年大學聯考在自然組數學得到滿分一百分，全國得滿分的七位考生中的一位，數學簡直好得讓我們不敢相信。

三個小孩也都喜歡音樂，都學會多種樂器，兩個女生的鋼琴水準頗高，都參加過各級鋼琴比賽得過獎項，老大後來更真的專攻音樂演奏。男生也喜歡音樂也學過小提琴，喜歡唱歌。

❑提供文化刺激，給予較大的自由，豐富成長的環境

我倆常常設想要如何啟迪他們的才華，刺激他們腦神經細胞的運用發達。我是學教育的，我們也天天在從事教育工作，多少有一些看法也有一些省思。小至我們的細胞，以至我們的組織、器官與生理系統，讓他們不斷的運用，越用就越發達，最好要配合發育時程順序，多提供機會運用。給他們很大的自由去運用，不管是動的或靜的，要玩什麼給什麼，要動什麼提供他們動的機會與場所，我們買了許多的玩具，像積木，智高玩具，可以動手自由組合成各種建築或機器的木質玩具，拼圖，迷津等等。

有一些傢俱，大人的衣服用品，小孩子會拿來當道具玩耍，悉聽其便。只是大人隨時要在旁邊指導，並注意安全。像大女兒，律動感特別好，看到電視的歌唱節目，就拿起媽媽的漂亮裙子，穿成大禮服的樣子，穿起媽媽的高跟鞋，翩翩起舞，又唱又跳，沒禁止她，只有教她如何小心才不會跌倒。結果沒穿幾次，就把一雙新鞋扭斷了，雖然心疼不已，還是捨不得苛責她。

小孩子大肌肉與骨骼發育的過程中，需要運動來協調運用，常喜歡跳沙發椅或沙發床。叮囑要注意可能的危險，一定要大人在旁邊的時候才可以。他們知道我們都鼓勵他們去玩，去動，去嘗試，不會隨便禁止，但凡限制都要遵守。他們都很聽話。當我在忙著備課或研究的時候，他們也會來模仿看書寫字，我們不會禁止，也要提供機會學習做功課或辦公寫作的樣子，即使有時候不免心急而煩躁，大人也要克制或如何錯開安排。

有時候看到了他們把機器拿來拆解，雖心疼不已，也要容忍充作機會教育。不嘗試，哪會長大，沒嘗試錯誤失敗，哪會成功。想學什麼，有機會學什麼，盡量給他們嘗試，因為學習有關鍵期，時逾而後學，則難成。並不指望什麼都要學會，都要成為專家，只是給他們機會學習，再看學習得如何，決定中斷或持續。

❑克服困難讓小孩上音樂，學鋼琴，不自量力？！

三個小孩除了上幼稚園以外，還上過山葉音樂班，繪畫班，作文班，英語班，女孩還上過舞蹈班。至於上到什麼程度，什麼時候終止，則看學習的表現如何決定。像老大真正想學好音樂，她的山葉班從一而終，一直上到研究班，通過一級又一級的檢定直到最高級而後已。

然而，在盡量提供給小孩機會學習過程中，也曾歷經辛酸與苦楚。大女兒喜歡音樂，五歲就給她學鋼琴，找一位正典音樂系畢業的老師開始學琴。當時我們經濟基礎還很差，我們把小孩子的學習看成首要，學費貴也要學，我們大人自己可以節省點。我騎單車帶著她上鋼琴老師家，老師露驚訝狀，然後問我聯繫電話，我說電話已申請，尚未裝置好，需要聯繫的時候，可不可暫時請打對面鄰居徐老師家電話……他露出不屑的表情說，在這裡學琴的哪有沒裝電話的？！我的時間很寶貴，那有時間等叫人！？哪有心情拜託不認識的人！當時鋼琴老師很少，很貴氣，學費很貴，他們的授課是按時分計酬的。

當時申請個電話很不容易，因為沒有現在的光纖傳輸，每部電話每一號碼占用一蕊線，一條電話線沒有幾根蕊線，申請的人又多，常要等個一年半載的，我說明再三，才勉強同意。此君還跟我曾有一年同事之誼，教育召集的時候還在一起過。

不過當時學音樂非常吃香，尤其女生，音樂系學生幾乎都是出自權貴富家，準備嫁醫生作先生娘的。只有台師大設有音樂系，在台師大音樂系學生就如同鶴立雞群，自命不凡。畢業後在學校教書，音樂老師也少與同事往來，且有課來，沒課就走，少有聊天談笑機會。學校也把他們看成寶貝，平常不敢找他，要教一曲校歌的時候，校長還要特別拜託，或設法另給待遇。他還說，要給小孩學琴，要衡量自己的能力與水準，不勉強。為了小孩子只好隱忍。後來內人看他教孩子的態度兇巴巴的，幾乎要拍傷小孩子的手指，嚇得小孩恐懼彈琴，忍了兩個月就走人了，另找老師。小孩子琴技未學到，卻學到了恐懼，是得不償失，只好放棄。

後來找了另一位老師教琴，謝老師。她是山葉班的老師，彼此相識很深。她對家長對小朋友非常親切，如同小朋友媽媽一樣，也是家長的好朋友，琴技雖不是第一流的，但是做為一位幼童老師，老么她是第一流的。倆個女兒在她的指導下，愛上了音樂，也愛上了彈琴。小孩子給她教好幾年，老么後來也一起跟她鋼琴，都培養了對鋼琴的興趣。這位老師也常跟我們家長談教小孩的事，包括她自己的小孩，頗有心得，相談甚歡，小孩也都學習得很快樂，表現優異，小孩的音樂興趣更強烈。進一步又跟了一位更有名的鋼琴李老師。李老師名氣大，學費高，排隊還託人情才擠得進去。這老師要求嚴格，功課一定要完成，老師主動要調課的，補課；學生缺課或請假的，一律不補課，嚴而不苛。

經過謝老師培養了音樂濃厚的興趣和音樂素養，李老師的嚴加訓練琴法琴技，後來琴技精進，參加多次比賽，無論公家辦的或民間團體辦的都入圍得名，還參加台灣區的比賽。而在小孩子心目中，教音樂教鋼琴的老師這麼神氣，這麼貴氣，這麼權威，兩個女兒認為我們的音樂也不錯，琴也談得很好呀，我們也要學音樂，將來也要教鋼琴，要青出藍而甚於藍。

大女兒就這樣慢慢決定走上專攻音樂的路。這一條看起來很吸引人，但是要考大學音樂系來路方長，走的路還長，要投入的資本和時間還多著呢。小女兒後來上了一般資優班與數學資優班，就捨掉音樂另作發展。

❑學習游泳幾經波折，沒學好，遺憾

游泳，可以增進體能，也是求生技能，也常是學校教育裡面必要學習的課目之一，可以使我們人由旱鴨子變成水陸兩棲動物，擴大生活的領域，強化我們信心，而且專家認為年齡越小，學起來越容易。我們很希望小孩子能夠及早學會。當時因為游泳池不普遍，有游泳池設備的學校很少，即使高師大也還沒有。少數學校有游泳池，也非常老舊，維修費少，衛生差，加上教練人力不足，訓練不夠，學起來事倍功半。所以雖然報名繳費參加若干次的游泳班，三個小孩都沒真正學會。有一次暑假參加一個高級中學的游泳班，參加的人很多，班次密集。

全家都出動，三個小孩都參加了，游到第二週，老二感冒了，而且來勢洶洶。給一個他班上同學爸爸開的診所看好幾次，持續一個禮拜還沒好。有一天半夜開始發燒，越來越高，冷敷冷貼無效，睡水枕頭，無效，緊張了，不敢撐到天亮。半夜叫不到計程車，自己連機車都還沒有，我只好緊張地背著小孩，衝向這一家診所敲門，但怎麼敲門都不應門，明明知道醫生就住在診所上面。因為是同學家長，叫了十幾分鐘終於叫起來了。醫生帶著濃濃的睡意，一副臭臉，大聲說半夜不要叫門，不會等到天亮嗎？事不關己的樣子，不想已經給他看過好幾次囉！我隱忍著，救小孩比較急要。我說發高燒，怕燒壞了小孩，拜託幫忙。我已經上氣接不了下氣。結果開了藥，打了針，劑量看似超大的，診治費加收。回家吃了藥，一直冒汗好幾個小時，全身濕透，連床鋪都濕了，還是沒有好。小孩看在眼裡，我們看在眼裡，好難過，感受在心裡，刻骨銘心。醫生這麼權威，我們家也要有人學當醫生。我們三個小孩也就沒再上游泳班，一直到長大都沒完全學會游泳。

❑盡量上各種才藝班，試探性向與才能

除了上山葉音樂班，學鋼琴，老二男生也小提琴，只要有機會，儘量讓他們去接觸，不強迫，試探興趣，所以學習的才藝不少，像國語日報的寫作班，英語班，YMCA的英語班，游泳班，民間的繪畫班，書法班，塑土班；暑假期間的夏令營，科學營等等。只是當時的軟體硬體設備沒有今日好，教材也不怎麼講究，師資人力數量品質不齊，學習的效果常不是很好。試探性功能大於實質性才能的習得。

❑重視孩子的體能休閒運動，充實休閒生活

除了正式到外面報名參加各種才藝班以外，我們更重視孩子的體能休閒運動。我們住在學校教師宿舍，就在校園裡，隔一道活動圍牆就是操場與工教大樓，即現在的高師大的藝術大樓。我們宿舍的窗戶離一百公尺的終點約二十公尺，離爬桿的場地約十公尺，松鼠可以從爬桿躍進我們窗戶裡

面。操場的彎道種植有一排矮矮榕樹，現在已是長得樹幹環抱，濃蔭參天了。全校樹木最濃密環繞就在我們宿舍左右。小孩子小的時候，每天下午做完功課，就很放心的到校園運動場旁邊樹下去玩。年輕學校，老師們都是新秀，孩子年齡相若，玩伴很多，他們可以打各種的球，跑步，跳繩跳樓子，爬竿……也可以看大學生上體育課，玩得不亦樂乎。

三個小孩手腳非常靈活，大女兒喜歡跳舞，老二男孩也喜歡跑步，騎車，玩機器人玩具；小女兒喜歡爬竿，玩沙坑，雖各有所鍾，但他們都與鄰居小孩玩在一起，互相影響，越玩花樣就越多；更與左右芳鄰小孩玩在一起，互相仿傚助長，玩得很高興。所以他們的運動與休閒活動多采多姿。

他們最擅長的假不了。老么的爬竿之靈活無人能比，跟小猴子一樣，輕快靈巧自在，爬到竿頭，坐在上面悠哉悠哉的休息。當時高師大體育教授教大學生爬竿，很多學生爬不上去，常要他們觀摩一下幼稚園小朋友怎麼爬的，找小女兒做示範，大家笑成一團，大學生爬不上去，爬到中間好像吊死狗掛在那邊。看小小幼稚生，卻像小猴子一樣輕而易舉就上到頂端，看了讓大家笑歪了嘴，大小老少樂在其中。大女兒的舞蹈跟韻律活動，吸引大家的目光，給人印象深刻。老二男生喜歡做團康，帶團體打仗，衝鋒陷陣，玩小汽車，遙控車。從小習慣校園裡的生活，幼年生活愉快，日子過得很快。

❑正式上幼稚園

幼年期很快就到上幼稚園的時刻。上幼稚園，當時的選擇空間不大，附近有三所幼稚園，一所基督教浸信會辦的，一所天主教會辦的，一所民間辦的。第一所離家最近，園長是牧師娘，受日本教育，年紀較大，親自負責。牧師本來學醫的，一度當醫生，卻跑去當牧師，還寫小說，故事書。這人蠻有理想，也蠻有見解的，真是一個性情中人。那個年紀的人，醫師享盡尊榮，可以賺大錢，他卻寧可捨醫師不當，寫文學作品，傳福音，異乎常人。太太辦幼稚園，辦幼稚園很認真，雖然餐點不佳，蠻節儉刻苦的。但是我們覺得我的選擇是正確的。幼稚園不需要噱頭，講究華麗的門面，高級設備，腳踏實地辦學比較貼近實際的生活。小孩子過得也蠻充實的，雖然每天點心時間只吃一小碗粉圓，小孩也很喜歡。老二上大班時候，帶著老三小女兒接送，她才兩歲多一點，看到幼稚園這麼好玩，哥哥帶著一群小朋友衝來衝去，玩玩具，盪鞦韆，就想跟哥哥上幼稚園，賴著不回來。年齡還太小一點，園長看她聰明伶俐，非常可愛討喜，破格招收。不過，膀胱控制能力還不夠強，每天要多帶一條內褲上學，以便更換。實際上，用得上的機會也不多。

❑注意及早培養小孩的數的概念與科學正確的概念與興趣

對於及早培養小孩的數的概念與科學正確的概念與興趣，我倆非常注意，也著力很深。除了希望利用音樂潛移默化以外，我倆更刻意教導與培養。我們購置了許多科學讀物，像科學教授套書（故鄉），青少年智慧金庫，中國孩子的疑問套書，兒童百科圖鑑（光復）套書，牛頓科學研習百科（牛頓）等等大部頭的科學讀物書，還有其他科學讀物故事書；另外科學家的傳記，如愛因斯坦，牛頓，居里夫人……的傳記，鼓勵他們自行閱讀，讀過了將心得或問題報告出來與大家一起分享或質疑討論；此外，更隨時添購坊間出版的兒童少年科學實驗與器材，也鼓勵他們參加科學夏令營。有空的時候，跟他們做科學實驗或遊戲，兄弟姊妹一起玩很高興，沉醉其中，我們則是要隨時注意安全防範有些遊戲或實驗可能發生的危險。小孩的同伴，也常有人會到家裡來一起玩，只要他們有興趣並能遵守遊戲規則，均表歡迎。有一次老二將在家裡與爸媽一起如何做科學實驗寫出發表，羨煞了很多小孩與家長。

社會普遍重視孝道，為人父母者盡心盡力養育管教小孩，以盡天職，亦圖感恩圖報。當時，以小孩為優先，好吃的都留給小孩吃，不少人都有相同的觀念，只是做法上有所不同而已。一方面是因為食物少，小孩正在發育，最需要營養；一方面，傳統養兒防老，積穀防饑的觀念尚存，好好養小孩，將來長大了，知所反哺報恩。社會上普遍敬老尊賢，人老了，無法做事，子女長大，必然奉養老人，否則就是大逆不道。所以在當時的社會框架裡，人越老越幸福，多子多孫多福氣，大家做父母的也無不想多生小孩，適婚的男女也都期待結婚。沒有少子化的問題，只有節育人口，怎樣實施家庭計畫的問題。

插足特殊教育

❑接任特殊教育中心主任

在台南師專推動盲生走讀計畫成名的特教專家毛連溫博士，後來到本校教育系服務，並為本校創辦了特殊教育中心，以響應教育部重視推動特殊教育政策，並發揮本校對地方教育輔導的功能，擴大本校對南區教育的影響。後來毛先生離開到教育部擔任國民教育司司長，特殊教育中心出缺，院長要我接任。我對於視障聽障各種障礙教育並不專攻，不過對於學習障礙及資優教育倒是是蠻有研究的，並不陌生。我的第一篇學術研究研究的就是學習困難學生，在台師大修教研所郭為藩教授開授的特殊教育時完成的；對於資優教育，也因為在台師大教研所期間跟隨賈馥茗老師學習而有心得。只是當時我心中已有出國進修的念頭，可是尚未準備規劃好又不能說，我斟酌再三，才勉強接下來。

❑一人中心，卻是多功能

特殊教育中心的功能需求是多方面的，從鑑選，測驗，輔導，諮詢，到訓練，都包括在內。可是，組織體系未立，根本沒有員額編制，只是一人中心，連這一人主任也是兼任的。那時候本校尚未設有特殊教育系，沒有特殊教育專長人力可資配合運用。不過，那時候一人中心的中心倒不新鮮，不限於特教，其他很多中心亦然。地方上的基層教育辦理各特教班級，亟需本校特教中心發揮功能，幫他們選擇適當的學生，也需要指導編製教材，提供或推薦教具媒體，提供學習的輔導與協助。且當時中小學實際擔任特殊班的教師，大部分的都不是科班出身，多數不具特教資格，臨危受命或臨需將就，甚至有些老師是為調校方便，借用特教師資缺額來的，意不在特教，有機會就轉回她的專長科目囉。因此熱誠有餘，專業知能不足。所以需要協助指導教學的地方很多，特教教師訓練與進修的需求也非常迫切。

一人中心想滿足這等需求，心有餘力不足，往往覺得眼高手低。所以我接任中心主任之初，先沉住氣，通盤了解中心之功能及地方上的需求之後，不能打腫臉充胖子，暫時把不能做的先按下，能做的趕快做優先做，而且切實做好。我們只有一位工讀生，還好獲得教育系陳英豪主任的大力相挺，得到一位教育系助教偶而來協助，義務幫忙，真謝謝他。

❏資優生鑑選嚴謹客觀公正，拒絕壓力

我對測驗最具信心，中心要負責特教生的甄選，可以做，而且對家長學生來說影響最直接，且眾目睽睽之下，要絕對公平，不能有一點差錯。鑑選工具要選用經過嚴密的標準化測驗，必須建立有可靠的信度，效度考驗兼顧建構效度或預測效度，製作過程經過嚴密的項目分析，而且一定要經過專家與學者組成的指導委員會討論選用的標準化測驗，避免落人口實。

後來為了需長時間的觀察，更要重視導師的意見。好在教育系專家們特別編製有「觀察量表」，供導師悉心觀察評量做紀錄，由導師先按規定的觀察量表逐項觀察評分，並書面評論推薦，提經委員會審查通過才接受為初步甄選對象。

鑑選測驗分兩階段，第一階段先接受團體測驗，一為文字測驗；二為非文字測驗。初選合格，委員會審核通過才能參加第二階段的鑑選測驗。第二階段接受標準化的個別智力測驗。除了慎選測

驗工具外，測驗實施也是重要的一環，尤其是個別測驗，它是標準化晤談，類同口試。施測人員的精練嚴謹客觀公正需嚴格要求，完全依循標準化程序實施，以提高測驗的信度，效度。為此，我們在施測前的訓練非常嚴格，施測者都是我們教育系的高年級學生，他們都學過心理測驗，在經過密集嚴格訓練，按照測驗手冊演練實施達到精熟程度，實習及格才派上用場。無論測驗的說明、舉例演示、記時、受試者疑難應對處理、記分等等，都先備好嚴格的操作秘笈以茲遵行，絕不容許錯誤。測驗後的結果或有任何懷疑，一定提到鑑選委員會討論審查核定。當時的特教資優班大部分是自足式，有強烈的標籤作用。家長都以自己子弟進入資優班為榮，承辦鑑選工作一定要有為有守，要有原則有定力有抗力，抵得住各種壓力，還要規劃嚴密，執行認真。所以施測人員的研習訓練是主要的關鍵。

還好在我手中承辦好幾次的資優班學生鑑選，都很平順滿意。最得意的，也被認為最成功的一次，是幫五福國中鑑選的資優班，這一班後來成功的考上醫學系破了記錄的，竟達十幾個人之多，其他也都考上國立大學自己所喜愛的學系。當時人家都問你怎麼鑑選出來的，太神了。自足式的資優班，學生人數三十人，教師編制員額二人，生師比小，教學環境較優，學校家長較重視，班級文化氣氛積極，企圖心強，人人有非我莫屬，捨我豈誰也的雄心與態勢，所以後來發展看好。

當時的家長奮力爭取進入，無論國小國中都一樣，當時還有由台師大相關學系鑑選輔導的數學資優班，音樂資優班，美術班，舞蹈班，體育班等等。競爭激烈，全是高手，仙拼仙，也容易製造挫折。另外，沒有機會跟一般的常態學生相處，少有正常互動的機會，在發展過程中有缺憾，且社會生活是多方面的，從小只重視特定方面的發展，其他方面的發展難免被忽視掉了，生活層面不夠寬廣，社會適應的彈性不足。後來特教安置方式的潮流，慢慢就轉為分散式或融合式的。是否重視資優生的及早培養，如何安置資優生有所得有所失，並無絕對的優劣，其取捨視社會的氛圍與期望而定。

❑智障生鑑選成班，要者不來來者不要

為智障學生設置的國小的啟智班與國中的益智班的招生又是另一番狀況。這類設在國中與國小的特教班級，當時招收對象為輕度智障學生，另獨立設置的啟智學校則以中度智障學生為招收對象。國中益智班與國小啟智班的招生常遭遇困難，就是要者不來，來者不要。智障學生的鑑選，也是特教中心協助，除了觀察報告以外，主要依據智力測驗的結果。經鑑定為輕度智障者，為啟智班與益智班招生的對象。

報到入學之前，導師先做一次家庭訪問，有些家長表示興趣缺缺，可是有的不適合者卻極力爭取。訪視過的老師回來說有家長說她養有三個小孩，錄取的這一個最聰明，卻錄取在啟智班，叫父母情何以堪。家長認為她應該是進資優班才對。你們是否搞錯了，她希望最笨的那一位進到你們啟智班，而你們啟智班卻拒絕。父母心目中小孩個個是寶，賢能與不肖智愚只有在家裡面比較，資優智障也只在家裡比較。父母都希望生養的都是天才資優，生養到智障的很難接受。

家長心中的智障常常指的是難以自理的重度智障，該是屬於社會系統監護機構負責的對象，非屬於當時國民教育系統內的啟智班招生對象。啟益智班招收的是輕度智障生。其實不少家長本身程度不差，有很優質的家長生養出來的不幸是智障，少數是由於突變，而多數是發生的原因，吃錯了藥或受了傷造成的，如果能夠早先接受親職教育或健康教育，或許能避免或降低機會。有些先進國家適婚男女都要接受親職教育，有其道理。

後來高雄市就增設了中度啟智學校，還增設到三個學校，符應家長的需要招收中度的智障學生。報名對象超出預期。我只擔任一年中心主任，以一人中心能夠順利推展特教中心的任務，尤其

是鑑選學生的工作，特別感謝教育系陳英豪主任熱心相挺與教育系同事好友的鼎力相助。另外當時與台師大特殊教育系中心常有來往，中心主任吳武典教授是我的老同學，又是心理組的老友，且是大二時候參加高考時同科及第，他給我很大的協助，真感謝。否則只靠一人兼任的中心，即使有三頭六臂，必感心有餘力不足。

做滿了一年中心主任，正好我申請到了美國進修機會，而且正好大學同班老同學吳鐵雄學成獲得博士學位應聘到本系來，由他接任中心主任工作再適合不過了，讓我擺脫掉行政工作，能順利出國。

追逐出國鍍金喝洋水之夢

❏申請出國進修

博士學位在當時是非常吸引人的頭銜，人人豔羨。尤其是洋博士，它代表喝過洋水，鍍過金，有學問，會研究，一等教授，永不退色。沒有博士，即使你升上了教授，人家也認為你是靠年資升上來的；你發表過多少論文，人家還是認為你是土法煉鋼，到底做得對不對呀，你不能教研究所，更不能指導研究生論文。

當時研究所初設，研究生也只有少數，研究所教授令人刮目相看。我覺得我做的原創研究最多，國科會得獎最多，發表的正式論文最多，受到學術肯定最多。結果連在研究所開課的機會都沒有；且升等機會有限，沒學位，要通過相對困難，心情納悶。以前我本就很想出國深造，攻讀學位，無奈經濟不佳，雙親又年邁體弱，子女尚在襁褓之中，如何捨得把重擔交給妻子獨撐，自己一走了之？！所以一年錯過一年。如今雙親已先後過世，安葬故園。

我開始起了出國進修的念頭。一九七八年老大與老二分別上了小學，最小的也上了幼稚園，都表現不俗。同時我在國科會年年給予獎勵之下，已累積相當的研究成果與論文，應該是可以考慮到出國進修攻讀深造的時候了。

當時出國進修可能有幾條途徑。一是申請到高師大結盟的美國姐妹校進修。但是當時與本校結姊妹校的學校有限，屈指可數，只有東伊大，西佛大，北卡大，科羅拉多大學，而提供有博士課程的幾乎沒有，好像只有北科羅大，且名額同期間每年只有一個，好幾位不具博士學位的一級行政主管系主任，都在伺機行動；第二個途徑是美國傅爾布萊特基金會提供的獎學金，待遇優厚，獎金名額稀少，人文社會類的每年只有一位，以攻讀博士學位為目標，全國大學教師皆可申請，還要先口試，已有出國進修經驗者較有利。以上兩種途徑不太適合於我，勉強申請也難如願。

至於要考普通科目，大學畢業即有資格應考的公費留學考，每年規定的類別不一定適合所需，且準備那些普通科目實感厭煩，對於一個教這麼多年書，年已四十的我來說，我不會感興趣。所以，我想利用國科會補助大學教師及研究人員專門學科出國進修辦法，雖然獲得補助期間不得超過一年，一年期滿回國原機構續專職兩年。依此一辦法，要攻讀博士學位不容易，更不可能一氣呵成。不過我在國科會留下的紀錄可圈可點，十之八九有獲獎機會，且名額較多，待遇也優厚，可付學費與生活費，交通費也可檢據核銷。於是我利用此一辦法於一九七八學年度向國科會申請到美國進修。

❏那一年我申請國科會科技人出國進修，卻不幸美台斷交

正當期待申請案何時下來的時候，萬萬沒想到，當年十二月十六日，傳來美國政府決定於次年一月一日與大陸政權正式建交，政府發表聲明我中華民國政府將於同時與美國斷交，以堅持還台以後勢不兩立的不權變政策。長期以來支持我們的美國盟邦，也是留學生嚮往的美國，遽然與台灣斷交，朝野所受打擊非同小可。雖久來已有跡可尋，遲早會有這麼一天，但是沒有警訊，連先總統蔣經國先生都是半夜被吵醒告知的，一般人都感受到如同晴天霹靂，抗議示威頓起。正在熾熱進行中的中央民意代表選舉，也都緊急宣布暫停喊卡，政府一切運作進入緊急狀態。

這真如天邊飛來隕石重創地球一樣的突然與震，從未申請過留學美國的我，竟然第一次申請就

遭逢巨變，茫然不知所措。當時有人謠傳所有申請留美補助案全被否決，申請美國留學的占大多數，審查者也大部分是留美的，且學術跟政治應該不能混為一談，我相信不可能是真的。但本來十二月就會決定的，延擱了一個多月，都毫無消息，原因是政府各部門緊急應付突如其來的變故，緊急會議太多，且台美兩國斷交之後，關係應如何維持，留學管道是否受阻，也待協商。凡此種種，如何因應對策煞費思量，應變事情如麻，主事高官分身乏術。

❏一再推遲，選的自由度受限，還是選對了好學校

一直延到一月底終於有了消息，國科會基於我過去的研究結果所顯示的研究能力與對於研究主題的肯定，核定同意補助我到美國進修，留職留薪一年，並按國科會辦法核實補助，包括旅費，交通費，書籍費，生活費，與參加學術活動的差旅費等等，比公費留學的待遇優裕。我很高興能夠如意申請留學美國，只是我並沒有成竹在胸，時間倉促，如何及時申請到如意學校。在電腦尚未普及，網際網路尚未問世的時代，只能靠平面通訊。到美國新聞處查閱各大學概況，函索申請入學簡章及表格，發現很多學校，尤其有名望的大學幾乎都已過了申請截件時間，有些學校截止收件時間較具彈性，少數大學申請時間尚且寬裕。只能就後兩種學校，考量自己的條件及需要，該大學的博士班課程性質及入學要求與學費做選擇，詳填表格，備妥英文成績，學歷證明，財力證明，參加托福考試，成績證明，教授推薦函，籠籠總總，分頭逐項進行準備。感覺的確千頭萬緒，且由於第一次，頗感陌生，光是打字填表格都感困難，打字本就不在行，填打在表格上更難。推薦函常要自己先打好撰寫初稿，郵寄送請推薦教授審查修改同意寄回後撰成定稿，有時候還要專程北上面謁教授，恭請推薦並當面指導，始能符合推薦教授之意，希望能多加美言幾句，強力推薦。

經過約三個月昏頭轉向的準備，獲得四所大學的入學許可。其中威斯康辛大學（University of

Wisconsin-Madison）我最中意。她在教育學術領域排名向來居於前茅，頗有聲望，聽說她是公立大學，學費比一般公立大學高，仍為國內外生爭取的對象。她位於中西部的一個城鎮，是一個大學城，治安校園優美著名於美國，適合居住，適合好好的念書，做研究。雖然不夠繁華熱鬧，但是治安良好，尤其台灣留學生最多。雖然大家都說氣候極端寒冷，學校給的資訊特別提到，冬天酷寒，氣候極端，應備禦寒衣物，學校文化崇尚自由開放，沒有種族歧視。台灣四季如春，氣溫太熱，我心裡想，要留學就是要經歷不一樣的，學習不一樣的，越不一樣越好，所以我選上她，雖然還有三所其他學校也給我許可。

❑出國前，暑假帶全家到澎湖一遊

我曾經每個週末與吳又吾教授來回馬公，教授高師大教育系設在馬公高中的澎湖巡迴班，教過的澎湖學生對冒著危險不怕辛苦的遠來教授來教他們，讓他們圓了上大學之夢，非常感激，上課特別認真，且每次都到機場接送。

設在澎湖的巡迴班，只設一次，一設就要學系裡面每個週末輪流有兩位老師跑四年。最後，大家都怕了，停設。不過，澎湖巡迴班真是造福了很多服務澎湖的中小學老師。在當時澎湖沒有任何大學高等學府，想進修獲得學士學位，簡直是夢想。許多小學老師非常優秀，只有中學師範學歷，苦沒機會上大學。提供這麼個機會讓他們有機會大學畢業，從此脫穎而出，當上國高中職校長有之，進一步進修得碩士甚至博士者當上教授有之，任行政官員有之。

後來，當他們得知我一九七九年暑假即將出國一年，吳又吾教授要回美國大學任教，以後見面機會不多，特別邀請我們兩位老師全家到澎湖一遊，參觀他們服務的學校，並朝拜佛寺聖廟與景點。有他們的導遊，非常順利愉快。途中帶我們去香火鼎盛的關聖帝廟忠義宮拜拜，我即將遠行，拜請關聖帝賜給我一支聖籤，喜獲賜上上籤，是我畢生難得抽到的上上籤。有了聖帝的加持與保佑，讓我信心倍增。我跟家人感激莫名，頂禮膜拜，感恩至今。難得帶全家出國前澎湖旅遊一次，頗為難得。

❑離情依依　卻馱著無法負荷的重，出國了，想念妻兒

申請到了，一則以喜，一則以憂。喜的是可以圓出國進修的夢，憂的是千頭萬緒，申請程序繁雜。接著下來的實際問題一籮筐，妻子要上班，兒女上學上課，家事有我在已夠忙了，往後一年怎辦，在矛盾的心情下，還是多方考慮，多方請教，用心準備。該做的事還是如常的做，該預先安排的事先預準備好。

一九七九年暑假，還是照上暑期班。原以為準備出國，可以逃脫最累人又逃不掉的暑期班，還是不行。這種利用暑假期間讓國中教師取得教育專業資格的學分班，從我來到高師就沒停過。每位教授講師，專任兼任的，教育行政機關官員具有講師以上資格的都來教，這種班太叫座了，每年暑假，再開多少班，盡可能的開還是開不完，每年要結束，就是結束不了。所以雖面臨出國進修在即，百事待辦。當時觀光出國旅遊還沒有開放，什麼都不懂，要辦理護照，簽證，訂機票，結匯……這些都是第一次經歷的新鮮事情也夠煩的了，真是整人又花時間。

終於一切辦理就序，八月二十五日，下午妻子兒女全家陪我提著兩隻大皮箱，搭台鐵輾轉到桃園國際機場，住南崁的大姊一家人也來握別祝福我一路順風。看著扶老攜幼，妻子帶著三個小孩對著我依依不捨，三個可愛的小孩貼近我身邊說不讓你去，要把爸爸拉回家。我視線模糊，我擁著他們，教他們聽媽媽的話，不管爸爸到哪裡，爸爸的關懷和愛心都在你們身邊，你只要聽媽媽的話，每個晚上都會聽到爸爸的。媽媽強忍著即將奪眶而出的眼淚，說跟爸爸說再見，明年這個時候我們來接爸爸和禮物。我揮別了愛妻兒女和大姊一家人，揮別了人群，揮別熟悉的綠樹花草，只留下沒

有感覺的沒有情份的白雲與藍天陪著我飛。坐進飛機座位，不覺得好奇，內心洶湧起伏難以平靜。許久以來，一直追求出國美夢，一旦成行，竟然是這般的煎熬難過與不安。現在我才真正領會到以前在台師大教研所當助教，幾次到松山機場送行同事們出國進修，目擊他們全家大小哭哭啼啼，依依不捨的送別的傷心感人場面，令人鼻酸。

華航班機在夏威夷轉機 AA 航空，到舊金山機場入境，正式進入美國國境。不管飛機如何轉機，我都睡不著，還是思思念念妻子兒女，我想像此後一年要怎麼過，太太上班，如何帶小孩，如有病痛怎麼辦，今天他們送走我之後，如何回家，回到了家嗎？而我到那個陌生的國度又要如何過這一年？

一切都那麼茫然，令我惶恐不安。最後我耐不住，我拿起筆來在小冊子上寫出我心內話。

親愛的妻子暨可愛的寶貝兒女：

爸爸與你們道別已經很久很久，我也數不出來，只覺得很久很久就是了，時間過得好慢。現在我坐在舊金山轉機飛往芝加哥的班機上，美國時間應該是半夜三點多了。不過爸爸的手表並沒有照美西時區調慢，為了要容易知道你們回家的時間。如果沒有弄錯的話，你們應該在一點多的時候回到我們家了。我好想打電話，可是飛機上沒電話打，也不能打。等到達目的地再想辦法。

……現在我在飛機上，望著窗外，只見黑漆漆一片，飛機飛得很平穩，沒有亂流，除了馬達聲音什麼也聽不到，機內坐滿滿的兩三百旅客，看來都在沉睡中或假寐當中，一個都不認識，可是我的心中卻並不平靜，亂流在心海裡亂竄，震盪起伏不已。……

我想到了你們，看到了離別的一刻，依依不捨，爸爸道別又那麼地匆匆，身不由己的隨著人潮湧進機艙裡，飛向不知的天空，至今尚未落定，宛如一根小小的浮萍飄流著……

我想到媽媽是否能夠撐得住這一個沉重的負擔，母兼父職；我想到小莉，可愛的臉兒，過人的音感，平時的用功，是否會因爸爸的忽然離開出國而受到影響？我也想到了你們靠在爸的身邊，輕輕地跟爸說「要把你拉回來，不給你去」，爸爸臨走時，顯得那麼難過，讓我心如刀割。想到森兒的聰慧，好學，也有點好玩；想到了小君的活潑，聰慧與好學。想到你們天天都要跟爸爸說一些心底的話。我好怕爸爸不在家的一年，你們會不會失掉許多，爸爸很少不在家，打從你們出生起。牽手，從結婚起，我就捨不得離開妳和我們的家，我真的很捨不得離開家，因為我捨不得妳孤單，捨不得妳獨自挑著重擔。每次出差開會都急於趕回家，陪伴妳，沒想到一離開就這麼遙遠，久遠……我拿起你們相片起來看，忍不住眼淚奪眶而出……

不過，希望我們都不要太難過，一定按照我們原先的計畫，為遠大的未來而忍受暫時的別離，還是照平常一般的做功課，彈琴，運動，吃飯，睡覺，我們要互相勉勵，爸爸在國外也是要自我惕勵，大家都要照顧好自己，互相勉勵，再見。

永久愛你們的爸爸字。寫於舊金山到芝加哥途中。1979, 8, 26

❏到達芝加哥機場，轉飛向我的目的地，Madison，麥迪遜

八月二十六日下午七點多到達芝加哥，當地時間還是清晨五點多，天還沒有亮，一切還在睡夢中。這個美國第二大都市，工商業大城，從空中看下來的確很大，雖然不是華燈初上，而是睡意朦朧的午夜，但夜燈路燈所含蓋之範圍還是驚人。國際機場裡面，雖然大得驚人，停機坪一望無際，登機門出入口不知總共幾個，現在除了少數長途航線下機外，旅客並不多，服務人員也寥寥無幾，幾乎找不到，倒是到處都可以發現黑人躺在候機座位上睡覺，或遊蕩，看來非善類，想來這就是給

遠來新鮮客驚嚇的特色。

不過我對美國大都會早已聽說不少，並不怎麼驚奇，倒是有點怕怕被搶。第一次到達這麼大機場，人生地不熟，要問路也不知向誰問。尤其由芝加哥到 Madison 要轉機西北航空，由 AA 到 NW 登機口，不知如何走，毫無概念。聽說曾有留學生初次到達，出不去，在機場打地鋪過夜的。還有兩個多小時，應不致於不夠時間，只好邊散步邊找，順便看一看機場少數二十四小時商店，問了幾個比較正常的熟悉客，等到達 NW 櫃台辦完 check in 手續，已耗掉一小時，還有一個半小時。

七點五十分轉上西北航空飛往目的地 Madison。短途國內航線，飛機飛得並不高，坐在窗旁座位，望著窗外，藍天白雲，異常清晰，俯視大片土地，許多湖泊散佈其間，土地規劃良好，農田大片大片，一望無際，農舍農村稀少，機器化放耕；臨近目的地，但見建築規劃用心，井然有序，交通網如織。八點二十八分準時到達 Madison 目的地。飛過了半個地球，離家背景，滿懷思念與鄉愁，也帶來無限的嚮往與夢想到達這一個陌地生。真是怪？也真惶恐？所為何來？一年後我要帶什麼回去呢？如何能不虛此行？

下了飛機，順利提領到了托運的兩件大行李。由於歷經轉機，最擔心遺失的行李終於領到了，也沒有損壞。同學會早已安排有接機學長，及時來接我，和另一位同學。沿途看到的都是風景雅致，綠草如茵環繞，異國情調的尖頂房舍，整潔又井然有秩的街道樓房，具有少見的美感。天氣已有涼意，感覺像台灣的中秋時節感覺，天高氣爽。大約半小時就到達了威大學生活動中心 UNION SOUTH。看來這個小市鎮給人的感覺很好，蠻適合做學問的地方。好可惜家人不能一起來，這樣的景觀，這樣的氣候，妻兒一定很喜歡。

❏終於找到了落足處，第一告知妻兒

飄呀飄，飄過了浩瀚太平洋，飛過了一重又一重高山，越過了不知多少湖泊，來到這個完全陌生的地方，麥迪遜，Madison。妻兒還不知我在哪兒？

先找個可以落腳居住的地方告知他們比較急要，雖然 UNION SOUTH 也可以暫借住，但學生會有先提供幾個機會，UNION 也有租屋的資訊在布告欄上。學生會學長都住此地多年，提供的訊息較為適合，他們很熱心，對這個剛到的新鮮人，倒蠻關心的。

他們帶我去看房子，節省不少時間，少走了很多冤枉路，也避免吃啞巴虧。他們提供訊息，教你租房子的規矩，如何跟他們訂租約，如何保護自己的權益，如何才租到適用可靠的房子。很快的隔天就在陌地生租到一間學生公寓，坐落在春之街（Spring Street），離系館五分鐘，離圖書館約十分鐘，離電腦中心三分鐘，但是距離購物中心就遠了。我感受到同學會很重要，學校的學生活動中心也很重要，沒有他們的協助，對於一個初到這裡的國外留學生一定增加無數的難題，感謝他們的協助和接待。

房子已租定，最重要的就是，快告知妻兒，讓他們知道，爸爸沒有失蹤，他正落腳於地球背面的哪個角落，可以有地址寫信了，說出內心的話。

❑麥城眞是一個大學城

威大所在的 Madison 是個大學城，是一個小城鎮（town）。我一落足下來，迫不急待的想一睹我來的大學到底是怎麼個樣子？所以一拿到這剛剛取得的大學城地圖，走一走，認識認識。我才發現她真是大，真是名副其實的大學。學校的 Buildings 很多很多，與商店，政府機構，民房民舍，社會機構，教堂，農場，自然景觀雜然相處。甚至還有公路，快速公路，鐵道穿越其間。

我想既然是一個這麼大又有名氣的大學學校，一定有一個宏偉的校門玄關，讓我們堂堂正正由正門走入，升堂入室，見其堂奧，可是我就是找不到，我疑惑再疑惑。我問路人，Where is University of Wisconsin? 回答說，Right here。Would you show me where is the façade（大門）? No, no façade。

倒是到處可以看到，木板釘的小地標，紅紫色的。小地標以白色油漆標示學校名稱，插在樹下或草地上，作為路標，且到處都看得到。這大學沒有圍牆，沒有宏偉的大門，沒有玄關，真是新鮮。

Madison 大約二十萬人口，為威斯康辛州州政府所在地。威大是最主要的機構，大學教職員工生約五萬人，如果連同眷屬算，幾乎占了整個城鎮大部分人口。原來大學城是這個樣子。我希望能夠把學校建築一次看光，校園景觀實在漂亮，名不虛傳，卻怎麼也看看不完，越看越迷糊。走得累呼呼，還沒看完。

❑初到美國，眞的不懂怎麼生活

初到美國，真的不會生活。本來以為已經活了四十年，經歷了很多，哪一種環境沒待過，除了語言問題，到美國還不是一樣生活？可是現在我才覺察到其實不然。外食幾餐之後，真的不習慣也吃不來他們的飲食，而且很貴。當我隔了好幾天吃不到米飯，第一次吃到熱騰騰的米飯時，是那麼樣的芳香，娜麼親切，好像已經好久好久沒有品嘗過的芳香。不要什麼菜，就吃得津津有味，飽足得不得了。原來我們米飯這麼好吃，過去為什麼從不覺得呢？

像許多留學生一樣，我渴望吃我們的三餐。三餐是不可能的至少每天自己做一晚餐。還好準備了電鍋來，這是學長特別交代的，最需要用到的。這一電鍋在入境的時候，差一點出問題過不了關。海關人員竟然什麼都看一眼就放過，只有對這一個電鍋，又敲又打，又問，再問，為什電鍋有夾層，本來要拿電鋸鋸開，看裡面是裝什麼，解釋再解釋，任何電鍋都如此，這台灣第一品牌大同電鍋，難道你沒看過？我買來從未動過，連包裝紙盒子都是原裝的，不可能裝什麼。請你不要敲開，不然就毀了，不能用了。我說夾層是為保溫，燜飯，才節省用電，米飯才會好吃。請你用任何其他方式檢查，就是不要敲打開，於是官員拿出好多工具出來，再敲打，再聽聲音，裡面確實沒甚金屬外的雜音，審視再審視，也無任何跡象顯示曾經打開過，再問問職業，來美國幹嗎，我說我是台灣來的副教授，到威大當訪問學者（visiting scholar）進行一年 advanced study，終於順利過關，今天才能做吃到渴望已久的晚餐。

❏留學生過得很辛苦，為了學位，千辛萬苦，備受煎熬，所為何來？

採購是一大難題，大型購物中心都在郊外，走路要走很久，搭公車也要三、四十分鐘，買了需要的日用品食品蔬果，抱著大大紙袋的物品，耗時費力，難矣哉。所以一定要有車代步。我計畫只待一年，哪可能買車？沒車子就要仰賴有人給搭便車。男生找 ride 不容易，老熟男找 ride 更難。有人接機已經很奢侈，也讓許多人羨慕不已。男生有感而發，在同學會迎新表演時，演出他們沒人接機，沒人理的辛酸，演活了，並引起多人的拍案共鳴。看在我是在職大學副教授的面上，還有人偶而給個 ride。但是也只是偶然而已，並非當然，大家忙得不得了。

留學生窮，學費貴，功課忙不說，晚上週末很多都忙著出去打工，或餐廳端盤子，洗碗，或幫為洗菜，拔蘿蔔，採水果。全靠台灣家裡接濟，當時新台幣四十五元匯兌美金一元，結匯到美國去繳學費，生活費，有幾個家庭受得了？何況多數父母親都是公教人員。那個時代，飄洋過海留學是奢侈品，是鍍金，拿到學位，頂著洋博士的學位身價百倍，不知翻幾個翻，所以再苦大家也忍受。即使從小在台灣養尊處優的千金小姐或少爺的到美國以後，夾克一穿，背包一背，什麼苦都逆來順受，寄望有一天，學成歸國，麻雀變鳳凰，榮耀門楣。

❏高度階級化，高度消費的社會，誰是強者，誰是戰敗者

Madison只是一個市鎮，中心不是沒商店，可是貴得離譜，買的心疼又殘忍。生鮮食品比起市郊的大型購物中心起碼貴一倍，留學生誰買得起？剛來的時候，為了在飛機上方便舒服，穿嘉裕的滑扣長褲，等到達之後要替換，才發現竟然皮帶沒帶來，只好就附近街上找，可是就是找不到適合的，百貨店，服飾店，皮鞋店找不到較適合的，後來到家百貨公司買，找到較適合的卻貴的離譜。最後找到一條合用的且價錢較普通的，也要五十美金，換算兩千多新台幣，真是嚇到了。可是不買沒得用，自己沒車加上人生地不熟，也不能到大型購物中心買平價貨。當時台灣社會商店沒分等級，但在美國商店有明確階級化，這種商店聽說是供中上階級消費的。我不認為一個留學生買得起這裡的東西，但是為了急需，只好硬著頭皮買下來也是當作留念。我一去就跑錯商店，弄錯身分買高級貨，還好皮帶一條而已，還不至於破產。

美國當時的社會已經是一個高度消費的社會，以消費刺激生產，製造就業機會，盡量消費盡量生產，盡量享受，能享受得起高級享受的，才是成功者，消費不起或不知消費者，就是失敗者，落伍者。車子代步就好，卻要製造又大又寬，有派頭的車子，且不是很耐用，需要常常汰舊換新的車子，講求年分，油耗越大越好，派頭越粗越好。地大物博，好像取之不完，用之不盡。

沒什麼環保概念，購物商店集中市區，省時又方便，卻偏偏蓋在方郊野外，刺激車輛的需要用量。夏天冷氣調到最有感覺的超冷，要你非穿外衣不行；冬天外面下雪，裡面暖器開到叫你流汗，只穿單衣。有一次我跟一個老美說，他說，這樣才有感覺，才舒服。不然，製造機器幹嗎？

留學生在這樣社會裡面是窮酸者，即使買車子也是撿買舊車，人家不要的舊車，可能是二手，

三手的，甚至不知換幾手的貨，就是撿便宜的。買東西就到最便宜的購物中心，當時的只能到KMart。即使在KMart也要挑最便宜的，像雞肉中的雞翅膀，打針劑的入口處，激長素，抗生素最多的部位。買不起她們的菜加上沒時間，最便宜的，最省事的另一辦法就是請家人寄泡麵當飯吃。一般留學生都過得非常刻苦，也非常用功。因為目標顯著，誘因強烈，受盡冷眼熱諷，逆來順受，受盡煎熬也要把學位帶回來，因為文憑在當時台灣真是太有用了。拿到博士文憑，社會認為你是有學問的人，你是聰明人，你是菁英，你是專家，你是權威，你絕對有令人羨慕的職位，你不可能是壞蛋，也不可能流氓，也不可能去炸雞腿，也不可能失業，備受尊崇。

可是當我客居下來，我發現我的室友是一個老美，已經拿到博士學位，卻遲遲找不到工作，意志消沉，天天發牢騷，看啥都看不慣。看你們這些外國人跑來攻學位，覺得可笑，看你煮飯炒菜，更看不慣，看你牛奶還再熱一熱才喝更看不慣，他每天喝一罐冰牛奶，隨手一杯咖啡，一片麵包，少用到爐火，他說生活簡單自然，最好應該住到鄉下去。有無工作無所謂。他是高度消費社會中的低消費者，他是資本主義社會中的高級無業遊民，他是高競爭社會的戰敗公雞，他的文憑一文不值，他對社會十分不滿，隨時可能會製造什麼問題出來。我擔心什麼時候台灣社會也是如此？什麼原因造成文憑是黃金，什麼原因讓文憑一文不值？文憑是黃金好？還是變成廢紙好？何者較佳？何者是正常？我心中充滿疑惑。

❏把握初衷，辦理註冊選課

事情要看真相不能看特例，要看通例，不要只看變態，要看常態，不要只看特殊，要看一般。經過幾天的沉澱澄清，我讓心情沉澱下來，我做好註冊開學的準備。我帶著進修計畫而來，我獲得國科會的支持補助而來，我向服務學校請得公假進修，留職留薪而來，我拋家棄兒而來。每一項代價都非常之高。我不枉費初衷，我不能不滿，我不能洩氣，我要全力動員，武裝自己，用功再用功，雖然前途艱鉅，雖然擔心未來台灣不知如何，雖然生活困苦學習阻礙重重，我要趕快註冊選課上課。我把註冊選課手冊一大本，詳讀研究，了解各相關學系及本學系開列的各個課程任課教授，再請教學長和暫定的Adviser，如何選課。我相信我們的國家，是充滿前景，只要努力就會成功。

我選在教學上，學術研究上最需要充電，最有用的，且將來專攻學位也是必要的課程。高師大是年輕新設學校，學系分化尚未充分，一個教育系概括包了所有教育相關的各種課程。我來到威大（University of Wisconsin-Madison）大開眼界，教育相關類系包括有教育心理系，教育政策學系，教育領導與行政學系，課程與教學系，學習障礙學系，輔導學系，職業與成人教育學系等等。每個學系再分若干群組課程。以我申請的是教育心理學系來說，該系課程裡面又分四個組……人格發展研究，學習心理學，研究方法論測驗評量與統計，教學方法等。所以課程分化專精，絕非當時高師及其他國內大學學系籠統渾沌可比。但是，專精又要力求統整。對個別研究生的學習，則除了主修（major），要求必須副修（minor）。副修要選擇主修學系外的其他學系，且不限於教育相關的學系。有一個韓國留學生主修教育，卻選體育系的高爾夫球副修。台灣有一位學長主修教育心理學，卻選美術系為副修，不僅讓留學生活多彩也多姿，而且後來回國後的發展，不在主修的教育新學領域，卻是在副修方面大放異彩，分別成為藝術學院的校長，體育大學的台柱，政績彰著，令人刮目相看。

我進修時間限制很緊，沒時間悠閒學習，跨太廣領域，且在台灣的專職開授教學課程，在威大本來即是跨領域。我教教育社會學，亟需洞識教育社會學的博大與精深，演進研究與現在發展趨勢。我雖然學籍在教育心理學系，亟想研修更多元的教育學習方法，我對於教育政策與改革本來即感興趣，所以我副修教育政策與領導學系，那個學系又開設甚多的教育政策議題教育社會學。另外，威大的社會學系有發展出有名的威斯康辛研究模式，蜚聲遐邇，不能錯過。我選了很多社會學課程，超過副修學分限制時，即以旁聽方式上課，捨不得不修。

我對於台灣教育上的困境洞察清楚，感受至深。主修課程，我選擇了學習與教學，尤其是個別化教學，與資優教育，在教育心理學的理論基礎上。不用多加遲疑的，我長期從事學術研究，最感需要的是研究方法與先進的研究技術與電腦，更絕不放過，來此的目的，就是學習先國家的先進方法與技術。在此可靜下心來，好好學習，才不虛此行。

—•千山萬水隔離，家人常相左右，思鄉夢•—

❑定期跟妻兒打電話，是必要的功課

到達美國，若有所失，因為看不到親愛的妻子和三個可愛的兒女。所以一下飛機，就想利用公共電話打長途國際電話，雖嘗試過，可是不熟悉，又等待，又常搭錯線，又貴。後來學長讓我借用他們的電話，再按電話費明細付費，只不過這是救急辦法。

請教學長有哪幾家電話公司，在哪，急忙地以最快的速度備齊好資料，立即到最近的電話公司，去申請裝置一個電話門號，是根本辦法。聽學長說美國當時申辦電話非常便捷，不像在台灣，當時申請了之後，要等個幾個月，甚至一年半載電信公司才來安裝。她們已很先進了，且電信業已開放民營，彼此競爭，各家公司服務品質差很大，有的一撥就通，干擾又少，有的公司常會有障礙。我打聽好 AT&T 打國際電話最有效又經濟，去一趟即把門號搞定，順便買了一部話機，抱著回來，安插進房子預先設置好的電話線插座，就可以通話了。當時覺得進步的不得了，如同天方夜譚。今天在台灣也是如此，不再新鮮了。

有了電話，打電話是必要的功課，且是從不缺課。隔著太平洋，兩地相思，不像古代詩人墨客，只看看月亮，吟唱千里共嬋娟就能解愁，消減為妻兒牽腸掛肚的憂愁與煩惱。尤其小孩子，還是在幼童時期，有無一個安全的環境，是否能激勵他們的勤勉好學敬業至為重要。我要讓他們在電話裡面，真正體會爸爸跟他們心連心齊頭努力，爸爸關心他們，愛他們，像過去在家一樣，絕對不能讓他們覺得爸爸有任何臨陣逃脫的感覺，躲得遠遠去涼快享受。

要讓他們感受到爸爸離家旅居異國，天天都在努力用功進修，努力向上，爭取成功。讓他們聽得到感受得到，讓他們也把他們的用功心得感想跟爸爸一起分享，有煩惱一起分憂，讓我們雖然關山重洋遠隔，但是心有靈犀一點通。讓牽手在為家付出，也能體會另一半的關愛有增無減，有事有困難一起分憂分勞。兒女在這個童稚階段，保留能力尚未深植，如果不常互動，隔離一久，印象慢慢模糊，過去對他們的好很快就失掉蹤影，很容易覺得爸爸好像失蹤了，爸爸似乎遺棄了她們。

當時的時空環境，資訊科技尚不發達，不能讓我們彼此見得到面，至少也要聽得到聲音講講話，在電話中相聚。所以每隔一個禮拜，擇定彼此都方便的時間打電話。電話費很貴，由美國撥回台灣較便宜，三分鐘五・八五美元，依當時匯率合台幣約二百多多元，由台灣撥到美國大約加倍費率。所以都是我撥回去，我也樂此不疲。對於打電話我從不吝嗇，絕不會捨不得不用，別的地方節省一點，電話不能不打。這是珍貴的相聚時刻，是我們最期待的時刻。

我們定好台灣時間週六一晚打電話。在美國我週六清晨一起床，打電話回家，這時候妻兒正吃過了晚餐，正是一週較輕鬆的時刻，我們可以在空中相會。我們也都期待在這個時刻在電話中相聚。他們一聽到電話最興奮的了，頓時把正在進行中的事情一律暫停，或關掉正開著的爐火，或切掉使用中的電器，或停下看書做功課，彈琴，或看電視全部都停下來，即使吃飯也暫停。圍攏過來在電話旁邊先聽聽爸媽講電話，說說這一禮拜重要的行事，或下禮拜重要的計畫，表達彼此的關心與愛心，接著三個小孩輪番跟爸爸說出心底的話，最好玩的，最得意的，最難過的，最感委屈的，最期望的，希望爸給意見的……我歡迎他們說出心中的話，因為時間很寶貴，所以都先想好，以爭取效率。的確我們藉著這一段短暫的電話相聚，讓我們彼此都覺得，我們的心是貼在一起的，我們覺得溫暖，即使是在酷寒的嚴冬。我們都得到鼓勵，我鼓勵他們，他們也激勵了我，他們領會到大人知道他們自動自發，很用功，爸媽都非常努力，為了家庭，為了他們的未來。大人以身作則，天天在努力用功，他們感受到了那種氣氛與典範，也想學習效法。他們不再覺得爸爸為什麼捨得丟了他們，自己跑去遙遠的天邊，到底在幹啥?因為有如此的領會與體認，所以他們跟以前一樣的用功。這樣我就比較安心，我的暫時離家，讓小孩子更用功，比在身邊管東管西囉哩囉嗦還好。

❏洋教授一視同仁，留學生語文不夠精進，加倍用功備課

異國留學，非常緊張忙碌，每門科目每次上課都有指定的專書及論文要研讀，上課要討論。有的科目，一次上課至少一本專著研讀，再加上若干篇論文，要自己到圖書館搜尋影印；有的科目教授已經將學術期刊上的論文彙集成冊，只要到影印行影印一冊即可，不必再一一搜尋。查詢論文找書，耗掉很多時間。當時不像目前的便捷神速的網際網路有搜尋功能，在家就能搜尋，還能呈現全文。那時候必須要學者一一上圖書館找目錄查閱，才可以借出，參考書或期刊論文只能在館內影印。威大總圖書館光是目錄室即有一大間，幾百坪大。所以每一所大學學術地位如何，圖書館的藏書數量是關鍵因素之一。而學生用功不用功，看她在圖書館待多少時間也可推想知道，甚至可以作為多久可以修完課程的有力參考指標。留學生除了上課時間外，每天時間都幾乎耗在圖書館，或大學總圖書館，或各學院圖書館，或學系專門圖書館，或資料中心等。

由於留學生語文能力不夠精進，剛開始的時候難與美國學生匹敵。英語聽講不習慣，剛開始常常一知半解，上課根本聽不到幾成，常常是滿頭霧水，於是特別準備一個錄音機，請求教授同意，讓我錄音，回去可以以重聽一遍複習。事實上，幫助不大，重聽一次往往還是不能增進多少的理解，而且每聽一遍，花費的時間比上課聽一遍的時間多了很多，如果要一再重複，直到聽懂，所花的時間可能要數倍於上課時間。每一次上課都有許多指定的專書與論文要閱讀，哪有時間一直聽錄

音。美國教授鐵面無私，一視同仁，不會因為你是外國留學生對你網開一面，該要求的一樣要求，甚至有的教授具有優越感，看不起有色人種，要求更為嚴格。不過威大還好，在我們的教育學、社會學、心理學專門領域，並不會有此一感受，但是絕不可能對你特別慈悲。

經驗讓我體驗到，好好地在指定閱讀專書及論文上面多下苦功，抱定人一能之，己十之的決心，精熟內容，則上課聽講的幫助效果更大。依據資訊理論，我們人對於已經知道的內容接收處理容易，對於完全新鮮的意念難以接收其資訊，也難以解讀和記憶。所以當時留學生幾乎都是非常用功的，要遇到台灣去的同鄉最容易的地方首推圖書館，還可以交換心得或請教學長經驗，其次才是教室。

慢慢地，上課才應付得了，聽教授講解勉強可行，但是開放性的討論，同學們自由發言，天南地北，如天馬行空，老美學生發言能力強，本國經驗豐富，常令我們留學生，尤其涉入未深的學生，如墜入五里霧中。上課時間，說正經的我們都懂，東拉西扯的則難以追蹤矣。留學生就是要用功，加好幾倍的用功，還要打工，還有思鄉之苦。沒有強烈的動機，過人的毅力和決心，實難以竟全功的。留學生比在國內讀書艱難好幾倍，受苦也好幾倍，承受壓力好幾倍，投資好幾倍，成功者都是箇中翹楚。受不了，輕生有之，積勞成疾有之，以致精神異常者有之，無臉回來見江東父老，而滯留不歸者有之，甚至投河自盡者有之。為何曾經有歸國博士同仁因精神病被送進療養院者，也就可以理解，應叫人同情，而不能看做笑話。

❑留學生每天的生活都一樣，呆板枯燥

我每天一大早準備了兩個三明治，一份當早餐，一份當午餐。吃過早餐後，最初提著我在台灣上課時習慣提的007手提箱和一份三明治，後來改背著背包，有課上教室，沒課直接上圖書館找資料，影印資料，或研讀資料，或撰寫綱要，或準備報告。

直到了下午約晚上七點多鐘上完課走出教室，或沒課由圖書館出來的時候，拖著疲憊的步伐走回學生公寓，在寒帶地方都已經暗黑一片。打開門，只見一張單人床，一盞孤燈，一張書桌，既看不到香噴噴的飯菜，也聽不到另一半應門的聲音，和小孩兒們的琴聲，歌聲，與叫爸媽的聲音，及天真活潑的笑聲。在這個這時候，思鄉想家的情緒油然而生，視線有些模糊，然後無力的坐下來。坐在那，靜靜的五斗櫃兼書桌前伴著那一盞孤燈，拿起擺在桌上的全家福妻兒照片端詳再端詳，回憶像螞蟻一般地爬進心頭，神馳在往日的歡笑中，讓懷念縈繞在妻兒的身邊。

許久許久，電鍋的定時開關跳了起來，讓我從沉思遐想中驚醒，回到現實，終於想到是餓了，於是鼓起殘餘的力氣，把康寧玻璃鍋拿出來，一禮拜一鍋的滷肉每天加上幾片葉菜或白菜或茼蒿，加熱一下，晚餐即時備妥。這種最便捷最省事的做飯方式還是摸索好久才搞定。禮拜一煮一大鍋飯，和一鍋滷肉，或雞肉或豬肉或牛肉，加上海帶，蛋，豆腐乾等，可以從星期一吃到星期五，每天加熱順便加一撮新鮮的青菜或番茄，省事方便又營養。至於現在一般以為一熱再熱會有致癌之可

能，當時並不想那麼多，方便有的吃就好了。天氣熱的時候有時候也不加熱，直接吃涼拌。

做飯簡單吃飯難，不是不好吃，而是習慣一家人圍繞著吃晚餐有說又笑，如今獨個兒端著一碗飯，夾著這天天差不多的那道菜的時候，這種孤單，寂寞，懷念牽掛的感受真是令人椎心刺骨，難以下嚥，有時候不由得和著眼淚當飯吃。

❏想家：想兒女，想另一半：寫信，寫信，再寫信

回想來時的目的與抱負，我又不得不鼓起勇氣，從迷迷濛濛，不見天日的濃霧中找回自己，必須要鼓起勇氣找回自己，吞下了眼淚，伴著孤燈，寫著信遙寄給妻兒，祝福他們身心健康，鼓勵他們生活正常，飯要吃飽，不要偏食，做完每天的工作，做完該玩的遊戲，聽媽媽的話，在學校聽老師的話。把電話中來不及講或講不完的話語，全寄語在書信裡面。妻兒也期待收到我的信，看我的信。也寫信給我，老大四年級，老二上二年級，最小女兒才幼稚園大班，他們每一位都寫信，分開寫信，再跟媽媽寫的合寄一起給我。他們都很用心寫，希望給在美國的爸爸高興。他們本來就有寫日記的習慣，我怕他們太晚睡，影響睡眠，寫信的那一天不寫日記。老么認識國字不多，用注音代替國字。收到妻兒的家書是最大的安慰，才又鼓起勇氣和鬥志。三個小孩在媽媽的帶領下都會把他們功課和生活實況在信裡面告訴我，讓我們感覺心連心手連手，天天在一起。我會及時給他們獎勵，鼓勵，安慰，也要輔導；對媽媽則給予感謝。再怎麼忙，信件一定要寫。

十月十五日我給小孩與愛妻的信：

小君會寫信給爸爸了，真棒，爸爸好疼妳喔！妳才幼稚園大班，就寫得這麼好，是媽媽還是哥哥姊姊教妳的，對吧！以妳的年紀來說，妳寫得跟哥哥姊姊以前一樣好。下次還要再跟爸爸寫信，

好嗎？就像這一次一樣，幾句話就夠了。妳拜爾鋼琴教本已經全部彈完了，好快呀，恭喜妳，妳又進級了。可見爸爸不在家，妳還是很用功，有聽媽媽老師的話。很乖。爸爸喜歡妳。現在換了兩本新書，很漂亮喔。妳一定喜歡它們，慢慢彈，不要一下子彈得好快好快，聽媽媽和老師指導。

森兒，你的成績很好，老師喜歡你，小朋友喜歡你，爸爸媽媽更喜歡你。所以考了二十一個一百分，又當選了康樂股長，爸爸也為你高興，更覺得光榮。當了康樂股長要做些什麼事，要怎麼為大家服務，要聽老師的，也要多想一想。把它做好，下一次就能當上班長。

看到了你的成績，知道你當選班上幹部股長，每禮拜都跟爸爸寫信，而且寫得很好，就知道你還是跟以前一樣用功，也一樣好，爸爸高興。……

莉兒，爸媽的大女兒，妳本來就很用功，且多才多藝，爸媽很放心。不過。做事情只要盡力而為就好，是否得第一名，是否滿分，都在其次，不要太在意，才不會患得患失，才不會累壞身體。爸爸得知妳參加書法比賽，獲得第二名。非常好，這要歸功於妳在暑假中，天天練習的緣故，有恆為成功之本。一點都不錯。

愛妻如果妳在我身邊，我一定要親親妳，妳太了不起了，妳一個人，要上班教課，要整理家務，煮飯做菜，還把小孩教得這麼好，我敬佩妳，我感激妳，真以妳為榮。親愛的，妳把小孩教得活潑健康，成績優秀，使他們將來都能出人頭地，這真是我們的最大目的呢。

寫完了信感激愛妻，鼓勵了小孩，也激勵自己，鞭策自己，不能洩氣，隨時要努力加油，要用功。精神更好，心情更愉快。

不久，大女兒，得到演講比賽第一名。我信裡面說：

莉兒，好高興妳贏得演講比賽第一名，好神氣喔。我為妳感到無比的光榮，妳天生伶牙俐嘴，是很好的本錢，正可好好地發揮。演講比上一次的朗讀比賽更能看出妳的才華，演講要講得好，需要多項的才能，不僅會講話，且智能要高超，閱讀要讀得比人家多，講話才有內容，才能動人，更需要台風好。妳能代表學校參加高雄市的比賽就非常難得了。雖然未能得到冠軍，但高手過招，不僅要實力，也要靠運氣，才第一次，不要太在意，以後還有很多機會，只要有決心，肯用功，再接再厲。就會有成功的一天。

不能只跟老大說話，忽視兩個小的。我跟兩個小的說話，更要藉這個機會勉勵一下。

森兒，你小時候上幼稚園，也曾經參加演講比賽，獲得第一名，畢業典禮上還當過司儀。羨煞了好多小朋友和家長。你還記得嗎？你上課時候要多發言，有講話的機會要多利用。無論在課堂或日常生活，上課的時候有機會多發表，平日生活要多跟老師，同學交談，遇到鄰居爸媽的同事朋友要多寒暄交談，將來一定會跟姊姊一樣厲害。

你打躲避球被球打到的地方，還會痛嗎？爸爸心疼不已，如果還會痛，叫媽媽買點松節油擦，或去看醫生。以後打球時候，一定要注視球的方向，不要怕球，不敢看球，那就危險囉，必須注視球的走向和角度，如果朝我們的方向角度飛過來要即時快閃躲。

對於小女兒，更需要鼓勵

小君，你在幼稚園得到了一整包口香糖，一定是滿分了，得到的特別獎，對吧？姊姊、哥哥和妳都很會講話。上一次妳參加演講比賽，也講得很好，不過因為妳還太小，麥克風又離得太遠了，聲音太小，不夠大聲，所以評審老師聽不清楚，吃虧了。這學期，又快比賽了，要找媽媽，姊姊，哥哥教你，麥克風要練習拿，你是大班了，一定能夠講得很大聲給小弟弟小妹妹們都聽得懂，就一定會得名。

在遙遠的地方隔空喊話，出於真誠的父愛，去感受到幼小的心理的感受，去聆聽他們的心聲，去想像他們的夢想，關懷他們，同情他們，設身處地，想他們所想，夢他們的夢，苦他們所苦，透過講電話和寫信，他們確實感受到得到的關懷更深，得到的鼓勵更多，而無謂的干涉少了，且此種經驗蠻新鮮，特別的，效果很好。他們都希望表現得很好，還自動幫媽媽做家事，然後寫信的時候，不僅可以把他們的想念寄予爸爸，同時把他們的成果與好消息忠實地寫出來給爸爸，都希望爸爸在遙遠的美國，每次讀他們信，分享他們亮眼的表現與成績，他們的內心最希望讓爸爸高興，所以自動自發地都很用功。果然後來，表現都很棒，他們在功課方面都名列班上前茅，老二每次月考都得第一名，平常考幾乎每次都得滿分，且當上班長；老大參加學校的藝文競賽，朗讀比賽冠軍，演說比賽冠軍，演講比賽也獲冠軍，還代表參加高雄市的比賽，表現傑出。最小的小君還在念幼稚園，也不服輸，她告訴爸爸她參加什麼表演，得到幾片口香糖，老師怎麼褒獎她。她彈完了多少鋼琴進度天真活潑，靈活又乖巧。

十二月七日的來信，老大這樣寫著：

親愛的爸爸：

你好嗎？我第二次月考總分五百九十三分，得到第三名。還有學校舉辦的演講比賽，我得第一名，就要參加高雄市的比賽呢，我想爸爸看了一定會很高興的。

最近媽媽幫我買了許多各式各樣的書卡，我已經集完第一本，正在集第二本了，我有空時便翻開仔細欣賞，心中有說不出的快樂。

女兒 敬上

老二寫著：

親愛的爸爸：

您好嗎？我們都很好。我們第二次月考已經過去了。我要向爸爸報告成績。國語九十八，數學一百，自然一百，社會一百，總分得第一名。爸爸一定會為我高興的，是吧？

老三還在幼稚園注音寫著：

親愛的爸爸：

您好嗎？

我好想念您喔。

您要保重身體，要吃飽飽。

快回來帶我去玩。

……

我寫了一封回信鼓勵他們。

我可愛的兒女：

爸爸雖然離這麼遠，但是，天天都想唸著你們呢。一有空，就打開你們寫的信來讀，對著相片中的你們笑，對相片中的你們講話，要你們吃飽，要愉快，要健康，更要聰明。你們聽到了嗎？

爸爸來此多久了，有四個多月了。覺得時間過得好慢好慢似的。因為爸爸喜歡一年趕快過去，好回家去團聚。

我知道我可愛寶貝小孩們都非常好。莉兒各方面才華出眾，如鶴立雞群。這是妳從小努力的結果，在爸媽的關懷下，使妳的每一方面才能，都得到發展的機會。這一次，妳將代表師院實驗學校參加高雄市演講比賽，爸媽與弟妹們都覺得是最光彩的事。看妳在錄影上的演講的姿態與聲勢宛如一個大演說家一般。現在妳要準備的是把內容加以充實和修飾，再以妳的美妙的聲音，表情，手勢表達出來。如果臨場一時忘詞，就臨機應變，改變一下，不要停住，不用慌張，妳有的是天分與才華，就即席演講會講得不錯，也許還會更自然，所以不用擔心會忘詞。爸媽從小就培養妳的信心與興趣。只要盡心地講，勇敢的講就好，不一定得冠軍。冠軍只有一個，會講的不一定只有一個，評審有時候也會覺得很為難。不用去為是否得冠軍而擔心。

森兒更了不起，說要考得好就考得好，因為你有決心，能細心，肯專心，真棒！爸爸剛到美國，第一個月，上課連話都聽不懂，現在已經呱呱叫了。森兒，你將來一定要比爸爸還棒。爸爸出身很苦，你知道的，漚汪老家是怎麼個樣子。爸爸的爸爸更苦，我希望一代比一代進步，希望一代比一代強。所以希望你比爸爸更有成就：身體更壯，功課更好，更會講話，小朋友更喜歡你，更會領導大家，走更多的地方，做更偉大的事，學會勇敢，也懂得節制，學會表現，也懂得謙虛有禮，學會發表意見，也得聽得懂別人的看法，知道享受樂趣，也能忍受挫折與忍耐。

我的小君，妳生來就是最可愛，最漂亮的。連產科醫生護士讚不絕口。說你們家小孩一個比一個漂亮聰明可愛。爸媽必須說。你們兄弟姊妹，都是一樣可愛。小君，哥哥姐姐非常棒，各個有一套，小君從小最活潑，最會笑。現在彈鋼琴彈得很好，歌聲又好聽。邊彈邊唱，講話聲音最大，最美。爸媽不在家，還會看家，多了不起，令人刮目相看。不錯，講話要大聲講，爸爸在這裡才聽得到，彈琴要談得好，爸爸心裡面也會聽得到。

我也藉著寫信分享我在異國新鮮的經驗，採蘋果，聖誕節，下雪了，感恩節，過新年……同樣的台灣的節日，我也會寫信給妻兒，寄語給關懷與祝福，表達我的歉意，叮囑好好的慶祝慶祝，安全的玩，一如往昔，不能盡興的地方，爸爸回去再補足。

❑鄉間採蘋果，即時說給妻兒聽，分享新鮮的經驗

有一次難得去鄉間自助農場採蘋果，覺得很新鮮，為當時台灣所未見。當天晚上，我即時寫了一封家書，給妻兒分享我生活的樂趣。

今天中午，同是台師大教研所畢業的學弟政傑，好心的打電話邀我去鄉間採蘋果。來此一個月了，自從下了飛機，還沒有離開過這個市鎮，有這麼一個好機會到鄉間走一走，怎可放棄，所以一口答應了。我們一起跟他的室友五個人，坐上他朋友的車，往鄉間出發。

秋天的氣候，頗有涼意，湛藍色的天空，幾朵白雲，是一個秋高氣爽的好天氣。沿途不少的樹木已經轉黃變色，喝得醉紅的楓葉樹，夾雜其間景致怡然自得；松柏仍是屹立著，翠綠依然，一片

路樹，就這樣呈現五彩繽紛，相映成趣，非常引人注目，是從未看過的美麗秋景。遙想家鄉應該仍是一片綠色，不禁引起一片鄉愁。你們一定從沒有看過這麼多彩多姿的秋天景色。台灣一年四季如春，根本看不出四季的變化與風采。

鄉間的農莊與台灣大異其趣。大片大片的土地，種著清一色的玉米，極目遠挑，也看不到幾戶人家，農家坐落在土地的一角落，很少看得到大大的村莊部落，看不到阡陌縱橫，也看不到田埂小道。一大片一大片土地之間，還有些地方，長著甚多雜生的野草林樹。每戶農家都有汽車、貨車、耕耘機，完全是機器耕作。牛馬放養在大塊草地上，吃草吃飼料，而不是固定在牛欄馬廄內，其狀甚為自由消遙。

車子走了二十幾公里，來到了一片蘋果園農場門口前停下來。登記了車號，給了採購規則，就讓車子開進果園裡，從這一邊任你開，隨你採，由你吃。我們把車子停在蘋果樹最多的地方。但見蘋果樹長滿了纍纍的蘋果，有淡綠的，有紅的，有綠綠的，有綠裡泛黃的，外表有光滑的，有五爪的，長在不同品種的樹上。我們選最好的盡量採，高興吃多少可以吃多少，免費招待。……我們五個人一共摘了五箱，開車到出口處才算帳，共一二．五五美元，比台灣的普通水果還便宜。爸爸分了一大箱，共三十幾個才兩塊多美金。

我心裡面想，如果能現在回家，那多好！我就可以提著這一箱蘋果回家，跟你們分享，你們從小最喜歡吃蘋果，可是從來不能盡情的吃，因為台灣蘋果是進口的，當時太貴了。但是，時候未到，任務未完成。我又想到，如果你們能夠來，那更好，可以一起享受採蘋果的樂趣，可是媽媽要上班，你們要上學，怎麼可能呢？我又想如果郵寄包裏回去，大該要一個多月，恐怕會爛掉，怎麼可行呢。

於是我只好，送一部分給同學朋友，其餘的置於冰箱冷藏慢慢吃。到明年葡萄成熟時，再帶一箱回家去讓你們享用。

❑美語聽說的能力不夠精進，急待磨練

我的英語大都是自修來的，真正按部就班，在正式上課學習得到的太少了。雖然很用功，後來也以為學的不錯了，但是到了國外留學才知道還不夠，尤其正課以外的語言互動，常跟不上，錯失好多東西。

有一次早上如常進教室，卻眼看四處無人，靜悄悄，以為臨時調了教室，別教室也一樣空蕩蕩，覺得很納悶，正緊張之間，遇到一位美國同學，正悠閒的散步著，我奇怪的問發生了什麼事。他很驚訝，他說今天是感恩節，你今天怎麼一大早跑來上課。他說上一次上課大家不是興高采烈的談論放假的事，我只好說，那時刻我剛好出去不在教室，其實我當時不解大家在高興什麼，如墜五里霧中。同學談得越熱鬧，我聽得越迷糊。

今天既然假日不上課，遇到這位好心的老美，正好可以聊一聊。他說外國學生初次到這裡，大概至少要三，四個月才大部分聽懂，有的要半年。聽不懂不奇怪，他說很佩服你們東方人有這麼多留學生繞過半個地球跑來留學。我跟他說我已經成家，有三個小孩，和太太都留在台灣。他更是不解，他問你太太願意嗎？他們真正不懂妻子帶著小孩株守家園的用心，愛心與憂心。他看我帶著教育社會學的 Max Weber 的專書，非常驚訝。他拿起來試著看一看。

他說這種書他們也看也不太懂，何況你們外國人。可是我倒覺得，聽他們同學的討論有時候比專書還難懂。當他知道我在台灣已是大學副教授，非常佩服，可是更感疑惑，為什麼一位副教授，來美國當學生？！誰知那是學術殖民地的悲哀！那是學術落後的悲哀！

❑介紹台灣的教育和社會，叫老美不羨慕也難

我跟他聊到台灣的教育現況，他說，你們台灣的教育非常特殊值得參考，要我利用上課跟同學報告。於是我找個機會自告奮勇向教授毛遂自薦報告台灣的社會與教育。一方面也符合出國前，政府相關部門的交代，利用機會做一些國民外交的工作，加強民間的關係，尤其正值台美斷交之始，處境艱難的時段。後來我準備了一份簡報，把台灣的現況，包括人口的、社會的、政治的、經濟的實況，依據統計數據，鋪陳教育的背景，然後分別國民教育，高中教育，大學教育，師範教育，與職業教育，羅列數據，報告制度，學生狀況，升學制度，學生待遇，畢業就業實況。當我報告升學競爭厲害，學生用功實況，他們羨慕的不得了，他們多位是在職中小教師，最苦惱的是學生不用功，正課不想念，只想玩，他們直說考試制度真好。對於師範制度更大為欣賞，有志當老師，考上師範學校竟然可以全公費，畢業後分發任教，天下竟有這好的美事，難怪師資都是精挑細選出來的菁英。

我報告台灣未曾發生過持槍搶劫，也未聽說過有人搶劫銀行。我是依據當時台灣的實況說的，絕無誇大之詞。老美學生及來自國際的學生聽到了，對台灣沒有持槍搶劫的社會治安，完全公費的師範教育制度，學生認真用功的升學考試制度讚不絕口，覺得好得不可思議。

沒想到，回國不久，李師科搶劫華南銀行爆發，後來再經過一波又一波一波教改，把師範教育連根拔起，升學考試制度改得面目全非。後來有老美同學跑來到台灣找我，他們發現實際看到的台灣現狀怎麼跟我當初所作的簡報完全不同，覺得我當年做的簡報是誇大不實的，費了好大唇舌解釋才勉強放過我。台灣是最容易搞改革的國度，卻也是改革最難收效的國度，常常是越改越壞。俗語說「台灣沒有三年的好光景」，是應驗了。

❑巧遇大陸留學生，都是天涯淪落人

在威大校園裡，常常遇到大陸來的留學生，學長說這是今年才有的新鮮事，過去不曾有的。他們在校園裡目標顯著，他們年紀較大，大概都在五十歲左右，比我還老一些。他們的穿著奇特明顯，常常穿著列寧裝，中山裝，藏青色；他們常常在一起聚會，在樹下在草地，在任何寬闊的地方，學生公寓；看來蠻正式的互動，蠻有組織的，在美國威大的那種散漫自由開放的地方，看來是那麼的新鮮與亮眼。最初遇到了他們，都有點不自然，有點戒心，也有一點憐憫，似乎也有一點同病相憐。因為我們雖然同屬華人，可是我們彼此完全隔絕了三十年，兩岸還發生過多次大小不同的戰役，從無實際近距離面對面的接觸，我們實在有相當的隔閡，難免戒心的是他們是不就是從小我們教育，我們的當政者所宣傳的「共匪」？

從小我們所接受的學校教育，透過種種方式，無論是教科書所教的，老師的講課，升旗，週會，班會，團體訓練，唱歌，牆上壁報，都在灌輸我們反共抗俄的意識形態，共產統治的恐怖，大陸同胞生活的悲慘。而且也禁止兩岸人們的交往，更聽過一九四九年隨政府來自大陸的同胞因為與大陸親友交往通訊而身陷囹圄。後來我赴馬祖服役，更天天日以繼夜擔心大陸水鬼摸走人頭，割掉耳朵。透過二十四倍望遠鏡，更觀察過人民公社的勞動悲慘實況。

無論是從小接受的反共的教育訓練或是服役時的經驗，讓我們難免烙下一時難以抹滅的刻板印象，這叫我們一時不存有一點戒心也難。可是看他們，那麼用功，那麼勤奮，年紀又都跟我一樣老大不小，才努力在完全不同的文化裡面學習新的學問，真的也是有幾許的同情，想必比我更難過，更難學習，更難再社會化。因為過去他們真的是完全被隔絕了，他們被賦予重大任務要利用一種新的語言，一種完全新的生活方式，去學習一種新的學問。其難過與艱困恐若干倍於我。怎能不寄予相當的同情與憐憫？畢竟本是同根生，只是皆陷入一種特定的社會框架之中而難以逃脫解除。

後來我們在校園裡或學生公寓常常見面，也有面對面的互動，有了更進一步的了解。他們絕大部分是學者，才復出，目前在大學擔任教師，是第一批得到出國進修機會的學者。大陸在文化大革命，高等學術教育被關閉了十年之久，知識分子受到極大的迫害，多數被下放勞改。直到搞四大現代化之後，才重新開放高等學術教育，中斷了十年之後，學者重新再現，可是學術中斷十年，已經造成很大的斷層。要搞現代化，沒有進步的學術為根基，宛如緣木求魚。大夢初醒，鼓勵學者進修補習，創造機會到國外進修是捷徑。美國與中國大陸政權恢復外交之後，逐漸開放自由，如大陸南京大學跑在前頭，與威斯康辛大學締結聯盟，接受學者教授來訪進修。我們在威大校園裡所看到的就是第一批來威大進修的學者教授，他們多數來進修的是理工領域。人文社會學術領域的則尚未見到，因為大陸當時堅持歐美人文社會科學不值得取法。

寒假政傑兄的寶眷妻女來美依親團聚，搬離了他與五位同學合租在 Monroe Street 的 house，由他的介紹，我承續他的租房，跟原來的室友合租。我原租的學生公寓轉讓給熟識的一位來自大陸的訪問學者續租。後來回國的時候，我把當時他們最羨慕的大同電鍋送給了他們，在當時環境下那是最讓人痴心愛慕的電器，對生活最有幫助，真叫他們感激涕零。

❑受邀國際學生接待家庭作客

在美國留學最難過的就是孤單寂寞，覺得很自由，自在，但是沒有人關心你。路上遇到 say hello 的很多，可是會跟你做朋友，關心你的少之又少，沒有人關心是最大的感觸。威大有 International Student Office，協助滿足外國籍學生的需求。我沒有特別提出什麼請求，只接受她一般性的服務，安排一次給你一個 Host Family 接待。

這個家庭是一對老夫婦，Mr. & Mrs. Teagardins。他們在學期快結束的前一個禮拜，十二月八日邀請我到他們家招待我一起吃晚餐。難得有這麼機會，當然接受邀請。他們還特別開車來接我，真感動。他們是一個退休的中產受薪階級，子女都不在身邊，對於國外來的學生頗感興趣，尤其是對我這樣一個在職進修學生。另外還請一位威大教授作陪。席間我們無所不談，他們對於有家有眷，卻把他們留在台灣整整一年，跑到國外進修至為佩服，並對另一半非常推崇。他們說這在他們美國夫婦是很艱難的事。

主人說他年輕的時候到過台灣，他在台灣接觸過的每一個人對他都非常友善，讓他永久心存感激，所以每年他都會樂意當 Host Family 接待外國留學生，尤其更歡迎來自台灣的留學生。人與人之間是好來好去，你對我好，我也對你好，人間到處都溫暖，也快樂。

他們更秀出最新的家電，微波爐。的確那是在當時的台灣，聞未所聞的新玩意兒，不能不表羨慕。一個箱子，把東西放進去，按下電鈕，只見轉盤轉呀轉，沒有菸，不見火花，水就開了，食物就熟了，完全利用超微波的穿透煮熟食物，真奇妙。不過，我說微波是否會穿過外壁，影響身體呢，是否有疑慮？他們也不確知。卻是讓他們也覺怕怕的。當時我想如果不會，我也想買一台回台灣使用，可以減輕許多做飯時間。

當天晚上，我把這最新鮮的見聞，寫給小孩與妻子，分享我的見聞。我不願讓他們錯過任何分享我的在這裡的樂趣的機會。

❏聖誕節　放寒假

放寒假了，好想回家，卻有好幾項作業想利用寒假，好好的完成。這一學期，我所修的課全得A，指導教授相當驚喜。他樂意速將本學期優異的成績連同我的碩士論文及研究計畫，還有 GRE 的分數證明即時提請博士課程委員會正式審查，正式接受我的博士課程。他敦促我趕快提出在台灣的碩士論文譯成英語本，因為我的碩士論文是有關比較教育的，與現在主修課程的性質不符。好在我最近完成的實徵研究很多，都是原創性的研究，可擇其中滿意的近作翻譯為英文作為審查論文，這是寒假第一作業，這要花很多時間。

寒假期間，正值聖誕節，是老美視為最重要的年節。有一個美國同學，邀我與另一位台灣同學，到他家作客，分享過節的喜悅。他已結婚，還沒有子女，兩年輕夫婦住一起。他們自己準備聖誕晚餐，我們也煎一道蔥蛋。都是同學，蔥蛋成為老美同學夫婦的最愛。他們不但吃得津津有味，也高興學會了煎蛋。女主人也送給我一條編織的圍巾，是靛青色的，他們要我在這麼冰天雪地裡覺得溫暖一點。我衷心感激，回送給一罐台灣帶來的高級茶葉，還教他們如何泡好茶。這一個晚上，我真正感受到老美同學的貼心與聖誕節的歡心，雖然沒有聖誕火雞與舞會，但我領會過節的平實一面與溫暖。真謝謝這一位同學 Mike。他們說有一天，要來台灣旅遊，結果等到今天都沒有來。

個別化教學讓我似觸了電

我來留學念茲在茲的事，是希望能夠學到一些有助於國內教育問題的新知識，新思維，新的策略，即使沒有秘藥偏方。從初任教國小教師，我即感受到如何有效因材施教的重要；尤其自從一九六八年九年國教實施以來，個別差異在國民中學階段教學上成為更嚴峻更難解決的問題，我的感受更為加深。國內國民中學常因應學生個別差異採取能力分班，但教育部卻禁止能力分班。教育基層人員覺得沒有能力分班無法施教，學生能力相差天壤，編在同一班級內如何教學？

教育部只能開一眼閉一眼，循至能力分班風行，成為公開的秘密。任令能力分班結果釀成，好班分配好老師教，重視升學準備，程度不好的班級，放牛吃草，成為放牛班，任課老師也成為放牛老師，衍生的問題層出無窮。我服役退伍，回到學校第一年，即從事國民中學教學及教務工作，感受到國民中學編班與教學的棘手問題。九年國教十幾年來，問題沒解決，國教問題在升學壓力下，日趨嚴重。當我來到威斯康辛大學我馬上發現我們有一個研究中心Research Center。這一個中心，叫作Wisconsin Research and Development Center for Individualized Instructions。我馬上被她吸引住。眼前浮現出，台灣國民中學後段班學生的慘狀，與教師教學的無力感。

這個中心既然曾經有過許多年專注於個別化教學的專題研究，許多研究人員用心於個別化教學的研發，實驗與推廣。我不能不愛上她，一定要追求到底，一探究竟。所以選課更特別選一門個別化教學研究的課。希望透過正式修習學分課程與中心訪視，看能不能挖到國內教育的寶，帶回去才不虛此行。我修習課程絕不苟且，該研讀的專書絕不放過，並常找機會接近任課教授，多次討論討教，他對我也非常感興趣，因為他知道我是真正要來做研究的，不是只為了修個學分而已，他知道我是真正的一位外國學者。

我也慢慢才知道任課教授 Herbert J. Klausmeier，竟然就是擔任過該一研發中心主任多年的蜚聲遐邇教學學者與專家。在他的領導下，設計出 IGE 個別化輔導系統，實驗推廣於許多州眾多學區。我更常常到研發中心去找資料，蒐集資料。經過這麼努力，再加上跟教授互動，與自己竭盡心智苦思熟慮結果，已經獲得相當的心得。寒假到了，本國學生都去渡假了，我開始思索我要利用假期寫一篇論文，投回到國內教育學術期刊發表。於是撰寫出「建立台灣地區國民教育階段個別化教學模式的理論與實際」，發表在高師院的「教育學刊」。

每年四月國科會獎助案申請的時候，內人幫我跑腿填好申請表格，檢具申請所需的表件與著作，以此一研究成果申請國科會獎助。親自到系辦公室，請學系經辦人簽署。系辦負責人不同意，理由是人在國外哪能申請明年度國科會獎助而不予同意。我深深覺得納悶，本來我去年已經申請獲得了今年度國科會獎助，卻因出國進修不得不放棄領取。怎麼可能今年也不能申請下年度的獎助，我非常懷疑。

如果國科會獎助制度的用意是為了獎勵學者專家的未來研究計畫，那麼明年度我確定人將在國內，為何不能申請；如果獎助目的是在於獎勵學者專家已經完成的成果，則人在國外不能申請，那去年以前年度在國內完成的著作成果申請到的就不必要放棄。不可能因為一個年度出國，已申請到手的去年度獎金不能領，明年度獎助金又不能申請，哪有兩頭落空的道理？何況申請辦法裡面由無此一消極條件規定。

為什麼自己單位要規定得比上層規定嚴格呢？自己單位獲得的獎助越多，不是本單位的學術績效越高嗎？於公於私，既然已經煞費苦心辛苦完成了的著作，哪能不申請？所以我堅持申請，申請得不得到是我自己的事，我自我負責，不必你操心。果然國科會審查通過同意授予獎金。後來，國科會的獎助計畫根本就不需要再經過系所簽屬，大概我的個案也不是獨一無二，像這樣的情形也非天下無雙吧？這是我的第二項寒假作業。

❏威大有進步的電腦中心，我有待統計分析卻意猶未盡的實徵資料

出國前我實徵不少資料，每當要統計分析，以驗證假設時候常覺得眼高手低，或是想進一步統計分析卻無先進工具可資利用。這是當時台灣資訊科技電腦不夠普遍，軟硬體還不夠進步精緻。網路尚未開啟的環境，研究者的煩惱，尤其是數位科技落後的地方，學者最苦惱的困境。

威斯康辛大學的電腦中心相當大，電腦的處理能量也夠大，雖然仍不是全美首屈一指的。不過比起高師大來說，其電腦中心軟硬體超過太多了。

威大的電腦中心與我租住的學生公寓只隔一個 block，越過一條街就到，太方便了。當時的 PC 電腦未問世，電腦都是中央系統管控的。電腦中心有專人負責，也有輪值的備諮詢人員。程式設計大部分靠自己設計，先利用打卡機打卡，輸入資料全要先打卡才能接受處理，全部作業都要集中到中心，操作不易，往往一個不小心，搞了半天的程式，仍跑不出來，又要檢查錯誤，修正再來一次輸入重跑。按次數按時間計費。有時候不能不請教備諮詢顧問，在這中心需要請教顧問也方便至極。

雖然耗時費力花錢。但有這樣的中心在租屋門口已經夠讓我們慶幸了，因為跑電腦費用越夜越便宜，所以越夜人越夯。而且這學期我也選修高級統計學的課，也修過短期的 SPSS 的短期課程，已相當認識高級的統計分析方法與技術。學以致用，以加深印象，機會不可失掉，我請家人把我想統計分析未能徹底分析的原始資料寄來，利用兩個禮拜的寒假趕著進行統計分析，又是我的另項寒假作業，所以整個寒假都忙不完。

❏冰天雪地，享受 Madison 的嚴寒

威斯康辛以酷寒著稱，冬天曾有冷到攝氏零下四十八度的紀錄。來到此地，領受一下她的寒冷是目的之一，整天躲在暖氣室內是浪費，是犧牲。我每天都會走過冰天雪地上面，而覺得是一種享受，也是一種難得的人生閱歷。雖然跌跤一次，還好並不嚴重。

看老美同學冒著白雪飄飄，卻手上拿著冰淇淋一口一口吃，津津有味，我們試著吃卻冷得發抖，牙齒抖得嗤嗦吱吱支作響。大家都穿著鴨毛登山夾克，腳上著長統鞋，我不信邪，且客居只一個冬天就要回來，不想買這些禦寒裝備，穿平常習慣穿的禦寒衣物，結果才幾天就凍得受不了，摔得四腳朝天。畢竟來自亞熱帶的人實難以一下子適應寒天生活。在地的人，長時間演變出來的適應環境生活方式不能不隨，無論食衣住行慢慢要入境隨俗。於是背著背包，穿著鴨毛夾克，腳上著登山鞋，好像天天去爬山。許多同學，整個冬天穿著同一套服裝。我維持著，有時間就跑跑步的習慣，在地同學警告我穿得不夠保暖，千萬不能跑太久，在酷寒空氣中，不小心會讓你腦子，氣管結凍，不是只有腳趾頭凍傷奇癢化膿而已。不能不聽。

Madison 是由三個大湖，Lake Mendota、Lake Monona、Lake Wingra 圍起來的一個地狹，冬天天寒地凍，湖水開始結冰。原來被湖水圍繞著的校園，這時候，看來像是凍原一大片。看老美在凍原上活動自如，有的散步，同學也學習走在凍原上，樂趣無窮，好奇新鮮馬上仿效，走在凍原上抄

近路回住屋，樂趣無窮。但不知訣竅，有一次踩破了薄冰，差一點掉進湖泊裡面去。古人說如臨深淵，如履薄冰，不能不戒慎恐懼，千萬不可忘懷。不是所有的結冰湖面都可以踩，不是一結冰就可以玩，要結到一定的厚度才能在上面進行一定的活動，活動自如。一切的學習不能只學皮毛，不深究其結構性與過程，東施效顰，依樣畫葫蘆。只模仿人家在冰湖上散步，卻不知如何評估冰層深度厚度，底層構造，歷程如何，是極為危險的事情。學外國教育改革，只學外表，不知底下的道理，不知發展階段，依樣葫蘆，抄襲剽竊，跟學習散步結凍的湖面，有何差別乎？慎哉慎哉。

冰湖結冰到一定程度，厚度夠厚，硬度夠了，整個湖成為一個凍原陸地一樣，車子可以開上去，在上面利用機具挖洞穿過冰層，人在上面垂釣。冰層下面的魚兒，飢腸轆轆，已到飢不擇食的程度，隨便一釣，技術再差，魚餌再爛，都能夠滿載而回，享受冰魚大餐。我們幾位台灣去的室友也湊一下熱鬧，享受一次冰湖上釣魚的樂趣。

湖面上積雪夠多了，湖中蓋起大雪人，還有大大的冰雕，都是同學的精心之作，矗立在湖中，俯視這大大的校園，成為校園的大冰雕，宛如 Madison 的地標。一直到三月末，開始慢慢地變老萎縮，到五月才融化殆盡。

寒帶地方，如 Madison，從每年十一月至隔年五月，大地冰雪覆蓋著，天寒地凍。除了松柏耐寒，仍然屹立，挺拔於天地間，大部分樹木花草，樹葉掉光，剩下枯枝打哧嗦於寒天雪地之中。到了四五月，這個時候，湖水開始融冰，湖邊花草樹木又生機蓬勃地發展起來，於是堅毅挺拔整個寒冬的松柏不再寂寞孤單，這時候校園草地上，溫暖的陽光灑在嫩綠的草木上，整個冬天被大夾克包裹得緊緊的每一寸皮膚，叫人奮不顧身貪婪地，無論男女，把一身衣服全脫掉，暴露在陽光下，浴在溫暖的陽光裡。讓少見多怪的人大吃冰淇淋，當人家在吃陽光大餐之際。

這時候，草木新芽長出來，樹枝卯出了芽孢，隔天即長出嫩葉，葉子長得特別快。由嫩綠芽兒，幾天之間，即茂密起來，然後不到幾天花朵含苞待放，每一步驟非常緊湊，沒多久，花朵競放，以緊湊的速度，結下果實，繁殖下一代。天氣溫暖炎熱適合成長的時間，在此一寒帶地方，只有短短的七，八兩個月。到了八月底，葉子開始變黃變紅變藍變紫，五彩繽紛，旋即華實葉落，轉眼之間，寒冬步伐近了。

在溫帶及熱帶長大的我們，察覺特別敏銳，這裡的植物花草從發芽葉茂到開花結果的過程特別快速，幾乎天天在跟時間競賽，好像知道生命短促，時不我予，要及時完成生生不息的使命。在亞熱帶的台灣，覺得，樹木花草天天看起來差不多，生得不夠快，長得不夠快，綻放得不夠快，結果也不夠快。

在這寒帶的地方，景象完全不同，生物是因應環境的不同而調適，還是在多種生物之中不適應的已遭淘汰，只有適應者的才存留下來，還是交互作用，不得而知，生物學者也有不同理論。然而，無論如何，想要在環境中生存發展，一定要配合環境，適應環境，利用環境。生物在環境裡面均有其生存之道，這是我體驗出來的生存哲學。

❏每逢佳節倍思親，心念妻兒，選購禮物，溫暖家人的心，釋放想家的壓力

做一個逃家的爸爸已過四個多月，逢年過節，聖誕節，陽曆新年，農曆春節接踵而來。叫我思念的情緒越顯濃密，幾乎叫我難以負荷。曾經好幾次想買機票，逃回家鄉度假，享受天倫之樂，舒緩思念的的苦楚。然而，來回機票所費不貲，又礙於國科會出國規定，妻子也深明大義，要我專心在此進修，好好地完成計畫完成要做的作業，家中子女都乖巧，都能體貼親心，很聽話用功，不用擔心。家，她會照顧得好好的，準備迎接夏天爸爸的回來。

於是我只能找好最貼心的禮物，把我的心我的愛，我的情意託付禮物郵寄回去，聊表寸心。我

挑選購買最精緻的聖誕卡，最新潮台灣還未見過的雷射反光，一打開會唱歌的聖誕卡，寄給三個兒女。再送精緻的成套書籤給有收集書籤嗜好的大女兒，美國的特具意義的最新的太空冒險套裝郵票集給愛好集郵票的兒子，送精緻小卡片和貼紙給小女兒；讓他們假期無聊的時候，心有所寄託。還有寒帶地方到處可見的禦寒服飾，讓妻兒覺得溫暖。我也買了一個最新出來的 copy cat，放假在家有喜歡的事物可以一起把玩，藉著把玩減輕感情的負擔，也減輕我對他們的虧欠。威斯康辛州的牛牲口比人口還多，我也寄了 Madison 的土產乳製品讓妻兒他們有分享的機會。我走好幾家皮製品商店，選購了一件皮大衣要送給辛勞的愛妻，愛妻堅持不肯，而且不太合身，怕我費用不夠用，結果又不得不去退貨，心中悵然若失，久久不能釋懷。

春節是東方社會習俗上最重要的節日，我與愛妻從交往開始就是照著禮俗框架奮鬥的一對。對於我倆的孩子們，我們就教他們在春節這一重要節日，過著充實富有意義，並且利用機會學習應有禮節規範。雖然在國外兩地相隔半個地球日夜顛倒，我仍然勉勵他們好好地過節，也早把紅包壓歲錢，及時地郵寄到他們的手裡。我寫信並打電話給他們。除夕夜，好好地過除夕，快樂的吃團圓飯，快快樂樂地如同往年，記得向辛勞的媽咪感謝。因為爸爸不在家，雖然媽咪要他們仍如同往年吃年夜飯。孩子們很聽話，要快快樂樂，可是，不聽使喚的，眼淚卻奪目而出，媽咪也哭了，全家哭成一團。正好我打電話回家，我們講了十幾分鐘的話，才放下心頭的鉛塊，讓一家人在空中團聚，一起唱著恭喜新年的歌。

我鼓勵他們明天這個新春的第一天，一如往常起個早，穿新衣戴新帽穿新鞋，到左鄰右舍伯伯叔叔家拜年打恭行禮，然後參加學校舉辦的新春團拜，並且，好好地把握機會，把你們平常練好的鋼琴小提琴，跳舞，演講說笑，各種才藝，秀出來，在這個難得的春節，與學校的同事小孩子分享難得的喜悅與歡笑。在這快樂的春天開啟今年成功的第一幕。然後還是，跟過去一樣，到校園到文化中心到公園去玩玩，拍拍照。累了，回家吃年糕，糖果，吃年菜。迎接新的一年的到來。同時要體會春節是一年的開始，冬天已經退卻，春天降臨人間，花草樹木快要冒出新芽，象徵著新希望，光明祥和幸福。春天的腳步已經到了，象徵著另一階段的開始，我們，也要重新出發，想一想過去一年最得意的是什麼，最成功的是什麼，今年繼續下去；去年不如意讓它過去，又另起爐灶重新開始。所以說一年之計在於春的道理，好好地規劃新的一年要如何利用。平常在家提醒這一些，不痛不癢，如今不在一起，小孩子們聽得更為入耳，更為用心，也表現出更會接納，當我把我今年的希望說給他們聽的時候，他們更有決心要把握今年好好地表現，向爸爸看齊。

新學期新思維多樣學習

冰湖仍然冰凍，白雪處處，只剩下白雪罩不住的蒼松翠柏依然翠綠，一月中旬寒假嘎然結束。學校正式通知我為博士課程學生，上學期的修習課程學分及必備論文已審查通過，所修課程學分核計入博士課程學分，已正式登記為博士生。唯要修完博士課程，漫長嚴峻，來路方長。

這一次我來美國進修時間是一個常數，只有一學年，我抱定遵守它，即使有人不遵照原訂契約延長，聽說也能獲得通融，可是我不願。因為我覺得做學問在國內一樣可以做，我不敢奢想這一次能夠修完博士課程，完成學位。然而，無論如何我也絕不放棄。我希望採取彈性辦法，分期付款的方式來完成正式學位。離鄉背井，跑到冰天雪地的北國來求學，冷暖自知。多少年輕人嚮往美國，心儀她的繁榮富裕，科技的進步，貪圖生活的方便，但是真正能夠打入他們的生活圈的有幾人，仍屬異數。

我並不夢想有一天離開台灣，全家移民美國。美國能夠科技進步經濟繁榮，最主要是世界上許多菁英人才，匯聚於此，如大海能容納百川，所以能夠成其大。如果中華民族能夠磁吸世界精菁英，那麼有朝一日必能與老美匹敵，或甚至有過之而無不及。我希望華人有一天能夠磁吸世界的菁英，這要靠菁英分子願意留在國內，且在自己崗位盡力努力工作，也要學者盡心研究國內的政經社會教育與科技，利用外國先進的技術與方法研究本國的問題與題材。我的指導教授跟我提起，台灣來的學生非常聰明又很用功。我相信這一位老教育家見多識廣，所言正確。

由於進修時間是一個常數，只有善用所持的變數，只有用功程度，以及採行的策略與讀書的策略。才有可能學到有用的學問，又能完成學位。我要持續選修對國內有用的學問，也要探索論文的方向與重點，以便回國之後也能繼續進行研究，即使暫離校園也同樣可以繼續攻讀學位。我的目標是一定要獲得威大的博士學位，又要帶回我在實際教學上，國內教育最需要的寶物，如教育社會學，特殊教育，教育心理學，教學設計與創新，教育政策等等。

我的策略是本學年結束一定束裝回國。但是回國後，我仍要繼續我的博士課程，進行研究，下次我還要回來校園，繼續未完的學分而努力，並提出論文。我將我的構想與期望跟指導教授與我上課的教授討教，有無可能。最初他們都持著保留的態度，經過幾次得請教與磋商，在他們越來越了解我的實力與抱負，以及我的背景與專職，過去的研究成果，並持續觀察我的學習態度與表現之後，他們漸漸轉為肯定的態度，並也試探出我可能採取的途徑。第一個，我的研究不論在台灣或在美國，不可中斷；第二，這學課程修的學分要達到上限，第三，這一學期各科成績要保持上學期的成績水準；第四，要在回國之前確定研究方向與領域，最好卻初步決定好研究題目；第五，回國後蒐集好台灣實徵資料；第六，請教研究方法的教授分析的方法與策略；第六，五年內必須回來校園再繼續修課，依規定若超過五年就中斷，一切要從頭開始；第七，回國後跟指導教授隨時保持聯繫。近乎苛求，無論如何，我下定決心，把握此等要領，期許完成不可能的任務。這裡面有太多的變數，可是這是機會，不能把握機會就跳不出命運的限制。

❑參觀中小學，認識個別化教育的實際

我接觸並修習個別化教學，感觸鑾多，也頗為傾心。除了為國內撰寫了專論，擬為台灣的教育建立個別化教學的理論與模式。另外我多次與 Klausmeier 教授請教，更為實際的問題，意欲體認一下個別化教學的實際運作面如何。Klausmeier 教授富有教育家風範，除不厭其煩地為我解說外，並

介紹我到研究發展中心，搜集工作報告與實徵研究報告，他並特別介紹我參觀學校。利用剛開學，功課不忙的時候，去參觀他所介紹的一所中學，學生是七年級三班的學生，相當於台灣國中的一年級生。

三個班級的學生，混同在一起，約八十人至一百人人，由三位教師負責教他們。課程實施，有時候一起上課實施大班教學，有時候分開班級進行班級教學，有時候更分成五、六個一組實施小組教學。三個班級在同一個樓層裡面，平常分隔成三個教室。實施大班級教學時，拆開活動牆，合成一大間，作為講堂，接受大班教學。大班教學由老師按專長輪流上課；要討論或活動時，採分組教學。分組教學時，還有實習教師或助教協助指導學生。學生學習非常活潑，教學多樣化，師生距離小，非常接近，師生相處十分融洽，互動很多。教室設備多樣化，有圖書專櫃，有影視設備，供自由取閱的影帶，又有討論桌，工作室，有可以唱跳的空間。

學生看起來過得蠻快樂的，各個都喜歡跟客人談話，有問必答。這樣生動活潑的教室與教學，國內難以發現。這樣的教學是否能存在國內教育生態中，頗費思量。在我心底有一些憧憬，也許也有許多問號。我帶回感激與謝意回報我的教授，我也帶回一些問號請教我的教授，他說他也不知道，這需要你回去做實際的研究就知道。

❑參訪 Waisman Center，眞正見識到啥是特殊教育中心

威大真正大，資源充裕，設備充實，有可以容納二、三萬人的體育場，有足球場，室內網球場。足球賽最瘋狂，一有賽事，場內場外擠滿人，直到街道，人山人海，水洩不通，大人小孩，均為之瘋狂。很多比賽都會假威大足球場舉辦。這些對我們來說實在沒有太大興趣，倒是她設置有許多中心，除了研究中心，有一個中心——Waisman Center 特別引起我的注意。

我特別抽空參訪這一個真正的特殊教育中心 Waisman Center。它是一個綜合型的多功能特殊教育中心，對大型社區內的身心特殊兒童幼兒青少年及其家庭提供有效服務。凡是由於發生學的原因造成認知的缺陷，人格的違常，以致造成學習的障礙，行為的偏差，該中心均樂意接納為服務對象。

中心有各領域的專家學者利用生物學的，行為科學的，以及社會科學的觀點與知識，進行個案與通案的研究，診斷其發生的原因及病理學的原因；並據以提供診療服務；以及教育訓練；甚至包括復健，職能訓練；以及就業資訊及諮詢。除外，並透過病友協助，家庭父母與祖父母聯誼講座，劇院表演，對話平台提供教育方法與策略以及社會支援支持的環境。

它同時發揮研究，診斷，治療，教學，訓練，諮商，諮詢，出版，聯誼，職能訓練，資源提供的功能。因此，羅致各方面的學者專家實務人員，包括生物學，生化學的，神經科學的，醫學的，心理學的，職訓的，輔導諮商，精神醫學資訊科技的專家學者。威大是一所大型的綜合型大學，各學術領域們的教授，學者，碩博士人才濟濟，都可以為資源人物，提供全時或部分時間的服務。

我看到一位博士後研究專家利用電腦分析語言缺陷，構音障礙者的生理結構的動態病理結構，一次又再一次的分析比較，務必找診斷出其發音障礙之生理結構以及矯正的可能性及處方，影像分析精細，過程仔細推敲，務必診斷出發音障礙的病理及診治的處方。另外，參觀中度智障者接受訓練，學習做窗簾扣環及鉤鉤和利用陶土學習做陶器碟子的胚。

真是天外有天，這時才真正見識到特殊教育中心是啥？我在國內，曾有過一人特殊教育中心的主任的經驗，這個時候我才真見到什麼樣的中心才是真正的中心。一個大學的中心應該是，整個大學的資源人力都可能用為中心功能的發揮，中心也為科系壁壘分明的大學，發揮整合的功能，為利用厚生的功能，使大學的知識成為有力的文化資本與社會資本，做貼近社會民生的投資，讓知識成為創造市場的利得的效益與文化創造的產業。我們國內的一人中心何時才能發展成為真正的中心呢？後來教育部有組成特殊教育考察團，由老同學台師大吳武典教授帶領到這個中心來參訪，他鄉遇故知，真是高興。我亦義不容辭的盡地主之誼陪他們參觀，獲益良多。

❑有眷研究生宿舍，富有田園樂趣，可以文耕，也可以農耕

政傑兄也是愛家愛子的典型，寒假為了老婆前來團聚，除了買了一部二手車外，並申請到了有眷研究生宿舍，老婆帶著稚齡女兒依親，過著真正家庭生活。令人羨慕，更令我見景生情，備感思戀家人。他為人隨和，親和力很強。他原來五個室友住在一個 house，與室友融洽，平常輪流做晚餐，宛如家人。妻女來後，他搬出了。由於他的引線，我遞補那個缺，加入這個家庭，生活過得正常也有趣多了。他的寶眷來了之後，政傑兄很念舊，常帶著妻女來相聚，聊天說笑，哄小妹妹，成為孤寂的週末的一個樂趣。

威大的地皮廣大，湖光山色，土地肥沃。臨 Lake Mendota 湖邊鷹之高地 Eagle Heights 特別闢有一大片土地，作為研究生眷舍的耕地。住在眷屬研究生宿舍的研究生，每一戶可以附帶申請有一塊田地，讓研究生在焦頭爛額於從事學術研究之餘，能夠利用晨昏週末蒔花種菜，舒緩緊張的情緒，讓眷屬有事可以消遣，避免寂寞無聊，頗富人性化的構想與做法，讓來自四海的研究生有賓至如歸的感覺，生活逍遙，家人和樂。

住大都會的研究生，有的租在地下室，眷屬寂寞，養成壞習慣，甚至以致身心異常者，屢見不鮮。兩相比較，相差天壤。週末有時政傑兄邀我們到他家相聚，也可分享在國外種菜之樂。此地的天氣嚴寒，冰封半年，害蟲自然凍死，只有半年耕種，加上湖泊多，土壤特別肥沃。自然形成厚厚的有機肥已足夠，不必施肥，不必噴藥，不論是自然生長的湖邊樹林花草，坡地上的花草森林，或栽種出來的蔬菜水果，都呈現一片蒼翠欲滴，嬌嫩可愛，不必標榜有機，不必網栽，都是道道地地

的有機蔬菜，絕無農藥殘餘，隨便一種，都長得又快又好，品質保證；再加上政傑胸用心取得牛欄牛糞施肥，產量豐富，品質又好。政傑家種的蔬菜水果常常吃不完，時常送來給大家分享，有時候我們也到他這一塊去幫忙分享耕種的樂趣。

❏參加 AERA，見識美國大型教育學術會議

既然來美國進修，有什麼教育學術活動，當然不輕易放過。當一年一度的美國教育學術團體年會 American Educational Research Annual Meeting（簡稱 AERA），於四月七日到十二日在美東波士頓召開。這是美國教育學術界的大事，不僅會程連續一禮拜，參加的人數最多，教育學術領域的大學教授，學者，研究生，國內的想參加，有很多由世界各國的也前來參加；發表的各種形式的論文也多，今年發表的論文超過千篇，光是目錄就厚厚一大本，查閱都耗掉很多時間。正值威大期中考期間，我直到最後覺得若是失掉了這一次機會，見識不到他們的學術盛會，太可惜，於是商得教授同意，缺考的科目回來可以再補考，才決定參加。獲悉國科會同意補助部分差旅費，更堅定前往參加的決心，雖然，自己要補足。

從麥迪遜到波士頓，光來回機票就耗掉二七八美元。四月七號由麥迪遜搭八點三十分的飛機出發。這是來美國在麥城落足之後第一次離開麥城。在機上感覺如果是要回台灣見妻兒該多好，可是不是，而是要去到更遠的地方，去參加一個完全陌生的大型會議。同學教授想參加的前幾天早已到達，順便度週末了。一個人在飛機上好無聊，也很孤單。由於起點太慢，登記住宿，住不進開會所包下的大飯店。被安排到離會場十五分鐘行程的一家汽車旅館。每一宿竟然要五十元，合當時台幣約二千元。普通水準，勉強可以棲身過夜，不過倒也真正可以見識波士頓這一個古老大城的風貌，這一個英國人從歐洲遠渡重洋在新大陸最初落腳的地方。她的建築表現十足的英格蘭風貌，太

古老了，街道狹小，到處人車擁擠，公共建築特多，博物館，科學館，美術館，歌劇院，體育場，特具風貌的市場……

開會會場廣場連著幾家大飯店。許多名家學者，過去看過他們的著作，卻見不到他們的風采，在這裡遇到了，順便自我介紹一番，請教一些感興趣的問題。從會議裡面，可以了解最新教育學術發展的方向與發展趨勢，認識一些熱門的問題。蒐集一些最新資料，剛發表的論文，新發行的圖書，也能夠從書展商家索贈一些教學圖書。最令人耳目一新的倒是真正見識到，當時美國教育學術界的盛況，幾千人連續一個禮拜的開會會期，每一會場大家都認真投入參加開會，專注於學術探討。尤其專題演講，請著名學者教授開講，常是擠爆會場，一個大飯店的國際會議廳，座無虛席，還有站在走道行間的。論文發表，從研究生到教授，不論資深的還是資淺的，都競相爭取發表的機會，雖然發表的時間很受限制。專題論壇，針對爭論中的教育問題，由有興趣學有專長的學者，面對面發表己見，常常因為意見的不同，舌槍唇劍，使真相更清楚，道理更接近，可以見識學術界的一般，令人刮目相看。這一次參加AERA年會，讓我對它頗為神馳，使我一有機會就想參加。我後來又來美國參加了幾次一年一度的會議，包括在芝加哥，舊金山，紐奧爾良舉行的年度會議。

第一次來到美國的文化古都，捨不得不抽空旅遊一下。波士頓有一條Charles River穿過市區，跟有一條愛河穿過的高雄很像，讓我更懷念起家鄉。文化古都學術文化水準最高，世界學術龍頭哈佛大學，麻省理工學院都在波士頓附近，不能不參觀，可是只能走馬看花，每一所僅能做一小時的參訪。我對波城印象很好，希望以後還有機會重遊。另外，波士頓是一個海港，海產出名，尤其龍蝦最為有名，來時室友合夥夥伴，特別叮囑，不要錯過。沒時間到魚貨市場，只能在登機前，在機場商店採購。價錢不菲，忍痛買個兩隻帶回來，跟伙伴分享，大家吃得津津有味，樂不可支，Boston龍蝦味道果然鮮美。

❑到芝加哥會晤科學教育考察團

六月教育系陳英豪主任領著「教育部科學教育參觀團」到美國參觀，六月中旬行程到芝加哥。芝加哥，除了去年來美時在機場暫停兩小時轉機至麥城，兩個月前赴波士也頓經芝加哥，更是短暫的轉機，都沒走出機場，快來一年來了尚未專程去過芝加哥。對芝加哥並不熟，不敢說去當導遊，但是，我跟陳英豪主任和隊伍許多人是老朋友，他鄉遇故知，人生難得之樂，我緊緊把握，怎能放棄，何況我的學期已結束，正計畫完成進修計畫，準備回國，算是比較輕鬆的時段。於是我在十六日趕去芝加哥會晤他們。一大早，我搭早班七點二十五分到芝加哥的班機，到達芝加哥機場時才八點五分，搭機場計程車到他們的下榻市區飯店要半小時，正好可以趕上九點鐘他們出發參觀前會晤。我們久別見面，非常高興，果然真正領會到了什麼是他鄉遇故知，是人生三樂也。高興之餘，他們邀我跟他們一道去參觀，都是教育界的朋友，都是來美國增進了解的，都是為台灣的教育而來的，我們的目的相同，性質相似，只是途徑期間不盡相同而已，我非常樂意。

今天的行程是參觀芝加哥科學工業博物館與天文館，包括數學，電學，聲學，光學，食品科學，工程學，各個場館都有很多展覽室展示特定專題，深入淺出，以不同面向空間具體影像或以操作實驗呈現給觀眾，有些很能讓觀眾藉著實際操作心領神會。真正教化大眾科學知識，非常富有教育功能，不能不佩服他們設計巧思及用心。許多平常覺得不容易徹底了解的道理與知識，往往在一參觀之後，豁然開朗，如幾何學上的內心，重心，外心，幾何幾度面相空間的顯示說明，饒富趣味，又能增廣見聞。留給我印象很深的是，THINK 一單字。由這一角度看是如此，無誤，從另一面向看卻呈現一個半身人像。奇嗎？是有點，但是非常真。

當時太陽能（solar energy）還少有人倡導，也很少實際利用。然而，這裡已有展場展示全用太陽能作動力驅動的火車，還有一艘真材實貨的潛水艇，可惜沒有許多時間詳細觀察。數位化資訊科技還在起步階段，這裡已有大眾化的有趣展示，照相，電視，電腦當時還是風牛馬不相及三項結合，這裡已把三者結合在一起，展示成為數位化照相，讓當時的觀眾詫異不已。好奇心驅使下，陳主任陳友華科長與我合拍了一張，並幫我們做成年曆，完全以阿拉伯數字呈現出來的照片。這是初期的數位化，也是最進步的照相，卻是最容易讓大家一開眼界，並容易知道的數位照相。當時只有的二十四畫素，能夠讓學習者知道何謂數位化，現在幾百萬幾千萬畫素，大眾完全不懂啥是數位化。當時那種剛啟蒙的數位化照相，讓學者很容易真正領悟數位化以及如何設計的原理。

芝加哥是一個很大的都市，去年半夜從夜空見其大，如今身歷其境，略知其面目。一個美國第二大的都市，瀕臨密西根湖（Lake Michigan）。這個宛如大海的湖，一望無際。威斯康辛的 Milwaukee 也是在密湖邊。

在芝城，湖邊形成一片大大的沙灘，與海灘無異。眾多的市民及觀光客徜徉在湖邊沙灘上，或做日光浴，或塑造觀賞沙雕，或追逐嬉戲，在湖裡游泳，更有的赤身裸體在滑水，更有豪華遊艇穿梭其間，讓大家大開眼界。沿這湖邊，高級住宅，別墅林立，花園綠樹環繞，蓊蔥翠綠，上等階級權貴富豪聚居於此，還有公園，私人機場，供小型私人飛機起落。反觀市中心區，高樓大廈林立，許多摩天大樓聳入雲霄，最高的 Sears Tower，矗立於市中心。但市中心區治安較差，空氣污染嚴重，街道髒亂。貧民窟雜處，舉止怪異，鬼鬼祟祟，行為舉止不良的貧民遊民，滿街跑，叫人心生恐怖。聽旅行團說，黃昏入夜之後，沒人敢出來逛街，乖乖地在飯店房間裡面看電視，打電話，聊天，宛如被軟禁。我跟他們說到我們小城來，像我們麥迪遜，絕對不是這樣，治安良好，空氣新鮮，市容清爽，是一個很美的小城市，三更半夜還可以安心在外面散步，它曾在一九七八年當選全美的模範城市，你們可以安心來小城旅遊。

晚上，我忐忑不安地走到芝加哥車站，果然見識到他們不敢出來逛街的真相，走過來走過去隨時有人跟著你，伸手要錢，或盯著身上要鈔票，很怕，不給會被搶。趕緊鑽進人多的地方，搭八點十五分灰狗號巴士（Greyhound Lines）班車趕回程，經過三個半小時的飛馳，灰狗號終於把我帶離了芝城，回到麥城，雖然已半夜，我仍一點也不緊張，很安心地回到了住處。度過一個別開生面的一天，讓我回味不已，且陳主任也把我在美國的近況轉告我高雄的親人，真感謝他。

圖書是我夢中的財富

❑留學生活的秘密情人

出國有機會接觸到很多的圖書文獻，很難得，將近一年來，總是趁機勤於搜集。當時資訊科技尚未發達，大部分的文獻仍是傳統紙本，所以找資料是做研究最大的挑戰。出國見識到豐富的資料，許多是國內難以看到的，馬上被吸引住。跑圖書館或上大學書局，看不完的書籍典籍資料吸引住你，每每為之驚豔，捨不得放走。於是，只要有錢就買下去，新書，或二手書，都好。舊書便宜；新書，看起來過癮。圖書館期刊室，專門期刊論文，細細研讀，看中的就影印。還有學校的各學術中心，教學資源中心，研究報告，研討會資料，都可設法索取。

在校園，我跟政傑兄常常一到去逛書局蒐集圖書資料。我們都是個愛書人，所以有現貨就買了，沒存貨的就訂購，還沒出版的就預約。AERA 會場裡面，各大書局把握機會，展示最新新書給全世界的教育學者教授，令人大開眼界，在當時的國內是看不到的。看了那些最新的新書，叫人眼睛為之一亮，愛不忍釋。在職大學教授是專門書籍的最大行銷對象，許多出版商，都會免費贈送大學教授，希望能採用他們版本做為教學用書，有的大學用書可以特價優待，有的免費贈送。對於來自外國的教授，有的書商也願意慨為贈送為教學用書。

所以這一年中，就這樣透過各種管道，蒐集好多文獻資料，光價購的，就花了兩千多美金買圖書。我都視之為寶貝，看了越看越得意，可以帶回作為學術研究的藏書。還特別到印章店鋪訂製了一顆別出心裁的圖章，想蓋在圖書文件，做為寶貝藏書。

看了蒐集的圖書資料越來越多，覺得非常富有，好像財富增加很多，對未來的研究更有信心。

❏我買書，藏書，抱書，念書，啃書，練書功

天天看書，沉浸於圖書文獻之中，夜間睡夢裡以圖書當枕頭，早上起來，外面天寒地凍，首先想到利用這些圖書熱熱身。洋文書很有份量又笨重，熱身的花招越來越多，圖書後來成為我唯一的室內健身器材，利用它們來做各種運動的方式越來越多，搬書，丟書，摔書，堆書都成為運動，後來一再揣摩，自己研發出一套練書功。於是練書功成為我留學生活的健身操，成為我每天的早課，出去不怕冷，看書久坐，隨時拿起圖書練，由小的練到大的，由輕的練到重的，由近的搬到遠的，再循環。結果書也研讀了，有所心得；身體也操了，強身不怕磨。在這個寂寥的留學生活中，圖書成為我的夥伴，日夜相守，耳鬢斯摩，書成為我的秘密情人。

想到如何把所蒐集的書籍文獻帶回台灣自己的書房，是一大負擔，也是一大挑戰。整理圖書資料很辛苦。讀書人力氣不大，搬書，最累。然而書本文獻是我研究的工具與本錢，再怎麼重，怎麼辛苦，我也設法運回到我的家和研究室。

轉眼春已過了，夏天已來了，把書快快整理，早先人一步以海運寄送回國，共整理了十幾箱。搬到郵局，要先用郵局專用帆布袋綑綁，搬運，才知讀書人沒力氣，書本卻是最笨重；讀書人沒有錢，外國圖書最貴。所以搬書太重，手痛；寄書，太重又貴，心痛；念書太傷神，頭痛。買了找了這麼多書，在當時覺得很富有，很光彩，尤其擺在研究室，想像中會給人以羨慕又欽佩的眼神看著你，是想像中的觀眾，還是真實的景象呢？這是當時的預期寫照，能夠確實讓我的研究持續下去，也讓我覺得這樣才像一個大學教授。

但是，圖資數位化來得太快了，笨重又貴的文本圖資，已慢慢失去了它的吸引力，查詢資料大半可以上網搜尋，又快又便宜。如今回想起來，擁有圖書的擁榮華貴，充實富有，卻如鏡花水月，過眼雲煙。退休時候，要把這一些專業書本送人，人家都不要；送圖書館卻回敬以館藏已滿。請舊書商收購，說又不是兒童故事書，卡通漫畫書，不想要，擺在研究室外面走道，願者自取，也總有餘貨，最後只有自力送進回收場。資訊時代藏書連學生都不想要，收藏圖書已成為資源回收的先置作業而已。真傷心。

❑親友來訪，覺得賓至如歸

美國留學生想要旅遊，利用暑假的時候到各地走一走，或是想要認識別所大學的校園環境，挖一點知識之寶，住大飯點旅館太貴，使不得，借住親友同學家最方便。

五月底六月初，也是休假研究在美國的訪問學者清山博士台師大教授，來住三天兩夜。他跟我是同宗，又是四重學長，從小學到碩士班都是我學長，從國小，初中，師範，大學，到研究所。平常往訪親密，有時候常互相請益。曾有一次出差到台北，因為換新長褲，竟然忘了帶皮夾子，到台北下了車才發現，當時還沒有信用卡之類的，緊張萬分，怕連回高雄的車資都沒有。情急之下，第一個就去求救於他，借一千塊救急，他二話不說一口答應，不然可能要流浪街頭。

在美國，他的來訪好像親人來訪一樣。隔幾天，高師同事季宏先生，他剛升副教授，刻在美國進修攻讀學位。他在六二學年度來高師大，比我晚一年，也同事幾乎近十年了，在美國相遇真是有緣。他們的來訪，在這異鄉他邦，當然歡迎之至。清山學長早已在美國拿到博士學位。季宏先生有親友在美國，比我還熟悉美國的生活。親友來訪，對我們住萝露路（Monroe Ave）的這一伙食團夥伴，都看成是大家共同的事，有車子的幫忙到機場到車站接送，買菜時會特加菜，輪到作菜的會特別賣力做幾道又好又量多的好菜，款待親友，跟平常量入為出，有計畫的開伙不一樣。一起吃飯有說有笑，氣氛熱鬧非凡。我帶著他們參訪他們所喜好的景點，活動中心，圖書館，書局，電腦中心，與場館。清山教授對教育統計學情有獨鍾，走到哪裡，蒐集資料到哪裡，利用電腦中心分析資料到哪裡，隨身背負著重重的資料。當時大量的資料只能用盤狀的磁帶，我自己都還沒用過，我們只用打卡卡片，他已用了大大的盤狀磁帶著資料跑遍美國，真佩服之至。他帶來了不只是旋風，而是龍捲風。我從小尚未見識過龍捲風。在美國春夏之交，每一年有千百個龍捲風發生，尤其在中西部這一帶。他來的第一天半夜正準備好就寢的時候，忽然電笛聲大作，以為是空襲警報，在這個時候有哪一個國家的空軍膽敢侵犯美國的領空？連續三次電笛聲大作，打開收音機，不斷播報 Tornado Warning、Tornado Warning，呼籲趕快藏躲掩護。

Madison 的民房大部分是組裝起來的，我曾幾次看如何把房屋組件拼裝成民房。對它們，以台灣的建屋標準來說，實在沒有信心。中西部部沒有颱風的威脅，不需要太堅固，但有龍捲風。不過，龍捲風範圍小，來得快去得快，只見漏斗似的黑炫風旋轉而至，幾分鐘之內，馬上席捲起大樹，房屋，汽車，行人因風捲起來到半空中，翻筋斗，翻了翻，摔下來可能粉身碎骨。組裝而成重量不重的木頭拼裝屋，可能更能經得起瞬即消逝的龍捲風襲擊。這個時候，有經驗的清山兄提醒我們，趕快鑽入地下室避險，才不會捲到空中。果然有驚無險地，龍捲風呼嘯而過，大家安然度過生平第一次龍捲風。原來清山兄走到哪裡，龍捲風也跟到哪裡，他已經出來一禮拜，早先在 Kalamazoo 也遇到過了龍捲風。他們在我客居處雖然都只是短短幾天，均有賓至如歸的感覺。畢竟同樣來自台灣住一起合夥開伙很少，相處愉快一起吃飯的更少，來這裡分享我們客居美國還能吃像樣的台灣晚餐的味道。我分別到機場與車站送走了他們，祝他們一路愉快，不久在台灣重聚。

學期結束，做好回國繼續研究的準備

五月十九號，學期結束。這一學期，過得真快。該做的，按照要求與自我的期許，幾乎都完成了。我相信我的成績非常壯觀，而且我與教授們互動非常多，收穫也非常的豐富，也過得蠻充實的。我不僅完成了各修習課程的目標，也摸清了未來的研究方向在教學的創新領域。我也幾乎找定了指導我的教授，以後的論文撰寫與相關的研究方向，以及歸國以後後續相關的問題。並且依我的研究與教學的需求，我蒐集了許多的圖資文獻郵寄回國內。雖然停課之後還要繼續蒐集，我學會最新的統計方法以及工具軟體，雖然我預期得到，統計軟體正方興未艾，未來進步突飛猛進，必須與時間賽跑。我還要利用停課之後，繼續把握最後的兩個月，沿著這些途徑，再向前走下去。

本來有人邀我在學期結束放暑假時候，六、七月的時候，到美國各地旅遊一週。不過，只希望把握當下時間，利用僅剩下的時間，再跑跑電腦，繼續蒐集資料，還要靜下心來撰寫來美專題進修報告。還想認識威斯康辛更多，需要利用假期參觀旅遊這一個文教鼎盛的麥城，但時間並不多，沒有多少時間旅遊。我預定七月底動身，只希望順道拜訪幾位教授學者親友，如經過加州順便拜訪史丹佛大學的幾位教授先進與煌熙學友同道，經過日本時拜訪一些親友，預期能夠按照我跟國科會合約，於八月初回到國內。歸國前，把一切做好，回去可以放開心情好好地跟家人團聚。

❑寓教於樂，參觀威斯康辛第一大城，名不虛傳

威斯康辛州是美國教育文化典範，教育水平很高。許多旅遊景點經過悉心設計，頗富環境教育

意義。六月初，室友安排到 Milwaukee 參觀。Milwaukee 是威州第一大城，多數為中北歐後裔，尤以德裔最多，出產啤酒聞名。我們參觀旅遊動植物園，印象深刻的是那三個超級大的溫室（green houses），玻璃做成的溫室，每一個如同一個宏偉的玻璃大廈建築，每一個溫室內都大到可以當籃球場，卻是分別闢為溫帶氣候，熱帶氣候，與沙漠地帶氣候的溫室。

在溫帶植物園，氣候涼爽，略有寒意，需要穿上小外套，但見蘭花盛開，有蝴蝶蘭，有洋蘭，有紅的，粉紅的，紫的，五顏六色，芳香撲鼻，蝴蝶亂飛，還有喜愛潮濕，涼爽的各種花草樹木，有小河流水。一襲瀑布，從山上面傾洩而下，衝入溪流中，激起有趣的浪花，小橋流水，帶來永久的涼意與滋潤，花草樹木永遠茂密，蝶飛蟲鳴，遊客絡繹不絕。進入熱帶沙漠地帶的溫室植物園，頓覺熱氣逼人，一片沙漠，大小岩石峭壁矗立沙漠之間，長著稀稀疏疏的仙人掌，仙人球，蘆草隨風招展，展現無限的堅韌之性。其中闢有一彎綠洲風沙中，在一片漫漫風沙中難得的池水長出草木來。三兩隻駱駝徜徉其間，嚴如置身在沙漠之中。另一個溫室是亞熱帶溫室，草木景觀如同回到了台灣。

參觀過這三個溫室，如同在短短幾個小時內經歷過溫帶，熱帶，以至沙漠地帶，宛如時空易位。很多人一輩子難得完全走過三個地帶，看到三個完全不同的植物動物與風光，在這裡卻是一、二小時內走過了，感覺到了，能不覺神奇？這個時光易位的情境，不少老師帶著學生，家長帶著子女，循序旅遊參觀，一面解說，小孩子無不看得意氣高昂，興趣盎然。能夠讓小孩子們，在半天裡面走遍了不同的氣候區，看盡不同的生態景觀，是難得的情境教育。

我回來了，親愛的家，親愛的台灣

八月三日，按原先的計畫，我如期回到了闊別將近一年的台灣。我期待，我興奮，我的心早回到了台灣，回到了家。我帶著許多給兒女們的禮物，與為我苦守家園，母代父職的愛妻的禮物，以及給我的大姊一家人和親友的禮物。每一件禮物，雖不是名貴精品，卻是滿懷期待與關心搜尋購買的。我要感謝，我要獎勵，我要補償，我要回饋他們的貼心，用心，苦心，恆心，與對我的愛心與信心，讓我能夠遠離家園一年，在隔著半個地球的陌生國度全心全力的用功進修，如願的實現進修計畫。我還帶著一大堆圖書期刊論文，以及電腦報表。

行李超重的，行動緩慢，加上托運行李到的慢，驗關又囉嗦，我擔心我日思夜夢的家人會不會等得心焦。果然不出我所料，當我推著笨重的行李車出關的時候，出現在我眼前的是急得像熱窩上螞蟻的家人引頸等待著我。走出出關的門，三個兒女與愛妻蜂擁而上，他們破涕而笑，叫著：爸爸，你終於回來了！一家人抱在一起，緊緊的，唯恐再分開。我們心中有無數的話兒要說，又不知當下要怎麼說，只有抱著好一陣子，讓我們靜靜的聽到彼此的呼吸，彼此的心跳，注視彼此關懷的眼光，看著淚水不聽使喚地流下來，許久許久。大姊說話了，到家裡吃個晚餐，休息休息，外甥車子在等著你們了。

大姊一家人準備一頓豐盛的晚餐接風，並小酌一番，大姊、姊夫、外甥們都很高興。我把回來的 Madison 名產、巧克力，給大家分享，並且送給他們當時最想要的照相機。從小我們姊弟，很少有機會照相，每當我想要看看到底我孩提時期長相如何，找來找去，還是只能找到小六時期為了報考初中所拍到的大頭照，而找不到我們姊弟任何一張合照。結婚後，三個小孩的照片，都是向朋友借來的相機拍的，心中最想要的就是一個照相機。美國照相機便宜，這一次趁機買了兩個，一個送給大姊一家人使用，一個留給自己用。

❏回到高雄別了一年的窩

隔天一早全家人搭上火車回高雄。兒女們好高興，一路上跟爸媽說不完的話兒，又快樂又興奮，又期待，為一家人又可以像以前天天在一起而快樂，期待到底爸爸要送給他們什麼禮物，他們說那種感覺與去年爸爸要出國的時候感覺完全不同，去年好惶恐好擔心爸爸不知要飛到哪裡去，爸爸不在家的生活要如何度過，不知生活會怎麼樣，萬一發生了什麼事要如何……

如今一切都已雨過天晴，在一家大小的忍耐，關懷，堅忍，努力之下，有驚無險安全的度過了。兒女們有時候滿足地坐在座位上，有時候就靠過來跟爸爸撒撒嬌，說說悄悄話。他們說，妹妹哭幾次，哥哥調皮幾次，姊姊遲到幾次，媽媽哭幾次。他們說哥哥有一次，沒帶鑰匙跑出去，門被鎖上，讓媽媽急得像熱窩上的螞蟻；姊姊有一次搭公車去上音樂班的課，結果因馬路施工公車改道，差一點迷路到不了音樂班也回不來，讓媽媽騎機車去找好久才找回來；妹妹因為大家沒準時回來，在家大哭……每遇到這一些偶發急事，他們都會說如果爸爸在家就好了，他們說爸爸就是我們的靠山，有爸爸在，一切都會有爸爸幫我們頂著，什麼都不用他們擔心受怕，可是爸爸在那麼遠的地方，地球的另一邊……我聽了聽了，不由得視線模糊，心頭糾結，覺得過去一年對這個家虧欠太多了，萬分不捨，對愛妻對兒女們。難怪愛妻消瘦了，兒女也懂事很多。

回到了家，這個十幾坪大的小宿舍，非常溫暖，非常有安全感，雖然只有兩個房間，卻比住豪宅還富足。兒女們秀出他們努力的成績與榮譽。姊姊一張又一張的獎狀，每次考試都得到若干獎狀，國語獎、自然獎、數學獎、社會獎、演講比賽優勝獎，又當選班長，又是鋼琴比賽獎，畢業典禮還代表致答詞。哥哥每次考試都得了獎狀，還當選模範生，得到教育局長獎狀獎品。妹妹在幼稚園，天天得到老師給的獎品口香糖，還參加演講比賽，還彈了很多鋼琴，琴技大為進步，已經彈到小奏鳴曲。兒女們讀書彈琴歌藝做家事生活常規都有長進，叫我欣慰不已。過了幾天後，兒女們都參加慶祝爸爸節同樂會，學校同仁小孩表演節目來表示對爸爸的敬愛與感謝，我的三個兒女全都參加，以精彩的琴藝，歌聲，與口才，台風，贏得大家的掌聲，也叫我感動不已。

築因材施教之夢：研發實驗個別化教學

回到學校，與院長談起我的研究心得，堅定未來要走的路。第一次到國外進修回來，覺得電力好像增強了，眼光也擴大了很多，不再侷限於原來熟悉的教學與行政工作的小圈圈，興趣也增廣了，想做的事，想做研究的題材也增多了。難怪當時大家都說出國進修是充電，的確有此感覺。薛院長在我出國一年中，曾在百忙中寫過兩封信給我，倍感親切與關懷，讓我感動不已。回來向人事室銷假後，回報並問候。沒想到行政系統出身的他，竟然非常關心學術研究。他說我在國外撰寫的論文，他看到了在登載《教育學刊》，對我推崇備至，竟然能在國外聖誕假時間撰寫對國內有積極意義的論文。

他是在一九六八年教育廳實際負責推動延長九年國民教育的教育廳主任秘書，對九年國教的問題，尤其是基層教育人員所遇到的問題，知之甚稔。在常態編班制度下，國中階段學生個別差異那麼大，如何因材施教，對國中教師一直是個令人困擾不已的問題，大概因此對我寫的對症下藥處方特別感興趣。我將就著此一題材以我所撰述的「建立台灣地區國民教育階段個別化教學模式做為基礎」，想做個進一步的實驗研究。他深表興趣。

後來遇到了去年一起到美國進修剛回國的數學系柳教授與物理系的江教授，相談甚歡。我們三人同庚，也同時在去年同樣獲得國科會的獎助出國進修一年，他們對於個別化教學也感興趣。於是我們三個不同領域的教授的研究團隊也隱然成形，一個數學教材專家，一個是物理教材專家，一個是教育學術學者。幾次商談，由我負責規劃，建立理論基礎與建構，建立教學模式，與實驗設計規劃等。柳教授主要負責數學教材編寫數學個別化實驗教材教學指引，江教授主要編選改寫理化教材與教學指引，並且請薛院長擔任計畫主持人，負責本研究的行政協調與溝通，後來院長任滿離職，由林清江教授接任院長，並接任為主持人。等進入第二階段實驗的時候，林院長調升教育廳長，由接任的張壽山校長接任主持人。同時也邀實驗學校周校長參加，使實驗執行更能順利。國外進修回來，馬上想回饋我國的教育，研發個別化教學專案，以償我的夙願。

本於我在美國聖誕節撰寫的並已發表的論文為基礎，很快就研擬成專題計畫，向教育部申請專題補助。這個研究得到教育部的支持與補助，正式成為一個教育部資助的專案，分兩階段完成。在當時的教育情境之下，應是一個對症下藥的教育改革的方案。不只是我們三位教授的研究興趣，更是九年國教實施後未曾有過，最值得嘗試的的教學創新。

基本上，循著個人原來在美國寒假撰寫該篇論文的的基本態度與理念，相信教學的革新設計，不能僅是東施效顰。效法先進國家已經研發的個別化教學模式與系統，再自己研發；美國的個別化教學模式與系統只能權供參考，進一步要環觀詳審當下我國的社會與文化，教育生態的特性，針對本國國民教育的問題，需求，來審思設計；然後，並進一步在本國的教育情境裡面進行實驗。我堅持的這一看法也就成為我們小組研究的基本準則與方針。

循此，經過我們的精心思索，依據我所撰寫「建立台灣地區國民教育階段個別化教學模式」一文。這個系統可以由教學目標，教學過程，精熟水準三方面，做任意的調整與適應學生的別差異，是一個多元多價型的個別化教學系統，可以大至改變整個學校的組織系統與運作方式，也可以只是局部的調適。它的包容性最大，推廣性也最大，也需要不斷的發展，所以發展創新性最大，正待我們在我們的教育生態環境中去努力。我們設計出了一個本土化的個別化教學模式。

這個模式，唾棄過早分化，糾正「有類無教」的教育時弊，絕不遺棄任何小孩，不准讓後段學生放牛吃草，但又不能讓前段學生原地踏步等待致感倦怠而浪費時間。大家在同一平等的地位上，自由發展。它是一個具人性化的教學模式，在目標方面，給學生依據他們的程度與興趣，任由選擇；在整個學習過程中，容許不斷試探自己的程度與志趣所在，不會選錯方向就執迷到底；而且它關心我們現實社會的實況與需求，讓學生學了有用的知識，不是閉門造車，更非關在象牙塔裡面的設計。不僅適應學生個別性向，開發人力資源，也考慮時下的現實升學的需求，更要為菁英人才開創無限發展的生機與前景，提高全民社會的競爭力。

這個研究將國中教育目標，課程目標，與教學目標分析為具體目標，復依據學生個別差異與社會需求，區分為「共同性目標」與「選擇性目標」。「共同性目標」，每一位學生必須完成，不可躐等，否則將會妨礙後面接續而來的學習。「選擇性目標」供學生自由選擇，通常由師生考慮個別差異與志趣共同選擇學習，由學生努力趨近的方向與極致。

然後，配合學習目標，編寫教材。為了達成共同目標班寫「核心教材」，為選擇性目標編寫「選擇性教材」。後者區分為三種教材：為激發學生創造性思考，發展資優才能的「創造性C教材」，為解決日常實際問題，增進生活適應能力，與為了就業才能的「實用性P教材」；還有為習練解答一定答案的問題，準備升學聯考的「傳統性T教材」，印成不同顏色教材。學生不必固定選擇一種，可以兩種全選，可以中途做任何改變，不必擇一而終，特採活頁式裝訂。

更進一步精心安排學習環境充實設備，使能利用適合的教學媒介，提供多種學習途徑，循各種方式進行學習，豐富學習氣氛，增進教學效果；並以差別學習進度，來適應學習快慢的問題與選擇分量差等的實況。

於是，國民教育學生不論資質優劣，性向多元，志趣不一，性格狂狷不同，學習風格各有千秋，認知式態差別，學習速率快慢，學來都感到成就滿意。這個教學模式與設計，只要教學系統能夠如此，忠於設計藍圖建構為系統，確實實施，教學成效拭目以待。

❑實驗教學，可行嗎？有效嗎？

我們選擇了高師大附屬中學與高雄鳳甲國中兩校進行實驗，並請兩位對教學非常熱心的周校長與鄭校長行政參與，附中科學老師木村，老師麗雪，鳳甲文洲，嘉芳，淑珍老師實際擔任實驗教學。他們在研究過程中，充分參與，頗能認同我們的理念，所以在實驗教學中，也頗能貫徹我們所規劃的教學系統的精神，掌握教學的要領。

果然經過第二階段一學期的實驗，肯定這個個別化教學對於學生在傳統考試學科成績學習產生的效果，與傳統教學相較並無遜色。對於自我的觀念，學科學習的情意態度也顯見其正面的效果。雖然由於實驗時間只有幾個月，且只有單科目實驗，未能全面實施在各科的課程，對於整個學校的滿意度的效果不夠顯著，但透過問卷與晤談可覺知師生確實相當認同並贊成此一新的教學，它能夠適應學生的個別程度，學力基礎，過去的經驗不同，讓學生喜歡上數理課。

實驗的效度經得起考驗，實驗的效果是確實的，就實驗研究來說相當成功。然而，卻沒得到全面推廣的普遍支持。不過，的確開創了國內個別化適性化教學實驗研究的先河。

我在實驗研究完成前後，利用各種機會撰寫文章，演講，甚至撰寫專書，還辦過研習會，希望能夠推廣。這個研究讓我對教學研究，從外國教學的欣賞理解介紹，直到在本國社會教育生態中真正建構適用的教學的理念模式形成系統，進而實驗於我國國民中學適應個別差異的現實中，進一步並探討其複雜的系統理論與系統分析，及其與社會結構與文化傳統的盤根錯節的關係，是開啟國民中學如何適應個別差異的創舉。

然而，我問過多位國中校長，願不願意推行這個個別化教學，在升學壓力下，都不敢輕易嘗試，怕升學聯考競爭中吃虧，受不了家長的壓力。

教育部七二年新頒的國民中學課程標準，原採學科能力分班適應學生的數理方面的個別差異，將學科選修分為兩組型，一為實用性質的科目，如實用數學，實用理化，導至就業；另一為數學（甲），理化（甲），導至升大學之途。藉固定分組的學科能力分班，差別教科書，來適應個別差異。第二年，正緊鑼密鼓準備實施學科能力分班時候，引起反彈，加上科界大老吳大猷先生堅決反對，於是乎全面正在調訓教師分區接受講習研討會，即將全面實施前夕緊急剎車，編好的教科書銷毀。理由是有多少家長學生願意在小孩子十二歲時候，即決定不升大學，只想選讀實用科目準備就業或上職校，而放棄了升大學的準備。

如果採用我們研發的個別化教學，充滿彈性，任由選擇，可以兼顧與調整改變，就可以迎刃而解。我曾經向教育部官員建議全面推廣我們研發的個別化教學。然而，教育部由於上一次的痛苦經驗，相隔未久，猶有餘悸。一日被蛇咬，三年怕草繩，不敢再輕易嘗試創新的個別化教學。

大學用書之夢：撰寫《教育社會學》

早在出國之前，台師大陳教授邀我一起寫一本《教育社會學》，由於第一次出國進修，又忙又急，要準備的事還真多呢，不敢輕予允諾，怕耽誤出版時間，回來時候，他的書已經快要殺青。不過，幾年來一直教學這一科目，覺得確實需要寫一本《教育社會學》，針對我們學生需求的一本大學用書。出國這一年，利用這難得的機會，我選修了若干教育社會學的課程，以補過去難得正式修習此一課程的缺憾。

那時候，教育社會學正進入一個轉折演變的階段，衝突學派乘著美國大學校園混亂，反戰運動趁勢風起。過去一年我在 Madison 主修教育心理學，副修為教育政策研究與教育社會學。無論主修副修，教授陣容堅強，無論是實證研究或新馬主義者，量化或質性研究教授，古典或自由批判色彩鮮明，要求嚴格，所開列閱讀書單文獻，不是經典名著就是最新發表的實徵論文，不是名家原著與就是批判筆戰的辯證文章。

我逐一研閱涉獵。因此有機會探討遍及各種流派，各種典範研究；不同的教育社會學的典範理論，研究模式方法取向，眼界為之大開，知道天外有天，人外有人，法外有法。對於自己國內的教育社會學覺得不夠周延，對於教學用書也覺得未盡滿意，對於教學效果也覺得不夠彰著，而且自己過去研究的結果，也需要介紹，以廣效益。因此我歸國後，決心寫一本《教育社會學》的大學用書。

開始執筆時我開宗明義寫道，我撰寫這一本書，內心裡面有個願望，希望給讀者，由一個教育社會學的陌生人變成一個教育社會學得座上客，更進而帶上社會學家的眼鏡去觀察教育，用社會學的想法去分析教育，以拓廣其對教育的見識，並對教育社會的研究躍躍欲試。所以我宣示，這一書旨要包括三方面：

第一，要提示教育社會學的觀點與概念；

第二，介紹教育社會學的知識體系；

第三，引導教育社會學的研究。

自從我教教育社會學以來，我就有很深的感觸，學生對於社會學非常陌生，毫無概念。學習專門的學科，基本概念的建立相當重要。因為概念是認知的工具，所有的理論都是由概念建立起來的，沒有社會學的概念，就是社會學的門外漢，要理解社會學的知識很困難。

我領會到開始的時候，要花一些時間建立學生們社會學的概念與觀點。才不會一下子闖進教育社會學知識的叢林，搞不清楚方向，似懂非懂。結果到寫報告的時候，寫出來的報告與教育心理學的報告混淆不清，與教育哲學也沒有區別，不排除小部分是一魚兩吃，有意偷懶，但絕大部分是因為觀點不正確，概念迷糊不清。也有少數同學把科目名稱說錯，把教育社會學說成社會教育學。所以後來我對初學者，總先花了一點時間樹立社會學的觀點，並理解社會學的概念，尤其強調社會學與心理學觀點的區分，社會學和哲學觀點的不同。學教育的人要學的邊際教育學術很多，但是觀點不正確，混同一片，不僅無助於教育的理解，反而使教育更為難懂。

有鑑於此，我寫這一書，我先著墨概念與觀點在治學上的重要性與功能性，並辨別各種學術的概念與觀點的特殊性與差異性的，不厭其煩地加以介紹與敘述說明，舉闢隱喻，希望讀者能受惠，俾益於教育社會學的學習與其研讀。

❏我不是結構功能主義者

在方法論方面，除了長久來分庭抗禮的巨觀與微觀社會之爭外，由於以功能學派，結構功能學派對於當時美國黑白衝突，反隔離運動的無力與挫折；反越戰爆發的校園暴亂，教育社會再製，文化專斷暴露嚴重問題難以分析闡述，讓衝突學派紛起，無論是結構衝突學派新馬克思主義，或文化衝突學派新韋伯主義趁機得勢。同樣的，若干大型的量化研究，花了很大的人力財力，雖然樣本夠大，由於測量變項失真，信效度不足，致得不到一個有效的結論，令人質疑。

鬱卒很久的學者，見識歐洲的新教育社會學興起，以為得到揚眉吐氣的機會。所以教育社會學的研究已經醞釀出各種學派紛起之勢，雖不至於呈現萬壑爭流，百花競放，倒也不是一言堂的局面。於此，我在這本書裡面另闢專章，詳細介紹界說各種不同流派不同理論基礎的方法，已超出當時國內同類書籍甚多，作為一本大學用書，已屬前衛。

方法不嫌多，讓學子學得越多，懂得越多越好，跟習武藝武功一樣，所以方法的介紹，求其周延，讓學子窺其全豹。惟運用時要洞察勢面，因時因地隨時掌握機先，善用招數，才能出擊得勝。研究上亦然，用對方法可以發現更多的知識，建立更多的理論。

做科學研究時，要求正確客觀，避免危言聳聽或譁眾取寵，不是政治，也不是哲學上的主義。所以我在介紹衝突學派與結構功能派之後，我特地提醒，教育社會學的研究方法一方面要做技術層次的考量決定，但另一方面也要知悉下層結構層次的影響，各不同社會與不同時代，受寵愛用的方法論不一，不必逐新追異，也不宜東施效顰。二十世紀六十年代以前的歐美社會，受到二次大戰牽制，全社會槍口對外，同仇敵愾。美國戰後社會安定繁榮，教育發達甚為急速，教育發揮社會化與選擇作用，結構功能學派至尊。

之後，越戰加劇族群衝突，社會紛爭頻繁，大學校園不安，高等教育發達，過度教育的結果，財政困頓，大學教育已不能有效促進社會流動，貧富差距鮮明。使得結構功能學派方法，難能有效解析社會與校園的衝突動亂與變遷，衝突學派趁勢躍起得勢，成為學者的至愛。

反觀台灣當時的社會，經濟發達快速，正在製造經濟奇蹟，所謂台灣錢淹腳目，躍然而為亞洲四小龍，社會衝突潛伏未見明顯；在教育上面，承續長久以來的傳統，充分發揮社會化與選擇的功能，雖不盡是書中自有黃金屋，書中自有千種粟，書中自有顏如玉。但是，那個時候只要努力用功，接受什麼教育，自然導進何種就業途徑。上大學各學系，就分別製造你成為醫師、律師、法官、工程師、教師、會計師，各類專科學校製造你成為技術人員，高職製造你成為職工，即使不想升學，國民教育受完了，也可以當學徒，如夠努力，可有機會從黑手幹到頭家，唸高級學位，可能是青年才俊，受到重用；教育真正發揮促進社會流動的功能。絕不會像今天，大學畢業卻失業，還背了一身債，也未聞大學畢業，還回到家當啃老族。那時社會誰都需要誰，當時的確是「學力」與「努力」決定社會大家的地位，教育真正促進了向上社會流動，這是結構功能主義的精髓，才學決定一切。考試雖競爭激烈，難免惡性補習。但是人人前瞻有望，必須苦其心志，勞其筋骨，有啥埋怨。教師人人尊重，大眾都知道師嚴道尊，對子弟有用，家長也不會去鬥教師，病人也不會隨便鬥醫師，醫病糾紛鮮聞，大家認分認真，扮演什麼做好什麼。作為小孩，大家都知道反哺報恩的道理，並要求確實實踐。所以做父母的，人人想生小孩，夢想不到少子化。

也是由於這般情況讓我想爭一口氣，志在求得高學位，雖然父母未正式受過教育，我力爭上游，拚到國外想爭取博士學位，當上教授，如果當時有人拿到博士學位找不到用場，不得已還要回家炸雞排，拿到碩士考不上環保局清潔工人，學位拿到了，卻是回家靠父母養，當啃老族，我不會奮力克服困難，絕不願忍飢耐寒，去攻高級學位。當時這樣的教育與社會，教育社會學利用結構功能派的方法論來探討，來思考研究，可以獲得認識更多，理解更多，發現最多的知識。反之，風迷西方新興起的衝突論則不盡適宜。勉強使用，將催化加速製造更多的矛盾。

如今社會已經迥異於往昔，男女衝突，老少衝突，朝野衝突，醫病衝突，師生衝突，親子衝突，族群衝突，過量的大學教育，已失掉選擇功能，不用衝突方法來研究社會與教育，行嗎？所以曾有人曾批評我是結構功能主義者，並不正確，也不公平，完全誤會我的原意。《金剛經》說：法尚非法，一切有為法，如夢幻泡影。拘守不通，不能透視，不能通觀。

在教育社會學的知識體系方面，教育社會學發展甚為急速，當時國內教育社會學側重在結構社會結構組織與教育制度教師角色的討論與分析，鑒於教育社會學國外已進入歷程與互動的分析，於是我撰寫時，除制度與結構探討的層次，包含進去較多的活生生地社會生活層面的實徵知識，在社會變遷與教育方面，都市化的教育效應與因應；也包括家庭的變化與教育調整；在學校組織方面，與班級社會體系，包括班級歷程與師生互動的研究；教師社會學，不僅探討教師社會地位，也包含較多的教師工作社會學。

隨著教育社會學的演變，經一次再一次的修訂版，不斷擴充和充實，增訂了教育與政治於一九九〇年版本；復又隨著兩性社會學的發展，性別階層化凸顯出來，增訂進去性別階層化與教育機會均等專章；且由於國內教育改革風起雲湧，民粹改革把教育帶進一個泛政治化與庸俗化的局面，於是再增訂教育改革的探索與分析。

❏這本書，一再增訂補修訂，再版再再版，我願它永保年輕，感謝復文出版公司楊董伉儷和蔡總國彬 CEO 的用心

我愛護這本書，希望它能永遠保持嶄新的面貌與青春的活力與讀者見面，才不會愧對讀者的喜愛。我寫一本書，隨時都堅持同理心，由讀者的觀點與心情來執筆，希望任何讀者，買來這一本書，花時間讀這本書，確實得到了效益，時間金錢沒有白費，而且會覺得樂在其中

當初於一九八一年教師節初次出版，承復文書局老闆楊麗源先生鼎力支持，當時復文出版社創立初期，楊先生事必躬親，他還特別用心於此書的出版，找台南的印刷廠，選擇高磅數的紙張，充皮封面，用心良苦。感謝他。我也一直找他再版再再版，矢心不渝。

後來復文出版社併購巨流圖書出版公司，我繼續請他出版，成為永久的朋友。楊先生夫婦用心經營文創出版事業，熱心又知人善用，找蔡國彬先生當 CEO，有眼光，難怪公司業務擴展迅速，越做越大。敬佩。

❑學術服務地方：研擬高雄市教育計畫

高雄市是一個新興的工商都市，人口成長快速多是社會成長率急速增加的結果。在都市化急速進行中，鄰近縣市大量人口遷入這個新興都市來，原來的教育設施與資源無法配合，衍生許多教育問題，市民物質生活改善迅速，教育文化精神生活卻相對缺乏。所以當時外地人也好，本地人也好，都譏諷高雄市是一個「文化沙漠」。交通亂，秩序差，言行庸俗，衛生差，公共場所吵雜，學校擁擠，教學場所因陋就簡……

市政在這一方面漸漸受到壓力與批評。王玉雲先生競選市長連任的時候，在這一方面顯得相對弱勢，毫無招架之力。因為他出身草根市井，光復前後當過刑警，後來做拆船業與建築發跡，獲取大量財富起家，跟文化教育界淵源不深，也欠關心。連任競選中得到了教訓，僥倖當選連任之後，刻意扭轉形象，設法要在教育文化方面加強建設。

高雄師院與高雄醫學院是當時高雄文化沙漠的唯二綠洲與泉水。他相中了高師院是正確的，特別到高師院來辦研討會，聽取大家的意見，希望利用本校的教育學術資源，幫為美化高雄市綠化文化沙漠，他也表示非常樂意提供資源支援，誠意拜託高師院同仁貢獻智慧知識學術於高雄教育社會文化的建設發展。他寄望甚高，同仁也樂觀其成，但如何做法卻也躊躇滿志。

經過一段時間的思考，孕育出來不少的點子。其中，最基本的，也是最顯著的是，為高雄市的教育規劃出一個重大的長期綜合發展計畫。這個計畫包括國民教育發展計畫，職業技術教育發展計畫與社會教育發展計畫三大部門，長達六年（一九七九至一九八五）期間的發展計畫，不僅得到高雄市政府的委託，還獲得亞洲協會 Asia Foundation 的贊助，被人認為是重要的教育支援政府發展新興都市的新典範。決定三領域教育發展的因素不同，計畫規劃的方法也不同，國民教育依就學人口的成長來規劃；職業技術教育依據技術人力的需求來規劃；至於社會教育主要依據社會民眾的需要，體察民眾的心理，並比較各種不同方式的效益來規劃。我與何副教授負責社會教育發展計畫的擬定。考慮各種因素之後我們決定採取「社會需求法」及「成本利潤分析法」來規劃。

我們首次接受這樣一個重要的都市教育發展計畫，關係到到一個本地所在的未來教育發展，警覺到責任重大，而且地方政府也對我們頗為期待。當時大學教育是非常受到尊重的，大學教授處處受到禮遇歡迎。我們走到哪裡蒐集所需資料，都不會受到排斥，相反的備受禮遇。社會教育需要的資料特別多，而且分布在各不同的部門。無論是社會局，警察局，法院，主計室，衛生局，社會教育館，教育局，民政局，文化中心……都一一拜訪蒐集現況文件資料，了解相關訊息，徵詢施政想法做法及商談推動構想意見。無論任何單位機關，進行任何工作都願意配合。說實話，我們都是第一次進行此一工作，也非識途老馬，常常也是投石問路，不過政府民間都尊重專業大學教授，我們自己也自我要求甚為嚴格，故蒐集資料順利。我們十分用心規劃，故能如期完成所託計畫並發生作用，不負所托。

以我們社會教育的規劃而言，為高雄市提出許多意想不到的做法與構想。對於高雄後來社會教育的推展影響甚為明顯。雖然後來，政治局勢改變，社會氛圍已經丕變，政治生態不同，且資訊科技發展迅速，社會教育的發展方式與做法進入一個新里程。不過，當時的許多構想，只要加入新技術的運用則有很大空間。

可見大學與政府民間，互利合作空間很大，設若彼此信任，就可以發揮最大功能。現在的大學數量眾多，各界對於學術也不甚重視，大學忙於自求生存，焦頭爛額，學術人員想即使要發揮這種專業服務地方功能，難囉，除非創新突變。

❑重作馮婦，再次接特殊教育中心

台灣的特教中心任務艱鉅，人力不足，在出國前，我勉為其難，擔任一人中心主任一年。藉著出國進修，以光明正大的理由，擺脫掉了。沒想到，一回來，接任的老同學吳鐵雄博士擔任一年，即跳槽到台灣師大接任資訊教育中心，讓我好失望。失望之一是我跟這一位大學同班老同學真是無緣，兩個人是同學，卻從沒有一天同事過，彼此總是錯身而過；失望之二是我明知一人中心不好幹，卻又要重做不好幹的馮婦。高雄市急遽的都市化過程中，文化沙漠，人人要享用的普通教育都感落後，何況為特殊兒童學生設置的特殊教育。南部其他縣市，更不用說。不過為南部整個特殊教育想，則義不容辭；為高師院整個人力布局想，實在也責無旁貸，只好再一次勉為其難接下這一個攤位。人力空間員額經費還是依然如故。在這一情況下，我必需突破困局。

中心首先要接專案研究，尤其是地方政府樂意支持的專案，有專案計畫經費做研究，就會有人力，也會增購軟體設備，資源自然感到較為寬裕；當時市政亟欲加強文化教育建設，洗刷高雄是文化沙漠的污名，做地方上關心的專題研究算是響應該一政策。所以除了大型計劃——「長期教育發展計畫之規劃」以外，特教中心，接了高雄市研考會有關「高雄市國民中小學特殊教育教材教法實況研究的專案」，由張壽山教授主持，本人研究，並聘茂森老師研究助理。對高雄市的國小啟智班、啟聰班、啟能班：以及國中的益智班、啟聰班、啟能班，進行全面的實徵研究，透過問卷調查全面廣泛的調查之外，還進行實地的觀察，並深入訪問徹底的了解實況，診斷其癥結問題；據以提出應興應革的建議，期望能改進早期先天不足後天失調的特殊教育。

依據我們的研究發現，我們提出了若干建議，諸如透過校際合作，結合各特教班的師資共同編製教學單元教學設計；建議教育部制定特殊教育班的課程綱要；加強特教班的個別化教育方案的設計及實施；特教班評量雖大部分已揚棄常模參照評量，仍應加強運用效標評量，提供教師評量以及評鑑的特殊訓練；建議成立全國特殊教育資訊系統，提供特殊教育新方法，新技術，及特殊教育教具媒體中心，引進介紹製作教具媒體；建議成立中重度啟智班及職業訓練機構，減少輕度殘障班的教育負擔與困擾……

後來高雄市在特殊教育的改革改進許多實際的改進辦法措施接受了我們意見。而本校特殊教育中心也結合台灣師大與彰化教大特教中心等儘可能滿足諮詢，服務的需求。該一研究確實對高雄市特殊教育發生一定程度的影響，讓經費花在刀口上。

我們的中心後來已編製若干種心理與教育測驗，並編印出版若干特殊教育叢書。

圓了升教授之夢

❑一年等過一年，升等總有如願的時候

我每年都有研究，都有研究論文發表，也都得到國科會的肯定，獲得研究成果的獎助。然而，依當時的編制，大學每一班學生，有一位教授，一位副教授，一位講師，一位助教的教師編制規定。以教育學系來說教授員額已占滿，副教授要升等不知要等到何年何月，才有教授屆滿退休出缺名額出來。所以，我一九七五年升等副教授，一九七八年年資已滿，雖準備好論文，卻沒有機會。每年我都試圖提出，每年都被以額滿被擋。

學校各單位名額事實上可以互相流用，且學校也保留一部分名額共同使用，不過都無法變通，閒置著空缺名額，不知使用，真叫人扼腕挫折不已。不過我仍然執著於我的研究，執著於我的發表，不管有無機會，操之於自己的認真做，操之於別人的再說吧，也再等機會吧。我並沒有怠惰，也沒洩氣。尤其出國進修回國後，不論什麼時候，總有一些東西想要研究，總有一些創作的靈感與活力，好像隨時都有意念要發表。有人把出國進修比喻為充電，我倒覺得此一用詞在我身上，倒是貼切的。

一九八一年暑假，薛院長任期屆滿出國，將印信交代教務長。教育部發表林清江教授為新院長，八月一日準時承接印信接掌校務，為最年輕的高雄師範學院院長。當時林院長是被政府重用的青年才俊，無論學術文章，行事風格，開會演講，都令人耳目一新，明快果斷，講求效率。別人一

開會需要好幾個小時，他絕不會超過一個半小時；所以他忙於行政之餘，仍然著作源源不斷。聽他演講，總是令人一新耳目，觀念清楚，印象深刻。他主持開會，與會者最喜歡參加，因為最能準時結束。

他來高雄師院，最初大家同仁覺得太年輕了吧，看他走路，瘦瘦高高的身材，栩栩生風。都覺得少年得志，不夠沉穩。

一兩個月後，卻令人刮目相看，覺得這一位新院長，真的是一個做大事，可以當大位的人物。有人跟我說，我們這個小廟，他不會待太久的。果不其然，未做滿一任就又高升去了。但是，卻在這短短的時間裡面，把整個高雄師院變成一個完全嶄新的面貌出現。

這個校園才十三甲地，但在林院長率領他重用的文雄總務長及同仁的努力之下，校舍立顯宏偉壯觀，渾然天成，真正像個具有大學架式的校園囉。過去女師留下來的小家碧玉型兩層樓宛如衛生所，零零落落的校舍校園不見了，展現出來的是，中間高達十層兩側翼五層樓的宏偉乳白色建築，中間玄關跟附屬中學連成一體，前花園噴水成為一大圓環，後為蓮花池精神堡壘，風華頓然出現。真是神妙傑作。過去的學生漫畫一隻小狗在校門口聞了再聞，再怎麼聞，也聞不出大學的味道的場景已成絕跡，永久不怕會再出現了。林院長的眼光貢獻領導一鳴驚人，令人敬佩；文雄總務長的負責盡職，叫人刮目相看。

不僅硬體建設如此令人驚豔，在軟體建設方面也設法創新，令人印象深刻。許多規章可以變通，即變通；需創新的，就創新；須改革的，不怕改革。不墨守成規，不因循苟且；講求效率；不求繁文縟節。果然是青年才俊，絕非浪得虛名。

教師升等的辦法在林院長的領導下，也突破創新，他認為不能墨守成規，堵住升等機會，相反的，要激勵同仁在學術研究與教學方面奮勉向前，這個大學才有希望。所以他知道有一些學系已經陷入多年沒有升等名額的困境，即破格訂出一個特殊績優升等辦法，讓這一攤不流動的死水，又活化起來，成為活水。但是可以利用的名額有限，於是抬高門檻，嚴格把關。

按此一辦法，每一年一個學系有一個特殊績優名額可以提出升等，經過送出外審，兩位審查者均評為八十五分以上，經教評會投票通過就不受限該學系名額限制。當時按照部訂升等辦法，教師升等都是以七十分為及格，副教授升教授亦然，學術論文審查達七十分以上即通過。相對之下，這一特殊績優辦法極為嚴格，但是總是給同仁有希望。達不達到標準，就看你自己研究嚴謹不嚴謹了，水準夠不夠了。

就在這個新的特殊績優升等辦法之嚴格考驗之下，我在擔任長達七年的副教授歷練後，終於升上教授，時為為一九八二年。知悉的時候，正好系務會議之後，期末聚餐。我開懷暢飲，結果醉了。這是我一輩子唯一的一次醉酒了。真感謝林院長的英明。

踏實洋博士之夢，沒有不可能的任務

❑再度申請出國，這番志在完成博士學位

我回國以來這些年，一直跟威大的教授保持聯繫，也向他們討教，持續進行研究，推廣研究貢獻於教育實務的領域。我不侷限於教育社會學的範疇，而且專注於對於教學的研究與影響，並蒐集許多實際性資料，且用心媒介與應用教學需要的評量工具。我利用學科整合的眼光，將教育社會學的概念與觀點來探討測驗，心理輔導，學校倫理；在教學研究與實務的需求下，我修訂與編製若干測驗與評量工具；在身兼責負特殊教育中心服務的驅使下，我不僅實際了解特殊教育的制度，實施，措施，問題與需求，並符應需求，編製工具，介紹各種教學方法。走進各種教育職場，與各種研習講習工作坊，做演講，評鑑，訪視，調查，實驗，輔導，諮詢的工作，增廣見聞，拓廣眼光，擴大層面，邊做邊學。我手邊書房，資料很多，訊息也很流通，不懂的查詢國內外都有資源可以利用。升了教授以後，受到更大的肯定，自己也更有信心，也受到更熱烈的歡迎。這些對我的教學與研究都很有幫助。我開的課目也更廣更深，發表的論文數量也增加。我每年都進行實徵的研究，蒐集許多實際資料。有的資料已經分析發表實徵性論文，有的資料尚未做好分析，留待他日利用較前衛的電腦設備來統計分析。這幾年之間我獲得更多的鼓勵與肯定，研究成果獎助年年獲得，其中有四個年度更膺得優等獎。

五年來，我更為繁忙，實際上並沒有中斷真正的學術研究，一下子快過了，威斯康辛大學我的

指導教授提醒我，按威大的規定，五年內沒回來 reentry，在校園內進行全時博士課程，就算中斷，無法繼續；他日逾越期限再回來修，博士課程要從頭開始，我才恍然大悟。該是又要出國的時候了，好在以我的研究成果與在國科會留下的紀錄，一次申請，又如願地申請到了出國進修一年的補助。有了國科會年度獎助，出國進修排序優先，又是帶職帶薪，沒有經濟顧慮，一切好辦。行政程序與現實經濟問題都順利解決。於是我趕在一九八五年八月底又再度出國。

❑克服現實的種種困難與心理負擔勇往直前，真對不起妻子兒女

我唯一掛慮的是小孩的讀書問題，老大今年高二，明年高三，念的是明星高中雄女，讀書風氣好，沒問題。老二今年要緊鑼密鼓地準備升學，明年暑假要參加高中聯考，加上他們班是資優班，臥龍藏虎，壓力大，適應難說。老么念的是博愛國小的數學資優班，該班是全高雄市嚴格鑑選出來的數學資優生，非常難得。博愛國小在後驛，交通紊亂，只好買車學開車，每天我來接送。一旦出國，不知如何是好？巧的是，當時高雄市小五生有跳級直升國中辦法。為了成全我出國，解決接送不便的問題。於是報名給她參加跳級鑑選，很順利一跳就過了。然而，老三在數學資優班，表現傑出，名列前茅，又是班長，真捨不得離開她最喜歡的班級同學老師。我也深知童年對小孩子來說十分寶貴，而跳級到一個新環境，學業適應社會適應，有時候會有困難。但是現實所逼，只好直升國中，提早結束她所懷念的童年與數學資優班。她是少數沒有得到國小畢業證書，卻有國高中大學證書的學生。

憧憬著洋博士之夢，克服一切困難，我毅然決然再度整理好五年沒再打開的大皮箱，裝上行李，再度依依不捨地踏上征途。明知此去艱難，如何能完成博士學位，家庭如何安度這一段時間，忐忑不安，也只能往前走下去。沒有後悔的時間，沒有說不的選擇。只好請家人大小多忍耐，當葡

萄成熟時，我會回來看你們的。在桃園機場又是一番天人交戰，動心忍性的過程。只有我知，妻兒知道，神佛知道，我的內心多痛苦，多忍耐。好在，一切公費，可帶職帶薪，至少現實生活不會有問題。雖然年紀不小了，但學業仍未完成，為了追逐夢想，不得不再奮鬥下去。

❑再度回到麥迪遜，志在必得

離開五年後，我又回到 Madison。雖然景物依舊，五彩繽紛的秋天景色照樣吸引人，但是許多舊識不見了，增加許多新面孔。沒有舊室友，沒了伙食團，只能住進全是租給學生的在 France Streeet 的一大棟學生公寓。這一棟公寓很大，有十幾層高，而且是連棟，寓居的人很多，都是來自全世界任何角落的學生。

我租兩人房，共用廚廁浴室置於中間，房間在兩側。所以室友沒有特別的互動，也少見面，像室友又不像。各層另有更大的共用廚房，玄關大廳供大家看電視，看報紙。大概只有在玄關或洗衣間，大廚房偶而照個面。不管室友非室友，見面機會都很少。我的室友是一個來自非洲的黑人。交友廣闊，特別突出，與眾不同。常有一群人在他房間聊天喝酒，高談闊論，此人，他日回國該是政治人物。其他看順眼的，是點頭之交，見面聊幾句；看不順眼的，形同陌路。所以在這一大型學生公寓，雖然人多，環境還頗為單純。

不過，這些對我來說並不重要，環境越單純越好。我此行目的，是為了完成博士學位，時間只有一年是固定的，是一個常數，結果也抱定是常數，博士學位；期間的如何用功努力，把握方法機會才是變數，就看如何去運用這些變數。如何奮鬥，還不知，就且戰且走吧，就盡心盡力就是啦。我立下決心一定要成功，不能失敗。

我卸下行李，安頓好了之後，馬上奔向系辦公室報到，並到研究室找我的 Adviser 指點迷津。

我的經驗，美國博士課程的 Adviser 相當於台灣的博士論文指導教授，其實指導的範圍大於我國的指導教授，他們通常對於研究生，什麼都會不吝指導。學生私下有何事情，遇到什麼困難都會向他報告，他是學生與學系研究院之間的橋樑，他也會在相關的規範之下，儘可能滿足你的需求。其實，我自忖出國之前，已常和他聯繫，約略報告我的期望。所以我回去第一次晉見指導教授的時候，我馬上切入主題。我向他詳細說明來意，報告我這一年的計畫，我跟指導教授坦白的說，我申請的專案只有一年的時間和預算，我希望完成我的博士學位。

他早知道我的實力，也知道我離開校園的五年來，並沒有疏遠掉學術研究與課程，所以並沒有一口回絕。但是，他說這是一件艱鉅的工程，這一年再加上上一次一年，只有兩年，在這裡要完成學位好像是不可能的任務，希望你知難而退，退而求其次。我說再加上回國在外研究的五年，就七年了。他很清楚，似乎言之成理。他知道我決心很強，實力也不錯。所以他說你願意挑戰，我樂意協助你。但是成不成，就要看你自己囉。

我確實遇到好幾位上一次攻讀博士課程的同學，我這次來的時候，仍在水深火熱之中煎熬。在本系就遇到一位同樣來自台灣的同學，已在這裡七八年了，還有好幾位亞洲來的，也已經浸漬於此五六年了，都是老面孔。我是有點擔心他會不會一口回絕我。他沒有，我就願意挑戰。但是，相關的課程要求學術標準一分都沒有折扣，至於行政程序手續可以彈性通融。

他說想在這一年完成博士學位，第一，主修課程學分完成並符合要求標準；第二，副修課程修滿要求學分標準；第三，要通過「博士資格學科綜合考試」，取得博士候選人資格；第四，按論文計畫撰寫完成博士論文；第五，經指導教授審閱論文通過，同意推薦申請口考；第六，跨學系組成博士論文口考委員會審查論文；第七，通過博士論文口試及格；第八，按口試委員意見切實修訂，經指導教授審查通過；第九，印製完成，繳交博士論文，暨對外發表論文摘要。

我知道你早已確定主題，已經蒐集得到了原始資料，即可提計畫。然而，你面臨的一個重大關卡，在於博士候選人的資格考，即學科綜合考，這是每一個博士生的最怕。有人因它而知難而退，有人因它得了憂鬱症。

❏應戰資格考，考得天昏地暗

指導教授說，這個考試，考三科，另加一篇寫論文報告方式應考，另定期繳交。資格考考一整天，每一個考生早上十一點進入一個隔離的考場，到晚上八點出來。你生活上所需的食物喝水文具可以帶進去，但專門科目的教科書，專書，筆記參考書工具書通通不允許。本學期資格考訂在九月二十三日舉行，通常博士生要參加這個考試，都至少要有一年的準備，除了複習相關的課程外，並下功夫蒐集資料，對於本系相關教授的最近的授課綱要內容及指定的專書論文及最新期刊論文與相關文獻，詳細了解蒐集完整，仔細研讀，整理，才敢嘗試。因為不及格，要等到明年才有重考機會，且只限一次。而你離開校園已經五年了，以前修得的課程內容學分任課教授不盡相同，對於最近授課教授實況並不清楚，接觸也無機會。你敢冒險？願意的話，我可以核轉並推薦給委員會，通過的話，俟主副修課程學分完全滿足要求時，可予以採認，通不過這學科考及格標準或主修課程學分未完全滿足，則資格考分數不算，等於白考。你願意挑戰嗎？時間這麼匆忙，剛回到學系裡面，已顯然陌生。

確實一大挑戰，也是一大冒險。我已中斷在校全時 resident 五年語文能力，不如一般全修生。不過，我認定我是台灣來的菁英，是大學的正教授，我上課也常使用外文教科書，我相信我的程度，我只是欠學位，並非欠缺專業知識。考的是專業知識，專業英文。如果放棄這一次挑戰，已沒有機會，不決心一賭不行。我當然要挑戰，我及時回應，I will。

於是，我馬上進入非常時期，除按照時間辦妥繳費註冊，上課外，並即時搜集資料，研讀資料，準備博士候選人資格考。設法熟習長時間在校的同期考生，他們的準備方向，以及已經蒐集到的資料，幾年來相關科目的教學綱要，和指定專書論文講義。但是確實很生疏，有些教授已換了新面孔，要蒐集比較完整的資料實不容易。後來遇到了來自近東國家的一位同學，他得知我的情況，離開校園五年，一回到校園馬上要參加資格考，驚嚇不已，非常同情，毫不猶疑，伸出援手，把他已蒐集到的資訊，資料文獻書目，提供給我參考，減少我像無頭蒼蠅摸不到頭緒亂鑽亂飛的時間。

我乃得以及時到大學圖書館，教學資料中心，大學書局，或購買，或借閱，或影印，或抄寫找資料。一邊蒐集，一邊研讀。忙得不可開交，日以繼夜。從此過的是暗無天日的生活。跟家人寫信的時間少了，只能將實況處境據實直說，免得心生疑惑。當時小孩，老大念雄女高二，老二念五福國中國三資優班，老三剛跳級插班到附中國中部一年級。他們功課也都很緊張，都能領會爸爸在國外留學的緊張情景。苦的是他們的媽咪要上班教學，又擔任導師，又要照顧一個家。只能在週末利用電話互相關心鼓勵打氣慰勉。

很快的資格考期到了，即將見真章。我保持平常心，心理面想，如果沒過，這一年反而好過，如果過了這一關，這一年，更難過。一重江水一重山，關關接踵而來，隨時會卡關，這一關不知能否過關？

我跟平常一樣，背著背包，裝著文具及字典，其他什麼都沒有。我的一位好同學，準備萬分周全，開水壺，咖啡，牛奶，特製的營養麵包，一大堆食品補品；還有容許範圍內的所有工具書。我問他你為何帶那麼多，他說是太太幫他準備的，要考整天呢，說的也是。

我心裡想，我隻身在這兒，如果妻子在身邊，說不定準備得更多呢。有點感傷。整天應考，要喝沒水，餓了沒食物，怎應考。還好，考場邊有售貨機（vending machine），至少有飲料，小點心，不擔心。準時進入一個套房，從早上十點到晚上八點一直寫，沒有他人，只有考卷與文具，只有書寫的沙沙聲，伴隨著擲筆三嘆聲。

我拿起筆來一直寫寫，寫不完的東西，如有神助，餓到不行，口渴到不行，才出去到售貨機買杯巧克力、小點心或找飲水機喝個水。起來三四次，不覺已到晚上結束時間。天早已黑了，星星在天邊閃呀閃，頭昏了，眼睛也花了，手痠了，腳也痠了，家在哪兒呢。踩在寂寞的秋夜哩，回到孤獨的寓所，打開冰箱，想熱一點東西來吃，空無一物，才想到已經好久沒上購物中心採購。這是我再度回到威大的第一個月。

三個專門科目的筆試資格考已考了，自己檢視一下，有疑義的即時查看文獻典籍，自己覺得所做答案大抵不差。客觀分析試題，題目都不是鋪天蓋地，可以天馬行空，胡謅亂蓋來回答的，要正確作答，需要的是有明確學理，遵循一定方法步驟程序，說出真正內容，需要有真正的論據或實據，並能分析比較統整得到具體結論或加以客觀評論的。

簡言之，這樣的題目作答，會就會，不會再怎亂扯亂蓋也不管用，是非正誤優劣好壞有一明確的效度標準。這對我這個離開校園多年，期間自學進修的博士生來說，比較公平。憑我當教授多年的教學與評分經驗，我相信一定會達到通過的標準。所以我馬上緊接著進行另一個科目的論文報告型的資格考。在修習學分方面為爭取時間，選的科目學分又達上限。所以每天自己都安排有緊湊的作業單，等待去完成，沒有一天可以偷閒。

一個月後，成績揭曉，我應考的博士候選人學科綜合考試三個科目均達到及格標準，我的那一位好同學不及格，他恭喜我，我安慰他，也真心的感謝他，如果沒有他的協助提供資訊，考得如何就難料囉。不過，還有一科以論文報告方式考的，還在緊鑼密鼓進行中。我依期限繳交，一個月後，評分及格，委員會通過，成績只能暫存檔於系委員會，等全部學課程分數修完符合標準，才核轉研究院，否則等於白考。

❑精進教育社會學，選修三學分的科目學分抵一學分，完成副修

我副修教育政策研究學系，主要是為精進教育社會學。五年前我選修了九學分的各派教育社會學，覺得頗有斬獲，無論教學或研究，均覺得如虎添翼，實力強，自信滿滿。這一次捲土重來，主要目的要完成博士學位，但是精進教育社會學的學養，仍是我念茲在茲的使命。我知我的時間有限，學習選課必須經濟有效，講求效率，容不得浪費虛耗。我副修學分尚缺一學分。我找上該學系主任，竟然是我以前修過教育社會學的歐涅克教授，不用介紹，他就叫得出我的姓來。我想繼續修該系一學分課，以完成我的副修。

他非常歡迎，即刻要我選修他開的課。他的課要求嚴格，上一次已經領教過，這一次開的是9字頭的專題研討課，與另一位統計學教授合開，三學分。我覺得修三分算一學分，在講求時間運用必須最經濟有效的這一段時刻，實在不相宜。我有所猶疑，可是一想到，在教育社會學上，我要與世界一流大學水準看齊的驅使下，我一口答應，再難我也要拚。我馬上簽選。這一系主任是哈佛大學的高材生，猶太人，是少壯派教授，很挑剔，很精明，very cunning，要求完美，近乎苛求。

他說你只要一學分，要求會酌量減輕。後來我得知這一門課，老美國博士生都不敢選，太高桿，太硬了，而且是與另一位專攻統計的教授合開的，當可意會得到是怎麼樣的一門課，應是爭論性議題的研討課。只有他的專題研究助理，教學助理才選修，連同我只有五個人。名不虛傳，當我接到教學綱要時候，略窺其面目即恍然大悟。第一個議題，即以 Coleman、Hoffer、Kilgore 於一九八二年實徵調查結果發表的論文引發的爭論，當時學者教授，以 Coleman 等收集的資料，開始做種種的分析，評述原來的論文。

高手過招，鏗鏘有聲，火藥味濃，高潮迭起。精采是精采，上課前要充分準備，研讀資料，否則會不知所云。他們或依據不同的理論，提出種種不同的研究假設，做不同的驗證；或利用不同方法技術，得到不同分析結果；或控制析離不同的變項因素，得到不同的統計數據；或對遺失資料藉不同的方法做不同的彌補，做不同的處置，再作分析；或以不同的分析單位，進行分析說明……真的得到不同的發現，獲得的結論頗有出入，甚至完全相反。我真正領會研究是這麼精深奧妙。

對 Coleman 等的結論，認為天主教學校高二高三學生，在語文閱讀及數學成就顯著優於公立學校生，有學者激烈批評頗不以為然，甚至認為毫無差異，更有發現，還遜於公立學校者。各種理論，不同解析方法，不同技巧運用盡出，眼花撩亂。極度犀利，也極度精密，不審慎研讀，實難完全真正懂得其門道，窺其堂奧。一進入那個議題，深不可測，全部文獻均需一一細細研讀，否則掛一漏萬，無從洞悉其中精彩熱鬧之處，什麼修一學分三學分，已無從區別，只得全然貫注於其中。為了修一學分，所下功夫無從估計。一個議題就要討論幾週時間。一個議題又一個議題，美不勝收，欲罷不能；但是，投入太多，真是煎熬。不過，所得收穫真是很大，從中領會，研究的真槍實彈功夫，宛如無底深坑。他們的爭論都不是濫發言論，均須有憑有據，讓數字說話。一般人以為量化研究無法深入，無法徹底，無法做辯證，因尚未精通法之運用。其實法尚無法，至其精妙處，理路數據交互為用，描述分析解說辯證無所不能，真領會到何謂法尚無法，何況非法的意境。

❑學期結束，難得審核通過博士候選人

天天忙得天昏地暗，日以繼夜，終於忙出了如意成績，除了通過綜合考學科三科筆試，一科論文綜合考外，無論主修，副修科目學分完全滿意，符合要求標準，如願核定通過為博士學位候選人（PhD candidate），開始正式進入撰寫論文階段。

上一次離開校園之前以及回國五年期間，已經不斷跟指導教授與另一位教授請教有關撰寫論文的方向與題目。我的論文，依據威大研究發展中心在 Klausmeier 主持期間研發的 IGE 創新教學模式，衍生出來，加上我的創意設計，孕育生長開發的結果。我的老師看到了，都不能不覺得果然是得意門生，我的指導教授，也覺得，有師承有發明，有堅實學理依據，有實徵性研究，有實證結果，又有創見，有新的發現，大為讚賞。所以過去一段時間，把實徵資料蒐集已經差不多，參考文獻蒐集的不少。我提出論文正式計畫，委員都無異議的通過，倒是在分析方面，委員提供不少高見，要我去試探做不同的分析。也留給我很大的空間。

我頗覺有很大的挑戰性，參考他們的意見。接著面臨的是，如何去精進分析與撰寫。威大的圖書館藏書室豐富，研究發展中心的資料與文獻非常充實，讓我更進一步補充補強學術基礎與文獻探討。電腦中心硬體設備超先進的，可以好好利用，這裡的統計教授也是一流的，可以請教。當時的軟體還在初期發展階段，常常是要自己去寫程式，不像現在軟體開發的那麼發達，現成的程式即可運用。當時的統計分析常要自己撰寫程式，要不斷試探，錯一個標點符號，就跑不出來或錯誤，曠日耗時。使用電腦按時計價付款，學校對研究生利用電腦補助四百美金，不敷使用，須自己貼錢，加價購用。利用寒假期間，使用人數較少，尤其晚間越夜越夯，價錢折扣越大。跑電腦耗掉許多時間，但是跑電腦蠻好玩的，常常令人欲罷不能。寫出來的程式一有點小差錯，就跑不動，只好一改再改，一直到順利跑出來。有時候是跑出來後，經分析解讀，不盡滿意，或解讀之後，有新的想法與假設，重新再來做不同的分析。

冬天天色暗得快，夜來得早，於是反正天黑了，就放心做下去，搞到半夜，才冒著雪花飄飄，踩著滑溜溜的路，戰戰兢兢地走回公寓。這一次租到的學生公寓已不像上一次與電腦中心咫尺之遠而已，而是要走十五分鐘。就這樣整個寒假浸泡於圖書館與研究發展中心，以及 IMC 和電腦中心。累積下來的電腦報表已超過腰際。

猛想起，故國家鄉，妻兒還在學期中，也是忙得不得了。一段時間，聽說愛妻要帶隊畢業班學生環島畢業旅行，一個禮拜，自己帶三年的導師班，誰都沒辦法也不願意代理帶隊環島。想到三個兒女都在緊鑼密鼓準備期末考中，食衣住行不知如何自理，越想越惶恐。我打電話跟他們說，我要趕回去陪他們，雖然要花錢又花時間，可能延誤寫論文，但是一想到如果因為大人不在，出什麼差錯，後悔莫及，我還是很想回去。妻兒聽說，他們堅持不必，只為陪一個禮拜，搭飛機來回二三十個小時，轉機接機更耗時間，所花金錢不貲，妻子說她會安排得好好的，不用我擔心；小孩說，他們會聽媽媽的安排，把自己照顧好，還有必要時會找鄰居伯伯阿姨協助，他們都是爸爸的同事，請爸爸放心專心研究完成再回國，回國以後，就不讓你再出去了。回心一想，也可藉機會訓練兒女自立獨立的習慣，只好祈求神佛保祐他們平安順利。

責任與親情驅使我更用功，每天半夜才就寢，早上不到五點鐘就起床，開始構思撰寫論文。望著窗戶，遙望東方，驀然想念家鄉妻子兒女。於是作詩曰：

【想念】

白雪紛飛，
寒風揮著枯枝，咻嗦不已
寒鴨聲聲啼叫，歸期無期
天蒼蒼，地茫茫
視也忙忙，心酸酸
望斷留香

家國安在？
心繫妻女
倫常所繫
魂牽夢縈
怎說兒女情長
誰知天涯淪落人？
但願人長久，天涯共嬋娟。

❏華人一心，同慶春節

五年前，上一次到威大，見識到大陸第一批留學生，見證大陸文化大革命後，搞現代化的政策的相貌。他們全是被打壓後重新被號召起來身負著在學術上振衰起敝的使命，心情是沉重的，經驗是痛苦的，對未來是充滿疑惑的，極度想念家人，感同身受；在校園內，服裝特殊，表情嚴肅，只有像我這麼年齡與身負家庭責任的人，感受學術殖民地的悲涼的學者，略微知道他們的心境。一般台灣年輕留學生對他們都保持距離，且兩岸隔離三十年，加上教育的催眠，長久以來的兩岸對立，勢若水火，台灣去的留學生與大陸留學生，並不對眼，很少互動。

可是這一次，完全不同。大陸留學生已經多樣化，年輕化，不再只是老大不小的教授學者，剛大學畢業的年輕小夥子不少，主修的也不再只侷限於理工科技學門，主修人文社會教育學門的也所在多有，生活也多彩多姿，不再像以前那麼刻板，英語能力也強多了。人與人間因隔離而陌生，而敵對，人與人間也因接觸互動而了解，而體諒，而惺惺相惜。

這一次兩岸留學生互動頻繁，積極正面。春節是華人共同的年節，大家一起共聚一堂，舉辦聯歡慶祝晚會，氣氛熱絡，共享海外游子的思鄉心情，同感華人的血濃於水的情懷。大陸雲南來的一位女留學生女高音，叫人迴腸盪氣；台灣一位男同學模仿高凌風維妙維肖，宛如青蛙王子第二，神奇的歌聲與舞台表演使人不禁覺得，宛如置身台灣高凌風的歌廳秀，不思念家鄉也難。

❑逐字手寫博士論文

資料分析得差不多了，開始著手撰著論文。過去在國內，寫論文都是手寫一個字一個字，逐字寫好之後，再請打字行幫為打字，按件計酬付費。所以打字行是一門生意。打字行打好文稿，送回作者校對或找人校對。

我這一次回到威大的時候，當時的PC電腦剛才問世，軟體設計還剛起步，電腦的容量與處理功能有限，連文書功能都頗受限制。打出的字跡最多是以二十四針眼呈現，字跡斷斷續續，看起來非常礙眼，要印製成論文有困難，需要另付費利用雷射印表機列印，當時還不普遍。一般報告已經有試著利用PC電腦使用打報告，正式學位論文仍期期不可。不像現在電腦打字文書處理進步，修改，記憶，搬遷，編輯，翻譯，儲存，繪圖樣樣行。

對他們本國學生及拼音文字國家的學生，一般都已在學校教育過程中熟練打字，對我們長期使用華文的學生，打字不是很熟練，打起字來速度慢，品質也不佳。所以，我常常不改老習慣，用手寫印刷體來撰寫文稿報告。教授們通常都能接受我這一位外國來的老學生的寫法，有的教授更表歡迎，他們說可以由你的字跡看出是真跡，假不了，絕對沒有假手於他人的疑慮。但是，必須字跡工整如打字印刷。所以我在留學時段練就了一手寫印刷體的功夫，連老美都欣然接受。然而手寫總是沒有純熟的打字快，所以我也慢慢用打字的方式來撰寫，只是有數據科目的論文報告，由於打字機不夠好，也由於技術不精煉，稿面仍難令人恭維。覺得打正式論文還是不夠好，我也沒有足夠的時間可以慢慢探索揣摩練習。

現在開始寫博士論文的時候，我徵得指導教授同意用我最拿手最純熟的方式，用手寫一個字母一個字母以印刷體寫出，可以邊想邊寫，更合乎我長久以來寫論文的習慣。雖然不夠快，不過穩紮穩打。指導教授說，用手的，保證每一字句，都用心思考過，也不會太囉嗦，更不會隨便，複製。手寫稿寫好經指導教授審閱過，再找人幫忙打字。當時校園裡不少專為研究生打文稿的文書人員，品質保證，速度又快，對論文格式熟練，按頁數計酬付費，又幫你雷射印製。對我來說時間是常數，無法延擱，只好省吃節用，來支付打字費用。

我拚命的寫，把握一分一秒。以前大約早上五點鐘起床每天看書寫報告，現在更早了，大約四點起床，四周靜悄悄的，沒有干擾。我的寓居窗戶朝東，坐在書桌上，正好天天望著天色慢慢破曉，也想念著東方的家鄉妻子兒女，讓我更用功，寫得更賣力，如有神助，思路清晰，靈感源源而來，無論描述鋪陳，分析解釋，辯證討論，綜合整理，統整歸結，均感順心稱手。每天都覺得頗有心得，每週都有一定的進度。

❑指導教授酷似卡斯楚，他是知更鳥

我的指導教授，望之儼然，即之也溫。他是資優教育專家，曾當過系主任，也自命為鶴立雞群，與眾不同。的確，他的行事風格獨具個性。每天穿著都差不多，卡其布長褲套上一件套頭黑色毛衣，天冷出門披上卡其布大夾克，活像個軍官，就是他的標誌。他跟我說，人家稱他是卡斯楚，古巴的不倒翁，外貌神采確實有幾分神似，他欣然接受，更感得意洋洋。我心裡祈禱只要不要像卡斯楚那麼狠就阿彌陀佛。

他像一隻知更鳥，每天一大早，約七點鐘就上研究室，除了清潔工人與保全外，無人出其右。他的研究室最大，比系辦公室還大，視野又好，是系內惟二大型研究室。研究室擺張橢圓形大桌，跟他約會他總約在清晨七點二十分。他的學生都不喜歡這個時間，影響睡眠。

有一次，我臨時想找他，沒先約定，就自行在這個時刻上他的研究室，那一天正下著雪。結果，他也在此一時刻進來。他一看到我，發覺竟然會有這樣一個研究生在這麼一個下雪的清晨，在這麼早時刻就等著我，心裡超爽。摸清之後，我乾脆就不預約，想見他的時候，即使天候再差，我也在七點準時到他研究室，準不會錯，無他人會這麼早，他大表歡迎。換別的時刻，不先約他不會搭理你的。對我來說，反正四點多鐘就起床，沒差。他感受到我的研究的癡心與傻勁，他也了解了我的用心與決心，他也知悉我的研究功力，他更同情我四、五十歲了，把妻小留在台灣跑到美國來追求學位。雖然這位指導教授並非我自己選的，剛初對他也一無所知，是一開始由系委員會分配的暫時指導教授，隨時可以要求更換，重新選擇，我並沒有再選。可是，慢慢下來，我們彼此都非常有信心。我心裡相信在他的指導下，我會順利完成學位。他欣賞我，我也很欣賞他。

我通常寫到一個關節處，我會把寫好的文稿請他審閱，也討論如何發展下去，並請示一些問題。不問是論文問題或行政程序問題或生活上的問題，他幾乎都會接受並加指點。他對我的論文，在義理方面讚賞有加，無論結構組織或實徵資料的分析，都給予高度的評價與肯定，對之信心滿滿，所以指導並不多。然而，在詞章文字技巧方面，給予許多的指正與潤飾。身為華人，要熟練運用美語來書寫論文，在語言技巧方面，確實仍要多加琢磨潤飾，我非常感謝他的細細審閱與指正。美國指導教授願意提供這麼熱心與真誠的指導，我由衷感激。

我的論文理念與頗多想法與設計構想主要來自於K教授，我已在研究與撰寫過程中，隨時也請教他。他是一個理論學者與實務專家，著作等身，在擔任威大研發中心期間，績效彰著，有口皆碑。對於教學的革新與奉獻，頗受人尊敬，曾獲得多數的獎項也膺得政府機構與民間基金會的專題研究計畫，為威大賺取為數可觀的研究經費，獲聘為終身職的一個講座教授。他不吝指導，並不嫌非他的導生而有所保留，了不起的老師，敬佩。

在我的努力與幾位教授的指導之下，在五月初我終於把博士論文定稿。立即找校園裡面專門為研究生打字人員打字編排印製。經過指導教授做最後的審閱，終於完成，同意推薦申請口試。指導教授為當然委員，系方商得指導教授同意，安排另四位教授組成論文審查委員會。包括K教授外，另請曾擔任過AERA理事長的Frank Farley教授，專攻教學心理學的D教授，與課程教學系的A教授。

F教授是一個當紅最夯炸子雞型的學者，曾當選過美國教育研究學會AERA的理事長，名聲很大，專攻創新與刺激尋求心理學。每天忙得團團轉，席不暇暖，似乎他的生活就是他的專攻學術——刺激尋求與創新——的體現寫照，要找到他不容易。想把論文請他先審查，都難找到他。然而，他亂中有序，絕不含糊，在關鍵時刻，把論文看得迅速又得體，提問一針見血。好在本不存心蒙混，混水摸魚，否則絕對失敗。另外兩位教授各有專長，一位精明幹練，一位老成持重，鉅細靡遺，關照觀點，尖銳又周延。

❑論文口考，有效因應圍攻，無懈可擊，一致通過

六月十二日，在五位教授的圍攻之下，度過緊張又刺激的一個下午。對口考委員提出的問題，先仔細聆聽，虛心用心，正確了解其真意，有效因應防衛圓柔化解。提問，若只是為講評而講評，則謙虛對應，予以首肯；如若是具體意見，又不見得高明，又難以修訂，要求翻盤者或意存刁難者，則一一極盡所能，接招拆招，借力使力，曾經如此構想設計，嘗試執行，後因窒礙難以執行，

所以排除，另有考慮而改弦易轍。說明解說，以示其懷疑，並詳述我的理路由來，以見我的深謀遠慮，不亞於委員的顧慮；若提高見高招指點，可以更求完美者，則虛心接受意見，絕不硬拗，也不厭其煩，勇於修訂；使口考老師都能感受到考生的用功用心與認真學習的態度。

最後在再也無懈可擊的情況下無異議通過我的博士論文。論文好像自己的孩子，用心專心，懷胎孕育，日夜思索，期待很深，非常珍惜。寫完之後，一讀再讀，一改再改，每個細節都精心想過摸過，絕不會含糊。所以對口考委員的提問，我幾乎都想過，我越回答越有自信，更體驗到威大對於學位論文審查的嚴謹與認真，也才領會何以論文口試為何稱為 Oral defense，更覺得威大學博士學位的可貴。

從去年八月底，來到 Madison 以後，日以繼夜，沒有任何一天懈怠過，沒有離開過這大學城 Madison 一步。相較於上一次，至今沒有到過芝加哥，也沒有去波士頓參加 AERA 年會，沒有到蘋果園採蘋果，沒有採過草莓，更不曾郊遊，烤肉野餐……沒看過一場電影。天天清晨五點鐘以前起床，天天上圖書館，重複做同樣的事，找資料，看論文，看書，跑電腦，寫作。

當我累了，我倚靠著圖書館或資料室的沙發椅上，望著窗外，樹木由綠色到黃色到五彩繽紛，到凋零光禿，剩下枯枝敗葉，然後白雪紛飛，覆蓋著蒼松翠柏，數月不溶解，等到枯枝上長出新芽來，群鷹亂飛，鶯飛草長，回到習慣的綠油油的青草如茵，翠綠蓊蔥的林木。我夢想著該是我趕工回家，倦鳥回巢的季節。

有時候我會走出室外，撿拾枯黃醉紅的楓葉，或在翠綠松樹下想家，倚著斜坡看著湖水，眺望遠方，祈求上蒼神佛保佑，祝福家人健康，夢想如願。

我癡心，我賣力，長久以來的癡心賣力就在這一時刻，終於完成了我的宏願，圓了我的夢想。我穩坐了博士學位。

我首先打電話給愛妻子女，報告好消息，不管現在天還沒亮，吵醒他們，家人圍在一起恭喜，期待爸爸快快回到我們共同的小窩，團聚溫暖。是的，我要趕快回家回到那個十坪大的小窩，雖然小，但是走過了半個地球，思思念念，還是那個小窩那才是我的地方，我念念不忘的地方，讓我得到最大動力去奮鬥的地方，我就要回去，回到家人的身邊。

❏學位通過，我跑到湖邊斷喊

論文口考一完成，我奔向湖邊，人跡罕至的地方，我放聲大叫大喊，

我做到，我成功了，終於得到了博士學位，感謝上蒼，感謝釋迦摩尼佛，感謝文衡聖帝關老爺，感謝神佛，感謝家人……

是興奮，也有點悲涼。四十六歲才完成博士學位。離家背井，在這嚴寒的異國他鄉奮鬥多年，就為了一張博士文憑，感觸良多。

現在看起來，沒什麼，持有博士文憑找不到職位的，屢見不鮮。不過，當時這張文憑可是稀有之寶，教人羨慕得不得了。有教授職位，卻沒有這一張博士文憑的，太多了。

有人為了追求它，毀掉一生；有人為了追不到它，流落在異國他鄉，不敢回去見江東父老家人。

反正沒人聽得懂我在叫喊什麼，只為了釋放壓力，避免爆炸而已。我累了，我呆坐在湖邊，直到天黑，我到 McDonald 買了一個超級漢堡王填飽肚子也犒賞自己。

❏指導老師們成爲我的朋友

隔天我仍然一早到指導教授的研究室，請教論文修訂事宜。事實上真要修訂的地方不多，訂正不致有什麼困難，禮貌上的感謝多過真正的請指教。後來指導教授帶我到他家喝咖啡，我們談了很多，什麼都談，好像變成知心朋友，也跟我介紹他的家人見面。我領會到，外國的師生感情也是非常濃密，尤其在這異國他鄉，讓我感動。幾天後，我去研究室找另一位口考老師，他一樣跟我無所不談，那是週末，他正要去打高爾夫球，他帶我去看看他們的球場，這是第一次見識。他請我吃中餐，我哪好意思讓他請客，我要付費，他說他是會員，有卡不必按次付費，他要招待我，恭喜我。後來我們關係維持好多年，聖誕節都會交換賀卡報平安。

我快速的把論文修訂複印，並依規格裝訂精裝，並摘要發表於國際博士論文摘要索引。K教授，他是有名的期刊編輯，本要求我改寫成規定格式，投稿刊登於學術期刊。當時並不太重視SCI。我為快速趕回國，感謝他並婉拒說明。真是錯失了良機，後悔不已。

❏告別威大，我的母校

在校園裡撿拾幾片多采多姿的樹葉，拍一些照片留影，編織對威斯康辛大學的紀念。

我在威大獲得博士學位，從此她成為我最後的母校。我珍視愛惜她，珍視這一段時間的經歷，珍視這裡的一鱗半瓜，都將會永久藏在我的心裡深處。我要永遠想到她，不論多久都宛如昨日。這裡的樹葉非常有特色，多彩多姿，迴異於我們四季如春的台灣，平時我撿拾了不少漂亮的的樹葉作為我的書籤，我挑一些帶回來一直夾在書本裡歷經三十年後的今天，仍舊是芳香可愛，勾起我無限的回憶。

在大學書局訂製了博士服，一套四百美元，覺得很貴，幾經躊躇訂購下來的，也已經送達。我穿上了博士服，覺得好神氣，同一棟學生公寓的幾位朋友陪著我繞著校園的幾個景點，平時覺得是阻隔我思鄉的景物草坪林木山水青天白雲，頓時覺得特別有感情，拍下若干照片帶回做永久的紀念。不由得重新唱一段徐志摩的詩句。

悄悄的我走了，正如我輕輕的來……我揮一揮衣袖，不帶走一片雲彩。

作為告別麥城的告白。不過，至少我帶走彩色又饒富詩意的幾片楓葉，又帶回日思夜夢處心積慮爭取到的博士學位，真是不虛此行。

終於圓了洋博士之夢，躊躇滿志，海闊天空？

我獲得國科會的支持，才有辦法出國進修，也才能在經濟無憂之下，得到一流大學的博士學位，這在當時是難能可貴的事。不是只有靠個人的力量就能完成的夢想，謝謝我的國，也謝謝我的家。

一有機會，我要回饋我們家國教育。我從十五歲開始，接受的全是公費教育，由師範學校，到今天獲得博士學位。沒有公費，我現在可能是一介農夫或是一個工人。工人也不錯，只是我頭腦發達，四肢簡單，不適合當農工人。否則，一定會想得很多，做得很少，力不從心，相當不滿，甚至憤世嫉俗，怨天尤人。可是，當我考進師範校的時候，連英文課程都沒有，也從沒有機會上英文補習班學習英語或接觸外國人，我也絕沒有想像到，有一天，我竟然能夠來美國留學，在英語國家完成博士課程，獲得一流大學的最高學位。我感謝我們國家公費教育對我的栽培，我在外國的課堂上，報告給外國人聽，他們認為台灣真是窮人的天堂。當我談到在台灣教育確實能夠促進向上社會流動的時候，我以自己為例現身說法，他們羨慕不已。

如今有了洋博士的頭銜，我想一定要好好珍惜機會，為我們的國家，為我們的社會，為我們教育盡心盡力，做一些事。想像中，期待從此，海闊天空，任我揮灑，想追逐更多的夢。似乎不免過於天真。不過，我確實這樣想，也是這樣在做，朝這個方向再度努力追逐下去。

築創新教學之夢

❏創立比較教育研究教學的模式

幾天後，中華民國比較教育學會當時理事長王家通教授打電話給我，邀我撰寫一篇論文，談美國教學的革新趨勢。準備編輯於一九八七該學會年刊，並於當年年度教育學術團體聯合年會上發表專題演講。我爽快答應。答應以後，卻覺得這題目有點難倒了我，不知從何立論。因為，比較教育向來比較的都是，教育制度，學校制度，教育行政組織系統，目標政策，課程，升學制度等等；比較研究教學則至為少見。談論這種題目當時可說毫無模式可資依循。可是，這是一個服務的機會，不可錯失，且既答應，不可無誠信，隨便爽約。這對我也是一個考驗。我須要自己先創一個模式。我思索一段時間，要談論這題目，必先預設：教學革新各國有不同，形成特別趨勢，才有所謂美國教學革新的趨勢。一般認為教學是各個教師在各自教室或場所進行的活動，各個教師有其教學的習性與特色，如何言說其有國家特定的共同趨勢。如果不能打破一般的迷失概念，提出有力的預設，這題目根本不成立，就無法成為一個命題，則題目無法論述。勉強論述，不合邏輯也毫無說服力。

我苦思好久，我想通了。我預設教學是一種活動，是一種歷程，也是一種制度。教師之教學，有三大部分，有人人不同因個人而異者；有部分人相同者；更有同一國之內人人類同者。其次，教學的實施，嘗試，與革新主要決定於若干因素，諸如社會與文化的結構與需求；對個人心性認知的了解；對教學情境的研究與經驗；學科內容與組織；更重要的是可供利用的資源。在這個兩個大膽的前提作為預設之下，乃得以界定題目範圍論述並建立論述的基礎。

循此下去我就可以說，教學革新與變異常因應或反應，某一或某些特定因素。因之，一個社會國家在特定的社會發展變遷階段，可能顯現明顯的教學革新趨勢；本文據以申論美國近年來社會的變遷，社會運動的訴求，科學發展的成敗，教育的生態與改革，對教學行為的分析研究，科學新知的進步，以及資訊科技的進步，從此探討美國的教學革新的趨勢。

徒託空言美國的教學革新跟我國何干，浪費筆墨而已；向來我強調教學如同教育制度，不能直接挪移抄襲而來，需要本國的教育學者專家的智慧與教育工作者的熱忱，去嘗試創新。然而，不同社會國家如其決定或關涉教學的因素相似，或朝向相同的趨勢變遷，則先進一方的教學趨勢，將可供另一方借鑑。所以本文的介紹，不在於標新立異，也不是為了危言聳聽，更不是東施效顰，而是，旨在藉以提醒各界重視教育學者的研究，鼓勵教育學者的大膽研究，與教育界的勇於創新。

建立了前提，奠定了論述的依據，體會了撰述的意義，於是我乃一邊忙於修訂印製我的博士學位論文，一邊到我的母校威大的圖書館與課程教學系的教學資料中心（IMC）進一步搜尋教學新資料與資 訊。這裡的教學圖資非常充實先進，我已蒐集許多教學的資料與資訊，再進一步調整角度方向與步驟，搜尋得更為充實，對來龍去脈與發展演變，理解得更多。我把美國當時階段的教學革新，可歸納為幾個趨勢：

第一，從整個教學歷程來適應個別差異——個別化；

第二，因勢利導，從同學共同進行學習以收相互助長，培養群性之效——合作化

第三，認真將是，分秒必爭，提高學習的效率——效率化

第四，利用學理，訓練思考，培養認知能力——思考化

第五，利用進步的資訊科技輔助教學——資訊化

第六，講求組織運用，以群策群力的方式來致力教學革新——組織化我撰述為文，不僅介紹其然，更探討其如何，所為何來，來龍去脈，功能需求，跟社會文化與教育生態的關係。在當年教育學術團體聯合年會學術演討會上發表，很多學術的前輩與同儕前面在座，博得許多的掌聲。許多人讚嘆，我創立了一個教學的比較教育研究模式，尤其我的老師，比較教育專家孫亢曾教授，更給予大大的鼓勵與肯定。

❑撰寫一本我國的「創新教學理論與策略」

我早想寫一本書，把這幾年研究與教學的心得，深入淺出的介紹出來，因應也主導台灣社會的學校教學的需要與改革。上一次回國後，在高師大教育系開設個別化教學的課程，就想寫一本個別化教學的大學用書，只寫了一部分就擱下來。又出國去了，來不及寫完。

那時候，台灣社會已經孕育很大的改變，一股力量正鼓動走向開放自由多元，走出權威，封閉，迷信，這是好事；但也見社會日趨紊亂，脫序脫法，顛覆傳統的事件也時有所聞，叫人憂心。在這種社會變遷的趨勢中，所需要教學創新，個別化教學就不再是教學創新的唯一，而應該有進一步的思索。

在國外多方研讀，多方面見聞各種教學創新方向，並跟我關心的社會背景與趨勢動向一起思索。我有更新的領悟，台灣的教學應朝向更為周延的建構，我把它定位為後個別化的教學。

後來我環觀各種各樣的教學動向並鑽研與其社會演變趨勢及文化生態的關係後，我進而定位於適性有效的教學。任何教學的創新都企求更為有效，滿足社會的需求。欲求有效就要適性，不僅適應個別性，因材施教，也要適應社會的特性，發展社會群性，滿足社會的需求；更要適應認知性。這個就主導了我撰寫《新教學理論與策略》的專書。

利用國外進修我蒐集很多資料，回國後我好好的把加以整理，再深深的思考，在一九八八年寫成了《新教學理論與策略》一書，承蒙五南圖書出版公司董事長楊榮川先生的協助得以出版，衷心感謝。這本書問世，頗受歡迎，讀者同道很多人對它刮目相看，眼睛為之一亮。

這本書有很大的特色。首先，這本書談教學創新，兼具巨觀微觀來著眼。巨觀之，從政治，社會，社會，文化，知識，後現代化來談教學創創新。微觀之，不僅著眼於個人心性知性與人格，也深入到班級體系，班級歷程，師生互動，以至於教師認知，師生資訊過程，以及師生互動來談。

其次，不僅從我國的教育文化生態來探討教學的創新，也由外國的教育演變解析教學如何創新，借鑒教學創新的趨勢，定位當前教學創新在於「適性有效教學」，更區分為「個別化教學」，「群體取向教學」，「認知教學」，「電腦教學」，「思考技巧教學」等。復以其學術基礎不僅如同一般專書只限以教育心理學來立論，更重視其社會學與哲學的基礎，使其基礎更為穩固，立論更為周延。

本書論述教學創新的原理，策略，與方法，引用當時最新的理論知識和研究發現，更進而介紹有代表性的新教學模式，策略，與方法二十幾種。逐一說明其原理，設計要點，所建立的教學系統，實用策略並加以評論。

最後，並基於新教學研究與發展的必要性，勾畫研究的方向，舉範例現身說法，供教學研究的參考，展望其理想的教學於來茲。語重心長，溢於言表。

出版後，許多教育相關研究所用為主要用書，許多中小學教師也爭相閱讀參考，讚譽之聲不絕。那時候之前，國內創新教學專書至為罕見，此書實為開創此一領域的先鋒。

領導教育系走向未來之夢：擔任教育系主任，背負著歷史包袱，面對社會巨變，展望未來

❑系主任的震撼

一九八八年暑假我被聘為高雄師大教育學系主任，八月一日上任第一天，教育系剛升上三年級學生幾位跑來主任辦公室找我。他們恭喜我當系主任，接著跟我說，他們有話要向主任報告，請主任幫他們作主。他們說他們都是教三數學組的同學，總共有八位，都非常用功。但是任課老師對他們非常嚴苛，平常上課，總是冷嘲熱諷他們，說你們教育系同學，修個數學組的二十幾學分的數學科目，就想當國中數學教師，太自不量力了吧！上學期結束的時候，修這門課的八位同學，有七位被死當！這幾位同學紅著眼眶哽噎著。然後畢恭畢敬得的向主任懇求幫他們向老師求情善待他們。

教育系請國英數等專門科系開設輔系，為了讓同學取得學科專門學分，以便他們取得專門學科教師資格，近年來已形成系際間的緊張關係，平常已時有所聞，卻不知這麼嚴重，也來得這麼突然。在當主任的第一天就馬上要應對，讓我感到震撼。

教育系同學為了他們教書的生涯規劃不能不及早準備，集中選修專們科目學分為輔系，由來已久，我在五十幾年前念台灣師範大學的時代即已開始。教育系在台灣師範大學或其前身師範學院是龍頭老大，悠久歷史，畢業生出路好，很多系友都當上中學校長及行政機關官員，原先教育系的主要出路是擔任培養小學師資的師範學校的老師。但是，俟時易境遷，民國五十年起，三年制的師範

學校陸續升格為師範專科，教育系學生原來的的出路就堵塞了。只能跟其他科系爭取擔任一般中學各科教師的機會。

等到後來教育部修訂教師任用資格條例時，規定必須本科系或相關科系畢業才有資格擔任。教育系學生的出路就進入死胡同了。後來爭取到集中選修輔系的補救辦法。此一辦法在師資供不應求的當時教育生態裡面，所有師大各系畢業生出路全無問題，很多學生還爭相放棄分發，而應徵私立學校的老師的，一般公立中學更聘了許多一般大學院校專科畢業生未具教師資格的當老師，事後再以補修教育學分來取得正式教師資格。所以這個辦法各系也視為當然，彼此互惠，相安無事。

然而，一段時間之後，教師缺額慢慢減少，不再像以前供不應求，且漸感受到分發的公平性及地區的差別性，問題及心結就慢慢形成了。當時師範教育享受公費，學生有一定的權利與應盡的義務。在校接受師資訓練，享有公費，畢業分發實習一年，登記成為合格教師，必須服務相等於在校接受師資訓練年數，如因特殊原因，不能服務則須賠償公費或申請展緩服務再補服務。這種師範教育採取計畫性教育，依需求量招考學生，畢業由行政機關分發，使供需確實互相配合。每年招生數額的決定都先切實評估，來決定招生名額，等到該屆學生畢業時，分發就不會發生問題。

然而，實際運作的結果，並非如此簡單，一方面由於評估不盡確實，一方面由於發生了新的變數，使供需之間產生落差。往往英語系畢業的師範畢業生沒有機會如願教英語，數學系畢業生不能如願到理想學地區教數學，由早期的供不應求，演變到後來的供過於求。即使有任教本科機會，還有地區喜好的區分。分發依結業生填寫志願地區，超額時候，依據她的畢業成績換算為標準分數T分數分發。教育系學生的畢業成績往往高於國文系、數學系，英語系；就會直覺教育系的國英數輔系畢業生佔到便宜，搶了他們的飯碗。其實經過標準化，換算為T分數之後，各系學生分高低就拉平了。但是，心結仍存在。於是演變成為這般情況。誤會形成心結，一旦形成，心結很難解開。

大學教授評分是專業權威的一部分，學術主管毫無置喙餘地，即使學術主管對本系教授也沒有權力置喙，何況對他系的教授。更何況，是存有心結的系際之間的事。作為教育學系主任，對數學系教授的評分豈能說三道四，否則會更趨複雜，甚至影響到系際之間許多方面的互動，對於符應學生難題的解決要求不但無助反而有害。

雖然我過去曾經與數理學系教授有過一起做專案研究的經驗，大家相處也不錯。然而實在沒有辦法憑著這層非正式關係，請這些老友去影響他們系上同仁的教學評分。大家都心知肚明同一個系的每一位教授自主性都很強，利用非正式的影響力也難以影響同系同仁的評分。

左思右想，簡直無法可施。無論用系主任的正式權威或利用非正式權威的影響，均非所宜，也不會有效，搞不好會自討沒趣。面對這一問題，實在愛莫能助。所能做的，只有對輔導本系學生在專門學科分組選擇時，多加把勁。提醒他們選輔系時，必須真正具有強烈數理學科性向與濃厚興趣，並具有深厚的學科基礎者，才選擇數學系。否則會重蹈覆轍，遭遇到相同的困難。鄭重的糾正同學為了教數學，不考慮數學性向能力如何，就貿然選數學為輔系；絕對不可存心為了補習而選數學輔系的錯誤觀念與想法，否則將會誤己誤人。每當輔導學生選擇輔系，我與系上負責輔導工作的老師總是苦口婆心，利用很多時間來溝通，甚至誤了午餐晚餐，折騰很久。後來曾有好多年學生都不敢再選數學作為輔系，數學系停開教育系學生輔系科目學分，該系教師授課時數減少，結果反過來數學系希望教育系輔系開得成，主動歡迎教育系鼓勵學生選數學系為輔系。

其他學系對教育系的集中專門學科選修也有微詞，也採不同方式與程度的限制，有的要求限定人數，有的不斷增加科目與學分數。

❑系際關係微妙，不慎重處理不行

系際之間的關係很微妙，教育學系為大家服務，讓各學系學生取得教師資格，理當得到各學系的感激，卻反要遭受各系的排擠。主因是制度上的設計造成的，教育系的學生本在培養過去師範學校教師，師範改制多年，早已改為師專，復又改為師範學院，相應的，大學部早應停招，專心辦研究所，並為各系開教育課程學分。制度不改，勉強支撐，學生為畢業出路，搶修熱門輔系，容易造成系際緊張。緊張形勢一旦造成，會擴散渲染，誇大，無限上綱。

當時國文系系主任跟我埋怨，他們系每年都有不少學生，申請要轉進英語系，就是因為，你們教育系安排給國文系教育科目較差的教授授課，安排給英語系較強的教授。他舉了一兩位實例。學生為了到英語系修較佳教育課目，才轉系的。昧於現實，閉著眼睛說瞎話，幼稚可笑至極。

誰不知道，英語系在當時大學聯考排名不知超前國文系中文系幾十個順位，有時候英語系甚至位居乙組的首位。英語與國文在學生與家長心目中的地位何等差別，有機會就想轉英語系，當然情勢會變，也許未來有一天國文系比英語系順位更高也未可知。但是當時情勢如此，國文系轉進英語系是趨勢，怪不得誰，也不必庸人自擾。這位系主任卻把學生的轉系無限上綱到教育科目的開課來。跟該系主任我們有多層關係，我也不去計較，但其所言差矣。

而大學生對教育課程的重視程度又如何，在當時不經教師資格考檢測即可擔任教師的制度下，不言可喻，我為教育系教師抱屈，也為學生抱屈。教育系哪有能耐去影響國文系學生的轉系？教育系安排教師有一定的考量與原則，英語淵源較深的教授安排到英語系授課，國文國學淵源較深的安排到國文系。當時那一種說法真是誤會了。

❑師範大學系際關係緊張，外在勢力虎視沾沾，內部同仁卻無視師範教育危在旦夕

正當一些學系，把教育學系學生看成競爭對手，斤斤較量，彼此內鬥得難分難解的時候，大家

都不覺察真正的颱風正在形成，這一股風暴勢力在不遠處正衝著整個師範大學院校而來，來勢洶洶，虎視眈眈，我看在眼哩，我這念教育的人很擔心，搞不好師範大學院校和學系都即將被摧毀。一股力量在醞釀，誇大渲染，使一般院校師生覺得憑什麼對師範教育保障的這麼周到，給予公費，又有職業保障，又給種種優待。大家都憑著感覺情緒走，果然這一股怨氣越來越大，情勢愈趨嚴重。

殊不知師範教育之所以公費，有職業保障是為鼓勵有志者為教育事業貢獻，解決當時沒人要幹奉獻犧牲的教師工作，願意擔任清苦的教師工作，願意及早接受精神國防教育訓練。

一九九四年，立法院把教育部提的「師範教育法修訂案」，審議時，擅改為「師資培育法」，規範師資培育辦法徹底翻新，改由各大學院校新成立的各「教育學程」，培育中小學師資，正式終結了師範教育，從此師範教育成為歷史的名詞。當時的教育部長郭為藩先生原為師範大學校長，在審議過程中，用心良苦，奮戰不懈，結局卻是在他教育部長任內，幾十年的師範教育制度被終結掉，痛心疾首，不可言喻。難怪，他在卸任後，被派至歐洲任駐外代表使節時時曾感嘆：在球場上打球打得遍體麟傷，下場後連在場邊觀球的機會都沒有。真正徹底摧毀了師範教育。幾年後，郭部長極力鼓勵師範院校，成立大聯盟，避免因規模小勢力單薄慘遭淘汰，消聲匿跡。

當時身為教育系主任，看到長久以來若干學系刁難教育系的輔系，雖然是由來已久，我不能不感嘆，相關學系對教育系明察秋毫，斤斤計較，錙銖較量，卻不見大學外面成堆的輿薪，隨時會引起大火；台語俗話說的，看得到針孔，卻看不到大西門關外烽火四起。小耳小眼，缺乏宏觀，更沒有系統觀念，如何能提高警覺，共同思考運用藍海戰略，突破困境，鴻圖大展，為整個教育找出路。真是悲哀。

同樣的，各大學把師範大學當假想敵，一窩蜂搶設置教育學程，為畢業生闢出路，把當老師當做各大學各學系學生的就業途徑，也沒有幾年可風光，難免曇花一現，灰飛煙滅。如果不知宏觀大局，改造社會觀念，設法使產業升級，拓展人力需求市場，讓各個大學學系培養的人才均為各種產業搶著要，為大學教育創造生機。只是關起門來爭食餅乾屑，無論何種大學什麼學系都搶當教師，互相廝殺，有一天教師人力市場飽和了，整個大學教育都會陷入困境，什麼學系畢業都失業，不叫人憂心嗎？幾年後，不幸言中。嗚呼哀哉。

❏對於未來的教育工作者從事心理建設，堅定其信心

我接任教育系主任的工作於一九八八年，正是台灣政治解嚴，社會多元化，自由化開始發酵的時段。原來的社會結構開始鬆動，社會權威接受挑戰，社會價值遭人質疑伊始。政黨與各種壓力團體紛紛起來，又形諸表面化，互相角力，競取資源。反映在教育上的情形常令教育工作者，感覺到怎麼做都難令人滿意，造成角色的衝突與緊張。而學生在轉型的社會，發展出來的行為表現，易流為偏差乖離，甚至乖戾違常，增加教學與訓導的困難。引導教育的決策與實施的，常不是教育者的智慧與理念，而是各方面的壓力。這使得教師與未來得教育工作者，感到徬徨與懷疑。身為師範大學的教育系主任，義不容辭地要著手進行一些心理建設，對我的學生與現任教師。所以除了利用對學生講話的機會做一些精神談話，我特地作了幾次演講並且寫了一篇文章，談教育工作者徬徨與信心，呼籲我們學生——未來的教育者以及現任教師要有信心於教育，不要徬徨。發表於本系學會辦的教育刊物——《教育文粹》，並在《教育簡訊》上時常勉勵。

我並不喊口號，也不用說教。我說出道理與依據。當時學術方面，衝突論方興未艾，台灣社會剛解嚴，所謂民主人士，每每抱著衝突理論為先進，顛覆傳統，認為傳統學校不能促進社會平等，而是複製社會的不平等，進行文化複製的勾當，認為學校教育制度，都是被優勢團體所宰制，被主流文化把持，所以學校完全符應社會的特定結構，讀什麼知識，教導何種課程，獎懲規範紀律的是

非善惡標準，以迄考什麼知識，評量標準都是由優勢團體所制定，於是在這樣的制度裡面，迫使弱勢團體的子弟，不斷地受到制約之下，自認為是勞工，是劣勢者，是矮人一截者，不能不永久屈居於勞工階級。一個種族歧視，重男輕女，貧富不均的社會，絕對設計不出種族平等，男女平等貧富均霑的學校教育。

事實上，最新的理論卻別有見地，認為重要的支配力量並不只是透過行政決策或制度，更重要的是，經由教師與學生的詮釋與選擇，認知與決定之後，據以進行的實際教學與互動，這才是真正控制的力量。所以師生的認知與詮釋才是支配配教育的一雙看不見而真實有力的手。這雙手塑造成為所謂的潛在課程。

果爾，教育並非全由外力所控制，各位師生都是具有主體性的人，教師能夠對任何措施加以詮釋、選擇、評定；學生，同樣地，也能加以詮釋、選擇、調適。這種辯證互動的過程，才是決定教育成敗的有力因素。

個人的詮釋，選擇，是否有決定的力量？難說。然而，整體教師與學生共同的認知與意向，力足以旋乾轉坤，改造社會。這也就是說，社會學家韋伯（M. Weber）主張，教育可以形成意識形態。

其實，我內心也頗感憂慮，形成意識形態並不只是教育，社會運動者，政客野心家，偏激的哲學家他們更為厲害，透過各種方式，譁眾取寵，更能塑成偏激的意識形態。

當時更有一些社運者，對於師範教育頗為排斥，我更引用當時我完成的研究，調查中小學教師在教育上表現出來的專業行為如何？主要受什麼參照團體的影響與決定？問卷取來自南部三十八所國民中學的二二八位教師在教育上表現的專業行為如何？到底受到誰的影響最大？師範教育的專業訓練？一般大學院校的教育？中小學的教育？初任或現任教同事的影響？學校行政人員？……結果發現，師範院校畢業的教師，回答他們的專業行為，主要來自師範院校的教育專業訓練，而一般大學院校畢業者則回答主要來自同事，而同事主要還是師範院校畢業者。如果不是拜師範院校之賜，一般教師的專業行為，不知如何來表現？基於此一發現，可見經過師範院校專業訓練的調教與孕育，教師有足夠的信心去表現於學校教育實際活動之中。我進一步，利用複回歸分析，將教師的背景變項，學校組織環境，社會心理變項逐一輸入之後，盡其所能的解釋掉教師的行為之後，其所接受的教育專業訓練，尚能有力的預測教師的專業行為表現。因此，師範院校的專業訓練最能決定教師的教育工作表現。

然而，在我的心底深處，我已警覺到，如果師範院校制度被廢除掉，教師參照什麼來實施教育工作呢？

我又引用國內的一些調查報告，都發現我國教師社會地位崇高，仍然備受尊重。例如，1971 年林清江教授調查發現，大學教授僅次於科學家，高於部長，中學教師高於律師，法官，居於第十四名，小學教師高於縣市議員居於第十六名。一九七九年，文崇一與張曉春教授發現大學教授居於第二名，僅次於省主席；中小學教師分別居於第十四，十六名。其他如瞿海源教授也發現教師職位備受尊崇在我國當時社會之中。這些發現給當教師者很大的鼓舞。可是就我在面對面的接觸中，我已經開始擔憂，教師的危機意識已經隱然潛在，暗流浮現。我擔心的是，在當時的社會，是師範教育岌岌可危，而社會對教師的地位，已逐漸面對來勢洶洶的挑戰的力量。有朝一日，台灣對尊師重道的傳統倫理，將會動搖，教師的地位將岌岌可危，那麼，教育者怎麼不徬徨？教師的教化力量將會面臨到無限的挑戰。雖然我開始擔心，但是我希望那是杞人憂天。我還是要盡我所能，安撫我們未來的教師，對她們做一些心理建設。

❑重視潛在課程，強調課外活動，集會活動

師範生的訓練是全面的，全時的。大部分的學生住在宿舍裡面，生活常規比較重視，以訓練成未來國民教育的教師互相勉勵。所以除上正課外，升旗、班會、週會、體育、競賽與學生學會的組織運作都非常在意，絕不馬虎。用意再透過更多元的活動來加強師範教育的效果。

時代在變，台灣社會正在急劇的變遷，我研究教學教育社會學的人豈能不敏感，我當然知道。由於各大學校園開始自由化，民歌也在校園裡盛行起來，大部分的大學也開放不升旗典禮。來自不同學校的大學生們多是高中時代的老同學，平時都有聯繫，也常會相互比較，要求太多，管得太多都會引起反感也會要求改變。應該權宜做相應的調適與改變。

當時高師大規定也慢慢在調整，每天早上七點三十分起來升旗，是一大負擔。原來是每天必做的早課，慢慢地調整到各系輪流升旗，由各系主任主持。大概一禮拜輪到一次升旗，升旗完畢要求做早操，也就慢慢改為自由活動，升完旗是難得的系主任可以自由運用的時間，平常忙於上課，難得有這機會跟同學說話，說一些勉勵的話，藉以激勵整個學系精神，尋求大家認同，澄清未來的方向，正視現在社會發展的趨勢，滋養學系的，也增進師範教育的效果，預見未來師範教育的前景，加強心理建設，免得遇到狂爛而驚慌失措。

教育系的學生是可愛的，對於老師的教導，都能體會到師長的用心與關懷，對學系團隊的認同十分真心，師長對同學也能以同理心與同情心去對待。所以擔任兩任系主任，我覺得很愉快，也很值得。我也很感謝學系各位導師對學生的用心與愛護，前後三位系教官的盡心協助與服務學生。每次活動都勇於參與，每次集會都身先士卒，集合整隊，維護學生安全，不論遇到什麼偶發事件，都能與系主任率先面對處理，使得的教育學系各方面表現成就非凡。

社會趨向民主化，開放與自由，不論是反映現在社會的需求，或導引社會的變遷，我們都應該讓我們學生有事做，自己規劃來做，做得有信心，所以特別注意學生系學會的運用，發揮學會的功能。讓學生組織自己的學會，修訂的組織規程，編訂每學期的行事計畫與預算表，選舉幹部任務編組，辦理各種活動，執行活動計畫。有些活動行事是例行性的，不能間斷；有些活動是創新的，要多鼓勵推陳出新；前者需要提醒，後者要多啟發。要讓學會認同學會是自己的組織，鼓勵同學自告奮勇，服務犧牲，藉著服務幫助成長，讓大家覺得生活過得充實有意義。

果然藉著學會的運用，每學期都舉辦很多活動，消除學生得無聊，充實課外休閒生活，爭取了學系榮譽，加強同學之間，師生之間的關係，降低學系主任與導師、行政人員的勞累。

每年一次的學系運動會，是學會承辦的，系辦提共協助，經費支援，指定教師輔導。辦得非常認真，也非常成功，藉此磨練意志，發掘許多選手，爭取在全校系際年度運動會的成績。所以教育系在全校運動會成績斐然，常常獲得許多獎盃獎牌，甚至在閉幕典禮頒獎時，好到沒有學系的同學要幫教育系鼓掌。因為幾乎全部的獎盃被教育系囊括一空，叫人不忌妒也難。

系學會也編印發行有「教育簡訊」、「教育文粹」刊物，都是以學生為主。前者是通訊性質月刊，後者是正式的刊物，年刊。學生可以藉此發表自己的研究成果與作品。一度成為頗受重視的學術刊物，有教師的作品也願意發表於上頭。甚至在學術刊物排比上超過有些學報。後來刊物改變方向，現在已成為廣泛性的刊物了。

學會也舉辦系自強活動，一切由學生規劃，景點選擇，路線規劃，探路，交通安排，餐旅安排，安全衛生，後勤救助。當然牽涉安全衛生問題，系辦要積極介入，免得產生意外。走遍了南部許多景點，包括墾丁，佳洛水，恆春半島各景點，南仁湖，風吹砂，台東縱谷海岸，六龜桃源一帶景點，高樹瀑布等等。都走遍了。由於嚴密規劃，預想周到，得到地利人和，都能平平安安，快樂出遊，平安回來，偶而遇到一些驚險的局面，都能得天時地利人和之助，自助人助天助之下逢凶化吉，化險為夷。我都會感謝學會幹部，指導師長，自己，更重要的是謝謝神佛的保佑。每次出遊他們都會請系主任參加，我必定撥冗抽空，事必躬親參加。

其他還辦了許多校內的活動與競賽，像演講比賽，辯論比賽，板書比賽等等；各類球賽也都非常成功。

沒多久，當社會已經在蛻變，社運學運經醞釀成形，野百合已經遍布全台。當時學會躍躍欲試，想要參加，後來經過討論，同學所見不同，這種事，個人判斷不同，見仁見智，我要他們對同學個人的判斷，應該尊重，後來少數有幾位同學參加，在文化中心參加靜坐，我輔導他們要理性，表達看法與訴求，不可衝動或盲目跟從。他們都能謹守分際。

‧圓同仁天倫之夢，教育系大團圓‧

❑法理情兼顧，讓滯留國外同仁，回歸系上團圓

教育學系過去有若干講師副教授獲得留職留薪機會到國外進修，都想利用這難得的國外進修機會，拿到博士學位才回國，以致超過期限。有個時段學系政策從嚴，對於滯留國外逾時不歸敘職者，除不再留薪外，更不再給予留職，結果有些老同事，學位拿到了或沒完成的想回來，回不來。屢次表示意願回到學系，卻苦無機會。這些同仁有的比我還早到高師大，對於學校學系盡心盡力，流血流汗，經過艱苦的歲月，沒有功勞，也有苦勞，並無重大違失，不予續聘，實在不近人情。

本來到國外進修，攻讀學位，也是為充電，增強學歷實力，不盡為自己，更為了教學研究。同仁學歷提高，於整個高師大，教育學系，對學校的學術聲望的提高都是加分。早期出國進修難得有機會，國內根本無博士學位，所以早期聘進的教授，絕大部分都是在職進修獲得的。所以於理來說，因追求更高學歷致逾時未能趕回，遭受永不予續聘的結果，不盡合宜。至於就法的觀點來說，按照教育部當時的規定，留職留薪出國進修逾期未完成致延長時間的，不照原訂時間回國復職者，只是停薪而已，並不急予停職，也沒有如此嚴格規定，基層單位執行比中央嚴格雖然並不違法。但是基層單位對於當事人的情理面應該了解得更多，考慮的應該更多，決定應更通情達理。

我就情理法，一併考慮，對於這些老同事讓他們回學校復職，不是更為妥適嗎？在我還沒有出任主任之前，當我早上起來遇到一位老同事的老媽，她每天在宿舍旁邊空地，種一些蔬菜，互道早安時，言談之間，透露對兒子滯留國外，無限的思念。我在心裡面，就寄予無限的同情。而聽說這

一位同事，在國外並沒有好的工作，而是在辦一所所謂華僑學校，讓華僑父母有機會使他們子弟，利用正規學校課餘學習一點華文，免得馬上成為外國人。由於是非正規學校，時間很有限，實效有限。

我一當上系主任，馬上考慮是否接受他回來敘舊，發揮他專長的可能性。我兼重情理法三方面圓同仁我又不能不考慮可能帶來的效應，因為同樣情形者仍有兩位，而未來是否會有必須通案考慮。基於一方面並不違背教育部統一規定；一方面對於整個組織的影響應是正向的；另一方面，考慮未來的效應，依我的判斷，未來類似情形不太可能發生，因為當時國內博士課程正在興起，如雨後春筍，同仁會選在國內念博士班，沒有什麼機會成本，申請到國外進修的將越來越少，因為前者相較於後者，投資報酬率高得多。我天人交戰幾天，最後我決定讓他們回來。我提案到教評會，經教評會通過，同意他們回國，將充電增能所學的有機會貢獻於教育系，也重敘天倫之樂。後來，他們有的當主任，有的當上院長，均對學校做了貢獻。令人遺憾的是，其中陳教授，後來有個財團擬辦一所學院邀他籌辦，有一天到屏東勘查校地，途中不幸出了車禍往生，令人惋惜唏噓不已。

❑擴大慶祝學系二十周年系慶，回顧與前瞻

教育系成立於一九七〇年，到一九九〇年，民國七十九年剛好二十周年。二十周年是一個重要的紀念節日，應該要好好地慶祝一番。身為當時的系主任，我義不容辭地負起這個責任，也應該把握這機會，驗收二十年來的成果。

首先我領導系辦整理畢業系友資料。教育系二十年來已經栽培很多同學，畢業後在各個角落上工作，或從事中小學教育工作，或從事學術研究，或擔任行政工作，都表現良好，受到肯定。可是，到底有多少人，分布在哪裡，並沒有建立系友詳實資料。

系友是我們永久的資產，也是我們的傳承薪火，我們努力的成果就在他們的身上，將來學系的發展也仰賴他們。他們表現傑出，我們以他們為榮，引以為傲；他們不好，我們不能切割，難辭其咎。怎能不知他們的下落，有必要建立起資料，讓系友之間可以好好互相聯繫，相互照顧，有一天母系需要他們，人在何方，都不知下落，怎麼可以。所以我們花了許多力量，透過各種管道，終於把系友資料，從第一屆起到當時第十七屆最新畢業者全建立起來，總共一七八五人，編成一本系友通訊錄。希望以後能夠傳承下去，最好每間隔一段時間增訂一次。分送師生系友利用。大家都一致表感謝，我們也頗為得意。

我畢業的台灣師範大學教育系，是台灣教育界的龍頭老大，系友無數，許多身居台灣教育界領導者，執行者，工作者，人才輩出，貢獻無數，卻也沒有編過一本系友通訊錄。首次大學評鑑，我剛好擔任評鑑委員，我趁機提出建議要珍惜系友，成立系友會。後來開始嘗試編印，惟年代太久，系友太多，工程浩大，不知效果如何，就不得而知了，不過師大教育系系友會卻很快就成立了，這是好事，也感安慰。

建立本系系友資料檔案，編印六三級到七八級系友通訊錄之後，並成立系友會，由第一屆系友培村君擔任理事長。日後，期望藉由系友會加強系友的聯繫，並便於對系友提供服務，舉辦各種活動。更為了樹立認同與典範，肯定系友的成就，創辦傑出系友選舉，接受校內外的推薦，及自我推薦，經委員會的審查共選出六位傑出系友，包括培村，富吉，德勝，裕益，玫芬，百世，在大會上接受表揚。

鑒於教育系草創之初，環境設備簡陋，篳路藍縷，二十年來本系的硬體軟體設備多有改善，教師教學認真，從事研究投入，成果豐碩，已在國內獲得不少的肯定獎勵，學生作品從第一屆開始即撰寫學術論文備受肯定。這些成果得來不易，也決心做一蒐集整理，展示出來，給系友來賓觀賞。

特舉辦教育系二十周年文物展。

在十二月九日當天舉辦擴大慶祝大會，光臨系友貴賓非常多，可以說賀客盈門，熱鬧異常。把剛落成不久的體育館樓，坐得滿滿的，花籃、花圈、賀詞、賀電、盆栽無數，在花叢錦簇，人心鼎沸，與高采烈的氣氛中，展開了我們的慶祝大會。許多貴賓為我們恭喜祝賀勉勵，非常感謝。

我以系主任身分主持這個慶祝大會，並致詞：

首先，我說出心中的情緒，在教育學系這個特別的節日裡，各位貴賓撥冗光臨，增加無限光彩；表示謝意與敬意。各位系友遠道回來，使教育系這個大家庭，突破時空的限制，得到第一次真正團圓的時刻，覺得特別的溫馨與興奮。

其次，追溯既往，二十年來歷經歷任系主任慘澹經營，各位同仁的同心協力，歷居同學的努力用功，大家在這裡奉獻了智慧與愛心，為本學系打下了堅實的基礎。到如今已經培養出一七八五位教育尖兵，在全國各個角落，為教育與社會奉獻，表現良好，由他們又培養出更多更多的子弟，受到相當的肯定。在校同學勤勉向學，奮發向上，讀書不後人，服務不後人；各位同仁好友，都毫無保留地在系上奉獻，沒有停擺的時刻，已蔚然型成我們教育傳承的文化與精神，是我們教育學系的靈魂。

二十周年是一個值得珍惜的日子，我們不能不深深地省思，切切地回顧，並般般地期許。對於過去，我們覺得非常充實；對於過去的投入，我們回味無窮；對於現在，我們非常有信心；因此我們除了專題演講以外，舉辦一系列的活動。展示我們的成果，藉以凝聚發展的力量，發揚教育系的文化，並提供同學活生生的發展機會。

最後，對於未來，我們寄予無限的展望。二十歲在發展上有特別的意義，一個人到了二十歲，算已成年，它代表成長，即將進入另一階段發展的開始，也代表勢必負起更大的責任，要扛其更大負擔，與展開新的發展的任務。教育系一個單位，也是如此，尤其面對當時社會的開始開放，教育生態環境的丕變與解構時機，正值英姿煥發的本教育學系，負有更重大的發展任務與歷史使命。展望未來，我們更須不斷鞭策自己，自我惕勵，在穩固的基礎上，結合大家的智慧，共建光明的未來，開拓更大發展的空間，盼望各位共同勉勵，也盼望各位貴賓支持激勵，也盼望各位對我們各項活動熱烈參與，批評指導。祝各位事事如意，身心愉快幸福美滿。

致詞完畢，掌聲響起。教育系從未有這麼大的團圓時刻，我真的把教育這個家族團聚在一起，級別有差距，年齡有大小，然而心中沒有距離，感到無限的欣慰。

接著運動會開始，這一次運動會不僅是一年一度的學系運動會。

在這個特別節日哩，更是為展現二十年華的青春活力而運動；

為感謝過去二十年來奉獻於本系的成長與發展的先進而運動；

為期盼更光明燦爛的未來二十年而運動；

更為了爭取勝利，表現團結，不斷進步而運動。

中午在體育館餐敘，貴賓系友扶老攜幼大家開懷暢飲，大家都好珍惜這一個溫馨的時刻，談話，感恩，歡笑，喝酒，歌聲，在當時學校最大的禮堂，瀰漫著，擴散著，傳播著，滲透到每一位賓客系友師生的心坎裡面。我從未如此興奮過，我感謝所有的同仁，同學的同心協力，讓這一次教育系二十周年大慶辦得這麼成功，這麼感人。

教學創新：針對教育系學生及一般教師需求，致力教學創新

當時師範院校學生一畢業，就分發實習，實習一年即可登記為正式教師。實習期間名為實習教師，其實所擔任工作跟一般正式教師沒兩樣，待遇也沒差別，都是依年資敘薪。實習期間定期回到原結業師範院校參加實習座談，師長針對提出的問題加以指導。平常也請教授分別赴實習學校就地輔導，並與實習學校校長主任教師交換心得。

在座談會一般實習教師反映諸多問題，說到激動處，甚至痛哭流涕，好像受到莫大委屈似的。其實在現在的新鮮人來說，感覺幸福都來不及，何來委屈之有？當時他們的所謂問題不是沒有工作做，不是不受尊重，或者是好像工友一樣，隨便聽候差遣指使，而是工作太多了，太被尊重了，也太受抬舉了。

他們一出去，有的就被聘為組長，導師。他們覺得自己沒有經驗，才是一個新鮮人，老師同事都不是認識，就要當組長，做不來；有的說任教科目太多，教不來；有的說的他們專長是國文，卻也要教社會，教童軍，教體育，家事甚至教音樂。學校規模小，教師少，常有必要，兼教若干科目。

有的反應，學生差異大，聰明的精得不得了，笨的笨到不可想像，怎麼教？有的說當導師，罩不住，教室秩序維持不了，不知怎辦？問題真多，各種疑難雜症不少。在座談會上，針對問題鼓勵他們，儘可能從他們的心理感覺，指導他們，激勵他們。請實習老師及全系相關老師當場來輔導，當然系主任更責無旁待一馬當先來做。

為了更全面的來了解問題，解決問題，也更以組織的力量來支持個別老師，尤其是生手教師，於是我做了問卷調查，希望能普遍的了解實習生困擾所在，以及如何有效解決問題。

我們曾經調查台灣師大與高師大七七學年度結業分發至中學實習的實習教師樣本九九三人，發現實習教師遇到的困擾非常多，遍及各方面，其中以「教學」與「班級管理」與「教學教育設備條件與負擔」為最。

按項目來說，依次是「學生上課無精打采，不知如何使他們用功」;「不知用什麼方法才可使程度好的，壞的學生皆可學到東西」;「不知用什麼方法施教才能提高學業成績」;「教學用愛心來教導學生似乎沒有效果」，均在七〇%以上;「教學不知用什麼方法才能有效影響學生」;「教學學生個別差異太大無法因材施教」;「教學設備不夠，無法運用各種教學方法」高達六〇%。教人難，教國中生更難。確實是真心感受。且回收率非常之高，讓他們有機會盡情地說出心聲，心內話。調查結果確實反映他的心聲也證實不是只有本系學生的感受，而是當時師範結業實習教師的普遍問題。

❑爭取財源，辦理教學學術研討會

常遇到的困擾按層面及其嚴重程度，前三層依序面為「教學」「班級管理」與「教育設備條件與負擔」。惟三者實無法分開獨立，而是互相助長。學生個別差異懸殊，環境資源不佳，教師技窮，無法以有效方法教學，結果學生學不來，覺得無聊，滋擾行為漸多，浸漸成為管理的問題，以致班級秩序欠佳，管教無效，又返回來影響教學，教學更無效，造成惡性循環，越滾越大。

釜底抽薪之計，創新教學，改變教學，改善同儕關係，使得班級生活氣氛友善，互動積極融洽，宛如在春風化雨之中。每一個人在教室裡面，如坐春風，如霑化雨。要使每一個人都覺得天生吾材必用。針對這種裡解與領悟，我作為系主任，應該設法爭取機會，籌措財源，辦理一些有關教學的學術研討會，研習活動。後來爭取到了教育部與國科會的資助與支持，辦了幾場研討會，邀請師範院校教授學者，教育專家及各縣市校行政人員，與教師代表參加，本系教師學生全力投入籌辦參與。舉辦幾場學術研討會與大型教學研討會。參與者非常多，情況熱烈。正在實習的結業同學與在校生當然參加。

令人印象最深刻的為一九九一年十二月四到六日舉辦的國民中學適性教學國際學術研討會，邀請到美國知名的榮譽講座教授 H. J. Klausmeier 來作主題演講，申請得到國科會短期訪問的獎勵專案，獲得優裕的支持贊助。他是一個真正的學者專家，不僅著作等身，教育實務經驗豐富，從小學教學到博士班導師，各級教學均富有經驗。他經驗完整，理論實務兼備，立功立言，以至於立德均可為教育學界楷模。理論論述，方案設計，創新教學設計，教學實徵研究，教學輔導，教學諮詢，教學行政，無所不精，遠近馳名，個人最感敬佩。他所任教的威斯康辛大學將其事蹟鏤刻於他所創辦的「研究發展中心」，讚辭曰：

> 同仁友好讚頌氏建立教育研究發展中心並發展為中小教育改進的先導；讚頌氏在班級教學和個別差異適應的研究與學術上的成就；讚頌氏為所有兒童提供充實的教育機會所奉獻的創新性努力；尤其奉獻於貧苦及文化不利兒童能夠獲得有效的教育機會，其努力始終不懈。

當時他已經是七十八歲高齡，做了三場演講，除了主題演講外，再做第二天的專題演講，三天討會結束後，又對教育學術研究同仁，做一場學術的專題研討。其精神可嘉，其關愛的態度令人景仰。

在主題演講他演講探討美國在適應個別差異方面如何摸索努力以及演變的經過，嘗試各種策略，歷經途徑，迂迴轉進，直到走出今天可行大道的經過，如何發展出可行的適性教學，也就是個別化教學。使得與會同好大開眼界，深切體會教學不斷創新求新求變的需要與不怕失敗的毅力和決心。

其次的一場專題演講，他現身說法，他所持續努力的個別輔導的教育方案（IGE）。這一種包容性最最大，發展性極強，可以因地因時制宜衍生發展廣為運用的個別化教學。為此他結合同事學生弟子，年復一年，日又一日，月以繼月地，不斷開發成長發展的教學。

他現身說法，走遍國內每一角落，以及多個友好國家，介紹，推廣，這一種教學方案。他認為個別化教學，因材施教，使全世界的教育能因材施教，並不是迷思，而是理想，他希望有天能夠實現。

他在閉幕典禮的致詞上他語重心長建議個別化教學，適性教學，不一定期待明天，或下禮拜，或者在明年一定做得好，但是現在我們只要走出去，真正的去嘗試，學生有信心，學習產生了興趣，開始渴望學習或對學習態度有所幫助，那麼，相信我們就踏實地朝向了真正的適性教學，其成功指日可待。

這個研討會，還有更多多的學者專家介紹有價值的教學模式與思維策略，如從社會變遷，從系統法則，從認知心理來探討教學的取向與策略，反思教學模式資訊電腦的應用精熟教學模式，完全學習的應用教學供各級學校採擇應用，均頗值得參考推廣以拓廣教學視野。供新進教師採用，也供一般教師省思參考。

另一場是大型的群育教學與輔導研討會，於一九九三年四月二十三日舉辦，因應教師感到頭痛的學生互動與班級秩序，如增進學生社會關係，改善群性知識技巧的需要來研討，請國內學者專家來主講與現身說法。所談的包括「群育的學理基礎」、「群育取向的創新教學」、「社會知能與社會技巧的認識與培養」、「輔導的現況與培養」、「群育群性的評量」、「教改政策對群育的影響」等等，學生學習很多，教育界反應熱烈，因為針對目前的教師面對的困擾與需求。

❑結合同仁的知識，編撰《教育心理學》

教育心理學是師範生及有志當教師者的必修科目，也是所有師培生必修科目之一。教育學系為高師大的學生開授此一課程。教授此一課程的教授陣容堅強，教材的需求量大。在那個時候，卻還沒有寫一本教育心理學的教科書以應需求。真可惜，各位教授各忙於教課，或寫論文，或搞行政。我想應該把他們的知識與經驗結合起來，好好地利用一下，共同來撰寫一本大學用書。否則一直利用他人寫的用書，不僅不能合乎我們需要，也未珍惜善用自己的經驗與智慧。同時我也希望編一本具有特色教育心理學，融入較新的知識，更貼近教育與教學的實際。

於是我以系主任角色身先士卒，擬定一個架構，訂出章節要點。邀請專攻與開授教育心理學的老師一起來研商討論，交換意見。確定詳細的綱要章節，並依專長喜好，分配選定負責撰寫的章節。且規定格式體例，協商寫作風格，並初步規劃進行進度。在這樣規劃下，大家分頭努力，大都依進度寫出來承諾撰寫的章節。果然各位學有專長又有經驗，篇篇均令人驚艷。這一本書，後來由出版過我的專書，有愉快的合作經驗的五南文化出版公司楊董承印出版。謝謝他對教育與文化事業的熱心與奉獻。

圓傑出獎之夢，學術地位受到肯定

❑獲得國科會傑出獎，創高師大紀錄

自從一九七五年第一次獲得了國科會研究獎助之後，我持續的努力，每年均以研究的成果申請獎助，都如願獲獎。年年得獎，由講師級的乙種獎，到副教授教授級甲種獎，又進一步得到優等獎。但國科會的獎項，還有最高的「傑出獎」，二十年來卻沒能獲頒，深感缺憾。

「傑出獎」非常難得，教育學門相對於其他學門，是一個大學門，但每年頂多只有一個，有時候還從缺。按照給獎辦法，「傑出獎」是從甲種獎中擇優選出來特優作品再審查，頒予「優等獎」。國科會主動復就「優等獎」中精挑細選，請作者提出五年內全部著作成果及代表作，請學術地位崇隆學者嚴格審查，確定其研究者確實在學術研究上有傑出表現，研究成果卓著並確實有貢獻於該領域學術的進步與實際事功之佼佼者。經審查委員會審議通過核給傑出獎項。審查嚴格，獎額少，一次通過連續兩年給予高額獎金，讓你專心從事較大較長期的研究。這種獎勵都是以研究完成的結果來審查的。我一直努力研究二十年，年年得獎，得獎未斷，叫人羨慕，其中也獲四次「優等獎」，就是得不到傑出獎。但我內心，一直耿耿於懷，也深感遺憾，日思夜夢，為什麼得不到「傑出獎」。

皇天不負苦心人，一九九四年，在我第一次得獎二十年後，「傑出獎」終於降臨在我頭上。這個期待已久的獎項，來得正是時候，圓了我長久以來的夢。二十年有成，這個獎是對我過去辛勤努力的肯定，也為本校寫了一個光榮的紀錄。這個獎有很高的獎額，而且一次獎連續給兩年。對清苦的

學者來說是名至實歸。一次傑出獎金額相當於五年的甲種獎。

本學系教育學會辦有一個學生刊物《教育文粹》，為年出一次的年刊。當時總編輯賴同學跑來跟我恭喜我，她說，老師您得到了國科會「傑出傑」，是一個很大的榮譽，聽說學校還沒人得過，恭喜您，很希望老師能將您得獎的經過及心路歷程和感想說出來與我們分享。當下因為我正趕火車要去台北開研究專案會議，沒馬上答應她。幾經猶疑，在回程車上，我終於利用五小時的車程，還是把它寫出來了。覺得這一趟回程走得特別快，心情也特別愉快。我把二十年來從事研究的經過與背景，在當時那麼艱鉅的研究環境下，怎麼脫穎而出，以及興奮的心情，一一記述出來。

首先，我提示見賢思齊，師承的重要，我寫道當我當研究生的時候，教授們正巧都是當時的青年才俊，個個認真投入，教學授課，受聘指導諮詢，每天忙得團團轉，仍然做很多專案，我擔任助教，跟著他們忙得團團轉，果然完成了許多專案，編出當時九年國教起始最最需求的十種測驗，也參加若干教學實驗，完成若干調查報告，參加統計分析，甚至撰寫報告。因為身歷其境，參與其中，是親身體驗的活生生的經驗，從中跟隨熱心又滿懷鬥志的千里馬教授，或經耳濡目染，或由耳提面命。老師們的理念做法給我們現身說法，我們從中見賢思齊，學到了研究的嚴肅態度與謹嚴的研究方法。這比上課，作報告學得深入又直接。尤其，許多研究的甘苦，堅忍，學到了，如何應對，容忍更多。天下沒有白吃的晚餐，必須付出，須忍受，必須耕耘，才能收穫。所以，後來遇到的研究環境再怎麼艱困，以堅忍的精神，終究可以克服。我現身說法，我描述當時高師大，學術環境太差了，如何克服，如何不辭勞苦，為的是要研究，不可以被環境擊倒。學者有些時候，某些方面要向打不死的小強學習。

而且，研究要從近處著手，周遭就有許多可作的題材，不怕沒題目可做，只怕你不想做。所以我以一個無意當中被投入到高雄文化沙漠的新鮮人，竟然能夠在這裡發展出來，就是因為即使在最荒漠的地方，也馬上落葉生根，就地取材吸取雨露滋養壯大，茁長，終於有開花結果的時候。

剛出來時候，我才是一個小講師，要認分，即使不是分內工作，再不願意，也要逆來順受，燃燒自己照亮周遭，凡走過都會留下來足跡，對自己對別人都會有好處。機會是要你主動捕捉利用，要洞察先機，捉得到，是你已準備好陣勢，蓄勢待發，不是等看到機會再捕捉，否則很容易瞬間稍縱即逝。沒有獎金也要研究，研究是作為一位學者自己的責任，是教授的工作，不是為得獎而做研究。如果為獎金才做研究，那就沒有開始的時機，因為當時是先做完研究才提出成果申請獎助。工作忙不能作為不想研究的藉口，否則，永久有很多藉口，做不了研究，有的人做行政仍然研究不斷，有的人一辦行政，研究就中斷了。能否一邊辦行政，邊做研究，存乎一心。有時候相得益彰，有時候互相窒礙難以併行。

最後我說在長久的研究生涯裡面，最感欣慰的是，我將研究的經驗與心得，傳承給年輕的學者。我對專案的助理們，常安排時間談話討論，引導他們研究，幫助他們成長，這種成長效果非常好。一位助理非教育系畢業，最初參與時，教育學術根柢差，教育研究的方法工具，一竅不通，但在參與一年後，什麼都學會了，令人刮目相看。

研究漫長而寂寞，回頭來時路，我語重心長說出自己的感受。要持久的研究，要有一點癡，帶幾分憨勁，常常與時間競走，好像騎著一輛腳踏車，不是坐著車，也不是搭飛機，朝向不知的目標前進，沿途不一定有人為你加油打氣，你只有不斷向前走，也許你會又新的發現，令你驚豔，也許什麼也沒有，也許別有天地也許失望落空。無論如何必須向前慢慢騎，耐心騎行。

兩年後，我再度獲得「傑出獎」，因為一次就連續頒給兩年的獎，連續得獎，顯得更難能可貴。在教育學術界，傳為美談。遇到與學術界同行開會在一起的場合，都獲得極高的讚美，恭喜之聲不斷，精神為之一爽。

國科會聘請我擔任諮詢委員，參贊政策的研議與重要議題與專案的評議，並審核專題研究與獎勵的最後決審，像國科會社會中心與人文中心的審查與決議，由於競爭激烈，過程十分嚴謹，令人印象深刻。許多專案審查需要較長時間，且經過幾個階段的歷程，次數多，耗時長，又商得各委員都方便的時間，往往要利用週末，才能開會，承辦人員非常辛勞，審查委員也壓力甚大，好在每個專案都先請該領域專家學者詳細審查過，評價高低大抵已經決定，複審、決審的時候除非情形特殊，議論空間不大。

構築教育真平等之夢

❑參與國民中學畢業生就學方案，反對假平等

國民中學補習嚴重，升學主義風行，大家都認為聯考是罪魁禍首。毛高文先生當部長的時候，決心推行新政。擬七九學年度（一九九〇到一九九一年）起推行國中畢業生免試升學，廢除高中職入學聯考，國中畢業生免試，改以國中三年在校成績為升學依據。故以在七八學年度（一九八九到一九九〇年）進行方案規劃，並修訂國民中學學生考查辦法。

乍聽之下，學生家長大為欣喜。但是沒幾何時，卻被唾棄。原因何在？癥結在哪？

❑此一方案，我自始至終忝任委員，卻無力扭轉

為推動規劃，實驗，推廣，評鑑此一教育改革方案，教育部從七九年六月至八六年二月前後成立三個委員會。

七九年六月成立「國民中學畢業生自願就學高級中等學校實驗研究推廣委員會」；八一年十月成立「國民中學畢業生自願就學輔導方案諮商研究委員會」；八四年十二月成立「國民中學畢業生自願輔導方案綜合委員會」。

個人當時任高師大教育系主任，前後承受邀參加過三個委員會。從最初的規劃，以至最後的評鑑，全程參與。以親身參與的經驗得以對免試升學的前因，後果，癥結，致命要害，為何失敗，知

之甚稔，感受也深。

免試升學，國民中學畢業生全部依據國中在學三年成績合計，決定升上哪一所高級中等學校。看起來很簡單，實即不然。高級中等學校有高中高職之分，同樣高中，階層化明顯，明星高中過去升學率幾乎百分之百，後段高中，有年年掛零者。人人爭取進入明星高中，各國中也以自己畢業生，進入明星高中為榮。各個國中老師無不期望自己學生升上好的高中。

於是，教育部訂出相對分數計分法，不僅採班級常模，且採五分制，最高給五分，最低一分，且各班各科，各個等分都有嚴格的比率分配，給五分者限五—一〇%；四分者不得超過二五%，給三分者四〇%；給二分者二〇—二五%，給一分者〇—五%。基本上這是五分制常態化計分法。

各學校各班級各科各學期各個任課教師都依此計分，每一個學生累計三年課程結束結果，加權合計所得的評量分數，據以分發學生到階層化明顯，考生喜惡分明的各高中職校。好壞有明顯差別，是否升上明星高中或是後段高中，抑或高職，對於未來的發展有天壤之別。結果造成如何效應呢？

❏不同國中的畢業生，成績分數跟實力學力出入甚大，離譜到家長譁然，學校變色，學生哀號

以高雄市為例，初期參加實驗的國中，其中有甲乙兩個國中，這批學生畢業時，依這個評量辦法計量成績分發，進入第一志願學校者，甲校過去依聯考一年考取三百多人，現在只有一百四十幾位；而乙校原來按聯考分發，兩三年才有一個考生考取，依這辦法竟有二十九位升上第一志願明星高中。進去以後，顯然實力程度相差太遠了，後者念了一年級，竟有十幾位留級，還有的知難而退，半途自動轉學離開明星高中。

又以外島澎湖為例，一開始極力申請加入試辦，原來興致沖沖，旋踵之間卻冷卻收場。一個家

長心目中最想上的國中，家長心目都想越區就讀的目標學校，參加實驗一小段時間即時打住。我們教育部訪視小組去訪視的時候，竟然已經停辦，教育部廳都被蒙在鼓裡，原因是縣議會決議停辦。因為議員子弟許多越區念該校，家長弄清楚後，覺得我們這些人物的子弟，竟然在這種計分辦法之下，不僅沒得到好處。所得成績較之留在離島的學校吃虧。這是第一個效應。

其次，平時如暫時，每一次考試成績都會影響升學，大家緊張兮兮。聯考是三年準備最後才一戰決勝負，現在天天在打戰。這是第二效應。

復以依班級常模，採取固定比率，結果造成同班同學彼此之間互相惡性競爭，短兵相接。同學之間彼此都是競爭對手，看成敵人。打小報告，互相檢舉，家長抗議評分不公，這是第三個效應。

不僅如此，更使教師教學不能表現於學生成績上面，用心教學的班級與敷衍應付教學的班級成績分配比率都一樣，馴至教師不用心教學，反而專注於評量，本末倒置。因為教學如何沒人管，評分擺不平，動則惹人罵。老師只用心於怎樣評分，才能擺平。這是第四個效應。

原因為何？因為自願就學方案的計分辦法，基於違背現實的兩個基本假定。第一個假定學生身心特性屬常態分配，國中按學區入學，因此各班級悉數來自同一母群體的隨機分派，可視為常態分配，至於各地區，各學校之間的差異縱有差異也不予理會。第二個基本假定，不僅學生學習的性向是常態分配，且各老師各科目學期教學成果也差不多，不分軒輊。各個班級國中三年教育的教育成就也一樣，可以視為常數，仍然維持常態分配。所以最終畢業成績也維持常態分配。

❏背離現實社會實際教育生態太遠

鑽石地帶，地價昂貴的地段與人口外移的地區，耕田不種轉作放耕的地帶視為一樣；父母教養子女，極盡悉心照顧子女的文教地區與放任不管任由子女自生自滅，罔腰罔飼的社區的也視為一樣；都被認為旗鼓相當的常態分配，都可以固定比率的計分法來計分，顯然背離事實甚遠。而視學習成果表現是常數，更違反教學原理，鬆懈了教師教學的動機與熱忱。以致演變到後來，有教師怠忽教學，只關心如何分配五分給各學生。

自學方案初擬的時候，教育部指定由高師大草擬方案。高師大只有兩位委員，一是張壽山校長，另一是本人。我被推負責草擬的工作，明知是吃力不討好的艱巨工程，但這是對教育盡力的好機會，義不容辭。

我構思了好幾天，認定教育力求機會均等是一種理想；地區機會均等也是機會均等的內涵之一，我們教育者要追求，要努力去追求，是正確的方向，是理想。但是不能悖離現實，否則使理想成為迷思夢想。這是我的原則。

❏我初擬方案，採逐步漸進，學校成績逐年增進其比重，聯考成績逐年降低比重

基於此，我擬定的草案是這樣的：

如果採計國中在校成績作為升學高中職的依據，必須循序漸進，絕不能操之過急。明顯的事實，國中雖採學區制，但事實上各學區不同，各學校的學生絕非是同一母群體的隨機分配，這是歷史的、文化的、社會的、經濟的與家庭的因素縱橫交錯發展的結果，不是一朝一夕即可改變的。表現在國中的教育成果，是各校有相當的差異。邊遠山區，偏僻離島，繁華都會，文教地區，人口外移地區，跟人口社會成長快速地段，房價天價與閒置空屋處的國中，教育成果相差甚巨等。不能忽略這種複雜因素造成的差異。採固定比率的標準化計分法，基本前提是能力分配相當的團體，受試者實力相同，只因為測量工具不同或評分寬嚴不一的團體，以致分數分配明顯差異才適合應用。

❏以在校成績取代聯考成績決定升學，須逐步漸進，並輔以積極差別待遇等配套措施

一定要採用，必須同時以非常手段，拉平各學區的學生，縮小地區差距。也必須假以時日，且加強積極作為及配套措施。以「積極差別待遇」設法提高弱勢團體不利地區學生實力。

所以一我擬的草案，初期時候，採計在校成績不宜占太大比率，然後逐年增加，等到實力差距縮小至差不多，才可以全部取代聯考分數。初步擬定約以五年為期。第一年只採計一〇—一五%，聯考佔九〇—八五%。第二年，採計二五—三〇%。第三年增加到四〇—五〇%；第四年增加到七五—八〇%；第五年酌量實況可全部採計。我提出這樣的辦法粗稿。

❏行政官員求立竿見影，急功躁進

委員會開會的時候，多位委員深表贊同，然而，教育部官員為求立竿見影，馬上看到成果，急功近利，堅持不分期，馬上實施。如此一方面要立即以在校成績為升學依據，一方面加以理由化，以為有落差全是因為社會文化人為不公平造成的，不予理會。可以以固定五分制拉平。這也註定了難逃失敗的命運。

❏參照班級常模評分，不能忠實反映實力差異與教學成果優劣，是假平等

分數相同，實力程度迥異，經得起考驗嗎？如何杜悠悠之口呢？勉強為之，這是假平等，不是真平等。教育行政機關不思以漸進方式，挹注資源，逐步提升弱勢地區的教育水準，徒以非常的手段，同一的計分比率施用於顯著差異的學生分群體。這種激進，不合理的，重形式不重實質的促進

機會均等策略，任由機會均等流為一種迷失夢想。

而且這種自學方案，視各班級各學校都是相等常態分配，對教師教學的努力成效，一律加以漠視。一位教師再賣力，再用心，再創新，該班級學生成效仍然被認為與其他班級沒兩樣，計分分配比率相同，得五分的比率還是不能超過一〇%，得四分者還是不得超過二五%。這怎不叫用心賣力的教師為之氣結。精熟教學科學專家不是說過，如果妳教學得法，可以使全班學生幾乎全部學會，使他們成果與性向相關由〇・七降低，甚至低到近於零。事關升學關鍵的成績完全不理會教師班級的努力成果，合乎教育原理嗎？

❏長痛不如短痛，同學彼此惡性競爭短兵相接，群育效果安在，家長學生由愛轉恨

原來家長學生對升學方案抱有強大的希望，也慢慢感受到，壓力越來越大，三年六學期，十八次考試，每次都要累計成為升學的依據，實在壓力遽增。如此長期的折磨，誰不感受到長痛不如短痛，還不如回到一次聯考。加上懷疑教師評分不公，同學之間相繼檢舉打小報告，群育效果何在？這樣的效應，演變到最後，使得用意立意至佳的畢業生自學方案夭折。可惜。

❏免試升學方案名存實亡

原來預期能夠全面實施自學方案，國中畢業生全部免試，依國中在校成績進高級中等學校。雖然促使越區就學現象不再，甚至回流，也使得家長教師學生都重視平日的評量。然而由於爭議不斷，全面試辦的澎湖停辦，高雄市全面實施，呈現極不合理的現象，引發極大反彈，教育部成立綜合評估委員會進行問卷訪視，訪談，與比較研究。最後評估委員會決議自學方案為多元入學方式之一，由各地區自行採擇辦理。於是各地區相繼停辦，自學方案名存實亡。

大學暴增的噩夢

❏大學暴增，我從頭反對到底，冒大不韙。杞人憂天？

大學數量膨脹，學歷貶值，是教育一大失策，先天下之憂，雖盡言責，忠言逆耳。

大學教育在台灣原來採取的是精兵政策，重質不重量。一九四五年，大學只有一所，一九五三年，大學只有四所大學院校，到一九六八年也只有二二所，一九八六年也只有二八所，數量增加緩慢。自從一九八七年以後，數量開始膨脹，到二〇〇四年大學增加到一五四所，後來增加到一六四所。大家有沒有發現，一九六八到一九八六學年度是一個轉折點。向前十八年跟向後推十八年，比較一下，前十八年大學增加了六所，向後十八年卻增加了一二六所之多。後者暴增的數量是前者增加的二十一倍。

在二十世紀的七十年代以前，考取大學被視為光宗耀祖的大事，被傳為美談。孩子升上大學如鯉魚跳龍門，身價百倍。大學畢業，絕大部分都進入白領階級，或專業領域，可以說名至實歸。許許多多出身貧戶子弟，也因為上了大學，而鹹魚翻身，改造了命運。

❏擴增大學以致大學膨脹暴衝是財團的競逐籌碼，政客的高招

政治解嚴了之後，全民政治的口號瞞天價響，政治嗅覺靈敏的人士，馬上嗅到大學教育是一個最有價的籌碼，而政黨政治，各政黨也以大學教育，為擴張版圖的利器。既然人人那麼期待上大

學，以為考取大學就可以改造命運，每次選舉，候選人為了累積政治資源，投民所好，競相以爭取增設大學為競選政見。財團也看準這一個利機，投資爭取設置大學，是再好不過的投資。

不過，台灣長久以來認為大學是菁英教育，設校限制嚴格，不隨便開放大學。早期有三所專科，辦學不錯，長久以來爭取升格改大，努力不歇，窮盡其力，仍然不能如願。然而，政治解嚴之後，民權意識高漲，社會文化各個層面，陸續開放，民主自由平等之呼聲響徹雲霄。反傳統，反權威，反菁英，力求開放成為政治與社會的主流。在教育上，以為爭取升學，惡性補習歷久不衰就是因為大學入學競爭激烈，於是爭取設置大學者就振振有詞。政治人物與教改前鋒認定大學太少是根本原因。增設大學就能消弭惡性補習，將如立竿見影，增設大學就能促進教育機會均等，是順理成章，是天經地義。反對增設大學是冬烘思想，是把持既得權益，是反機會均等，反民主反自由。

所以這個時候，要求增設大學，就有了充分理由，一是降低競爭，消弭惡性補習；二是增進教育機會平等；所以一九九四年教改列車打著廣設高中大學快樂學習的旗號，一開動，所到之處，歡聲雷動，反應熱烈，多數人伸開雙臂，大表歡迎。許多非轉攻教育的學者專家，名流，政客，大眾人物都加入教改行列。原來對於申設大學或專科升格大學，教育部嚴格把關，現在也見風轉舵，撤兵卸甲了。

有一次，我跟一位教育部的官員朋友說到大學數量仍應相當節制調節，不能浮濫開放，否則將來結局難以收拾。他說既然多數學生家長，強烈爭取進入大學受教的機會，滿足大家要求，頒給一紙文憑，讓大家歡喜，何必義正詞嚴去擋四面八方的壓力？且增設大學，政府又花費不大，通常私立或地方設立，都籌有相當的財力，且能滿足各方的要求，何樂而不為。何必奮力抵擋，最後還不是落得個遍體麟傷。

就是在這種的氛圍，這樣的心態之下，雖然此一時段，少子化已見端倪，逆少子化的社會趨勢，決策官員閉著眼鏡，屈從於壓力，昧著情勢，讓大學開放，一發不可收拾。沒有幾年公立大學數量膨脹到一六四所。

❏產生的效應恐怖

結果產生如何效應呢？大學招生開始遇到壓力，二〇〇三年已有大學某些學系招不到學生，新生掛零；隔年有若干學系只招到個位數。從前考生為了上大學，拚死拚活，日以繼夜，埋首準備，爭取考上大學，如今竟然大學招不到學生，情何以堪？而且隨著少子化的發展，情勢愈趨嚴峻，陸續將會有大學關門。教育部近發出訊息，二〇二〇（民國一〇九）年可能有三分之一的大學會被逼退場關門。

現在的情況幾乎想念大學，都能上，以至於幾乎百分之百考生可以上大學，不僅可以上，且幾乎要想一進去想畢業就可以畢業。台灣成為全世界，大學密度最高，大學生人數最多，大學最好念的地方，大學畢業最容易的地方，品質最令人懷疑的地方。教改人士的願望該達到了吧？廣設高中大學，快樂學習，昔日教改列車打的旗號，也是教改人士口號，完全實現了。廣設大學之訴求完全實現，學生快樂學習實現了嗎？沒有。機會均等了嗎？也沒有。

❏大學招生困難，教授學術權威式微

大學教授被迫到處招生，沒有招到一定的名額，要被減薪，甚至改聘為兼任，成為臨時工，到處兼課，為了生活，甚至被解聘。大學教授，被迫每年接受評鑑，品頭論足，秤斤論兩，錙銖計較。每學期還要接受學生評量，有些私校把評量結果作為是否續聘的依據。各大學學系改來改去，教授授課也隨之改來改去，教授像皮球被踢來踢去，教授被迫到處拉學生，很多人心底擔心，有一天可能被踢出去。教授反過來要討好學生，求得學生好評。這樣的情形，教授學術權威夫復何存？教授稽查考評學生，督促課業進步權威，還剩下有幾分？一位教授之生，投入甚多，經長久的努力，嘔心瀝血，才培養出來，頗為難得，如今如此這般，情何以堪？！悲哉，我們的大學教育。

❑升學競爭依然熾熱，補習之風越演越烈，機會更不平等

當年教改人士堅持大學數量太少是升學競爭，是惡性補習的元凶，只要增設大學數量夠多，就不會有升學競爭，也可以消弭補習，學生可以快樂學習。如今大學浮濫，多到沒人讀，升學競爭依樣熾熱，越演越烈，學生學習仍然在水深火熱當中。

當年主張大學設得多，更多人上大學，教育機會就平等，現在大學供過於求，結果是機會更不平等。

大家到這個地步，有的還摸不清楚其中的道理，一切的不滿全爆發出來，造成社會的不安，遇到可利用的題材，就可以借題發揮，學運、社運只不過其中的代表而已。

為什麼大學設到供過於求，學生一樣有升學壓力，一樣補習？因為大學明顯的階層化，具有吸引力的大學只是其中若干所而已，大家想爭取進去的大學學系還是其中若干而已，不是有大學念就滿足。

為什麼想上大學人人有機會，大家都高舉雙手歡迎，大家覺得教育機會仍是不平等？教育機會均等有四方面，一方面是入學機會均等，二方面是教育歷程均等，三方面是教育結果均等，四方面教育對生活機會所發生的效力的均等。最重要還是在於第四方面，念了大學畢業，戴上方帽子，是否名至實歸？以前大學畢業是稀有動物，各個都是菁英，專攻何種科系，大抵可就職相關的專職工作，跟上不了大學的青年有明確的分水嶺。上不了大學的，許多專職工作，即是家境很好，未具備

此一資格，還是被拒之門外。沒人懷疑，順理成章。

❑大學畢業是菁英的正字標記黯然失色

如今，人人可上大學，人人都可以畢業，人人都戴上方帽子，這頂方帽子，在求職的時候還有啥區別作用功能？反而家庭背景，人脈關係成為區別關鍵。這時候，眼看別的同學與我都是大學畢業，自己成績比他們好，求學比他們用功，畢業卻失業，身上還背著鉅額貸款的債，求職卻四處碰壁，好不容易找到工作，待遇不如預期。所謂上大學如「鯉魚跳龍門」對自己竟是神話，而別人能靠著強勢背景，豐富的人脈，卻能找到人人稱羨的工作，心中的不平油然生起，還有什麼更不平等的嗎？上大學又有何用？當很多人遇到相同的境遇，就會釀成社會問題。

❑早就大聲疾呼，提出警訊，大學過量問題嚴重

我在一九九八年大學才七三所的時候，我繼續前幾年來的努力，大聲疾呼，痛陳盲目增加大學可能的後果。當年我在「中國教育學會」、「比較教育學會」、「師範教育學會」等重要教育學術團體聯合年會演講的時候，痛陳：目前高等教育的大量擴增，表面上是迎合社會的需求，滿足家長學生升學的意願，實際上是政黨競爭，及壓力團體，利益團體壓力下的產物。其實，家長學生需要的是，念了大學之後，能夠名至實歸，如「鯉魚跳龍門」。然而，由於量的急遽增加，大學畢業人力供過於求，教育性失業問題將趨於嚴峻。假定大學畢業即失業，未來造成的不滿與問題，解決問題的困難程度。比考不上大學更為嚴重百倍，而大學生適應也會成為嚴重的問題。

最近有聞大學生為幫派所吸收，問題已浮現，一葉之秋風寒還在後。當時不僅學術學者專家在座，中央部會首長也又多人在座。有的人深表贊同，含首稱是，有的人姑妄聽之，有的不以為意。

後來還繼續撰為論文把同樣意思理念刊登出來，但是，雖有人贊同，但決策時還對他們起不了作用。有的人鼓勵我要積極主動，走出學術殿堂，發揮實際事功。

❏說者諄諄，聽者藐藐，說得再神，猜得再準也沒轍

同時我又指陳，有人以為大學增加，就可以促進機會均等為由力爭增設大學。大學教育數量增加機會是否更均等，是一大疑問。我舉先進國家為例。先進國家如美國，後進國家如菲律賓可為前車之鑑。美國在二十世紀初期，年輕人追求的夢是上大學，結果大學數量急遽增加，到二十世紀中葉大學生人數驚人，發現大學畢業一樣沒有去處。如同十九世紀年輕人一窩蜂到西部掏金，不久金子掏完了，到西部去沒望了，還是空手而歸。當時大學生畢業失業不滿結果釀成六十年代，大學校園社會的暴亂。菲律賓大學過剩，輸出很多大學畢業生出國當菲傭。

❏大學過量，會演變到不可收拾的地步

然而，美國的大學教育過剩不會演變到不可收拾的地步，台灣則不然。當時美國有穩定的政治環境為依靠，吸引各地的移民及留學生。美國有健全的市場機制，在過度膨脹時會自動發生調節作用。美國大學明顯的類型化，即使大學教育在艱難的時段，第一流大學仍舊是亮晶晶的招牌，為舉世學子夢寐以求的天堂。美國大學有健全的募款制度，大企業家慈善家均以投資捐贈大學為榮。美國有根深蒂固嚴格的成績考查制，大學開前門，關後門，進去雖容易，要畢業難，一流大學淘汰率在三分之一到四分之一。

台灣無一俱備。大學過剩，招生困難，飢不擇食。台灣民粹高漲，學費無法調整，市場機制，無法有效發揮作用，上大學在學生及家長，少有投資觀念。教師的成就與權威建立在學生的表現和

成就上。接近一〇〇%的招生錄取率，學生成就還有多少可預期。教授與學生在教導的關係上也自然易位。如此的大學教育，品質自然下降。

我早在一九九五年，大學教育才五〇所的時候，在教育部特別為提升大學教育品質由中華民國管理科學會承辦的全國的整體研討會，我即呼籲要及時調節大學數量的成長維持大學生的素質，合理節制成長的速率，維持一定的品質，篩選適宜的學生是提升大學生學習成效的首要策略。固然，隨著社會的變遷，大學教育的數量會逐漸成長。然而，若為投大眾之所好，盲目地或另有所圖地擴充，品質自然下降，學習成效不佳。又是一個神準卻不生作用的建言。

我長期以來對大學教育的看法與建言，不是杞人憂天，而是不幸言中，真的是印證了「先天下之憂而憂」的先賢名言。

築教育改革之夢：主持教育革新整合型計畫

民國九〇年代，順應解嚴之後的國內政治生態的發展，冷戰結束後國際局勢的變化，台灣連串的變革相應而起，多元化，自由化，開放改革蔚為風尚。然而由於變遷的急遽，並缺乏前瞻的慧識與預先的準備，頓時之間失調紊亂脫序叢生，紛爭不斷，令人不安。

台灣的教育，長期以來與戒嚴時期的非常政治，中興大業的文化專斷，配合經濟起飛結合在一起的共生結構，一時之間，教育遭受到強烈的壓力與批鬥。官方成立「教育改革審議委員會」，民間教育改革人士紛起，一九九四年教改列車開動，有心人士正趁著改革的熱潮，利用民氣，製造民粹，解構傳統教育，破除師範教育。教育學術界對這種情勢的演變，未做積極主動的因應與回應，也未能掌握情勢，前瞻其發展，主導其變革。

面對各方面對於教育十分不滿，對教育改革存著高度的期盼，教育學術界急需正視此種情勢，看清楚未來教育如何興革，學校何去何從，從系統化的觀點，利用各種方法針對問題做積極性前瞻性的研究。

一九九四年年底全國教育學術團體在台北舉行聯合年會，學術界人士集會一起，更有感而發。是以國科會人文處，正視教育革新貿然開動之際，急需學者對教育改革，好好的研究探討，故將教育革新研究規劃為一九九五年度重點大型計劃之一。承科會人文處的付託與學術人士的抬舉推我負責這整合型的主持人，負責規劃與推動。

我義不容辭，深深體認當前教育要改革，要創新，要革新。要革也要立，要解構也要重購，要解組也要重組。教育不能迷戀既往，故步自封，教育改革也不能茫然衝動於破除舊有系統，更要思考如何建立一個更符合人性化，更公平，更有效能的新系統。這要好好思考個人的心性特質，也要深層地窮究社會的核心價值與發展需求，並前瞻文化發展的前景，而不是滿足一時的心理衝動，或社會民粹的盲從迷信。期望我們的教育改革不僅能回應外在社會的多元化，自由化，政黨政治的需求，更要配合經濟結構的變化，並解決教育內部的問題，未來的教育改革追求教育機會更均等；品質更加卓越；效率更加提高。教育革新研究希望能夠發現新見地，得到結論有助於教育改革，匡正當時為改革而改革的狂潮。

❏規劃整合型教改計畫

秉於此一認知與信念，我們規劃教改即是想藉由論述與客觀實證作嚴謹的教育科學研究，使教育革新政策與辦法能夠建立在科學的基礎上面，扭轉當時亂叫亂改的亂象。

因為教育改革是一個複雜巨大的工程，需要科學論證為基礎，所以我們研擬的大型計畫，希望規劃的子計畫，是依課題性質與內涵為主題，把握下列要領來計劃：1.尋求假定；2.思索道理；3.確定目標；4.宏觀趨勢；5.謀劃策略；6.檢核條件；7.評估效應；8.嘗試實驗；9.重組統整。而不是徒事宣導，空口辯論，更不是附庸風雅，與狼共舞，追求時尚。由於研究課題不同，子計畫研究重點不可能全同也不必要一樣，宜個別把握要領與內涵來規劃研究。

整合型研究經過半年的規劃，首先探求人力，發掘人才，並研閱文獻，研擬研究的要旨與重點，經過兩次籌備會議，研訂妥當研究計畫，正式提出研究規劃案的申請，再經國科會依程序審查通過核定下來，然後召開全體研究團隊的會議多次。研擬研究策略規劃主題包括九項：

主題一，檢討學校制度及其銜接方式，使更富彈性，切合實際需要，一方面力求卓越，培養菁英，又能照顧全民受教權。

主題二，規劃並修訂各級各類學校課程，擺脫褊狹意識形態的宰制，尊重學校教育的專業自主，設計多元文化，多種功能的課程需求，滿足不同族群與社區的需要。

主題三，檢視診斷現行教育財政制度問題，利用系統分析理論合理分配並有效利用教育資源。

主題四，實徵學校教育的效益及問題，試圖促進學校經營的現代化，提高學校的組織效能。

主題五，加強教育與經濟，政治，文化社會的結合，規劃人力培育方案，有效培訓經濟有用人力，與政治建設，與文化創新所需領導人才。

主題六，因應師資培育多元化政策，檢視教育學程的問題，客觀評鑑師資培育的成效，規劃教育學程的發展。

主題七，試探開放社會中的適性教學模式，開發有效的教學方式。

主題八，實徵了解班級教學體系運作過程與效能，規範師生的互動關係，提高班級效能。

主題九，檢視主要教育政策決策的流程，評判其得失，促進教育決策走向科學化。

主題既定，然後開放供學者自由選擇研究的主題，並明確化研究子題。

再一起研商討論，確定子計畫及研究人員，形成各個子題研究小組。復請由各個子題研究小組詳細研擬子計畫，包括人力組成與經費預估，風險評估，困難預估與克服方法。

經過半年的規劃，逐次討論每一個子計畫，做子計畫必要的修訂，或整合，或區分，或補充，這個整合型的教育新計畫共研擬出來二十三個子計畫，按照計畫專案程序送請國科會審查，最後通過二十一個子計畫，可說相當成功。

❑圓滿完成計畫，舉辦整合型計畫成果發表會

經過一年到二年的執行，各個子題研究計畫陸續執行完成，期間定期做全部整合計畫的磋商。最後整體圓滿完成。於一九九七年十月十六、十七日舉辦整合型計畫成果發表會。受到學術界與教育界的注意。然而，教育改革當時受到民粹的激盪，在李遠哲先生的光環壟罩下，已幾乎進入狂飆階段，如火如荼，幾近瘋狂，如脫韁的野馬，教育界已成批判的對象，這個整合研究的研究者雖然大部分為學術菁英與新秀，我們的研究也非常慎重規劃，執行也非常認真，但我們研究結果到底發生多大作用，使教育改革更審慎，更建立在科學基礎之上，更具有實踐可能，更容易成功，就充滿了問號。何況政經社會文化環境變化急遽，國際情勢也變化莫測，教育處於此一生態環境中，教育也需要不斷檢討回應，更需要繼續辯證研究，尤其像這樣的整合研究，可是在當時一面倒向民粹的情勢下，根本沒有能繼續有這樣的機會，做後續性的研究。結果教育改革越改越亂，十年勞碌尚凶饑。

❏回應師資培育多元化，實徵教育學程教學效果與變因，建構階梯化的實習教學，

一九九四年「師資培育法」通過後，原來的師範教育走出保護主義的傳統，師範生已不再是享公費，結業後已不再是等分發實習，師範院校在辦學目標上已不能以師資培育為其唯一目標，功能不再單純，目標不再專一，師範院校學生必須在開放多元社會中自由競爭。面對此一改革，是我的首先憂慮。

其次，一般大學院校符應學生的需求競相設置「教育學程」供學生選修，準備成為教師。一般大學院校即在原來非常明確的專門目標上，新增培養中小學師資的目標，在原有本身專門的課程體系之外，另增加培養師資的教育專業課程。在這一個新增加的師資培育功能是否能夠發揮出來，與原有的功能是否會發生摩擦互相耗損？原有資源是否會做適當的調配以資肆應，專門學系教授是否能給予教育學程以正面的支持？對設置教育學程的一般大學院校也將面臨一個的難題，對於未來師

資的培育制度形成新的挑戰？

更有甚者，未來一般大學院校設置學程，設置數量恐將暴增，會不會因師資供過於求，製造更多的流浪教師。師資培育的開放，表面上是為了使師資培育多元化，骨子裡面是為大學生沒出路另闢蹊徑。一般大學院校為了畢業生就業，不力圖精進，提升水準；政府業界不力求產業脫胎換骨，促進經濟發達，製造更多就業會；激勵學術與產業合作，拓展各行各業的人力市場；反而低就，群起轉向師資就業市場競爭。僅只一心一意想分食這一塊日漸縮小的師資市場大餅，將有一天會使高級人力市場通通滅頂。重蹈以前師範院校內各個學系之間為爭取學生就業機會而衝突反目，以致最後演變到是師範院校已成為歷史的名詞，難逃壽終正寢，含恨以終的命運。

於是我對於大學設置學程的衝擊與效果，以劍及履及，腳踏實地的態度，即刻進行一個實徵性研究，實際了解教育學程新設置於一般大學的實際運作與效果。對最早成立教育學程，將進入第二年的各大學一四所，即時進行了解。我組成一個團隊，都是由我們高級研究生與同仁，和堂，琇玲，俊紳諸位博士生等來參與。讓他們深入大學學程去洞察實況，學習研究的態度與方法。

透過訪視晤談集資料，進行量化與質性分析。希望能夠真正了解教育學程設置於一般大學，如何運作的實況，是否順應順利，有無干葛窒礙難行之處，交叉驗證探索出來對教育學程教學效果的影響因素。

教育學程設置於一般大學裡面，依據的是同一法源，但各學程的面目形貌與運作卻有相當的差別，主要是取決於哪些因素？尋尋覓覓，不斷試探，一再觀察，不斷對話。

新設的教育學程宛如從一片混沌中，浮現出來一個一個不同的面目，成為認識從未謀面的教育學程的二十個變項，以建構教育學程美醜優劣，運作難易的參數。

透過我們的明查暗訪，靜態的與動態的各種方式。大學教育學程初設，有的好像新嫁娘，備受歡迎，有的卻像拖油瓶，可有可無，一時拋進去大學殿堂裡面顯得格格不入。

以教師人力教授陣容來說，有的學程有六位專任教師，有的完全付諸闕如，師資全由他系所兼任，連學程主任都無例外；有的學程教授陣容堅強，有教育專長，有的全無專業專長背景；有的學程教授有中小學教學經驗，有的對中小學教學完全陌生；有的學程教授，覺得遭受排擠，有地位與權力的焦慮；有的學程編有專款可資利用；有的學程並沒有預算，只能實報實銷；有的學程闢有自己的辦公室教室，特別教室，有的寄人籬下；有的空間寬敞，單位學生面積很大，有的沒有空間，臨時向別的系所租借的，五年為期限，到期奉還；有的學程課程安排正常，有的備受歧視，只能被排擠在人家不要的時間，排在最後兩堂課，或週一或週末，成為一個馬蹄型課表；有的教育專書期刊充實，設備充實，有的圖書貧乏，設備簡陋；學程學生的鑑選，由於僧多粥少最多三個班級，通常只有一班級，各個學程的甄選都經嚴密程序，標準倚重倚輕不一，常以主修學系成績優異為基本條件，標準不一，有的再考慮優異的操行，經測量其是否具有教師性向，或具備特定人格特質，有的還評量教育方面的常識，能力，或對教師生涯確實了解與認識。

教育學程初設於一般大學院校，情形不一，受到的重視與照顧，相差天壤，如此可見一斑。我們加以探微條分縷析，復加以群集歸納區辨類型，探討與其教學效果的關聯性。

經過利用多元回歸分析，文化有關的各個變因有力預測學程教學實況以及學程教學的效能。學程教學的效能如何，約有四分之一到八分之一可由大學校院校文化因素解釋。

教育學程系統的建立不僅是依據設置規程開設課程學分，建立設置中心組織，重要的是否能融入於校園組織文化裡面，與大學原有文化水乳交融，使教育學程在校園裡生根成長開花結果，充滿生氣活力。尤其大學院校在組織學是一個鬆散的組織，不僅需校長與組織中樞的認可與重視，更要原有各系所各單位的各教授，在觀念、態度、理想上都接受新成立的課程與組織，才能使得師生獲得應分享的權利與資源。

有一所明星大學規定教育學程應考資格，除了成績與自傳外，還要有導師或指導教授的推薦或同意書，有一位研究生有意報考，請指導教授寫同意書。他原以為指導教授會很高興及時答應，沒想到指導教授很不高興，叫他苦等一節課，然後痛罵半小時，不願意推薦。

因為指導教授的觀念與期許甚高，長久以來，認為他所指導的研究生要成為科學家，專家，而不是當中小學教師，導生的要求讓他失望至極。

有一個學程訪談時透露，進到學程副教授以下教師休想升等，因為絕對通不過，理工學術取向的教評會的審查，教育領域的教師在該校沒有受到尊重也毫無權力。只有受尊重，學程的資源與經費才能專款專用在刀口上，所以學程要生根才能花蒔葉茂開花結果。難怪學校的文化因素是重要的決定因素。

學生特質因素，包括性別、態度、動機、興趣等非智能因素，換言之排除最有力的智能因素以外不說，學生的情意因素有力解釋學程的效果變項變異量的二四—一二%。

學程學生如果通過嚴密的鑑選，不僅以學科成績為基本條件，而且經實施教師性向測驗，試探其具備擔任教師的性向能力，且在進入學程之前已對中小學教育與教學工作已有相當的認識，極想進入教師生涯，而樂此不疲。經過照樣嚴密的程序鑑選進來的學生，加上課程規劃合理，他們表明學習興致高，學習動機強，學習態度良好，反映在學程的學習效能高，自然整個學程教育成果好。

再其次，是大學院校教育學程跟中學的關係也很重要。傳統大學與中小學分別辦理，毫無瓜葛，前者是學術教育與專門教育，後者是普通教育，除了大學生來自優秀的中學畢業生以外，普通中學普遍以升上大學為目標外，大學從來不關心中小學教育如何辦理，大學師生也不關心中小學教學，尤其在那個大學並不擔心招不到學生的時代。可是教育學程是以培中小學師資為目標的，則不同。我們發現，學程與中小學的關聯性很重要，兩者之間是否有互動交流經驗分享成為夥伴關係，這個因素可以解釋教育學程教學實況與成果個變項的變異量約在五七—二〇%。

可見學程設置於一般大學院校，不是任何組織文化，任何類型，學術取向的大學院校都適合。校園文化，要能接納教育專業課程，校園裡校長以下，各系所要欣然接受新開設的教育學程，認同於它，共識於新學程有異於原來的專門課程，拓展學生生涯發展，然後願意分享資源，尊重學程的課程規劃與教授權利權責。學程深入滲透於校園中，獲得正常發展，葉茂花時，開花結果。

大學各有其特定目標，也有其辦學的方針，各系所也各有其目標，也期許自己系所學生追求特定的職涯發展，不是各大學各系所都適合開設教育學程，所以學程設置，應有計畫，逐步開設，嚴格審查。也不是任何大學生都適合選習教育學程，更不是任何學生都能學習成功。

也不是任何主修專門課程成績達到一定水準即能學教育學程，必須鑑定其本身是否具備當教師的性向和志趣，對於當中小學教師工作，和教師生涯，和工作環境與社會對教師的角色，認識清楚，真正認同，對教育願意真正奉獻，對教育英才有興趣，才有內發的動機，去認真學習，以積極的態度，即使有時候面對難免的課程競值衝突，能夠設法排除困難，努力學習。所以學程申請成立要審查仔細於事前，招生時須精密鑑選學生，成班後須加強系際之間的互動關係。

為加強學程效果，我據研究發現，我提出階梯式的實習導向教學，加強與中小的夥伴關係。

這個專案研究的發現與結論我擇要以教育學程的教學研究——大學文化與資源的觀點於一九九七年十月十六、十七日發表於整合型研究計畫成果分析研討會。同樣的論述與意見也發表於教育部中教司委託台師大教育研究中心主辦的師資培育的理論與實務系列研討會。

大學院校開設學程，後來越趨開放，各校陸續相繼設置，以吸引學生。把設置教育學程認定是另開學生的就業大道。各學程的設置不考慮學系性質與功能，學校組織文化是否能融入，不認真鑑定學生是否具有教師性向與志趣，忽略學校資源與條件如何。教育學程設置越設越多，暴衝至近百所。教師人力市場卻每況愈下，結果製造更多的流浪教師。很快地教育學程失掉磁力，反成學校的累贅，教育學程漸趨式微。教育學程設置初看似乎肥了一般大學院校，瘦了師範大學院校，讓師範院校早現陷入了山窮水盡，卻並沒有帶給一般大學院校柳暗花明，只有遲誤了早日以遠大眼光，開放胸懷，設法爭取政府支持、企業合作、力求產業轉型，活絡人力市場，製造第二經濟奇跡。設法使大學脫胎換骨浴火重生。

堅持九年一貫課程的改革：是艱鉅的社會改革文化改造工程

❑我參與課程改革的修訂

一九九三年教育部著手國民中學課程標準修訂工作，以因應教育新需求和回應各方的聲音。我應邀主持綜合活動科的修訂。我多方邀請委員成立修訂小組，決議透過多種管道來蒐集資料，再修訂，以求慎重。不但要將校內一些定期或不定期活動集會以及學校社團納入，而且要多元化活潑化綜合活動。為此透過委員專家開會討論，並編製問卷，廣為蒐集資訊與意見，還蒐集文獻以及各種文件，研議修訂課程標準。草案完成，並在各區舉辦公聽會，聽取各種意見，再召開修訂小組會議，定稿修訂草案，務期所修訂新課程標準，不但能於理論有據，又合乎世界潮流趨勢，且適應當下學校教育實際。期許能夠使新課程更為理想，適用長長久久。

❑新課程標準修訂過程最認真，最嚴謹，卻是最短命

後來再召開各科目課程標準修訂聯合會議時，發現各個科目課程修訂情形過程都一樣用心，一樣嚴謹，同樣認真。因為當時氛圍之下，各科修訂委員都體驗到，擔任此次修訂工作，任重道遠，責任重大，也都有相同的期許，一定要把這一次的課程標準修得更為周圓，更能反映各方面的意見。

這個國中新課程標準於一九九四年頒布，並預定於一九九七年實施（國小標準的修訂與實施則早一年）。大家也覺得比以前課程標準要完美多了，且修訂幅度也大得多。萬萬沒有想到，才實施一

年，隔年一九九八年九月，教育部在教改會及立法院施壓力下，倉促公布「國民教育階段九年一貫課程總綱」，並預定二〇〇一學年度起全面實施。於是剛修訂完成的新課程標準在實施一年後即宣告壽終。是課程標準史上生命最短的課程標準，卻是修訂過程最認真也最嚴謹的課程標準。可笑至極，也可悲至極。

❏九年一貫課程暴衝，顛覆傳統課程

「九年一貫課程總綱」來頭大，又暴衝，挾雷霆萬鈞之勢，破壞力驚人，顛覆久來教育課程傳統。然而，破壞有餘，建設不足，到頭來學校只能策略性順從，技術性取巧，荒腔走板，形同粉飾聊備一格而已。又是教育改革失敗的例證。

九年一貫課程總綱，明示國民教育階段的課程前六後三年課程「九年一貫」，把課程分為「七大學習領域」，並保持彈性，留給學校設計「校本課程」。「一貫」並無太大問題，為求「統整」而採取學習領域課程則茲事體大，牽涉甚廣；彈性課程留給學校教師設計「校本課程」則強人所難，讓學校頓時感到為難。

❏統整不是目的，與分化不是對衝

當時我基於對教育的關心，對於一貫課程多所論述，言出於肺腑，加以批評並提出建言忠告。我從教育社會學的觀點，認同統整的強調是課程發展的流行新取向。然而統整，並非教育的目標，而是教育的功能之一，統整並非教育的目的，是教育的過程之一。教育的目的為的是成長，生長，發展。統整與分化並非衝突，也非敵對，兩者不是只能擇其一，要統整就不要分化，要分化就不能統整，要分化就要犧牲統整，要統整就需丟棄分化。其實兩者不必二者選一，分化與統整實即相反相成，統整與分化是成長生長發展過程中的兩個功能，兩者相互為用。它們如同鳥之雙翼，相互為用：只求分化，必趨於亂，徒求統整，必陷於滯：都難能快速有效發展成長。

❑統整與分化相反相成，相互爲用才能生長發展

生物的成長發育如此，社會的演進發展亦然。動物生命始於一顆受精卵，人類更是，以極迅速的速度不斷分裂，而分化，而生成千億個細胞，由微小肉眼看不到，形成胎兒出生，又不斷行細胞分裂，益趨於大，據說如果維持以這個速度不變，個人可以發展大如地球。但是，只是不斷分裂不斷增大，不會正常發育成長。歷程中每個時候每個階段，也不斷地在發生統整功能，乃得以組織，形成各種器官，運用協調，建立系統，肌肉骨骼在發育過程也賴不斷分化與協調才能正常運動，支撐身體，維持生理系統正常作用，健全心理系統，有效進行知識與技能的學習，有效習練運動操作技術。就這樣，如此一般的藉著分化與統整的互相為用，由單一細胞受精卵發育成長為一正常的成熟，機能健全的動物。

社會發展亦然，初始社會，家庭是唯一的社會組織，滿足生育，撫養，安全，生產，消費，教育，娛樂，祭祀，宗教，養老，慎終追遠的功能。隨著個人的需求漸多，家庭漸漸無法完全滿足人的需求，家庭之外慢慢分化出其他的組織，像學校以滿足教育需要；宗教團體以滿足祭祀安全的需求；部落國家以滿足安全社畿的需要；軍隊以保家衛民的需求；農場工廠以增進生產：娛樂團體以增進生活情趣；環保團體以維護生態……不斷分化，各司功能，其中也同時在力求統整，使能協調合作，而不相窒礙，求能相互助長，使社會各組織相輔相成，效能提高。如此社會由畜牧社會，而農業社會，而工業社會，而資訊社會。社會不斷進步，分化愈益複雜，統整愈益嚴密。分化與統整相互為用，社會乃得以進步，更能滿足社會個人需求。避免因分化而陷於亂，也避免只求統整而停

滯不前，無法滿足社會個人的更多需求。

❑學校課程需分化與統整交互爲用

學校課程的安排與學習，必也遵循分化與統整交互為用，學生才能因之得到最完滿的發展。隨著學術發展，文化進步，文明昌盛，各個學術獨立研究發展，各個科目形成嚴整的知識體系，均是教育上學生學習的文化材。依其難易性質，選擇適當的文化材，分配給不同程度，不同的階段，不同性質不同科系的學生學習。學生將來在利用以解決問題時，常需加以整合應用。分化所以能夠專注精進，個個擊破，統整所以能融會貫通，用以解決複雜的問題。分化與統整在學習與教育上也要交互為用。現階段社會基於長久以來只重視分科課程產生的流弊來加以補偏救弊的策略，所以倡導統整適應。這是策略的運用而非教育本質的必然。所以目前倡導統整功能的強調來說，就教育社會學的觀點，合乎課程改革趨勢。但是並不能為了統整就排斥分化不可，也不是為了統整就一定要採取「領域課程」。

❑領域課程並不保證即能發生統整功能，善用分科課程也能發生統整的功能

課程之求發生統整功能，並非勢必革除學科課程，也不是替代以「領域課程」或超學科課程即能發生統整的功能；未加以規劃沒有周延的配套措施，驟然改革恐怕未見發生統整作用，反而陷於一團亂；反之，實施「分科課程」，妥予設計利用，一樣可以發生統整的功能。很多國家都有先例可為例證。他們，例如日本一九九八年的課程改革，中小學校仍然維持科目本位課程，為求學生能統整各個科目學到的知識能統整起來應用，每週安排有二到三小時的綜合實踐學習時間，或從事研究性學習，或社服務與實踐活動，或資訊技術應用教育等，效果也非常不錯。

❏拒絕師範系統的人參與，領域課程倉促上道，隱伏一片亂象

學習領域沒有好好設計規劃，就匆忙實施，呈現出一片亂象，各版本教科書編出來的大為不同，所謂「一綱多本」根本已荒腔走板，領域課程的結構內容，壞了各科目知識體系，同領域各科知識內容硬擠並排於所謂一本領域課程教科書內，科目眉目清楚，鑿痕昭昭，毫無統整可言。欲藉著利用此一教科書來統整知識經驗，培養帶得走的能力，簡直緣木求魚。

而教師接到這樣的教科書，都傻眼了，我本是登記合格的生物教師，要我怎麼教地球科學，物理，化學；同樣的，我是登記合格的化學教師如何教物理，生物，地科，教師譁然。一時之間全國國中教師，大部分都成了不合格教師，這在國中階段十分嚴重，國小的自然社會早已採取合科比較不成問題，且師範學院，師範專科，本來不分系，後來分為語文教育，數理教育，教師登記也不是科目教師。國中教師出身培育制度，登記制度，與課程制度如圓木方鑿，格格不入。教育部計畫開辦教師進修辦法，請教師利用假期進修以獲得領域教師資格，結果私費沒人理會，改為公費公假教師也不領情，教師觀望，看這戲碼怎演下去？

❏循致學生緊張，教師茫然，家長失措

更嚴重的，到了面臨畢業會考快臨頭的時候，學生緊張，教師茫然，家長失措。忙忙忙，接著茫茫然？全國亂成一團，然後本來最積極施壓教育部力推九年一貫課程的立委諸公諸婆，見風轉舵，就有人開始發難發聲了，真是一場真實版的教改鬧劇？這時候大家才知道九年一貫課程是沒有理論基礎的改革，因為當初故意排除教育學術及師範教育系統的人參加，有人說他們一參加，怎能

偷跑成功。結果是偷跑了，卻果不其然難逃失敗，陷於泥沼進退不得。

呼籲面對根本再造的課程改革，要大局著眼，細心規劃，研發，磋商，試探，配套，與適應逐步漸進。

我在一開始，一九八八年即擔心而不斷提出呼籲建言。這樣（九年一貫課程）的一個改革是一個根本的改造工程，從深層的意識形態到人際關係的調整，制度的重建，結構的形成重建以至文化的創造，環環相扣，需要經長期時間的研發，規劃，實驗，評析，評估與修訂的一個前置過程；也是一個權力與資源的重新分配，需要分析，協調，磋商，試探，與適應才能為大家所接受；更需群策群力，相互溝通，協調與重組，才能有效運作。我撰文，演講，參與研討會等我都強調這種論點與論述。當時大家不以為意，抱著姑妄聽之的心態。

—•主持九年一貫課程理論基礎叢書，亟需建立一個「實踐系統」進行防震補強•—

到了一貫課程全面正式實施後更是挫折迭起，教育界質疑其理論基礎薄弱。在這個時候飽受批評，窒礙難行的時候，感受到九年一貫課程的改革的確需要堅實的理論基礎，也需要必備的實踐磋商，與檢討必要的配套條件。大家想起從一開始，就很在意課程改革的理論的探討，而不輕易附庸風雅，隨風共舞的本人。於是教育部課程推動小組邀我來主持這個亟待規劃執行的專案——「國民中小學九年一貫課程理論基礎叢書」。照理這個專案應該在尚未實施之前來做，再依據論述探討的結論與發現來規劃籌辦實施，才會考慮周到，做正確的決策。現在有點太遲，惟亡羊補牢，總比執迷不悟還好。明知這是一個燙手山芋，我還是義不容辭地接下這一個專案。

此一專案，希望就九年一貫課程的緣起，理念，時代背景，社會深層意義，課程哲學，課程理論，教學實際，評量理論等諸層面探討研編，供學術機構，教育行政機關，中小學研參，藉以促進教育研究及實務人員，深入了解，辯證九年一貫課程改革的合理性基礎，厚植未來如何推動課程革新的學術基礎。

為此，我責無旁貸擔任專案主持人，並邀請高師大方德隆與台南師院薛梨真兩位課程教學專長教授，兩位都是傑出學者，並另請研究生許同學擔任助理組成研編小組。專案小組於二〇〇二年五月組成，經過十四個月的運作經營，完成九年一貫課程理論基礎叢書的編撰。本小組循由第一，蒐集官方文件資料；第二，蒐集研閱已發表的相關論文；第三，省察課程改革的理性訴求；第四，探討符應政策的有效推行需要條件與配套；第五，邀請諮詢專家的意見；第六，正式會議與對話辯證來進行。

❏成立小組，規劃主題

接著，研訂探討的主題與範圍，方便搜尋資料，與投稿執筆。包括：1.九年一貫課程的政策形成的過程與理據；2.學術界與教育界對此一課程改革的理論評述與建言；3.各界對九年一貫課程的質疑與評論；4.九年一貫課程推動歷程中的實踐與理論，現實與理想的對話與辯證；5.如何使得九年一貫課程更具彈性，多元性，以增進其適應力，與成長力的探討。

❏察納多言，博諮廣議，容納各種意見，以見其大

其次，叢書的編撰，為察納多言，博諮廣議，容納各種意見，以見其大，採取開放的態度來接受撰稿。故僅先研擬子題方向使執筆者更容易覓定方向，知所範圍，更能踴躍應徵撰稿。

為擴大稿源，廣納朝野與不同立場與觀點者的意見。兼採徵稿與邀稿方式，徵稿於二○○二年十一月以上網，書面函，海報形式公開徵求；邀稿邀請對象則限為負有決策權的歷任教育部長，參與研擬修訂九年一貫課程，包括課程發展專案小組；各學習領域綱要研修小組；及課程修訂與審議委員會的成員等始使作佣者；以及主題相關代表性學者為邀稿對象。徵稿稿件皆經過嚴格審查通過始採用；邀稿稿件原則上皆採用，如若不符合本叢書性質，與需要時才商請同意修訂。不足部分由本小組主動就搜尋已發表之期刊作品具有代表性並富有價值者，商請願作者同意採用。務期普遍周延。

❏主題開放，參與多元，立場中立，與專業觀點

經過此嚴謹程序，在堅持主題開放，參與多元，立場中立，與專業觀點之下，結果共編有二九篇論文，分為決策論述篇；設計評析篇；實踐辯證篇；回顧展望篇。教育部於二○○四年四月以書面板版與電子版同時發行，廣為供應參考。本叢書篇篇文章，或據實以告，坦承訴說原由；或理路剖析，論述有據，鏗鏘有力；或系統觀點，考慮周延，面面顧到；或觀察敏銳，診斷癥結，指出限制性，增進可行性。惟在展望未來篇撰稿者不多，少數如鳳毛麟角，大家都覺得九年一貫課程之設計不夠周密，波折不斷，配套不足，恐怕未來變數太多，難以預料，多不願在這一塊多加著墨。

❏部長邀稿，只有一位撰寫

邀稿中，本想最高決策者部長會從決策核心說明大眾所感疑惑者，然而，受邀部長多數婉拒。只有吳京部長坦然接受。他撰寫說九年一貫課程之修，只有「一貫」是他決定的，其他有關統整課程的七大學習領域，校本課程都不是他的主張；郭為藩部長著作等身，文筆又快又好，但他說他本就認為九年一貫課程之設計與實施先天不足，後天失調，從頭就沒贊成過，他不想在這時候再說三道四。其他卸任的部長們，有的以新職太忙，有的以私事纏身，都婉拒接受邀稿撰寫。反正也不是推動順利，實施成功，卓著績效，可以彰顯立功。寫不寫也就隨性吧，不必勉強。但換一個角度來看，可以推知，即使教育事業最高決策者的政務官部長，他的決策也往往是受盡壓力，百般無奈，做出來的決策，隱含說不出口的苦衷。

學者寫作，比較自由，沒什麼要考慮。有話直說，一分證據說一分話。課程的實踐往往不是教師本身的問題而已，有人批評教育改革無法貫徹，完全歸咎於教師與學校，因此當時有學者與官

員，認為教師努力不夠是癥結所在，為什麼校本課程設計不出來，為什麼領域課程窒礙難行，是因為教師努力不夠，為何大學教授可以自己設計教材，編製講義，甚至寫教科書，何以中小學教師做不來，因為大學有升等制度，教師本身有升等壓力，所以有學者建議要建立中小教師升等制度。我覺得萬萬不可，中小學教師如果有升等制度，在校園日益混亂的現階段將會治絲益紛，搞得烏煙瘴氣。中小學教師的角色定位如何，如果訂定升等制度，其效標應如何訂定？

茲事體大，影響深遠。所以我利用本叢書研編的機會，除了寫一篇九年一貫課程的目標與結構，另外寫一篇九年一貫課程的實踐系統的解析。前文勾勒新世紀資訊社會，科技社會，後現代社會的特徵，提示課程的功能性需求，在比較近來主要各國課程發展的趨勢，評析九年一貫課程的目標與其課程結構。肯定九年一貫課程的意旨仍頗能順應時勢，順乎潮流，其課程架構，形式上求九年一貫，內容以領域課程取代分科課程，強調校本課程，力求彈性。統整與分化應相互為用，求其發展方為目的。如何使其相輔相成，類型很多，應視發展階段，知識體系結構，與師資培育體系做靈活運用。彈性課程，強調校本課程的設計應用，則應假以時日，試探調適，不僅賦權，且需增能。

❑課程實踐要建立一個嚴密系統，課程窒礙難行，不能全歸咎於教師

為使九年一貫課程更能有效實踐，後文呼籲各界應從系統的觀點來了解課程如何實踐，而不是一味苛責學校配合度不高，第一線教師努力不夠，心情渙散，隔岸觀火，而應建立實踐課程的系統。課程的實踐是一個綿密系統。過去的課程的實踐也有一個嚴密的系統在運作著，大家只是習焉而不察而已。

這一次九年一貫課程改革之倡導者其實是出於東施效顰，本就不知道其出於完全不同課程哲學，另類課程典範，其有效實踐系統相對於傳統科目本位課程完全不同。因利乘便，想沿用不變的

傳統課程的系統來運作實踐九年一貫課程，難免格格不入，欲求有效實踐簡直如緣木求魚。為使九年一貫課程有效實施，必須因應正式課程系統之需求，重新建立執行系統。沒有課程系統要推動一種完全嶄新的課程，勢必事倍功半，強力推動，將荒腔走板。最後不得不走上策略性的服從，技術上的取巧而已。

❑亟應建立一個課程實踐系統

推動完全不同於傳統的課程，除了制度外，需要角色，權力，資源，意識形態，知識，正當性，價值與文化的重新建構。這些即是構成課程系統之組成要素。因之，要使九年一貫課能有效實踐，從這些因素著手改變著力，建構一個推動的系統。至少包括1.妥建教科書編輯與審查制度；2.改造與調整師資培育制度；3.配合與調整教師任課制度；4.改變教師角色與再社會化；5.校長善盡課程與教學領導的角色；6.建構學習領域的知識概念及知識體系；7.權力合理的再重分配；8.形成追求成就的文化，擴大教育專業人士參與的機制；9.建立科學研究為基礎的教育改革。

建立好一個嚴密的實踐系統，則學習領域課程教科書編輯有了準據，教師在培育的學程按領域修教材教法，登記為學習領域教師；教師專業培養教師不僅是按本宣科，還要能夠負起詮釋課程，選編教材，協同教學，設計校本課程；校長不僅負起行政領導的角色，而且要負起知識管理，匯集同仁的知識，研發創造，領導課程與教學的調適與創新；教育改革須以研究為先導，理解相關學理，建立堅實的學術基礎，驗證其可行性與效果，檢討需要的配套；另外整個學校教師與學生家庭社會區形成一種文化支持學習領域課程，支持校本課程，彈性課程。這需要時間，需要熱情，需要動力。

構築新世紀教學之夢

❏關心教學始終如一　新世紀新眼光

教育最重要的工作是教學，如同醫學最重要的事是診療。教育改革再怎麼良法美意，要看是否有效落實於教學。教育改革的成敗要看看學生的學習，教師的教學如何。設使教師教學學生學習更辛苦，更無趣，學習效果更差，這種教育改革不說失敗也難。如果醫療制度的改革，弄得醫師雞飛狗跳，使醫師做不下去，使最令人羨慕的醫師職業，讓人望而卻步，導致五大皆空，這種醫療制度的改革也是失敗的。

所以在教育改革如火如荼展開的時候，我最關心的是學校發生的效應如何？教室裡面班級學生生活如何？教師的教學有效嗎？教學有改變嗎？如果沒有發生如決策者預期的效果？就要追問問題癥結在哪裡？可以補救嗎？如果可能，如何使教學相應創新改變。

在這個民粹高漲，政治掛帥的現階段，作為一個學者與專業工作者，很難去左右制度的改革。最專業的醫師是如此，專業性不如醫學的教育學者與教師更是如此。好幾次在教育改革的前夕發聲，大聲疾呼起不了作用以後，我認了分，限縮在教學的領域去努力。

故以在師資培育法頒布，師資培育多元化一實施，我關心的是多元化，開放一般大學院校設置教育學程培育師資，我及時實徵大學設置的教育學程教學實況如何，會遇到什麼干擾，大學體制，組織文化，經費師資，潛在課程會發生什麼影響。應如何因應。我與我的博士生客觀檢視教育學程的師培效果與客觀實徵期培育歷程與成效。

九年一貫課程頒行時，我發表多次教學如何因應改變創新，教師如何力求專業發展，訂出教師專業成長指標及建議提供教師進修途徑。我更批判九年一貫課程實施之困境，大膽提出必須建立九年一貫課程之教學實踐系統，而非只要求教師單刀直入的施壓改革，希望有助課程之實踐。

在教育改革倡行「學校本位經營」，教師治校的時候，我研究學校本位經營如何專注於學校教學創新，響應九年一貫課程的彈性課程，校本課程的實施，也希望教師治校權力下放，呼應教育管制鬆綁，可以順勢使教師發揮專業自主，致力於教學的創新，在校長的課程領導與教學領導下，有效做好「校本經營」。並指導博士生致力於這方面的研究。。

後來我看破時局，擴大視野，不局限於台灣教育改革之現實，我從基本的的概念建立教學，建構教學，更進而前瞻國際觀與數位化資訊革命知識經濟來臨的時代，倡教學創新。又完成一項一項的專案研究。

❑新世紀教學探索論述與實驗

面對千禧二十一世紀，資訊社會的來臨，我瞻望教學進入一個教學新世紀。資訊氾濫，網際網路便捷，知識爆炸，我倡導「融一用多」的教學；人們活到老必須學到老，沒有四十而不惑，也沒有從心所欲不逾矩的年齡，我倡導終身學習；回應知識濟濟的啟動，我倡導知識經濟取向的教學。

並且，我想引導研究生及中小教師專注於教學的創新研究，在碩博士班開設了創新教學專題研究，讓教學在實際教學情境中能夠紮根發展，迎合新世紀的需求。

除了理論的論述，我也從事實徵研究，我演說，我撰寫論文，我完成實徵的調查，並進一步從事實驗教學。

我建構了資訊社會中教育的角色，我也利用德懷術邀請專家學者建構知識經濟社會的現實面與理想面，並建構知識經濟社會的知識人應具的特質，據以擬定知識社會教育應發揮的功能。我把授課博士班學生的作品匯集起來加上我寫的文章彙編成《教學新世紀的理論與實際》一書。

我由理論分析或觀察實際，認為教學系統應反應現實的社會系統以及理想的社會系統。教學系統可視為一個系統，教學系統的建立，依據「輸入」（input）與「產出」（output）兩大因素，「輸入」是未教育的「個人」（an individual），「產出」是成為「已受教的人」（an educated person）。循此，知識經濟社會的教學系統以知識經濟社會中所需要的知識人」為產出目標，在該教學系統中的「知識人」為理想知識經濟社會的創新教學之產出目標。「知識人」應是資訊社會知識經濟社會中的有效分子，其應具有這些擬定且經過實徵得到的特質。

在一個資訊科技高度發達世界的人們，具備一定的科技素養與修養，透過網路高速公路，大家遵守高速道安規則，就能夠成為一個地球村社會，也才有可能發展出高效率、高生產力的知識經濟社會。

換言之，在資訊科技社會中，要發展知識經濟必須要有「知識人」，倘若社會中大多數人是「知識人」，就可以藉由知識創造財富，並以知識維護社會秩序，造成一個「知識經濟社會」。

建構設計實驗知識經濟取向的教學系統

進而我研發「知識經濟取向的教學系統」，以回應資訊社會中知識經濟發展的需求，培養理想知識經濟社會的知識人。針對知識經濟的教育功能，藉資訊科技的利用，改善傳統教學，創新教學系統，俾能擴大資訊的溝通，運用更豐富且適當的教材，藉著更多樣化與適性化的學習方式，利用有效教學策略，使學生發展成為知識經濟社會中的「知識人」為教學目標，藉以促進知識經濟的發展與知識經濟社會理想的實現。

循此，這一教學系統的設計考慮下面幾個構面：

1.在基礎構面上，體察知識經濟是資訊科技社會所形成的經濟活動，資訊科技社會是一個超級符號的世界（super symbolic world），必須安排學生能夠具備足夠的素養，順利在複雜符號系統裡面通行無阻，是首要考慮。

2.在內容構面上，考慮學生學習什麼知識內容，在知識經濟社會中最有用的功能。學生不僅會閱讀、會思考，而且更要考慮他們是研讀關於哪方面的知識，思考哪方面的問題。因此要探討知識經濟的主要內容，主要的成功策略與問題，建構教材內容。

3.在工具構面上，選擇多樣適用的工具，來進行教學。知識經濟社會中，資訊科技發達，傳訊工具多的是，不單單只是依循傳統，口耳傳授而已，今日傳訊工具眾多，正可以針對不同的傳授內容與學生的能力，作選擇利用，以發揮傳達與傳播的功能，增進教學的效果。

4.在活動的構面上，選擇活潑有趣的活動，力求與目標要相互契合，使能收到預期的效果。活動各有不同，從口耳相傳到上網查詢、閱讀朗誦、寫作、文件分析、觀察、訪談、內容對話、自學閱覽、小組討論、雙人對話、網路會談討論，團體合作設計、實驗習作、閱讀書報電子報、規劃設計產品、情境反應、實際操作、主動探索等等，不一而足，針對目標靈活選擇運用，使學生感到興趣，主動認真參與投入。

所以本系統的教材由三部分構成，包含：

第一、資訊社會的基本概念與知能；

第二、知識經濟社會的主要論述與議題探討；

第三、有效參與知識經濟的實際有效策略。

首先，介紹資訊社會的概念、性質與資訊科技知能的利用，並探討其與知識經濟的關係，使學生正確認識資訊社會，並精熟練習利用資訊科技於為學、做事與休閒等層面。這一部分教材主要利用講述法，練習法與精熟學習法來實施，必要時請專家利用多媒體示範，然後實地指導練習。為期求每一位同學均能學會，採用合作學習及精熟學習法，每一組藉由組內合作，互相指導，要求人人均能達到精熟的目標。

第二部分，係介紹知識經濟社會的概念、理論與特性，並就其中所含蓋牽涉的面相與層面作為研究子題來進行研究。所以採取團體探究教學法與專題本位教學法，以共同解決一個知識經濟社會的議題。由於牽涉太廣也太複雜，一議題之下，再分析為若干明確子題，分成七小組，每一小組負責一子題；經各組內各成員蒐集上網資料及書面資料，在教授與研究小組成員的指導與協助下，進行研究，組內成員不斷經由面對面與 MSN 的討論，獲得暫時性的結果，各小組利用每次上課時間輪流作報告，教授指導批評及全班同學的評論下，再修正，最後作成報告。所以本教材的教學所利用的方法包含講述法，合作學習、團體探究與專題本位教學。

第三部份，欲有效實際參與知識經濟，要能精心設計、工於生產、擅於行銷、懂得消費，把握創業時機，成為知識經濟社會的知識人，這種實際的議題的探討是知識經濟教學系統主要的內涵與組成成分（components），也是創新知識經濟社會取向教學的主要工作之一。這一部分教材內容由第一、創業；第二、設計知識經濟產品；第三、行銷；第四、生產及第五、消費等五層面構成，故分成五個子題進行教學。每一項舉出個案（case）人物典型或代表性事件實施個案教學（case teaching），並進行團體探究教學與專題本位教學。

❑組成研究小組，進行實驗，一年後學生的回應感人

這一個教學系統，我與兩位年輕有資訊科技素養的教育科學博士誌坤君與達森君一起在高師大進行實驗。選擇人文社會相關學系三班來實驗；一班為實驗班，接受本系統教學；兩班為控制班，接受傳統教學。證實本教學系統具有極大可行性，備受學生正面評價，且能顯著增進學生科際社會與知識經濟素養，有助於培養知識經濟社會中的知識人。

實驗結束一年後，我從高師大屆齡退休。實驗班學生，寫給我的話，道出了他們的心內話。

老師在您的教導下，讓我對知識經濟有很深刻的印象，對研究也比較完整的了解，謝謝您。（絲）

老師，雖然只上過您教育社會學，但對知識經濟的概念及正確觀點卻深植我心，受益無窮。謝謝您的教導。（瑜）

老師，上過您紮實的教育社會課程之後，雖然很累，但不可否認的，我學到很多很新的知識與能力，真的很感謝您。您退休了，也很替後來的學弟妹感到可惜。（方）

老師，感謝老師在大三時的努力教導下讓我們覺得到教研與教社的神奇奧妙。願祝老師退而不

休，身體健康，事事如意。（薇）

老師。感謝老師紮實的知識經濟課程內容，老師用心要我們與現代社會接軌，增進我們競爭力，謝謝你的教導。在此祝您你身強體健。永久領先。（如）

老師，雖然您已屆退休年齡，但是，您的觀念最新，理論最先進，佩服；教導我們，最熱心，我們獲益良多。老師永遠不要老，祝福。（瑋）

老師，您的教育研究法，與教育社會學，在我寫畢業紀念文時，提供很大的幫助。在此祝福您著作大賣，造福更多人。（婷）

想起大三時老師的教導與實驗，增進我很多最新知識，改變我很多觀念，讓我獲益良多。不會忘記，老師退休後，我們畢業後，會永久記得。在此一時刻，想好好地向老師說聲謝謝。並祝老師身體健康快樂，永久年青。（榆）

老師，您教育社會學的教學，最精華莫過於知識經濟與教育，教研法莫過於研究假設與教學實驗，資料浩瀚新穎，莫測高深，永久學不完，極具吸引力。（馨）

教育研究的終身承諾

❑積一生的研究心得與經驗，融入於教育研究原理與方法，撰寫教育研究法一書

面臨新禧二十一世紀，回想在學術領域我已經從事教育研究三十幾年，從未中斷。有朋友說我是教育研究園地的長青樹，應該現身說法一下，如何做研究，與大家分享。於我心有戚戚焉。現在教育是一個需要做研究的時代，免得外行領軍內行，民粹掛帥，把教育搞得天翻地覆，鬆綁解構，支離破碎，結果是越改越亂，學生補習越多，書包越沉重，越來越苦，成就越來越差；教師面對許多問題，越來越感無力，越來越忙亂，不知如何教導；家長也越來越惶恐。教育實施與改革必須要建立在學術研究之上，教育改革必須要以教育與社會科學為基礎。

教育領域裡面，學術研究風氣也趨於強烈。教授學者做研究，中小學教師也想做研究，進修風氣盛行。但是，以我教教育研究法及指導研究生寫論文的經驗，學習者覺得當時坊間難得找到滿足他們需要的書，真正能有用於他們做研究。

他們喜歡自己文化與教育生態裡面發展出來的書，不喜歡翻譯出來的書，喜歡有實例，不徒託空言，但不喜歡外國的實例。可能是由於文化的隔閡，看來似懂非懂，更喜歡作者親自研究的實例；他們不喜歡光說不練，喜歡經驗豐富的作者現身說法，可以入木三分，可以扼住訣竅，抓住要領。

他們喜歡義理連貫，一以貫之；不喜歡一大串作者湊合編成的書，各說各話，風格迴異，義理前後不一，文理文氣不順暢，有些部分，重複又重複，有些遺漏不寫；有些鑽研太過，艱深異常，

有些有如天馬行空，蜻蜓點水。

我常覺得三四十年來，我花了大半時間做研究，寫了許多論文，但是影響有限。教研究生做研究，並配合專案，有機會就讓他們兼任研究助理學做研究，讓他們學會後，傳承下去，承先啟後，是長遠的工作。也是我矢志不渝的志業。

然而，入門子弟還是有限，專案助理有限，為擴大效果，需要更多的人投入教育研究，才能使教育研究更為盛行，發揮更大的力量。何不趁著教育學術風氣正熱的時機，現身說法，好好寫一本教育研究法專書，滿足大家的需求，庶幾不虛終身研究生涯，並能對教育研究做更多奉獻。

所以我計畫寫一本教育研究專書說明如何作研究，基於我的教學心得，我認為首須端正學者正確的概念，辨識研究是什麼？科學研究又是什麼？教育研究是科學研究嗎？教育研究具有何等特性？及其與一般科學研究有何差別？

其次，勾畫教育科學研究的範圍與輪廓，提示科學研究的模式；並引導學者認識完整的科學研究的過程。提示如何探索研究方向，選題目，確定研究標的，概念化與操作化。

明辨研究的區分，由不同層次不同標準可以來區分教育研究的類別。解說為何研究的類別常見歧異，這樣一個介紹可以讓學者通觀教育研究的一般原理。

此即形成教育研究的通論。

接著以全方位的觀點，分論各種不同取向的研究，逐次深入探討描述性，因果性，回溯性，詮釋性與行動性研究。

再從實用的觀點，介紹常用的各類研究，逐一闡述各類研究的特徵原理，基本模式，性能，其所能，其所不能，各種研究方法的過程，從事研究的訣竅與要領。

最重要的特色，我現身說法。我特別關心回應學者的心聲與感觸，我回顧我做過的研究，已發表的成果著作，摘取實例，擇其精要，整理作為實例，不足之處，選取我所指導過的碩博士論文，徵得學棣高足本人的同意提供編輯補足。希望讀者閱讀後，能夠體會深入如同自己做研究一般。

最後介紹提示研究工具與體例格律，以供參考，指導如何撰寫研究與評鑑研究報告與論文的技巧，提示實例以對。

希望讀者讀完之後，能夠洞曉教育研究的原理，掌握研究的要領，對各種研究法的性能與適用性，完全掌握，靈活運用。透過分析與辯證，獲得專業的成長。

此一書獲得當時心理出版社許麗玉總經理與總編輯張毓如小姐的精心安排編輯，於二〇〇三年一月如期出版。宛如一顆明亮的新星出現於夜空，獲得大家的青睞。許經理跟我說，這書未演先轟動，意想不到的受歡迎，真感謝她，更感謝讀者。

後來洪有義總經理，林敬堯總編輯，踵事增華，繼續對本書的編輯印刷精益求精，不斷重刷再版，以饗讀者。

窮畢生精力投入教育研究領域，我生也有涯，學術研究也無涯，到最後希望有更多人，傳承下去，發揮開來，創造繼起的研究使命。此生可以減少遺憾。

─•籌辦成大教育研究所，完成階段性的任務，功成身退•─

一九九六台南縣人，也曾經在台南師範學校念過書，住在台南市三年，卻只有一次到過成大校園，而且是晚上，所以連成大校園的真面目都不清楚。當時校長吳京博士怎麼會找上我，我也納悶，因為他是念水利工程的，我是念教育的，八竿子著不到邊，我從未聽過他的大名，也未看過他的著作，也未聽過他的高談過論，更未曾見過面。至於他以「點子王」著稱，驚動教育界是後來的事。他也不是那一種好管閒事的人，有事沒事隨便對記者放放話，製造知名度的人。我接到電話有點驚奇，不知怎回答。後來他也電話給高師大黃校長，有意請我來籌辦教育研究所。

❑邀籌辦成大教育研究所，樂觀其成，鼎力相助

我對成大辦教育研究所，站在教育的立場我絕對贊成，但站在高師大教育系所立場，我難免有所顧慮猶疑，教育系所是不是多了一個競爭的對象？然而，對於學術來說絕對是好事，越多人研究教育，增進教育學術的發展，是教育學術的盛事，也越能使大家重視教育學術，也不會讓一些外行人的聲音掩蓋內行人的聲音。就高師大教育系所來說也不盡為負數，可以會因競合更進步，也可能擴大高師大對教研所的影響。

隔幾天，成大教務長李教授專程到我研究室來找我洽談。我們從未謀面，他誠意十足，非常懇切，他說他代表校長來邀請我籌辦教育研究所，這是一個新的研究所，完全不同於其他院所的新單位。

我樂觀其成。我內心裡面也有問號，在一個完全理工取向的大學，成立一個教育研究所，不容易；但也是一個機會，跳出原來的框架，可以辦成一個與師範系統的教育研究所不同，有特色的研究所；也是冒險，有可能因為格格不入於傳統的組織文化而受到排擠。前幾年，我一一訪視十五所教育學程的大學，我對組織文化已有深入的認識與警覺。我考慮再三，我答應去，我義不容辭，但是只願意先以義工的方式來幫忙籌辦。

❏成立籌辦小組，忝任委員兼召集人

當時我系主任任滿六年剛卸任一年多，在未兼任行政的情況下，我有時間就開車過去，他們尊重我的意思，聘我擔任籌辦委員，兼召集人。我另請台南師院校長鐵雄教授，台灣師大教育研究中心主任的政傑教授，和成大教育學程的現任兩位副教授組成籌辦小組。除了開會以外，主要的籌辦工作落在我身上。

籌辦辦公室就先借用光復大樓的校史室，沒有其他人，只有我一個，助理，工友都是機動支援的，教務長偶爾會過來關心一下。我將教育研究所定位在培養教育學術研究學者與培訓教育實務人才，包括教師，學生心理輔導人員與行政人員。因為是碩士班，兩者之中主要側重在後者，而以前者為輔，等將來設立博士班，更精進學術研究的學者的培養。我的理念認為不論教育實務人才與學者都要學會做研究，教育研究所畢業的學生都要學會研究，都要會寫好論文，才能完成學位。所以課程的規劃，研究方法的課程絕不可輕忽，且為必修，以滿足研究的需要，不必貪多但必要學會教育研究法與工具必要的技巧。

❏課程規劃設計

必修的基礎上面，可分化為課程教學，心理輔導，行政實務。各個群組開設若干科目，可任由學生選一群組為主修，在指導教授指導下集中選修，並鼓勵選修一二其他群組的科目為輔修。至於各群組開設科目，將視教授專長與群組需要開設。初期人力單薄專長有限，開設科目權宜設置，或聘請兼任分擔。我儘量將課程規劃構建起來，幾次跟教務長，校長討論過。

很快第一學期結束，接著要構想徵聘教授招收新生，規劃硬體軟體設備的問題。教務長校長要我正式專任成大教授兼所長，任職行事較為方便。我原來的疑慮仍在，我只能繼續延用這種方式來幫忙，其他等到暑假新學年再說用什麼方式。

如何規劃硬體軟體設備圖書，問題重重。如何徵聘教師也看似容易，實即複雜。如何招考第一屆的新生，毫無成規可循。至於如何規劃硬體軟體設備圖書，連個殼都沒有。雖然我念台師大教研所的時候，曾經親自目睹賈所長強勢作風，沒有的空間，卻買了幾十個鐵櫃，設備與圖書，堆積在通廊上，結局是搞得系所際間不合，反目為仇。前車之鑑不可不慎，避免重蹈覆轍。

❏開放應考資格，擴大格局，設計應考學科，辦理招生

我還是先設計怎麼招生比較優先，也比較容易著手的事。除了參考我所熟知的高師大與台師大的教研所的辦法以外，我蒐集國內研究所的招生辦法研閱參考。

應考資格當時各教育研究所都有設限，限於教育本科系或相關學系畢業或教育行政高考及格者才能報考。立意是需有相當教育相關學識基礎者才能考研究所專攻教育，基礎比較踏實，避免流傳的，有碩士學位博士學位學者連教育是什麼都不懂的笑話。但是開放已在台灣社會醞釀成形，開放勢態已經形成，不能不察。所以在這一點上，想要有所突破。我與吳校長溝通討論，想是否可以有更大突破，他非常同意應該突破，他說他是學水利工程的，但他對教育也有很大興趣。我想成大是

工學院發展出來的大學，是不是可以有更大突破。最後我們決定跑在國內研究所的前面，全面開放，只要大學畢業，無論任何科系，社會人文不用說，連理工農醫商管法各系所畢業者亦在所歡迎，都可以報考，完全不設限。這是一個很大的突破，也是很大膽的突破。

在這一個開放之下，設計考科，除了成大所有碩班必考國文，英語外，專門科目也要能考出是否真正想做研究，能學習教育，所以考試科目除了有教育學，心理學，還有研究法。然後整個招生簡章的設計包括美工花了許多時間與心血考慮，才能由無中生有。最後開會通過公告實施，招考第一屆教研所研究生。預定五月四號考試。

❑寄人籬下，找不到空間，師生疑惑

有報考考生反映，成大教研所在哪裡，成大那麼多校區，校園那麼大，怎麼知道。考生有疑惑，我也有疑惑。有一天開完會，有一位副教授，主動邀我去參觀一下自強校區，見識成大之大，果然名不虛傳。有教授的研究室比校長室還大，這一位副教授跟我說只要這一間，當教研所所辦就綽綽有餘囉。

已經是春末初夏了，要開始招生囉，研究所所辦仍然暫棲於校史室，找不到空間。教務長說材料科學學系實驗室正在拆卸整修，完工會安排給教研所使用。後來，我聽說另有單位正在爭取那個空間。我滿驚訝的，在一個大學偌大空間裡面，要闢出一方給新單位這麼難。不過，我在過去訪視各大學教育學程的時候，有的國立大學透漏，竟然該校新成立的教育學程要向校內某研究所租辦公室，還訂有契約，以五年為期。現在主角可能要變成我了，可是我是義工，連訂租約的資格沒有，我可不幹這種事。

有人向我說成大是一個理工取向的大學，資源的分配與爭取，有牢不可破的圈圈，由內而外，裡裡外外，有一定牢不可破的框框。我找吳校長爭取，他說他會溝通，看起來校長也面有難色。來了這麼久了，難免有寄人籬下的感覺。忙於命題，選題，閱卷，核對，一直到五月十七日，開完招生委員會核定名錄取名單，備取名單。搞定。過程嚴謹嚴密，避免疏失。

❑徵聘教授，公開公正透明化，完全嚴整作業

同時在進行著的是教授徵聘，這是一件很繁複的工程，關係重大。影響教研所未來久久遠遠的發展影響層面，不僅在教學排課，研究；影響所及，可能包括所學術的發展，更可能及於行政。可是自由度有限。所雖新成立，但早已安排有原來在教育學程的兩位副教授改聘為教研所副教授，故只能徵聘一位。學術圈很小，資訊靈通的很。各方推薦，自己毛遂自薦者，有校內人士加持者，也有校外有力人士推薦者，非常踴躍。這些應徵者有的曾在國外名大學擔任教授多年，現在國內國立教授任教者，有的是師範院校教授，有的是官校教授，還有年輕新獲得學位者，大家滿期待到一所國立大學新創立的教育所。

徵選要考慮課程開課的需要，教學的與研究的潛力，與專業服務的熱忱與配合度等。不僅看檔案資料，篩選入圍者，接受複選。複選安排在五月十九號，所有入圍者在徵選委員會前公開教學演示，及接受與委員晤談。完全公開，沒有內定，兼任主持人的我是校內教授也是校外教授，絕對中立，所有委員獨立做專業判斷，分開評定分數。評定結果當場決定，完全透明化。結果錄選一位女性教授。這位教授專攻心理與測驗，量化研究，後來成為教研所主力教授，表現亮眼。

接著招生考試命題閱卷忙的不亦樂乎。最後在籌辦小組與委員會中審核通過。

校長再度邀聘我任教研究所長，我再度猶疑。

學生順利招考進來了，新聘教授也定了，課程規劃完成定案，擬購置圖書書單也幾次到勝利校

區圖書總館蒐尋資訊選定。一次一次的構思，一次又一次的開會，有時候忙到三更半夜，隔天又有行事，而我自己專職的學校沒課的時候，吳校長安排我在接待所過夜，真謝謝他。到五月底忙得差不多了，只剩下空間設備仍在飄渺間，我也覺得所能做的都做了，階段性任務完成了。吳校長再度要求我新學年度，專職教研所教授兼任所長。我再度猶豫，請再給我時間考慮，內心想最多只能接受暫時借調個一年。覺得還是繼續在我工作了二十幾年的高師大好。

❑校長高昇入閣了，離開成大，我不必再猶豫了，正好

六月初。吳校長經最高層拔擢出任教育部長，恭喜他高升。也感謝他的高升，我的疑慮與為難也就畫上了句號。去得偶然，走得也自然，沒有帶走一片雲彩，終止了半年多來的高雄台南兩地跑之行。

十年有成，教研所慶祝十周年，當時我已經由高師大退休到台灣首大，仍力邀我參加，我因有事，未應邀前往。只希望他們心中有個我。

旅遊大陸神州之夢

參加兩岸師範教育會議，旅遊大陸華中

我對大陸神州，我們所由來的唐山，從小校學直到大學，念念不忘地理歷史文學，天天拜著玉皇上帝，三官大帝，關聖帝，媽祖，清水祖師，卻從無機會回到神州，嚮往至深。

二〇〇〇年三月底兩岸師範教育會議在武漢華中師範大學舉行，我們的師範教育學會組團參加。正巧是總統大選之後，陳水扁當選，兩岸關係不同尋常，旅遊大陸團幾乎全取消，很少有團敢去大陸旅遊。我們這個早預先安排好要參加學術會議的與會旅團，貿然照常出遊，不受影響。

中國大陸對這個會議非常重視，參加的單位很多，是以全國性會議規格舉辦。大陸這一邊從東北到北京到海南，從新疆到廈門，各大學及教育學術團體都有代表參加。主辦單位招待親切，與會人士彼此互動熱絡。大陸教授學者對於我們所發表的論文，讚佩不已，無限仰慕，因為我們所發表的論文，觀念新穎，理論前進，闡述精進徹底，知無不言，言無不盡，許多新知罕為知悉。有些學者私下覺得並透露台灣當下教育學術超出大陸有二十年。因為大陸慘遭文化大革命的蹂躪，高等學府曾關閉停頓一段時間，才剛走出來十幾年。我在留學美國時候，已經略有見識。如今印證更覺得恐怖，文化革命影響深遠。雖然大陸政府早在一九七九年開放留美，惟先科技後人文，故以科技早已迎頭趕上，教育人文則遲滯了很多。所以這幾天在一起大家莫不有所感而發。

會議結束後，我們參訪湖北四川重慶風景名勝，旅遊長江三峽。印象深刻至今仍歷久不忘。湖

北與四川民俗文化明顯不同，楚國與西蜀涇渭分明，歷史的痕跡斑斑可考，尤其在野，民間的崇拜，習俗的風行，旅遊的特色景點的安排。武漢楚園，楚雖三戶，亡秦必楚，楚莊王的雄心壯志，稱霸中原的躊躇滿志，處處可見，歷歷在目，莊園的雄偉壯闊，豪邁無限。

到了四川，三國時代的西蜀，文物古蹟，大漢文化呈現另一番景象。漢朝古墓，荊州城樓，關公崇拜，孔明神話，漢王思慕，古色古香，令人無限遐思。當然抗戰時期陪都重慶的史蹟文物，更叫人不能不懷念與感慨。

歷史演進的痕跡，分分合合，分久必合，合久必分，政治的紛擾勝敗，也畢竟成過往，歷史的恩怨情仇都將成雲煙，分合自如靠智慧，文化的融合與發展，人類的幸福每一代的人自己把握自己創造。大陸歷史太久了，幅員太大了，恩恩怨怨太多了，記恨不了，難怪一酒泯恩仇最教人神往也最美麗。經過五千年的融合洗鍊，成為一個中華民族，華人社會，他的精神是東方一條龍。

有機會旅遊長江三峽，在大壩正大興土木修建進行中，水位尚未提高幾近二〇〇公尺之際，真是良機。我們利用這個關鍵時刻，有幸能見識到長江三峽天造地設的壯麗景觀，懸崖峭壁，高峰直干雲霄，江水湍急，礁石險灘處處，兩岸猿聲啼叫。難得一見的，高聳在山上雲端的白帝城，蜿蜒在山腰的酆都鬼城，懸掛在高高的嶙峋山壁的懸棺，一旦長江三峽大壩完工啟用，水位提高近一七五公尺立即淹沒於江水裡面，這些世界古蹟不搬遷刻意保存，將不見天日。

長江三峽大壩是一個重大的工程，冒大險的工程，爭議很大的工程，展現大魄力的工程。這個工程要迫使幾百萬老百姓離開家園田產，遷村到幾百里外重建家園，也將湮滅許多文物古蹟的天然景點，更要冒著萬一大壩衝破，或天災或地震，或戰亂的危險，可能造成的水患將淹死千萬人的災難，也可能影響長江的自然生態，它的不確定變因及其可能造成的後果十分恐怖。

然而，按照評估，它產生的電力，將可以解決電力嚴重不足的問題，不僅改善民生水準，也可以提供工業用電短缺問題，加速工業化的發展；據評估，也可以大大發生防洪的功能，免得水患造成生命財產的損失；此外可以使航運更安全，大大降低經過水流湍急，礁石嶙峋的江流，減免船難。另外更能夠促進工業發展改善民生。

所以從一九九三年開始建造這全世界最大的鋼骨水泥大壩，成為一個驚天動地的一個巨大工程，心中暗自佩服能夠興建這麼一個偉大工程，真正了不起。希望興建順利，順利發電，如所預期造福民生與工業，也希望對古蹟文物的保存不會發生太大的影響，更希望不會造成預期不到的危險。歷史上許多最偉大的工程都是在頗有爭議中，仗著最大魄力來完成的，希望這會是另一項造福華人後代子孫的偉大工程。

由於旅客出團太少了，我們搭的長江遊船乾隆號，客房一六八個床位，卻只有我們這一團二十四個遊客。客服人員態度親切，招待周到，三餐供應令人滿意。頗讓我們覺得有兩岸一家親之感。由於住房多，房客少，彼此互動多。乾隆號遊船上，布置有仿造的乾隆皇帝的龍椅，並提供仿黃袍借用，旅客穿上龍袍拍照，無不覺得珍貴。難得一時黃袍加身，拍照留影，不禁擺出儼然威風八面，君臨天下之姿，過過何似人君的感覺，頗覺過癮。

船上有畫家，石雕能手，剪紙達人，命理師，應客人要求，提供各種服務，收取公道的費用酬勞。沒事觀賞畫家作畫神態，看來純熟，水準不差，不覺請他畫幾張，再付潤筆費用。石雕能手幫旅客刻肖像，他自動把我當模特兒，用針刻，雕刻起來，花了兩個小時的時間，竟然在堅硬的黑鋼石上面，出現一個為妙惟肖的肖像來，大家都嘖嘖稱奇，讚嘆有加，像極了。我還想一對聯刻字，這是幾年前值我內人五十歲生日，我在研究室，意興風發，為全家大小寫下來的全家福對聯，把我倆創造的家的名字譜成的，我現在把它銘篆在上面，成為我唯一的雕像花邊，矢心不渝，在這長江三峽的乾隆號上面。對聯曰：

生乃大德，本賦菊骨傲風霜，芬莉芳君草木森；
傳為至道，喜逢春神下宇寰，儒雅安逸志業達。

當時的德性志業，煥發英姿，夫婦的風雨同舟，家庭的和樂溢於言表。

在船上有時候，也覺得無聊，尤其是有雨的日子。細雨霏霏下不停的時候，在船艙裡面聊天。船上有位命理師，多位同遊請他相相命，都說真有一套，說的蠻準的。

這時候這位命理師走過來，問我可有意請他相命說理否，從來我就不太相信相命師，也沒請人相過命。可是此時，窮極無聊，不知怎麼，忽然一時性起，我首肯。他說：你有才華，卻沒才氣；你的才華可當部長權貴，可是你的面相差了一點點，命途不夠好，坎坷曲折，實際上極為艱困，非常奮力才能突破。你的家庭不太可能庇蔭你，你的兄弟姊妹不能幫你，有的反而是你的負擔，且是持續的負擔，你為此心力交瘁……你這個人沒有發財命，尤其偏財運是零。你不會賭博，一旦賭博，必輸。事實上，我的確沒賭博的經驗，連對發票都中不了，連摸彩都從沒摸到前面的大獎項。

唉，他越說越起勁，我卻越聽越傷心，不禁佩服他真的厲害，所說的八不離十。我大學三年級就考取高等考試，卻沒有一天出任過公務人員。每次考選通知我什麼職缺，都是我不可能的時候，不是正在服役，就是我攻讀學位的時候。等我退伍了等我拿到學位，我又對公務職缺不太感興趣，覺得還是做學問教書好。

他說出了我心中想感嘆的，卻絕不說出來的話，他說出了我心中的秘密，我向來不願意道出自己隱私或委屈，好在沒有他人。聽了他的命理，只好苦笑哈哈。難道真的有所謂宿命？難道有前世今生？

子女皆俊秀蕙蓮　瞻望未來仍引以爲憂

三個子女從小都很用功，國中畢業後，都考取高雄地區明星高中，老二進高雄中學，老大與老么進高雄女中。三個小孩從小都學各種才藝，每逢週末，比平常日更忙。當試探各種興趣之後，女生在鋼琴方面用心用功最多，先後跟謝與李老師學鋼琴，把握機會參加了多次鋼琴比賽，創造很多佳績獲頒許多獎狀。

老大學音樂

後來老大決心攻讀音樂，以台師大音樂系為目標，是當時女生最吃香的學系。當時大學數量還沒大量暴增，音樂系屈指可數。尤其台師大的音樂系競爭特激烈。一般有志於上台師大音樂系者都請名師指導，南北奔波。除了從小就開始學的主修鋼琴外還要副修，所花時間金錢都不貲。她本身除了學科以外，還要準備這些術科器樂聲樂，真是煎熬，不是過來人實在很難想像。但是當時念大學是競相努力的方向，考取音樂系是夢寐以求的目標，在此種情勢之下，該累不知累，該省不知省。一頭投進去，天昏地暗。

後來果然不負眾望，考取了台師大音樂系。在師大師事張與王教授主修鋼琴，副修聲樂則師事張教授學習，以優異的成績畢業，分發高雄五福國中任教。後來，決定更進一步出國進修。照當時辦法要出國進修須辭職，賠償公費。她義無反顧毅然辭掉教職，隻身到美國留學，申請入學波士頓音樂學院專攻鋼琴，師事 Janathon 教授專攻鋼琴。琴藝大進，於一九九八年七月十三日在文化中心開演奏會，博得大家讚賞，各報爭相報導。

在南部大專院校及高中音樂班教鋼琴課，但都是兼任，跑來跑去，覺得厭煩，放棄。後來轉任專任國中教師。

❏老二學電信工程理工，生命科學

老二是男生，從國小就是老師心目中的模範生，是老師的得力助手，他的導師身體狀況不佳，偶會頭昏目眩在課堂上，他當小老師責無旁貸，要應付偶發狀況，維持秩序，指派作業，都能應付得宜。後來進國中考進資優班，這一班臥龍藏虎，競爭激烈，雖然成績優異，未能名列前茅，深以為憾事，卻及早見到人外有人，天外有天。這一班後來全部考上高雄明星高中，二十幾個考上當時最令人嚮往的醫學系。他不希望念醫學，又懶得多讀生物一科，以高分成績考取交通大學電信工程系，也是當時大家都嚮往的學系。尤其他作文成績出奇的好，滿分三十分得二十六分。

他的意志力堅強，國小三年級到澄清湖旅遊，在沒有足夠飲水的情況下，竟然能夠環湖徒步環湖一周，罕為同學做得到。參加聯考，自動約束自己準備在天氣炎熱的季節不用冷氣，在揮汗如雨的房子裡面，埋首苦讀。他說考場沒有冷氣，要及早適應沒有冷氣的環境，才不會失常。如果平時吹冷氣，一旦離開冷氣，怎會考得好。顧慮周到，未雨綢繆。

然而，學習當中發覺接觸電磁波太強太頻繁，改變方向。偶然中，看到妹妹研讀的醫學必修專書，**Harrison** 的生物化學，像觸了電一樣，非常感動，覺得這才是新知識，讓人了解生命的奧妙，大感神奇。於是想轉向生命科學相關的領域研究，決心準備考生命科學食品科學類研究所，一切考試科目都未曾正式在大學修習過，全得靠自己自修。那年夏天報考六所大學生命科學食品科學研究所碩士班，包括台大食品科學所，清華生命科學所，中山海洋大學，成大，東海大學相關研究所等。結果考取了清大生命科學，台大食品科學，中山，海洋等四大學碩士班，一所缺考，一所太大意沒考取，他選擇清大生命科學所攻讀。

❏老二改道教育來

我對兒女選擇什麼學門攻讀，不強迫，不勸阻，留給他們很大的選擇空間，他們也都能自動自發學習。生命科學碩士學位取得後，他又覺得與志趣不合，做實驗沒完沒了，很多實驗是有毒物質，有機溶劑。覺得投入生命科學的研究，要有新的發現，常要靠運氣，很多不是操之在我，其中太多變數，毫無把握。於是拿到了碩士學位之後，志趣又再變，直到後來他上榜台師大科教所博士班，我才知道。雖然我是念一輩子教育，也教一輩子教育，他回到與老爸最近的領域，我沒有特別高興，也不阻擋他。我知道這一行，我認識這一行太深了，在今天的社會，要出人頭地，要永久守住這一塊領域專業也難，要保住飯碗也不容易，要受到人家尊敬更難。

念科學教育的，在純科學領域界，備受歧視。至於教育被輕視排擠，被踐踏已經成為事實，在近年的教育改革運動中，教育成為檢討整肅的對象。念科學教育，只能教書和行政，行政機會不多，他們的教授裡面，有榮任資深的科教高官，擔任中央的政務官，在位時意氣風發，退下當教授，傳給他們的訊息卻是如果重來絕不走同樣的路，充滿無奈與悔不當初。

他也不想走行政，只有教書，在他寫博士論文最後一年的時候，二〇〇〇年一月我引薦他到一所科大的教育學程擔任講師。獲得學位後繼續留下擔任助理教授，也兼任幼保系教課。剛去的時候，教育學程剛成立，學生皆經過精挑細選，授課很多，學生學習興趣高，他做得很起勁。然而，隨著大學教育學程越來越多，學生修完學程通過教育資格檢定，能夠順利找到教職的機會越來越少。當局對學程評鑑也越趨嚴格，學校越來越不支持，以致雖通過了評鑑，學校還是把它關掉了。

大學增設數量發飆，迅速擴張，畢業學生就業越來越難，許多大學的學系招生都發生困難，尤其幼保系學生人數每況愈下，雖然他本來也在幼保系擔任許多教課，且幾年來，也趁著博士論文研究的態勢與雄心壯志，繼續做了很多研究，獲得國科會多次的專案研究獎助，大有老爸當年的風範，令人刮目相看，很快就升等成功副教授。惟情勢比人強，學生越來越少，課程不斷改變，學系也不斷增設，以投合學生興趣與市場的需求，於是舊的學系越來越陷入困境。所以他也不想專任他教學研究頗有表現的幼保系，而新設科系老人服務系向他招手，於是捨幼保系而轉到新設的老服系。

學校課程不斷修訂，擔任課程不斷改變，幾年之間他擔任開授課程達四十幾個科目之多，學系常常被評鑑，教授每年被評鑑，秤斤論兩，越來越感到教授地位不被尊重，學術權威漸趨式微。社會的框架變了，社會氛圍也變了，價值觀念被顛覆，台灣的大學教育如何經營下去，學術教育如何能松柏長青，青年學者如何能專注教授生涯，發展遠大的生涯規劃，令人擔憂。

老么學醫

老么國小二年級考取大同資優班，後來又考取鹽埕音樂班，念幾天又覺得還是一般資優班好，又回大同資優班。四年級時考取高雄市唯一的國小數學資優班。這一個資優班是制式的大學區數學資優班，頗受矚目。雖然設在後車站的博愛國小，交通比較不方便，各家長與學生仍然趨之若鶩，都極力爭取參加鑑選就讀。激烈競爭中，她考取了。每天都要接送，要經過地下道，交通有點亂，又有點遠。一九八五年夏天，我獲得國科會獎勵出國，不再能接送，只有靠媽媽接送不便。剛好新頒行有資優生跳級制度，又如願通過，結果依依不捨地離開她心愛的數學班同學和老師，進入離家只有一個操場之隔的高師大附屬中學的國中部，自己就可上放學。

然而，每次離開一個學校，她都覺得依依不捨，她的老師也是很捨不得。因為她跳過小六，沒有念完國小六年，直接上了國中，沒有國小畢業證書，非常捨不得。跳上國中一年級，學業還是依樣好，她太突出了，受到部分同學排擠，好想念她的國小同學，也想念在美國的我。一有時間就運動，打籃球跑步成為她的最愛。當我回國的時候，我發現她愛上了打球運動。她好像只有在打球運動中才覺得快樂。還好，她的功課還是一級棒，尤其數學她一邊思考演算，一邊聽音樂，永不厭倦。

國中畢業了，以數學滿分考上高雄明星高中，高雄女中，羨煞了不少人。三年後高中畢業，仍以數學滿分，總分六〇二分考上人人稱羨的台大醫學系。真是令人驚艷。這一年雄女同時有她和書慧兩位考取台大醫科，打破了過去若干年才有一位考取台大醫學系的紀錄。考生高興，家長高興，老師高興，當時朱校長更高興。因為她們進去的時候，正好朱校長接手雄女中，三年後第一次聯考有此佳績，花開並蒂，令人刮目相看。朱校長還特別到寒舍來鼓勵嘉勉，並送了一對金筆。難得的是，適巧她們兩位從國小到大學都是同學校，也幾乎為同班同學。國小都上博愛數學資優班，前後期同學，君少一歲，由於跳班升國一，兩人都上附中國中部。畢業後，同時第一志願考上高雄女中，兩人分在隔壁班。同時考上台大醫學系，又在同一班級。她們非常珍惜這一段難得的同窗情誼。至今都是好朋友，永久的好朋友。

上台大醫科幾乎是全國學生家長的夢想，進去之後很多情況是事先想像不到的，一段時間的認識之後，夢想成真的神氣與快樂很快就消失了。對於未來，對於學習，對於工作，仍然不滿足。課業的學習絕無問題，人生的幸福感，工作的壓迫感，生活的安定感，對自我的實現，不禁令人感到不安，焦慮，惶恐，許多的壓力越來感受越深。在功課之餘，見習實習之餘，她找出了一個釋放壓力的出口。首先參加杏林合唱團，又參加台大田徑隊，後來一頭栽進長跑，跑馬拉松成為她奮鬥的目標，也成為她的最愛也最酷。

她為跑馬拉松犧牲休息睡眠，值夜值班下來，同學同事衣服都沒有換，就癱在床上呼呼大睡，補眠休息，她卻換下白袍醫師服，馬上換上運動短褲，在操場上跑，一圈又一圈，不知所終；早上起個大早，趕在上班前先到操場跑個四十圈，隨便吃個早點，匆忙就回到繁忙緊張的醫院職場。她跑步風雨無阻，大太陽跑，冒著陽光烈日，灼熱曬黑了皮膚；下大雨也跑，颳大風也跑，讓雨水淋濕了身體，淋濕了頭髮，直到全身溼透，鼻子吸進太多雨水，感到呼吸困難，再設法壓低了頭，拉低鼻子，直到呼吸都覺得受不了了，才悻悻然離開。冬天裡寒風細雨，讓淒厲寒風的刮著皮膚，傷痕累累，仍在跑；沒有吃飯，空著肚子還在跑，她說正可以減肥，要減肥才跑得快，爭取冠軍。感冒發燒還不停止休息，照跑，有時幾乎虛脫。就這樣，馬拉松成為她生活必要的一部分，也成為她奮鬥爭取的目標，她要成個馬拉松的鐵漢，簡直是自我虐待。她的意志力超過了她的生理所能承受的極限程度，做父母的我們看來，覺得刻骨銘心，卻難以說服勸退制止。不知說了幾次這是最後一次，結果還是欲罷不能。陪她上高速公路跑全馬，約定這是最後一次，仍然跑，開車陪她到墾丁參加全馬，說是下不為例，結果自己搭車到台東跑。過年的時候遇到連續幾天假期，天天跑，到遠地跑全馬，又回台北參加爬四十九樓比賽，又參加台北市辦馬拉松，睡不到兩小時，又一早爬起來參加元旦升旗。簡直是折磨自己。

求學讀書從不要我們操心激勵的她，隨時都訂一目標不斷挑戰自己，折磨自己；除了跑馬拉松以外，她對專科的選擇也不斷再挑戰極限，前後經過四階段嚴厲的訓練，通過四專科醫師考試或四張執照，也是虐待自己，實在於心不忍。

這樣經過了幾年下來，得到獎牌獎盃無數，塞得房間滿滿，運動服一大堆；然而，體重掉了幾近十公斤。

許多同學利用青春年華，談情說愛，她沒有；許多同學同事，享受成家立業的樂趣，她沒有；有的同學，一個專科醫師都考不過，一張執照都沒有，她卻取得了四張專科醫師執照；很多同學一篇論文都沒有，她連續好幾篇，有的刊登在 SCI 期刊；有人憑著一張執照，不務正業，怪招百出，左右逢源，財源滾滾，她不屑。

社會框架變了，醫療制度變了，大醫院淪為血汗醫院，社會氛圍變了，醫病糾紛層出無窮，導致五大皆空。在這樣的社會裡面，固守醫師工作，她持有四張執照，安分守己，清心寡慾，仍然惶恐不安。遺憾當時成績太優秀，考得太高分，後悔步上艱險坎坷這一條路。

一九九九年，老大留學美國獲得波士頓音樂學院鋼琴碩士，在文化中心開鋼琴演奏會年博得好評：老二進師範大學念科教博士班：老么台大醫學系畢業，實習完畢，在新光醫院當醫師。一門三傑，個個傑出，學有專精，羨煞多少人，蘭桂奇芳，妻服務學校特推薦當選全國第三屆和睦家庭，獲得總統賜頒匾額獎狀表彰獎勵。

❏兒孫自有兒孫福

老大莉兒美國留學回來，開完演奏會後一年，與騰締結連理。騰是交往多年的男朋友，從大學時就開始。她學音樂，騰學醫，在當時是最為人羨慕的佳配。惟當時學業未學成，住所不定，君子之交甜甜淡淡持續不斷。即使大學畢業後回到高雄五福國中實習，後又出國到美國波士頓音樂學院留學，都沒有影響他們的交往與感情，頗為難能可貴，經得起時間與空間的考驗。當時國內有多人做媒介紹，在國外也有很多機會，莉兒都不為所動。於是在他們倆都學成後回到高雄工作，論及婚嫁，雙方家長同意，擇黃道吉日成婚，有情人終成眷屬，為大家所羨慕和祝福。婚後騰更積極上進，衝勁十足，把握時機，勤學敬業。幾年之間，完成碩士學位，博士學位。

他本學中醫，進一步結合西醫研究，在陽明醫大傳統醫學研究所獲得碩士學位，後在長庚醫學大學臨床研究所完成博士學位。他結合傳統醫學與現代醫學科學研究，論文獨到。

騰婿旋即在林口長庚醫院任職並進修，莉兒本錄選高師大附中教職，為了夫婦團聚，忍痛割愛另在桃園擔任教職。夫婦合作，男的專心看診並進修做研究，女的專心教書與持家育兒。婿論文發表越來越多，中西醫合體，為中醫開啟一片天。

高雄長庚醫院成立中醫部，被禮聘到高雄長庚擔任中醫部主任，又回到自己的家鄉來，為長庚醫院初創的中醫部奠立基礎。後蒙長庚獎勵到美國康乃爾大學為訪問學者，做進行臨床實驗研究兩年。莉兒本留美碩士，老馬識途，為他張理一切，讓他生活方便，舒適良好，過得愉快。

他們夫婦育有一男一女，外孫女小名真，外孫兒小名欽，都聰穎可愛。有一次，真才學會講話，在沙發椅塗鴉，問：誰在沙發塗鴉？答說：剛剛媽咪剛在這位子上坐過。又機靈，EQ 又高。欽才幼稚園階段，喜歡看圖說故事，還自己常編故事給家人分享。想像力豐富，語文都不差。

後來跟隨著父母到美國住了兩年，上美國的小學，過得很快樂。兩年後回到台灣，真跳過了中年級兩年，直接上五年級；欽錯過了小一小二，回國後直接上國小三年級。中文能力有了落差，閱讀理解能力落後，以致學習上遇到一些困難。出國兩年，上美國一般的小學，早接觸外國文化，英語能力打好基礎，雖有所得，可是也在中文能力發展上略落後，有所得也有所失。

女婿在美國近兩年，中西醫合體的研究更為精進，回到長庚醫院，繼續掌中醫部，如虎添翼，研究更上一層樓。後來當選高雄縣中醫師公會理事長，成為中醫界的新星。他致力加強兩岸醫學醫術交流，並常被邀聘專題演講。對台灣中醫發展貢獻很大。

真與欽兩外孫兒，都長得很好，真亭亭玉立，與同儕關係非常好，喜歡網路買賣，上大學主修國際貿易，旋喜愛管理，轉校學生物管理；欽高一就一八〇公分，棒球高手，同學說他是全壘打王，人緣很好，當選人氣王。希望他們都會找到自己的目標方向，奮發前進。

老二森兒在清華大學念碩士課程期間，兼任專案研究助理，幫指導教授做專案實驗，認識同班同學一位客家妹華小姐，兩人很談得來，相知相惜，交往一段時間，覺得情投意合，論及婚嫁。

我在念大學期間，有與客族子弟相處的經驗與感觸，覺得文化差異甚大，覺得跨族結婚，調適有難度，並不頂適宜。當時許多親友和同事直接或透過媒人介紹多位對象，若干頗為理想。不過我跟內人斟酌再三，覺得做為父母者，對於子女終身大事，還是年輕人兩廂情悅最重要，感情是勉強不來的。同時我們對幾個子女都有信心，相信他們都會對自己的終身大事做最聰明的選擇。所以我雖不怎麼贊成，也不表示反對。我尊重他們，年輕人喜歡就好。他們在二〇〇二年暑締結連理，有情人終成眷屬，獲得大家的祝福。

隔年生了一個小孫女小瑜，生性聰穎，悟性特好，敏於學習，伶牙俐嘴，過目不忘，語文性向強；又善於表演，音感韻律感出眾；喜歡閱讀，讀遍各種讀物。無論什麼讀物一到她手上，都不會輕易放過，有的書一讀再讀，百讀不厭，看了之後，還喜歡報告出來跟大家分享，台風穩健，滔滔不絕，客人來了，大家都大為激賞。她從幼稚園對於中文英語的學習表現極佳，教師們無論本國教師或洋教師都喜歡她。

她從小有什麼語文競賽都樂意參加。參加過國語演說比賽，朗讀比賽，英語演講比賽，得到很多的獎勵。還參加高雄兒童合唱團，赴德國比賽得亞軍，參加福東國小直笛隊，得高雄市比賽冠軍。

我最嚮往游泳，可是三個兒女，都沒有真正學會各式游泳，頗為遺憾。孫女小三時，暑假很熱，我一時興起，就帶著她到高師大報名暑期游泳班學游泳。一個暑假就把各式游泳都學會了，無論自由式，蛙式，仰式，蝶式都能游來游去，自由自在，通過各級測驗，獲得證書，好厲害。以後每年暑假都會在游泳池看到她優游自在，如魚得水，游來游去，非常享受。但是陸上的運動功夫就沒這麼出色了。高師大附中男女生都要跑三千公尺，就顯得力不從心，老師說她跑得不快，但是不會偷懶，再怎麼苦也咬緊牙根，苦撐到終點。頗為難得，她自嘲，我的名字是「瑜」，本來就是「魚」，擅長水中游，拙於陸上跑。

國小時候學校老師做分組教學的時候，大家都不喜歡跟她同一組，嫌她動作慢吞吞的。可是慢慢地，後來大家卻搶著跟她同一組，因為大家發現，被大家排斥程度不好的同學，她都有辦法組訓成功，把共同的作業做好，不輸給其他組的同學，老師稱讚，同學佩服。因為分組了以後，她身先士卒，探索領導，規劃分工，合作無間，不會計較，把共同的功課優先處理，一己的功課擺一邊，共同作業放中間。看來她頗有領導管理的性向與特質。

她多才多藝，是一顆玉石，待琢磨再琢磨，有一天，將會成為一顆晶瑩剔透，光彩奪目，發光發亮的寶石。

●當選院長，無心插柳柳成蔭●

二〇〇〇年，我正意氣風發，三月底四月初旅遊了大陸長江三峽，參加兩岸師範教育會議。四月下旬又到美國作異地研究，跑遍了美西加州，南部路州，德州，又回老地方威州。沒想到當年年底十二月初，本來安排好到台北參加年度學術年會並應邀主持節目的，不意忽然身體突感不適，無法成行。而且差一點沒手術，以後身體大不如前，無法自由逍遙，高興去哪就去哪。總會把身體負擔作優先考慮。對於本職以外的工作，儘量減少，減輕負擔，能免則免，忽然之間好像老了好多歲，所以對於兼行政也不做非分之想。

二〇〇一年暑假教育學院蔡院長屆滿卸任，我本無意於此，淡然明哲保身，總覺得身體最重要。然而，幾位老同事一再好心遊說，希望我出來做學術領導，提高教育學術的地位。看他們真心相挺，我也覺得過去將近半年的休養，身體已進步很多。而且這是我獻身於教育學術行政的最後一次機會，一任滿，馬上到了退休年齡。考慮再三，決定把小我擺一邊，以身相許，再為大我奉獻吧。於是在他們的說服與推薦，毫無經營與準備情況下，登記參選院長選舉，當上了教育學院院長，真是無心插柳柳成蔭。

其實，在接受之前我也是天人交戰，我能夠奉獻什麼呢，絕不可為擔任而擔任，擔任行政首長，要負起她的責任，而不是為當政而擔任，過過癮而已。

❑參選院長，所爲何來？

我問我自己，參選院長的理念是什麼？目標在哪？你有什麼策略可運用，你預想的願景如何？當時的氛圍中，我思慮自省，我的理念有四要：

一，展現學術成就，共構教育學院發展願景。

二，改善研究環境，結合同仁才華，追求學術卓越。

三，爭取並有效利用資源，提升教學校能。

四，調整並擴展學系結構，開拓生存發展空間。

我深深覺得教育學術單位急需重視研究發現真理；講求效率，提高效能；精誠合作，和諧共榮；永久精進，止於至善。這個就成為我們教育學院未來努力的目標。

策略之運用，感於同仁對專題研究仍不夠積極，怯於提出專題研究申請，未來要加把勁；在教學方面略嫌太保守，因循傳統太多，創新太少；而且當時大學校園常有一些紛擾，有的校園搞得烏煙瘴氣。動則興訟，應防患於未然。我乃針對此，提出幾個政見；

第一，為提高學術地位，大力倡導鼓勵專題研究，輔助教師設計計畫專題，提供諮詢服務；

第二，提高教學效率，逐步充實改善資訊硬體軟體，並輔導同仁應用現代資訊科技，結合同仁的知識，勇於創新教學。使大學教學有效傳播最新知識，傳播真理。

第三，貫徹大學行政為學術教學服務，減少繁文縟節，將力行標準程序，人性化管理，以提高效率。

第四，為避免滋生困擾與不平，提高績效，建立升等制度化，公開化，透明化；同仁互動，充分溝通，坦誠相待；重視知識管理與合作。

第五，因應學術專精分化與科技進步，協助學術單位轉型與分化，使體制結構不斷進化，提高效能，避免僵化，陷於故步自封；分分合合應交互運用，更求合理有效。

第六，對於大環境的變遷，嗅覺要敏銳，有效因應，調整步伐，或適應或導進，步向開放民主多元化數位化的途徑。

這一些見解主張，頗能讓各位同仁感動，迎合當下的心境，水到渠成，故雖然毫無準備，倉促參選，仍能順利當選。當選後我聽取卸任蔡院長的心得與經驗，同感者做為參考，不理想者，引以為鑑，感謝他的寶貴經驗。

我就任院長，依據我的目標，院秘書仍照常沿用，透過秘書，我先熟悉院務，很快地一切就緒，發現院長被邀參加的會議真多，除了院自己安排的會外，校級的要參加，各系所級的也要參加，另外教育部的會以及國科會的會應邀參加。還有學術性質的以及諮詢性質的會，以及專業服務的會，校內外申評會。有被邀就參加的話，光開會就搞得團團轉。

❑倡導學術研究，大膽嘗試

接著我想到如何提高學術研究的興趣與濃化研究風氣，我擬結合各系所的教師專精知識專長，帶動學術研究，馬上試著提一個大型研究計畫。過去本院同仁習慣上忙於教學和研究，很少申請國科會專題研究計畫，我知道能夠申請得到的機會不大，因為按當時的審查計分制度，過去的研究成果審查有占近一半的比重，除非是新進人員。不過，無論如何，還是必須要勇於嘗試，事情總有第一次，有開始總是好的，姑且冒個險。

我感於二十一世紀影響社會文化教育最大的，可能帶給教育衝擊最大的力量，是資訊科技與網路科技的發明應用。於是我想到資訊科技社會與教育的專題，這個專題範圍可大可小，大可以包括休閒教育，特殊教育，心理輔導，體育，而不限於資訊教育而已。初步我構想包括：

一，資訊科技在教育的應用；二，建立人文化資訊科技社會；三，發展知識經濟社會的教學。

教育學院有的是資訊科技人才，工業教育人才，有課程教學輔導人才，教育社會學人才，正是寶貴的知識資產，怎能不善加發展管理利用。

我立即邀集有潛能有潛力的有興趣的院內同仁來共同研商。果然有不少人聞風響應。主題有了，人力有了，動力有了。不出一個星期，計畫立見眉目，架構豎立起來。我提供表格，並指導要點。然後各個組分別研擬。兩個禮拜的交換意見討論二十個子計畫粗定，總計畫我來寫。期間不分晝夜，沒有例假日週末，整個大型專題不到一個月完成了，整個經費卻達一千多萬。當時資訊教育所孫助理教授協助很多，感謝他。綜觀整個計畫，感覺很好，大家也很同心協力，呈現可貴可喜的願景。以我經驗評估，應該可有很大勝算。

結果國科會一審查下來，讓我們失望，兩點負面意見，我都是事先想到的，第一子計畫研究人員主持人，過去研究成果不足以讓審查者有足夠信心；另一個是總金額太高，而本專題並非當年度國科會重點規劃主題。金額被嫌太高，其實我們已經儘量緊縮了。而以國科會專題研究補助經費額度並不大。有些學門甚至達上億的，可是人文社會組的經費都很有限，難免有排擠效應。當然地緣也不無關係。另一方面，對一個跨領域的主題，審查者的專長領域學門也關係重大，往往不同學門審者意見相去千里，天壤之別，多少有門戶之見。

資訊科技社會是一個新世紀的主題，代表新趨勢，十分震撼；與教育的關係範圍大，可包山包海，一有人提出，同儕學者社群，看了會覺得為何不是我捷足先登；而我們的陣容太大，太過張揚。都是可能因素。我並不以為這一方面的題材不好，或者真的陣容不夠強，或設計不精。所以我仍然鼓勵同仁他們做，尤其已有相當研究成果者繼續申請，俟例常年度申請時間再申請。有了這麼一個開始，以此為基礎。後來不少同仁繼續修訂，分別申請到了個人專題研究。

❑教師升等要制度化，透明化，客觀公正

大學理面聘任升等是大學教授最切身關心的問題，影響重大，不僅關係到薪給待遇，研究費，也關係到教學，更關係當事人的地位，權威，甚至生涯發展。由於升等聘任的疏忽不公甚至刁難，導致忿忿不平，爭執糾紛，時有所聞。我服務的單位早在三十年就前發生過。

在今日，開放自由社會中，各學校更屢見不鮮，糾紛不斷甚至興訟。所以力求嚴密，公平，合理是絕對必要的。升等制度運作得好，正面來說有激勵作用，增益個人與組織的效能，促進學術與教學的進步；執行不當，則弊端橫生，挫折個人的銳氣，妨礙學校的績效；不可不慎也。所以我特別關注教師升等，應訂定指標，作業合理化，程序透明，制度化，審查客觀公平，管道暢通，評論合理公平，不徇私，不挾怨報復，不濫用權威，各個環節均須小心。

我以院長的高度，要求院內各系所必須研訂系所升等辦法與程序，教師聘用辦法程序，以及系所教評會組織辦法。並嚴格加以審查核定，使臻於周延。不過，即使訂有辦法程序，實際運作起來，仍然常有糾紛。常見的有兩種情事發生，一個是對於論文審查者的意見，一個是開教評會時，系所主管對於個案所持的態度。前者當事人覺得審查者對申請者的研究主題不熟悉，對研究著作不夠專精，素養不夠。或審查者對她有成見或偏見，故認為其評審給分太苛太偏太扯。

後者是，在教評會上審查個案時，評論結果與學術審查相差甚遠甚至相左。之所以會產生此一結果，常見於有的系所或行政主管對於某一升等審查案，不顧計分辦法，擅為做通過或不通過的主張。他心目中得意的人，雖未達標準，卻為其護航，要教評會給予通過；反之，對不投緣或不合作的則堅持否決掉，以致雖然審查評分已超過及格標準。如果教評會，接納主管的意見，投票不予通

過，升等不成，當事人必心生怨恨不平。過去不論院內外校內外，這種個案屢見不鮮。

平心而論，系所主管對其系所教師當然可以表示意見。但是必須有確鑿事證論據，如非特殊，只是印象不佳或特佳，不可無限堅持，罔顧審查結果。因為學術研究成果的比率比重有一定規範，必須依法定，通常占七〇%，其他教學服務行政占三〇%。一般升等審查案，必須依據遵循。

教評會開會時，都有給予主管在審查會開會報告時間，報告申請者在教學服務表現情形，系所主管可以利用這時間詳加說明，以為評分教學服務成績參考。這部分評分結果不超過三十分。然後審其學術研究成果外送審查結果，這部分占七〇%，兩者合計為其總分。達到七十分以上為及格，為通過之審定。達不到者不及格，必須重新申請。

倘若已達及格標準個案，主管堅持不予通過，因為印象不佳，或彼此有心結，為保護當事人權益，也為減少紛爭，我擔任院長在學院教評會為當然主席，堅持除非你能夠在教學服務表現項目，把他的分數壓低，讓兩者加權總分，真正不及格，否則不可否決掉。真正有辱師表者，另案以不適任教師案處理。不能讓當事者覺得，明明我的著作審查分數很高，為何教評會不予通過升等案。

至於學術成果的審查者之選定為避免滋生爭議，先請系所搜尋著作專長領域者推薦三到五人，再送請院長從中選聘為審查。若系所主管為申請升等當事者，則逕由院長搜尋選任。惟無論系所學院選聘，申請者都可提出不希望的人選若干，避免冤家路窄，任其宰割。

然而即使如此，有時候，也會誤解。有一次，一位學術主管申請升等，由院長直接選人選，主管很辛苦忙碌，我有意幫忙他，更不會刁難他，總希望能一次通過，乃就論文專長領域搜尋，在許多人選中選擇當事者熟識者專長也最適配者，避免提出是他最忌諱的人選。我乃就該單位最近辦學術研討會，系所主管邀請的主題主講的貴賓選任，不意審查結果卻給予不及格之評分。令我意外。當然當事人對此結果也感意外並感不滿，甚至覺得院長為難他，向我反映。我不能公開審查者，只能安慰與鼓勵。我只能把他的審查意見匿名提供給他參考，請他再努力修改潤飾精益求精，希望下次高分通過。不知他的不滿與不平耿耿於懷存在多久？我心中只能感同身受。學術審查這過程有時候是很難理解的，其心路過程錯綜複雜。遇到這種事只能勇於承擔，卻愛莫能助，有時被冤枉，也只能啞巴吃黃蓮。

這樣運作的結果，學院在我擔任院長期間升等案都很平順，沒有產生爭端。

不過學術單位同仁相處，仍有許多困擾爭端，有的主管跟同仁間的互動問題，有的是同儕間互動問題，難免多多少少的糾紛爭執。排難解紛，化干戈為玉帛，結合同仁的智慧，貢獻於組織的發展是做院長的人最期許的。我也沒有太大權力慾，已臨退休年齡的我，只求組織的效能和人際間的和諧。因此，對於此等事件，我盡心盡力，掏心掏肺，做好溝通，彼此赤誠相待。有的同仁親身經驗感激莫名，留給我謝函便箋，肺腑之言，令人感動，感念不已。

To my dearest 院長：非常感謝您願意幫我，您的恩情我會記在心裡。

院長：經過一連串的風風雨雨和打擊，突然間我感到好累好累、好想遠離一切，痛痛快快地大哭一頓。不管怎樣，謝謝您這些日子來的理解與關心。如果沒有您，我想我可能撐不過來。

❑徵聘教師公開公正，無黑箱作業

徵聘教師一定要公開透明，不包裝不受外力影響。有一次，某一個學術單位正在徵聘教師，依制度進行，經由系務會議先訂好積極條件，學經歷，專長，研究成果，可能貢獻。這很好也很正常，應徵者也很踴躍。期間有一位民代，素所敬佩其真正為民喉舌，常常仗義執言，揭弊除害，勇氣可嘉。他寫給我信函，推薦一位年輕學者，學經歷條件資格應該尚符合該學系徵求。

我立即函覆，謝謝他推薦，以及樂於選民服務。惟本學院各系所徵求教師，遵循一定程序，採三級三審順序，審查請由校外專家學者依客觀標準行之，審議由各級教師評議委員會集體決定，並經各級最高會議核定。然後每一級，將審議結果核轉上一級依程序再審核。

還請申請者依該系徵聘辦法備好表件及著作相關證明向徵聘委員會申請。後來依照程序應徵，但是，審查結果其條件表現不如其他應徵者，不能脫穎而出。

該民意代表，十分明理，也沒有不滿或借題發揮。民意代表為選民服務，是很平常的事，但不能耍權威，也不能借題發揮，主政者與承辦人，要照章行事，依據法令辦事，兼顧情理法，不能故意刁難，互動要通情達理，彼此要有誠意。彼此就不難諒解。

又有一次，有一個學術單位徵求教師，也是依規定訂出徵選辦法，公開徵求。應徵者眾。於是依程序先做初造審查，初選及格者請來參加複選，口試，晤談，發表與試教，照程序走，一切遵照程序並由委員評分，排名，高低已見，名次已經分曉。沒有想到這時候，來個大逆轉，突然該單位主管忽然冒出說，我們要經過兩次評分，所以要再經一次評分，並說一句依校長意思，這一次要內聘，聘現職在本校另單位在職人員，事實上只有一位校內現職者在複審之列，其發言用意至明。

再次評分結果全面翻盤，原來排名在後面的校內人士名列第一。這一位現職人員資歷條件表現顯然不如校外來應徵者。卻錄取了，而遠從外地來的，有的坐飛機來的，有的長途開車來的，有的搭船來的，花時間花精神，費神費事，只來陪考而已，要花樣瞞天過海，蒙人耳目，我深不以為然。我是上一級主管，為何事前我完全不知，被當成局外人。我不相信校長會做這種事。我趕在開院級會議之前，我要找校長問清楚。隔天一早我找到校長，他說他也不知，他沒做任何交代。校長跟我持有相同看法，如果是內升或內調另有辦法，不必勞民傷財，分明是這位單位主管為了左右結果搞的花樣。這種玩法，我期期以為不可。

這人事聘任案送到院務會議來審核，我說明來龍去脈，讓院務委員了解，最後院務會議決議，駁回原單位，否決了此一烏龍聘任案。在我任內，我絕不能忍受徵聘教師有任何黑箱作業，更不願意有勞師動眾只為特定人士陪榜。至於別人接任如何操作，能否堅持此一原則，那就不得而知了。

工教學系化身變成科技學院：「無張無持」當上科技學院院長

❑工教系亟待脫胎換骨，硬體完工多年，閒置待用多年，無影無蹤

把工教學系改變，分化擴大並搬遷至新校區，脫胎換骨成為「科技學院」，已經談論甚久，且科技大樓硬體已早就蓋好在燕巢校區多年，是新校區最早奠基施工完成的第一大樓硬體。可是召開協調會議不知幾次，每次總是吵吵鬧鬧，難以獲得一致結論。無意中已落成的科技大樓閒置成為蚊子館，可惜。我接任教育學院院長，不能不接手這個燙手山芋。再燙也要接。

我是院長，當然希望教育學院越大越好，系所越多越強，把工教系永久留在教育學院。如果這麼看，是教育學院自私的想法。然而，平心而論，為了讓工教系更有發展的前途，為了彰顯高師大的潛力，則工教系非脫胎換骨不行。檢視工教系原來的功能，正視目前的困境，前瞻未來資訊社會中的前景，更為了現有資源的充分應用。我必須這樣說。

工教系原來主要是為培養國中的工藝教師而設，當然也為了培養高職工科教師。然而，由於當初創系時，拮据的經費，硬體設備因陋就簡，只能提供國中工藝課的課程及實習工場，像比較需要進步精密設備實習的課程開設就難矣哉。所以其工場都是一些木工，金工，泥水工，藤工，竹工，傳統電器工……等等工場。教師專長也是配合這些傳統工藝科目聘任的。

然而，隨著科技進步，工業發展，代代翻新，尤其是近年來資訊科技進步神速，即使在國中的工藝課，這一些傳統工藝都已經是昨日黃花，替代的是數位化，資訊化，現代文創的專門技術。培

養師資的師範大學工教系怎能再抱殘守缺，故步自封呢？何況還要進一步培養高職的專業科目教師。一些訪視評鑑委員來訪時，評論說高師大工教系設備還不如工科高職的設備，如果要勝任培養高職工科教師，那更必須要改變目標，創新課程，拓大空間，更新設備，壯大師資，將工教系脫胎換骨。

學校也希望工教系改變體質，同時新校區已蓋好科技教育大樓等待去使用，結果蓋好幾年仍然閒置空虛沒人使用，成為飛鳥的天然天堂，成為野鳥棲息的地方。由於設計未加注意，中庭還加屋頂，飛鳥飛進去，不易飛出來，地板上到處鳥屍鳥糞，也成為飛鳥的地獄，看了令人噁心難過。

❏設身處地，以同理心溝通協調，一起慢慢打通關節，以同情心克服困難，終於成功

大家都說工教系難搞，難以溝通，我不相信。我想應該是沒有找到堵塞之處，好好地溝通吧。把一個成立幾十年，校友數千的學術單位，全盤更新，牽涉太多，是一件艱鉅的工程，何況還要這個最早成立的學系搬遷到荒郊野外，需要半小時車程的燕巢校區。這種事必須要將心比心，用同理心同情心去處理，否則會治絲益紛，演變到最後是各持己見，有人為反對而反對，有人為贊成而贊成，那就僵持不下了。當時的教育生態大學發展還不到很嚴峻的時候，學生來源還不至於招生不足的時候，尤其高師大執南部大學牛耳。大學的退場風聲仍遠，不是叫他退退場就退，要一個學系更新改變就更新。

想最初，我來高師大的時候，有幾年開有工教系的課，我教過的早期系友有幾位留在系上，如今已經是學系的年輕副教授或教授。我不認為系上的教師那麼難搞。工教系要更新，要搬遷，老師一定擔心很多，更新之後，課程如何規劃，我的專長還派上用場嗎？有課教嗎？誰不擔心？換做你，你也擔心下個半生我怎麼辦？要進修，進修的管道在哪裡，可靠嗎？新的學系的目標是什麼？

吸引人嗎？學生有其基本的來源，源源不斷嗎？有沒有畫出藍本來，還是空中樓閣而已？這是為學系發展著想，也為自己生涯發展著想。

其次，更新喬遷之後，半小時車程，還有一段危險的旗楠公路路段，我怎麼上班上課，萬一塞車遲到怎麼辦？我不會開車，誰來幫我解決交通問題？學生通學有困難吧？學生交通出問題，誰擔當得起？我的家眷在市區要上班會受到怎樣的影響？小孩要上學要怎麼辦？如果要搬到新校區附近，房子在哪？太太有班可上？小孩的教育影響有多大？老人照顧怎麼辦？問題一籮筐。有些私人的問題難以啟齒，只有借題發揮，反對到底。

對這些問題能說不理他們，要同仁說自己的問題自己解決嗎？這一種是抗拒的力量，不能視而不見。對於這些，要面對要分析，分別輕重緩急，分別什麼事可以由學校解決的，什麼事應由系上解決？哪些事可透過妥予規劃避免的？哪一些只能叫你個人去克服囉，分頭努力去協力完成。何況有利的地方還不少，可以加以渲染，成為吸引的拉力誘因。

我以同理心為他們設身處地，想了很多很久。系主任是威大校友，通情達理，非常配合，透過正式的系務會議，院務會議，午餐座談，非正式的談話，喝茶聊天來溝通。一段時間後，大家對於改制大都持正面的看法，肯定的態度。惟改制後的學系發展方向及課程規劃，則有很大疑慮與思考空間。對於搬遷也已慢慢能夠接受，但是需要學校在交通安全方面，能事先設計與給予最大的方便。

❑學術定位，課程規劃設計，兼顧現實與理想，有前瞻眼光，不能忽視現有師資教學的權益

至於學術名稱與學術發展取向及課程設計之規劃，有兩大不同的方向，一是傳統的取向，一是資訊科技取向。這兩種取向事關未來的科技學院發展的潛力與能量。革新是需要除舊與布新，可以速就速，越快越好，然而，人力的利用與師資的展能，則不能說除舊布新於一朝一夕之間，事緩則

圓；知識的開發是與科技的應用與人才的培育是向前進的，是迎向未來，滿足未來的願景的，越大膽越佳，效果越好。這是有些矛盾的，左右為難爭議不休。

當時對資訊傳播學系的新設有大眾傳播的教師主張應走傳統的大眾傳播，有的主張光電傳播。這一個傳統工教系分出來的學系，工教學系有的教師對此一學系頗感興趣，堅持走傳統的大眾傳播。環觀審視當時情勢傳統大眾傳播，市場需求已越來越小，光電傳播人才的培養方興未艾。

應用設計學系也是分化出來要新設的學系，大家對她有不同的期待，有的希望侷限於工業設計，有的期望擴大範圍，包括各方面的設計，如形象設計，視覺設計，造型設計，陶瓷設計，環境設計，都市設計，服裝設計等等。

經邀聘校外專家參與演示，成品展示，諮詢，與課程委員研商討論，以及個人的意見，傳播學系，以資訊傳播課程為起點，期待發展光電通訊為重點，新聘人力以光電傳播專長優先。目前可酌設傳統的傳播科目，未來將發展聚焦於光電資訊傳播。請由原來工教系對於資訊科技鑽研精深者籌畫。

設計學系側重應用設計，但兼顧設計理論與美學理論基礎課程。初期以工業設計為主，依教師專長開設各方面的設計課程，前瞻未來應重視文創設計，資訊設計。如此，近程遠程目標兼顧。新聘用教授則聘選專攻產品設計，軟體設計，文創設計者為優先。以蓄積豐沛人力，開設先進課程，壯大發展能量。

在我的帶動偕同大家努力之下，二〇〇三年八月工教學系順利搬遷至燕巢校區，工教系脫台換骨為科技教育學院，設三學系，「工業教育學系」，「應用設計學系」，「資訊傳播學系」。這是工教系的大事，也是教育學院大事，更是高師大大事，使高師大更像一個綜合大學，趕上資訊科技時代的綜合大學。

三個學系主任都由原來工教系學有專長的教授擔任籌辦，工教學系由原來的仲山主任續任外，應用設計學系由季玉教授，資訊傳播學系由德厚教授擔任，都是最負責，最投入，最有遠見學者教授。

❑院長難產，無意間兼任科技學院院長

院長的選聘卻遇到了難題，新院長不必一定遵循民選方式公開競選出。首長可以遴選適合人選來籌辦開創新學院。惟有趣者眾，互相較勁，相持不下。校長不願意直接派任，所以新學年開始，校長希望我以教育學院院長兼任科技學院院長，我責無旁貸。我既然把工教系費盡氣力催生成科技學院，現在新院長難產，我義不容辭要繼續照顧她，讓她繼續成長，不受到任何傷害。形同骨肉，情如手足，我覺得我對她有些承諾，不是一時就可以割捨掉。

然而，身兼兩學院，又處兩個不同校區，兩地跑唯恐分身乏術，吃力不討好，擔心會誤事。我問要兼任多久，校長說直到你把新院長產生出來。於是我窮盡全力辦理新院長選舉，公開透明是最好的方法。先擬好遴選辦法與實施程序。大抵按照教育學院的院長選舉辦法。有興趣者會評估勝敗機率多少，考慮是否參選，有的知難自退，不會太多太亂吧。依程序進行，到最後，果然是同額競選，十月底就順利選出了新院長，孫仲山教授，眾望所歸，高票當選。這是最好的結局，大家做的選擇就是最好的選擇。順利得讓大家跌破眼鏡，出乎校長意料之外。

❑科技學院揭牌典禮，院長順利選出，我最得意滿足

趕在校慶前夕十一月三日辦科技學院院長交接暨科技教育學院揭牌典禮。是我最高興最滿足的一天。當天貴賓很多，全校教師多人及科技學院全部教師興高采烈參加，氣氛熱絡，典禮隆重，炮

聲響起，對我有感謝，有祝福，有展望。我感到一絲滿足，一絲安慰，也有一點不捨。不希望有任何不滿，祝福科技學院前程似錦，燦爛可期。孫院長說我是首任院長，實際上只有三個月又三天，雖然用心很久很久。

❑榮任台灣教育社會學會理事長

二〇〇二年，台灣教育社學學會年會大會票選我擔任理事，又由理事會票選我擔任理事長。台灣教育社學會第一次由南部的會員擔任理事長，至感榮幸，也覺得責任重大。想最初學會是由教育社會學界自由發起依法申請成立的正式組織，關係教育社會學在台灣的存在與發展。參加者均係自願填表且經過理監事會議通過的學界同儕。

我對教育社會學會期許很深，為了壯大學會，希望會員越多越好，力量越大。凡對於教育社會學有研究，與有志於研究者均表歡迎。我們堅持絕不應有山頭觀念，也不應有門派觀念。

我是學教育學再學教育社會學的，但我們更歡迎純社會學背景對學教育感興趣者加入我們的行列。我們過去偏向量化研究，晚近質性研究盛行，惟兩種典範研究各有所長，相輔相成，不可偏廢，因此在理監事選舉的提名，或學會學刊編委的選聘以至審稿，立場絕對公正，都不可偏頗，更不應該互相排斥，量化研究學者與質性研究學者也要力求平衡。絕不執著個人的偏好，而隨時都以如何才能壯大教育社會學的發展來主導學會的政策。

當時正是我任院長期間，可以利用的資源比較多，多位同仁與研究生同學皆競相幫忙會務，使得學會運作認真順利。如德隆教授，勝義教授，文三教授，和堂教授，大為秘書等都鼎力幫忙。感謝。期間會員成長很快，聲勢壯大，會務推動認真，大家滿意。

二〇〇四年五月二十八—九日，教育社會學會與高師大教育學系合作舉辦第十屆教育社會學論壇「變遷中的社會文化與入學制度改革」，對剛啟動的多元入學制度，從社會學的觀點與社會變遷的實際來探討。有理論的論述，有實徵性的探討，有展望，也有評論，更有實際的驗證新舊入學制度的優劣效應。

何以被人痛恨的聯考制度，在多元入學一啟動就有家長學生老師懷念起聯考制度來，又為何多元入學制度一開始，就被譏為多錢入學。如何才能把握真正的多元入學的真諦，發揮它的功能。內容豐富，參加熱烈。

本次論壇承蒙李連基金會董事長黃昆輝先生大力支持並慨撥十萬元資助，讓研討會順利舉辦。至深感紉。

任滿，我即將退休也不再擔任院長，缺少資源，將不好運作，我不便再繼續領導學會。

服務滿四十，蒙總統表揚；退休，終止公職生涯

二〇〇三年九月二十四日，我服務公立學校，為國家作育英才滿四十年，承蒙總統邀請在陽明山中山樓接受資深優良教師表揚獎勵，頗感榮幸。這一例常獎勵，創始於先總統蔣公，一直延續至今，顯示國家對教師的尊重與禮遇。此時我也頗感慨，該是退休的時候了。不過院長的責任未了，應該做滿，完成對同仁的承諾，何況有些事正在進行中未完成，不可功虧一簣。而且我年齡差一年才滿六十五，雖然已服務滿四十年。

直到二〇〇四年七月三十一日，擔任院長屆滿，也是我從事教師公職滿四十一年，在高師大服務三十二年後正式屆滿，退休。

高師大由教育學系提案，經過三級教評會評議，獲得學校評議會全票通過，聘為高師大「榮譽教授」，以表彰我在高師大教學，學術研究與行政上的貢獻。這是給我最大的肯定，在當年校慶大會受頒獎匾額表揚。

在退休歡送會上，各位同仁好友與同學以各種方式，精神的與物質的，直接的與間接的，符號的具體的，給我歡送與祝福。我感激不已。

這些禮物，不論一張賀卡，一封信札，一串花束，一枝筆，一張座椅，一組茶具，一本書，一本論文集，一個相框，一枚滑鼠版，一本筆記簿，一座牌匾，一件藝術品。一一都是代表他們內心的真摯情意，讓我內心感動不已。我仔細欣賞他們的寓意與設計，流露出我的一些好友的精心的巧思，濃密的愛心，真摯的感情，與深深的祝福，有的更表露出來無限的懷念與思慕。

學成的碩、博士們自動自發撰寫論文編印成教育論文集，保密到家，直到歡送會上送到我手上我才知道，讓我驚喜萬分。謝謝發起的和堂與文三學棣教授，也感謝撰文的諸位碩、博士。書中更介紹個人的專業生涯事蹟略記與著作要目。還有同學憶往事，寫出感恩的心語情思。讓我感動。事後我為書題字書名《薪傳與成長》，正式出版。如今他們都已是教授與校長了，有的同學著作等身，青出於藍，讓我引以為傲，也感到欣慰不已。有時候他們同門聚會，也會邀我參與，分享他們的喜樂，並表彼此的關懷與祝福。同在本校任教的賢棣們遇到了，都會趁機聊聊並關心。

有一班博士班同學作了一個木質相框，刻了一幅達摩大師的雕像，周圍對聯曰：

生涯茂盛精進；

傳道恩澤殊深。

在歡送會上尊稱我是台灣教育的達摩大師，所以以達摩大師像贈送給我，受之有愧，但也感動不已，備感光彩。

我退休了，真的有比較多的優閒時間，我常常一遍又一遍的望著這你們送給我的懷念與感恩，讓我的思緒馳騁過時光隧道裡，回到過去，回味無窮，感念至深。朋友們，我永久記得你們的好，也記得過去我們同甘共苦，同舟共濟的日子，也記得互相切磋，共同追求真理的精神。

祝福你們一代比一代強，祝各位明日之星，更光亮，更閃爍。我喃喃的說著。

纏繞不斷的噩夢

❑哥哥久來是我的負擔

雙親先後於一九七五年，一九七六年過世，我很難過，真的感到「樹欲靜而風不止，子欲養而親不待」的感傷。在心裡面沒有覺得減輕了負擔，反而覺得加重。從此以後，哥哥在鄉下老家，成為單身。從前父母在世，雖然感情不睦，吵吵鬧鬧，但彼此關懷，也是幸福。父母走了，孤孤單單。我回去，他跟前跟後。好像有說不完的話，跟你訴說，心情好，說好話，心情壞，說壞話，甚至還惡言相向，總是讓他說個不停，一吐為快。他現在想念過世的雙親，想念離婚的前妻，以及失散多年的一對女兒，有懷念，有憤滿，有後悔，有期待。雖然他跟雙親不睦，過去跟我也不友善，他現在孑然一身，沒什麼動機做什麼事，渾渾噩噩。我想他有退伍軍人心理上的創傷症候群，和年輕氣盛時與人合夥做生意，嘩玲瓏，因故翻臉吵架，被對方惡意傷到腦部，留下的創傷，致精神大變。我同情他，忍受他，不能不幫他。他窮愁潦倒，處境可憐，不能不給他一點關懷和幫助。

原想雙親已不在，台南高雄相距也不近。當時交通不發達，搭火車搭汽車加上轉車，來回一趟，也花掉一天時間。當時只是年輕老師，事業剛起步，孩子還小，正待奮鬥，哪有時間來回跑。想把父母祖先牌位擇日搬來高雄祭拜，但看乃兄那副情狀，實在不忍心那麼安排。為了給他一些心理上依靠，只好把祖先牌位保留在老家故宅，藉著父母的忌辰逢年過節清明掃墓，回家祭拜，也藉這機會給他一點支持，關懷，鼓勵，生活上有困難，也給他一點資助，父母地下有知，會感到放心，三十幾年來維持這模式。父母地下有知，也會感到欣慰。

然而，這種模式讓我及家人增加了很多負擔，很多不便，也所費不貲。尤其遇到與工作撞期，上課衝堂，開會撞期，兼行政走不開的時候，不得不提早一點，利用當日的前一個周末，回老家祭拜，也看看老哥。我想人在做天在看，也算是做一點好事。妻小知道我的用心，也頗能同甘共苦。遇到過年春節時候，交通大打結，搭車難上加難。早期自己沒車，搭公共運輸工具，常常大排長龍，為了等車，耗掉好幾個小時等待時間，回到高雄家往往已到晚上了。他年紀越大變得越怪，有時候好不容易回到老家，還要忍受他的氣。看到他沒收入手頭拮据，要接濟接濟，責無旁貸。一切只好認命。

❏兄長成爲榮民，爭取到榮民證，遲來的正義

一九九〇年代，參加過金門八二三砲戰的台籍退伍官兵有了覺醒，發起一個救濟行動，組成一個八二三金門砲戰退伍官兵自救組織，向政府爭取榮民身分，訴求為什麼同樣參加過戰役，大陸撤退來台的的軍人頒給榮民證，而台籍充員官兵駐守金門前線的官兵，參加過八二三砲戰出生入死，傷亡慘重，退伍下來的軍人卻啥都沒有。尤其像乃兄帶了一身疾病回來，心理不正常，毀了他的一生。結了婚，卻弄得妻離子散，失業落魄，窮愁潦倒，更需要國家給予照顧，所以我們奮力為他爭取，後來政府有條件的同意。

我帶著他跑，申請榮民身分。退伍後已經三十幾年，他連兵籍號碼都記不得，退伍證翻箱倒櫃，只找了半邊退伍證，好在兵籍號碼還在。屬於哪一部隊，也搞不清楚。盧來盧去搞了半天，兵籍才被確認。作戰事實的證明，又玩了一陣，最後好不容易找到同袍來證明，然後又要稅捐單位的財產收入狀況證明。我帶他到縣政府所在的新營跑戶政，稅政，地政等機構，先後幾回跑榮民服務處，最後終於申請到了「榮民證」，從此國家頒給他榮譽國民的身分。他早年為國家為國民犧牲奉

獻，終於得到了一點回報。每個月政府撥給了他就給養金，一般榮民津貼，三節還有慰問金，每年依規定時間，須向指定地點的榮民服務人員報到核驗。從此，他勉強可以有可靠的生活津貼，經濟上不需要我這個窮老弟的接濟，減輕了我的財力負擔，只是心理上的負擔還是依舊存在。

❑哥哥吵著遷走父母祖墳

哥哥年紀越大，越覺得孤單，常想念起了他的兩個女兒，一九六二年就失散了，到那時候她們已經失散了三十幾年，從沒有消息。他常跟我說，她們在哪裡，我跟他說，有一天她們更懂事了，應該會主動回來認你吧。有的失散幾十年，流落在外國，都會千辛萬苦，透過各種管道，回來看看她們的生父母。除非的確無從查考她們的身世，或有人給她們洗腦，烙印下可怕的刻板印象。很少有人明知生我者健在，卻不想辦法認親。不過，一年等過一年，全無消息，甚至為了打聽消息，還曾被奚落嘲笑。日子一久，也慢慢死心，轉而想領養兒女，想再婚。

二〇〇七年我生了一場病，服了好幾個月的藥，整年都沒回去看他。我請表弟跟他說我出國去了，今年沒辦法回去看他。等年底回去，他變了許多。他說，想收養小孩，下次回去又說想再婚，並且一再說要遷走父母祖墳。雖然這已經提起好多次，但是，前此隨便說說而已，但最近是十分認真的。理由呢，有人要跟他結婚，需要錢。我建議，要慎重。

原先，先母過世，父親請來風水師看風水，認為哥哥的那一塊田地，風水最佳，所以父親同意風水師的說法，就照做了，把先母之墓設置於田地上。不到一年，父親也過世，所以也跟母親葬在一起，一起長眠於他們遺留的土地，朝夕共度於此一「清風明月」，「金山綠水」的「天上人間」，「良居仙境」，得土地公的照護，相當安穩。我本想從此讓先人就此長眠，不要再驚動，也幾次請師傅維修墳墓，墳上我還親自撰書題字。但是土地產權是兄長的，他一再堅持，無法溝通。雖然田地是父母留下來給他的遺產，他目前生活不成問題，因為有固定的榮民就養金可支用，且兩個失散的女兒說不定哪一天出來認親繼承，會感恩不盡。

但他越來越堅持，執意要遷。我好意規勸，既然不聽，只好依照他的意思。於是，我跟我的兒子忙於搜尋有關遷墳及寶塔資訊，最後找定了觀音山離義大世界不遠的菩薩紀念公園的寶塔，擇吉日良辰撿骨火化晉塔。

觀音山山林蒼翠，藍天白雲，山光水色，氣象萬千，是一個長眠的仙境。雖然價格蠻貴，但只要風水優，先人有靈感應，閒適安舒，盡慎終追遠之心，期民德歸厚，子孫心安，必有福報。

這個搬遷需要隆重不能隨便，必須尊禮成俗謹守規範，讓逝者安舒，生者安心。我做了很多功課，並多方了解。準備好一切，通知親戚，並早先十天前即特別回老家，慎重當面跟老哥說清楚日期時間及應備事宜，唯恐電話會有差錯，一再叮囑別誤了時間。他說需要多少錢，我據實以告。他覺得貴，我說選風水選品質選管理，分攤不是現在，等你年紀大了，如果還有錢，再分攤不遲，現在全由我負責處理。

❏擇日晉塔

記得那是個十二月初超冷的天氣，撿骨儀式祭拜時間看好在早晨八點，我們必須趕在這時候前到達。一早四點半就醒來，斜風細雨，冷得發抖，惟重大任務在身，不敢再睡，怕誤了時間。找出最保暖又能防風雨的風衣，給大家穿上，帶著準備好的祭品，會同住在高雄的親人，於六點五分出發，一路上很擔心如果雨勢變大，怎麼施工。正值是星期六，又是寒風細雨的清晨，有點霧氣，可以說是淒風苦雨，沒有什麼塞車。途中在仁德休息站休息一下。下了高速公路，七點半準時到達麻豆，與潘道長與工作人員會合，用完早餐並與道長撿骨師及工作人員會談施工及祭拜事宜。吃過熱食，比較好受。寒氣逼人，雨勢轉劇。到達先父先母墓園，約八點。雨勢漸小風勢仍大，氣溫確實冷，與氣象預測九度差不多。看著才重新整修沒幾年的墓園要拆除遷移，幾分感傷。預想住在附近的兄長應該早我們遠道趕來的親人先到達等候，卻沒看兄長出現，等一陣子仍未出現，只好先按照禮俗進行儀式，並即請親友到老家喚來他參加祭拜。

行李祭拜如儀，恭敬慎重，必也教好子孫，讓他們永久記取祖先，感念祖先，才是正確做法，慎終追遠使社會民情民德歸厚的不二法門。

先父先母的骨骸一出土，我們見保持很好，非常正常，感到安慰，然而想起父母在世的時候，可愛模樣，慈祥模樣，拚死拚活，如今成為……至為難過不捨，人生真像一場夢。

森兒很勇敢也很細心，對祖先的遺骸遺物，一一檢視，有所不知，我們即與道長交換意見如何處理，以求慎重。施工中表弟也來關心，他處理過有經驗，我們是青梅竹馬，一起長大，可以商量，彼此關心，很感人，在如此冷天。

在今天有些陰雨，凜冽寒風中，好在沒再下起大雨來，謝謝神佛保佑，使施工順利，約十點二十分完成了火化，二十分鐘後，按照禮儀風俗，完成入罐儀式。骨灰罐是玉瓷，淺琥珀色，色澤鮮明，晶瑩明亮，雷射刻畫，非常珍貴。

撿骨工作及儀式完成，如數送給工程費，並送給道長及工作人員兩個紅包，表示心中的真誠感謝。

然後，我跟親人由道長引領護送先父母骨灰罐至觀音山寶塔，時十一點五十分，稟告先人父母新居寶塔已到。按照儀式習俗進行，並請師父誦經引導安厝，引領極樂世界，抱著骨灰罈晉住寶塔。祈請釋迦摩尼佛，觀世音菩薩，地藏王菩薩保佑，再向先人稟告晉住新居，請他們從此在這一個山明水秀，良居仙境，安心長眠，並祈請保佑子孫順心如意，平安喜樂。儀式完成，晉塔正位，插花拜拜。完成了一件懸掛已久的大事，慎終追遠，讓祖先安居長眠於此名山聖地。

❑女兒陸續出現，不知哪一個才是眞的

幾個月後，他即把唯一的田產糊里糊塗賤賣掉，親友都覺得太可惜了。鄉人聽說他賣田產，有錢。其實鄉下田地本不值錢再加上他急著賣，所以也沒有賣多少錢。但人言可畏，在鄉人誇大渲染之下，陸續有人登門自稱或自我介紹是他的女兒。他跟女兒，已近半世紀沒見面。也不知現在的模樣，來者是真的還是假的莫辨，如果假的認為是真的，如果真的誤認是假的，怎麼辦？

不過有人陸續上門，排除了許多無聊與寂寞，也多了些許熱鬧。如果以假亂真，將受騙團團轉，如果真的誤認為假，太不近人情也太可惜。

我跟他說，我會透過各種管道辦法把他的真正的女兒找出來，到時候假冒者就自然消失。後來，果真利用線索找出來。我考慮幾天，才很慎重的接上電話。我跟她們交談很有一陣子，經過旁敲側擊，聊東聊西，我確定她們是真的，相信十不離九，真的假不了，不需驗DNA。我很高興，滿懷期待，以為她們會很希望跟生父見面，一幅溫馨感人的畫面浮現眼前，而我這個背負了幾十年的擔子就可以放下了。

❑有一對是眞的，卻錯失見健康生父的機會

沒想到，她們說，她們不想相認。我很驚訝，問什麼原因讓她們有違尋常？她們說媽媽不讓她們相認，並且威脅她們如果相認，就……我很懷疑，都已成家立業，很多方面都已能自主決定，誰能強制她們要不要相認。我說上一代的恩恩怨怨，扯不清，不宜留給妳們，我說妳們再慎重考慮，如果要相認我們約個時間在家鄉的大廟文衡殿會面，我帶妳們回去見你別離半世紀的父親。她問要

怎麼稱呼我，我說，妳們可稱我叔父，如果相認順利的話。妳們也可稱我林先生，也可稱呼我林教授，就看進行如何。言談之間透露她的養父如何如何……我有點納悶，難道她們已被領養了。需要再進一步查證，利用正式的管道。

時間大約是中秋時節。我跟乃兄說已經找到了他的兩個女兒，他興奮不已，希望能早見面。

❏渴望跟女兒相認，從高峰掉落谷底

後來他的女兒透過我當初的線索，直接告知乃兄，要回去看生父。二〇一二年十月三日，她們直接回去。他知道這一訊息，高興雀躍萬分，滿懷期待，心想五十年父女沒見面，何等不幸，一旦要見面，何等期待，他幾個晚上沒睡好。而且特別準備一個大紅包，見面時要送給兩個女兒。整個村莊，都等著他們父女見面的一刻情景。姊妹真的回去了，但是意想不到，車子從家門繞過，卻經家門而不進，自己所從出的生父就在裡面，卻避不見面，真是另類。帶個伴手禮轉請表弟轉交，讓他相信他的離散半世紀，心目中念念不忘的女兒今天此一刻時確實回來過，可是不願意見他。他注視著那伴手禮動也不動，然後任它腐爛，最後丟棄。他早上好像站在高峰上滿懷期待，到了中午一下子跌進深谷哩，希望破滅，隨著湍急的水載浮載沉。幾天不吃不睡，精神恍惚。這一切我全不知道，是經過了好幾天，出事了，才有人急著告知，我才知道。

十月二十日當他如往日習慣性地騎著多年來相依的單車出門，恍惚之間，看著他的兩個陌生女兒宛若就在他前面，他整個人連車跌翻了，被壓在車底下，這長久以來陪伴他的車子，已不聽使喚，他幻覺他的兩個女兒就在前面，為何不來饞扶他，因為他已癱瘓了，無力爬起，他不省人事，鄰居把他扶進去。當天晚上，正好我的家人在餐廳為我七十二歲生日暖壽，席間忽然接聽到表弟電話，跟我報告這個壞休息，宛如晴天霹靂。一時之間，我嚇到了，我不解，我無心用餐。我電請家鄉的表弟，就近馬上送附近醫院急救。過了半小時，後來他回電，已能起來走動，暫時沒事。我不必即時星夜趕回，我在想鄰里親友為何不告訴她的女兒？既然女兒出現。我知道因為三、四十年來，他有事鄰里都找我。

❑女兒早已被領養，蒙在鼓裡

隔天，我指導畢業的博士生們幾個禮拜前就約定中午為我慶生暖壽，慶祝我七十二歲生日。餐畢，我搭回嘉義的舜隆學棣校長的便車，趕回鄉下看他。看起來，他還正常，我要他不要想太多，跟女兒何時見面，都無所謂，五十年都可以忍受了。他卻跟我說，老弟，我很痛苦，我知道身體已不行，跟平常完全不一樣，我對我兩個女兒，已經失望了，不存任何希望。聽人家說已經早已被領養了，現在已經不再姓黃了，請你再幫我查證。他說，身體已不行了。

我想安排他住進養老中心，他不願意，但他需要有人照顧。他說，以後要靠你了。他行動不能方便自如，要我幫他處理一切。二十五日我跟兒子到台南探查公私立安養老中心，選擇一所公園附近的優質安養中心作為腹案。已到這個情境，對她女兒的情形，必須查清楚。

我順道到戶政所查證他女兒的情況，以前好幾次嘗試過，卻都以兄弟關係不得幫為查證被拒，這一次因當事者已這般情況，他們父女失聯，到時如何應變，我說明清楚，聲請勢必代為先查清楚。

結果兩個女兒確實已被領養，而且早在一九六三年離開生父一年後，隨著她的母親改嫁即已被收養。顯示他們對生父已沒有父女關係存在，沒有權責義務關係，難怪如此作為，兄長蒙在鼓裡五十年，全然不知，思思念念，千呼萬喚他的女兒回到身邊來，回來看他。真是情何以堪。

我說已為他找到幾個安養機構可供選擇，他仍堅持不要。他希望我幫他處理以後的事，幫他一切。我責無旁貸，答應他，只好盡己所能，照顧他的生活，治療他的病，找機構或人員養護他，還有身後處理以及慎終追遠。我知道很難為，因為離得太遠了，我年紀也大了，又有高血壓，長期以來服用慢性病藥。但現在責無旁貸，我能夠不理不睬，不管他死活嗎？已經為他操心幾十年了，現在能把他踢開嗎？我不能。因為我跳不出框架，扭不斷鎖鏈。

我搜尋請教，知悉負責扶養的優先順序：1.直系卑親屬即子女；2.直系尊親屬即父母；3.配偶；4.兄弟姊妹。他早已離婚沒配偶，同時女兒被領養，被領養的子女沒扶養生父的責任義務。本來期望他的女兒出現，能夠讓他享受一點天倫之樂，能夠負起安養的責任，如果臨終還有餘款也可以繼承他的遺產。法律上規定已被領養的子女既無扶養之責，也無繼承之權。

這責任只有落到兄弟姊妹了，可是我沒有兄弟，一姊也過世了，只有一個大姊現在已八十多歲，身體也要人照顧，遠住在桃園，她心地善良，非常關心，她沒念過書，已幾十年自己沒法子回來，如今這種情況下，她如何能代勞。可是我真的感受壓力甚大，本來期望她的親生女兒出現，能夠卸下這個重擔的，又泡湯了。在此一情況下，我已責無旁貸。

我想總有辦法再走下去。不然我在這狀況裡面，又如何能跳脫？難道我可以裝聾作啞不管嗎？我深深覺得他的確是是我一輩子的痛，我到七十幾歲閱歷廣又深，還都招架不住。想起我值年少輕狂之時，我就要幫他，如何能幫忙他？一輩子都在操心這個問題，不覺悲從中來。因為我擺脫不掉兄弟之間的親情鎖鏈。

❑獨居老人，癱瘓大廳

心底擔心恐慌已久的事，發生了，這麼快。十月二十九號接到鄰居急電，兄長一兩天來都沒有出來，叫不醒他也喚不到他出來。我叫表弟就近送他進醫院，他說沒辦法，好像都沒回應。我立即跟兒子趕回老家，好在我早已經做了功課，已搜尋過醫院的相關資訊。他是榮民，住榮民醫院較適合，最近的高榮台南分院，也附設有養護中心。只要花錢，可以長照。

趕回到老家，叫不起來，只聽到大廳地板上有些微弱的聲音，但就是不開門。叫了十幾分鐘，沒有反應。我很緊張，生命關卡，分秒必爭，下定決心，破門而入。他已癱瘓趴在大廳地板上，尿屎滿地，奇臭無比，奄奄一息。火急 call 119 急送，表弟在旁協助。有人說先洗乾淨再送醫，我想等洗好，說不定已沒救了，我爭取一分一秒，病人再髒都要救，馬上送醫。我跟我兒子趕到醫院，及時挽回他一條命。診斷是高血壓心臟病。當天是禮拜天，我簽同意書，急診住院。醫院做緊急處理，並請醫院專人先洗淨身體，再住進急診房，醫護囑咐必須有一對一特別看護。拜託醫院附設的「慈惠看護中心」臨時調派了一對一特別看護照顧他。結果一請就一直請下去，沒辦法中斷。

幾個月後，他的兩個女兒跟陪伴來的人，幾次到醫院看他，他已沒辦法講話了。看到這一番情景，她們說，病成這樣子，這已經好不了，為什麼還要請特別看護，有錢就留給人家用。就當著特別看護面前說，讓特別看護很難過，幾次要向我請辭不做了。

我於是徹底失望，這個擔子還是不得不再要繼續挑下去，推卸不得，否則擔心他難以安享終年。可惜我跟他的女兒一直都沒機會照過面，好好談一談，只能聽特別看護轉述。姑妄聽之。

❑僱一對一看護，天天照顧，怕自己也老了，不知如何承擔，但求神佛保佑

他的情況沒有一對一的看護照顧真不行。從入院以後就包著尿片，無法自理。最初還念念不忘家園，希望早日康復，渴望能自由走動，回老家，沒想到從此臥病不起，一住就將近三年，耗盡一切，直到臨終。

我答應要照顧他。當前之急，治他的病，看護他的生活，幫他做善事，以後還要辦他的善終，使他能夠安享天年。該用就要用，讓他人生的能夠好好地過，善終他的天年。至於是否負擔得起，到時候再應變吧。

只是有時候，半夜醒來睡不著，擔心憂慮，擔心自己身體不好的時候，怎麼辦？我能確保自己這一副老骨頭，健康長壽，可以長期擔負起這種重任嗎？我能夠開車遠道高雄台南來回奔波嗎？去幫忙處理嗎？我能夠長期的到他的醫院幫他辦事嗎？偶爾我可以請年輕人幫忙一下，但他們有他們自己的專職工作，且年輕人誰願一直淌這一渾水？我也不願意太過連累年輕人，他們不必像我生來就背著這個原罪，挑這個推託不掉的負擔。我相信我林家黃家是有尊嚴的有名望的，我也不願意讓鄉下的左鄰右舍說長說短。

不知幾個夜晚我深感惶恐，也深感煩憂而輾轉難眠，而身體也越來越受不了，頭上白髮蒼蒼，雖然每天練太極，仍然身體每下愈況。覺得這個責任好重好重，我也不能不覺得我命真苦，為什麼生來就背負這個稀罕少見的負擔，難道是自己跳不出那個親情的框架嗎？是作繭自縛嗎？

住院以來，除了二〇一三年三月十九日到五月二日因感染 TB 住進隔離病房約兩個半月護理站有專門看護外，皆須僱用一對一特別看護，都請該醫院內「慈惠看護中心」安排。一對一特別看護費很貴，花錢如流水，後來實在受不了，看護也受不了，有些時候改成白天一對一的照顧白天，晚上團體看顧。

曾經好幾次他的情況甚差，送進急診和特別病房，醫護也擔心，各器官衰竭狀況隨時發生，簽好幾次的如何做緊急救護切結書。我請教我的女兒醫師，堅持天有好生之德，珍重生命，請盡最大能力救護他，費用在所不惜；同時重視病人的生活品質，維持人性尊嚴的原則，斟酌決定，來回應醫護的要求。

另方面，二〇一四年七、八、九月的時候曾一度覺得不樂觀，醫護人員要我要有心理準備，萬一的準備。於是搜尋一些有關榮民善終的事宜，本來期望榮民處是否可以處理，對於沒有配偶子女的榮民後事，榮民服務單位說榮民處代辦僅只有限於沒親友者可以辦後事者，只好放棄了榮民處的協助善後的這一方式。萬一發生，只能自己負責，所以九月我也在觀音山幫他買一個納骨塔位，是一個長生位。

我另外想到，想為他做善事希望能夠延年益壽，多活幾年。因此我為他做一些善事，捐給真正做善事的慈善基金會，用他的名字做些善事，希望得到福報。他一輩子對社會貢獻只有參加八二三砲戰，他希望他能為一些沒有父母好好照顧的幼兒，幫一點忙，也補償他未盡教養女兒的責任，我於是以他的名字捐贈扶幼基金會，捐贈救助傷殘的陽光基金會，又捐贈做善事遠近馳名的慈濟基金會，前後數次。

果然他的情況大有改善，畢竟做善事得善報。他的病情果然起色很多，往後幾個月，則是起起伏伏，時好時壞。特別看護已在該院做特別看護二十幾年，很有經驗。每遇到特別時令節日她就跟我說又是一個關卡，擔心不知會不會安度這一關卡，因為就她的經驗，每次遇到關卡都會有病人走掉。她把他照顧得無微不至，她說她把他看成她的家人在照護，偶爾有親友去，也都有同感。我每次去都覺得，她真正很用心，而且身體狀況不錯，雖年紀不小，仍然可堪此一照護重任。

❑住院三年，半夜傳來噩耗

好幾次醫院通知病危，都能逢凶化吉，平安度過，醫護人員說他簡直是九命怪貓。我想大概幫他樂捐行善，神佛保佑，還有特別看護悉心照顧的結果。有一次，特別看護自己腳傷感染，不得不請假，又有一次騎機車發生車禍，請假不能看護他，都使他病情迅速惡化。所以他幾乎完全離不開特別看護。後來幾次因為看護也看累了，且有點力不從心，想倦勤，我說妳可以休假再繼續做，他需要妳。結果只請假一天就又回來繼續，因為看護也捨不得放下他。

二〇一五年九月十六日，過年前去看過，就再也沒出現過，已經很久沒去看他的兩個女兒再次去看他。還好來得及見他一面，他的情況已經惡化，呼吸急促，又高燒不退，雖經醫護幾次急救，無。十九號半夜，二十號凌晨一點，他咽下最後一口氣，他往生了。半夜聽到醫院人員急電，我感驚嚇，我不敢驚動任何人，天亮，才敢告訴親人與他的女兒。一夜沒睡。

十月三日告別式，我只通知三年來有去醫院看過他的親友，還好他的兩個女兒，也出席參加了，自願著孝服，跪拜護靈。在告別式我百感交集，不禁淚流。我為他付出奔走，盡最大財力能力醫護照顧他。我受盡委屈，我忍受了很多沒人有的痛與負擔，我也受到許多誤會。我對得起天地良心，也對得起父母祖先，老哥應該滿意，沒有遺憾的一路好走。

❏叔姪終於見面了，爲兄長的人生畫上圓滿休止符

告別式，我跟她們姊妹第一次見面，告別式後，他女兒親切叫我叔父，並好幾次感謝我幫她們照顧她們的生父，為什麼不早些時間說出來呢？我會好受一點。我知道她們懂了，我也知道她們的心意，她們真正感受到她們有一個平凡中不平凡的叔父，為她們受苦受難，為她們付出無數照顧她們的生父。他一生中，少了許多快樂，淡出許多色彩。

當骨灰甕晉住塔位，典禮完全結束。看到她們父女相認，兄長安詳的隨著釋迦摩尼佛觀世音菩薩的接引，進入極樂世界，沒有遺憾，我的心意終於成全了，我感到堪慰。

我請姊妹倆到到旁邊來，我把她們生父三年前準備在第一次見面時要給她們的大紅包，發不出去的一直保留下來的大紅包，送給了她們，她們淚眼接受。寶塔周遭陽光普照，藍天百雲，金山綠水，兄長在親情護送下，長眠於斯，應該無憾。

老哥，我為你付出許多心血，最後使你們父女團圓，讓你安度終年，為人生畫上一個圓滿的休止符，老哥你應該了無遺憾，跟隨如來佛，觀世音菩薩回到西方極樂世界，一路好走。

榮獲第二十六屆吳三連基金會學術獎

二〇〇三年十一月我獲得第二十六屆吳三連基金會的社會科學類教育學術獎。十一月十四日假台北國賓大飯店舉行頒獎典禮，場面盛大隆重，嘉賓雲集，我有很多次參加領獎的經驗，這次的受獎我印象非常深刻，感動至深。

這一屆共有四個獲獎人，我以外的三位都是文學藝術家。發表得獎感想時，我感於吳三連先生生前對台灣社會的貢獻，長期以來致力於台灣心靈的淨化，美感的追尋，文化的傳承；逝世後又成立基金會會獎勵發展文化創造，獎勵文學藝術的創作，我深表感恩與敬佩，在這個吳先生冥誕紀念前夕。朝野對於吳三連基金會獎非常重視，後來總統府也邀得獎者登府，總統親自接見嘉勉座談，並拍照留念。備感光榮。

對於這一次獎也深感意外，以一個民間成立的基金會願意獎勵教育學研究真是少之又少。向來吳三連基金會的獎都是頒給文學家藝術家，得到吳三連獎的作品都是令人刮目相，得到吳三連獎的畫家畫作身價漲翻，對於獲獎文學作品都成為讀者的最愛，一時成為暢銷書。我從來不知有獎勵教育類獎項，最近才知道，原來吳三連獎除文學藝術獎項外，還有醫學，社會科學類。不過整個社會科學包括範圍很廣，每年輪番。各個領域得獎機會少，教育被認為是社會科學類的一個次領域，得到的機會少。不像文學藝術，每年都有機會。藝術不是西畫就是國畫就是書法。文學不是小說，就是詩詞，就是散文。

我得到這一個獎很興奮，我發表得獎心得時，我說上台靠機會，上台受獎也靠機會，我從來沒有想到會有這一個機會上台獲頒吳三連獎。因為以一個民間成立的基金會，願意獎勵教育學術研究是少之又少，非常少有，非常難能，所以這是一個難得的機會，連在夢裡夢想不到的機會，非常難能可貴。

得獎的評定書這樣寫著：

林教授多年來致力於教育心理學，社會學，哲學的基礎奠基研究，據以從事教育政策，師資培育，教育創新，旁及教育研究方法與技術的探討。林教授教育學術基礎堅實，學理素養深厚，對於國內外的教育問題與改革的了解徹底，每能做客觀精闢的論述，見解獨到，建議中肯，令人敬佩。

林教授靈活運用科學方法，實徵教育現象與問題。三十多年來，已完成的實徵研究為數頗多，頗具學術與實用價值。近年來林教授更以全方位的觀點，將自己長期經驗結晶撰述成《教育研究方法》乙書，有系統地教導年輕學者各種研究方法與訣竅。

綜觀林教授之研究成就，值得鼓勵，故評審委員會評定林教授為第二十六屆吳三連獎人文社會科學獎教育類得獎人。

我利用這個機會為教育學術的研究發出聲音，教育研究是亟需獎勵的。我說教育非常重要，不僅影響個人一生，而且影響子孫，不僅影響現在，而且影響世世代代，所以大家非常關心教育，故也永難令人滿意，因此教育必須不斷的檢討，不斷求新求變。教育的變因太多，教育的作用太複雜，很難掌握。需要以嚴肅的態度，科學的方法來研究。

可是一般人認為教育大家都懂，前陣子教育改革風起雲湧，懂得教育的談教改，不懂教育的人也談教改，立法委員逼著教育部加速教改的步調，一時之間教育改革成為風尚。在大家的狂潮推湧之下，在諾貝爾獎的光環之下，把台灣的教育改得面目全非，台灣傳統的教育制度結構像被摧枯拉朽一般，解構鬆綁以至於解體了，結果是十年教改尚凶飢，越改越亂，教師盲忙茫，家長煩煩煩，學學生亂亂亂。於是乎大家開始罵教改，立委開始大罵教改，懂教育的罵教改，不懂教育也罵教改。

教育，是複雜的，教育結構錯綜複雜，教育改革牽一髮而動全身。教育要嚴謹的研究，要用科學的方法嚴肅的研究，教育的改革要建立在科學的基礎之上，才不會進退失據。教育影響這麼大，關係這麼重大，教育研究這麼重要，必須要研究。

研究之路任重道遠，是艱辛的，是寂寞的，要有幾分癡心，幾份傻勁，忽視了家庭，忽視了享受，需要另一半的包容，需要家庭的支持，需要社會的鼓勵。今天這個獎對我來說是一種鼓勵，對我們學教育的來說是一個重大的鼓舞，我希望我們社會，大家能夠重視對育研究的鼓勵，鼓舞更多的學者來做更多的研究，在教育學術的領域上。

今天我得獎，我感謝吳三連基金會各位董監事與評定委員的評審，我感謝我的另一半對我不離不棄的貼心支持與同甘共苦，與我三個子女的乖巧配合，知所上進。感謝我的學生給我教學相長的機會，同事與我的互相勉勵。

退而不休，先公後私

早在擔任院長的第二年，二〇〇二年，即有私立大學邀聘我去任教，我予以婉拒。台灣首府大學，即當時的致遠管理學院，朱校長親自到高師大院長室來訪我，當面要聘我過去擔任講座教授，黃秀孟董事長也親自打電話力邀，真正令我感動。

致遠創辦人王宮田黃秀孟伉儷，朱校長都是老同學，多年的好友，長久以來對教育事業極具熱心，公職退休後，願意斥資在家鄉台南縣興辦大學，令人佩服。學校地點就在我老家鄉隔壁鄉鎮麻豆。於回饋鄉梓之情，於朋友之誼都不能不鼎力相挺。尤其致遠創辦太遲，在二〇〇〇年才創校招生，時已是大學擴展強弩之末，當時大學行將爆滿的時刻，行情並不看好，更需要助以一臂之力。不過，我還是堅持我要先公後私，尤其對高師大奉獻一輩子，要有始有終，我一定要做好做滿做完院長任期，等我屆齡退休後再過去。

❏無縫接軌，得心應手，服務鄉梓

所以二〇〇四年高師大一退休，隨即應聘台灣首大講座教授。從高雄去致遠約七十幾公里行程，開車來回一百五十幾公里有點勉強。朱校長及董事長非常貼心，特別為我安排交通，以最經濟有效的方式接送我，深為感動，讓我跟前校長黃正鵠教授都能夠方便的應聘任教，學校也不必增加負擔，施受均感便利。

我們教的都是教育研究所的課，我教教育研究法和教育社會學研究，都是我長久以來開授的課，且又是教研究生，跟高師大的情形相似。這兩個科目我都出有專書。所以可說無縫銜接，教起來得心應手。

這裡的研究生，大部分是在職的教師，學校及教育行政人員。很多還是過去教過的學生，也有少數是過去曾經同事過的朋友，有的雖然從未謀面，卻也是我的粉絲，多人跟我說，看過很多我的書和文章，在這裡終於親眼看到我，很高興。大家彼此都覺得真是有緣，一見如故，輕鬆愉快。

致遠創辦於家鄉，讓早期沒機會上研究所的教育界人士有進修的機會，大家都非常珍惜。部分名額招收的是大學剛畢業的全時生也受到正面的影響，非常珍惜研究的機會。所以學習氣氛非常好，彼此相待如賓，快樂學習。

❑軟體硬體，貼心安排，勤勉珍惜，藏修息遊

創辦人王宮田伉儷是教育老將，熟知研究生的背景，一切安排均能讓研究生服貼適應，有效學習。無論教室環境設置，座椅的安排，跟他們在職場上差不多，坐位舒適愉快；上課時間的安排取最大公約數，讓他們方便，不致太勉強，通常是安排在他們可以請假的時間，其他安排於週末時間。我們上課方式都能掌握此等研究生的心理與習性。

致遠教育研究所最初幾年是致遠的唯一，其他研究所尚未設立，備受重視。學生學習機會得來不易，非常珍惜用心，師生彼此很尊重，教授授課儘量要求嚴而不苛，希望他們學有心得，也學有成就；學生也勤勉用功，藏修息遊，形成一種特殊的文化。除了課堂上的正式上課外，也安排有許多活動，像專題演講，講座，學術研討會，研究生學會，也有研究生自己安排的聚會，畢業旅遊等等。

學校並為鼓勵此等研究生畢業學成，得到學位者立即聘為兼任講師，就其專長在母校教兩節

課。這等研究生絕大部分在中小學任教多年，也都有個人專長才藝。半輩子從未夢想過有一天能夠在大學授課，對此一機會都非常珍惜。教育研究所氣氛融洽，學習多元化，教學愉快，學習也愉快，保有師生之情誼。可以感受到難得的傳統禮儀美德。

❏有事弟子服其勞，受寵若驚

有一年我指導的三個學生，他們都是中學在職教師還兼行政主管，平常上課認真，不在話下，學習研究，撰寫論文，給他們的指導都能虛心接受，確實訂正，頗為難得。因為時間差不多，每次三位都是聯袂來研究室請我指導，習慣同進同出，彼此也互相學習切磋，是學習三人組。

有一天，我一到達研究室，他們也一起進來，好像早已等著我，離上課大約還有一小時。奇怪的是，見他們帶了抹布，水桶，拖把，掃把……等等清潔工具。請老師暫時離開研究室，他們要幫我打掃研究室。讓我嚇了一跳，受寵若驚。不過，看他們一臉誠懇，非常樂意，我問是所辦或誰要你們這麼做的？他們說完全他們自發自動的。更讓我非常感動，盛情難卻。

我每次去上班都是配合上課時間，並利用空堂指導學生或開會，沒有時間去關心研究室如何，來去匆匆，乾淨與否我也不太在乎。而私立學校也沒有機動工友，幫各教授研究室清潔，連清潔工具放在哪裡，我也不知。現在我才注意到，真的有點髒，灰塵太多了，地上，窗戶，陽台，紗窗，除了每一次我自行擦拭的辦公桌椅和書櫥乾淨外。

說也是，地處農村田野，空氣新鮮，但四周是農田，無論東西南北風一吹，漫漫泥土隨風飄揚，難怪都是灰塵。如今他們願意為老師的事服其勞，既然是自動自發，沒有勉強，我欣然接受並表示由衷感激，覺得如此願為老師服其勞，這種古之風已不多見。竟然在此再現，感激莫名。約一小時時分，研究室煥然一新。真的太讓我感動了，太感動了。他們個個滿頭大汗，也非常高興，叫我感激莫名，不由得相擁在一起。

後來，我回到高師大榮譽教授研究室，有一次，我的學生也為我這個老教授服其勞，教我感激莫名。文三教授是我早年指導博士生，跟我在高師大同事已經三十年了，他現在指導多位學生，著作等身，青出於藍，我以他為傲。他不僅本身對我這個老師時相問候，謙恭有禮，更介紹他學生認識我，時而請教我。有一位博士生曾經三番兩次為我打掃研究室，這個禮貌也是青出於藍甚於藍，了不起，真正教人感動，傳為佳話。我要感謝文三教授也要感謝這位同學。

❏招生情勢嚴峻，同心研討

致遠學院，王創辦人伉儷後來把它割愛給出版界名人蔡清淵先生。隔了兩年，朱校長屆齡退休。

在大學暴漲，社會少子化的大環境下，大學招生情勢漸趨嚴峻。致遠成立晚，又處於南台灣的鄉下，大學部招生漸感不樂觀。二〇〇八年大學生招生，致遠情況不佳。不僅是情勢使然，也有一些策略失誤，結果有的科系缺額嚴重。事後諸葛才發現標準訂得太高，高得太離譜。幼教系，南部某私立大學錄取分數低到七・六九分，致遠卻訂在一九〇分以上。資訊嚴重不足，且判斷失準，還是中了反間計，不知，而決策者聽說也過於主觀，不聽部分主管意見。不過，在教育研究所這一方面，招生並不受影響，情勢依然樂觀。

那一年學校由各方面切實檢討並設法做相應變革。乃於冬至十二月二十到二十一日，在學校兼營的蓮潭會館辦一場學校經營發展研討會，邀教研所的所友與主管參加。

研討會一開始，先由蔡董事長開幕致詞。

他報告致遠當時的狀況，財務結構完善，教授陣容堅強，八〇%以上獲有博士學位；未來將以休閒產業與管理做為發展主軸，與高雄市政府 ROT 經營本蓮潭會館，會成為學生實習的重鎮；這次研討會即在本會館舉行，招待各位，請各位指教。

現在即備有五千萬預算做為激勵招生專款，凡與本校策略聯盟的中學畢業生進到本校即享有兩萬元獎學金，我們也把大陸生列為我們的生源。期盼各位發揮影響力，把我們優點強項傳出去，吸引學生進來。

校長，副校長報告完了之後，出奇不意的，與我只一面之緣的新董事長請我以教育研究所講座教授身分講講話，勉勵大家。我義不容辭。我從現場所見所聞與平時所感的出發，貢獻淺見。

現場都是我們教育研究所畢業所友或研究生同學，剛好今天又是冬至。我說：

在這會上，我們感受到致遠教育研究所就是一個家庭，各位出閣後，在今天冬至這一個節日回娘家，與弟弟妹妹團圓重敘，顯得甜蜜蜜，真心誠意共同策勵未來的發展。

致遠教育研究所一創辦成立就慧眼獨具，對我們的研究生特別體貼，我在公立學校退休才來沒幾年，感受特別敏銳。無論招生報考，課程安排，上課時間，教學方式，與論文指導，都是把各位擺中間。用最貼心的方式來設計安排，在最友善的氣氛下來執行。各位應該感受到了，我說得絕非虛假。所以大家在這裡修業期間，學習愉快又有效，論文寫來，可以傲視群倫，物超所值。

今天 各位在這裡重敘，覺得非常溫馨。雖然學校管理階層常說，辦研究所虧本，據說一年賠本一千五百萬。但是，今天就會讓我們董事長校長感到教育研究所培養出來的各位是致遠最大的資產，可以做為各種投資。這比金錢物質資本還有用，可以成為我們招生發展的資本——社會資本與文化資本。我們所友裡面，擔任校長，主任的特別多，光是擔任高中高職校長的就有三十幾位之多，擔任老師主任的更多，你們在學校不僅擁有正式權威，更有影響力，無論對學生對家長都有教化指導的影響作用。其力道無窮，風吹草動，都會造成很大的影響。

董事長在大學數量暴增，經營艱辛，招生嚴峻的今日，與高雄市政府ROT合作，把原來高雄人力發展中心，轉辦經營為蓮潭會館，成為五星級的飯店，國際會議中心大飯店，真是慧眼獨具。

這會館得風景名勝蓮潭春秋閣，三鐵交通樞紐地利之便，與市政府致遠學院產學合作人和之便，是明智的決策。在國內大學附屬有這樣的五星級飯店的絕無僅有。在此時由於金融海嘯，連五星級高雄圓山大飯店都裁員百人，抗爭不斷，致遠的本會館，集地利人和天時之便，異軍突起，誠如董事長所斷言，推出第三個月，就訂單不斷，一定賺錢，前景可期。

現在是知識經濟時代，知識最能夠建造財富，必也知識經營，知識管理。知識能夠致富，但不是任何知識都能夠致富，而是要資訊網路知識 要能夠知其人的知識，不僅知其然，不僅要知其何，知其因，尤其需要知其人，Know who。知道客戶在哪？知道對象在哪？他們需要什麼產品？要如何設計？以滿足個人化的需求，才能成為精品，供不應求。建造財富。大飯店要怎樣經營，也依同樣的道理，生存發展也是相同道理。

今天與會校友都是我們的資訊來源，都是我們的資本，是最知道我們教育對象我們生源的，各位能夠成為母校與母所發展的最大憑藉。學校的發展，招生不足，Know who 是關鍵，只要各位學校友能夠 Know who，就知道我們的大學是為誰來辦的，生源在哪？提供什麼課程？如何施教，最為他們需要。各位校友知道那些可能是我們的學生，也會幫母校行銷。

我提示知識經濟，知識管理，知識經營的概念重要。其實我內心裡面還是憂慮在少子化流行的現在社會變遷中，整個大學教育發展趨於嚴峻的情勢下，致遠管理學院這個後生晚設的大學如何招足學生，除了教育研究所外，我深以為憂。

婉拒董事長邀請出任校長

先公後私，從公立大學退休後，應聘到私立大學授課，利用剩餘價值回饋鄉梓，我願。不過私立學校的體制與行政風格與公立學校有很多不同，我並不想去擔任行政工作。我與黃教授同事幾十年，去致遠以後，又處同一研究室。致遠研究室雙人房，中間有隔開，出入同一門。我們不少相處聊天機會，高雄到麻豆上下班又在一起，所以時間多了，無話不談，相處愉快。在高師大他擔任校長，日理萬機，難得有機會聊天。我們都有默契，轉任私校後不想再接行政工作。在私立學校最好還是以我們的專攻學術做奉獻。

曾有幾次王創辦人與朱校長要我接任所長，我推托再三，我實不願，但實在需要我幫忙，最後只能妥協，但我書面說明在先，經同意只就學術上有關業務負責，其他業務另請人負責。

二〇〇九年七月十七日，郭所長跟我說許董事長要請我接掌校長，我嚇了一跳。我怎麼能接受這個職務，不僅不符我既定的原則，且當時我的情況也不適合，又當時學校情況我也不願。我請所長幫為緩頰。但是十幾分鐘後，許董事長親自打電話過來，鄭重邀請我，邀我出任校長，掌學校校務。我說我老了，無意於此，謝謝。致遠有很多人才，都非常適合。

他剴切跟我說，「論輩分您最高，論學術地位地崇高非您莫屬，論資歷您也有豐富的行政經驗，而您對大學教育的見解與膽識可圈可點，精闢過人頗有見地。怎麼考慮都認為非您莫屬」。我感謝董事長的賞識與器重。不過我實在不想接這個重任在這個時刻。我冷靜下來好好地解釋說明婉拒。

我說我的確對大學有一些見解與理想，但現在老了，我願意奉獻也感覺心有餘力不足。

我說現在住高雄，每天來回，交通不便，花費太多時間；且有高血壓，不堪重任，怕有辱董事長的重託，怕誤了大事，校長要以校為家，對學校負責對董事會負責；要有過人的體力；現階段台灣高等教育的發展，面臨嚴峻的階段，需創新的構想，突創的做法，要有堅持的毅力與耐力；不是我所能擔得起的，請董事長找年輕的，有見解，有體力，有毅力的教授，本校人才很多，足以勝任。我拿出殺手鐧，我說，依教育部的規定，大學校長不能超過六十五歲，我明年就七十了，早已逾齡。

他說請勉為其難，掛個名也可以，事情有人可以幫忙實作。我對校長的職位向來堅持要名實相符，權責配合，掛個空名，有辱職責。我跟他說要做就要負責到底，鞠躬盡瘁，不然對不起您董事長，也對不起學校，更對不起教育。我心裡想如果當個橡皮章，寢食難安，萬萬不可。尤其在這興亡存活之秋。謝謝董事長，還請董事長另找更合適的人選。

❑學生的熱情，叫我走不開

二〇一〇年六月暑假將近，我想該是我退下的時候了，屈指一算，我來致遠，當時已改為台灣首府大學，倏忽已六年了，跟學生越來越親近，指導的學生也越來越多，很多限於名額限制不能得門而入。

我利用當導師的機會，也就不分是否指導不指導，相機提點。有機會就鼓勵激勵他們撰寫論文，並指導其要領，學生蠻會主動請給予指導。六年來，承蒙學校的好意，克服交通問題，順利走過來，真正感謝。現在我已接近延退的上限，雖然還沒完全屆滿。原來接送我的老師一個前年已辭離，專心經營他自己的建築師事務所業務，另一位最近坐骨神經發炎不想開車。

我既然已近屆滿，便想趁勢全退，同學知悉，甚為驚恐。有一次我上完課，準備回高雄了，班代表領著全班同學一起來到我研究室，包圍著我。請我再留下來，不要走，下學期再來教他們。他們對我說他們全班都捨不得您走，他們至誠感人。他們大部分是在職老師與行政人員，不是隨便說說而已，再三要求我再留下，教我不感動也難。

我從小念書，十五歲考上師範，開始享受公費栽培，以至於公費出國進修得博士學位，雖然是個人不服輸，力拼上流，但是如果沒有公費支持，早就淹沒在命運的洪流之中了。所以在我內心裡面，我總希望要將我所學完全奉獻國家社會，直到極限。能奉獻一天就奉獻一天。本於這個職志，公立大學屆齡退休來到致遠，其實即使離開致遠，也還是閒不住，還會繼續在高師大的兼任和指導學生。所以我很爽快的答應他們，再留一學期，交通問題我再想辦法。

獲得終身成就獎

❑二〇一四年教育社會學會頒給我終身成就獎

「台灣教育社會學學會」頒給我「終身成就獎」，感觸很多。在得獎感言我說：

我從事教育社會學的教學四十年，由大學部的教育社會學起，接著教碩士班，以至博士班的教育社會學專題研究。我也同時間進行教育社會學的研究，我的研究從地區性的問題開始到全國性的問題，到全球化的問題。無論是家庭的，學校的，班級的，教師的，或學校組織的，組織文化的，課程與教學的，直到資訊科技社會的與知識經濟社會的教育教學。我寫理論，更完成更多原創性的實徵性研究在各個領域裡面；甚至適時撰寫教育改革評論。四十年如一日。

從事量化研究的時候，數據會說話，只有細心規劃，精心製作工具，小心收集所得數據才能說真話，收集到一大堆數據，如何聽得懂真話，要如何分析如何處理才能了解真正的意義，要絞盡腦汁，費盡心思嘗試。

做集體大型研究，要建構好整體的議題，又要細分成明確具體的子題，應包括那些領域，各領域包含那些子題，團隊如何組成，分工又合作，各自又有揮灑空間，又能統整結論。如同行政團隊，舉辦大型活動，如同企業經營，對整架構流程，用心經營管控。撰書，心中總期許讀者看你的書，從裡面能夠得到什麼，讓讀者買了書、看了書一定能夠覺得物超所值，確實值得，而且想買來贈送親友，索你簽名。

所以從事學術研究，用心良苦，一頭栽進去，深不可測，不知停損點在哪兒，想急流勇退，毫無退路，而付出很大卻回收很少，本益比與投資網路科技軟體公司一樣不成比例，方向卻是相反。終身從事研究，靠一股傻勁，幾分癡心，確實需要支持與獎勵。我的研究成果受肯定，獲得許多獎項，國科會兩次傑出獎，多次優良獎，民間基金會吳三連獎。可是從來沒想過，我有一天會獲得教育社會學會的終身成就獎，一個多麼吸引人的新設的獎項。雖然這一個獎寓意很深，它也許暗示你教育社會學的學術生涯該畫上一個休止符囉！

做學術研究是寂寞的，要終身奉獻學術研究要有過人的耐力與毅力，需要鼓勵與掌聲。尤其在今日社會，重財富輕學術，聽民粹輕專業的時代，大學教育供過於求的時段。更何況在大學教育已進入一個嚴峻的時代，你所教的學科隨時可能無疾而終，你服務的學系可能有日停辦，甚至有一天，你的大學可能關門。要死心踏地繼續做研究，需要鼓勵需要支持，所以獎勵越多越好。獎勵在座的賢達，獎勵未來的學者，今日由我拋磚引玉，在座的多是我們明日之星，祝各位將來都能得到更多的獎項。

老人的悲歌

退休以後，時間可以自由運用。住在公教大樓，鄰居大都是老退公教人員，加上長青綜合中心也近在咫尺。每天早上，到學校校園或文化中心公園散步，練練荒疏已久的太極拳，觀摩各家太極拳，學學各式氣功，慢慢體會出來，如何運動，建構一套最適合自己的養生運動。

長年下來，慢慢認識了不少老人，見面打個招呼，互道早安互相寒暄。許多是退休的軍公教人員，常常見面，成了熟面孔，不必知誰是誰，不過問來歷如何，反正都是老人，久而久之，成了另類樂齡同學。早上見面很高興，我們都還健在，互相祝福，有時候停下來聊聊天，天南地北，無所不談。

這種見面，非常自由，非常隨興，有話直說，不拘形式。過去有說有笑，童言童語，輕鬆愉快，吹噓自己多有成就，多享受，兒女多厲害，多財情，含飴弄孫，多麼快樂，姑妄聽之。

最近這陣子氣氛大變，老人們大多是同病相憐，哀聲嘆氣，有的十分不滿，義憤填膺，有的憂心忡忡，溢於言表。大家你一言我一句，再加上數位資訊傳播許多老退人員的發聲，熱鬧異常。因為正值當下名為年金改革，卻如火如荼，對已退休軍公教污名化，挑起世代對立，隨意批鬥，大砍他們的退休金的時候。

這些聲音似乎都是來自心底的聲音，說出當下老人的苦情與悲歌。我聽了之後，試著簡記其要。

公教人員向來是最受尊重的白領階級，是大家追逐的目標，學而優則仕，學而優則教。我們早年在艱困的環境裡，發憤苦讀，力爭上流，經一次一次的入學考試與公職考試，裁弱留強，過關斬

將，才得以勝出。才有擔任公務員教師的機會。得來不易。沒想到……（老人言A）

活到這一把年紀，為國家做事數十年，奉公守法，鞠躬盡瘁。老退了領退休金生活，我們都覺得很光榮，很有成就。萬萬沒想到如今，一夕之間，被罵成我們是吃垮了國家的財政的老朽一群，羞辱，羞辱，羞辱，羞辱，莫此為甚！（老人言A）

說詞是為世代正義，卻挑起世代對立，讓年輕一代憎恨老一代。把老退者污名化，怎不叫人痛心疾首！（老人言B）

可惡的是，有人誇大事實，製造分化對立，使年輕人賤視老退人員，勞力者批鬥勞心者。我們教了幾十年書，教導人要敬老尊賢，要孝順父母，要敬愛師長。如今我們的倫理價值毀了，全被顛覆了，社會倫常沒了，痛心！痛心！（老人言C）

我們的退休金是因為年輕時候政府給的薪資太微薄，為激勵大家的服務情緒建立的制度，我們按制度，我們的老闆政府心甘情願，合法合理給的承諾。我大學畢業時，很多同學不願到公家機關服務，捨公立就私立……（老人言D）

退休金給多少是軍公教勞方與雇主——政府資方的合約，按制度政府給的承諾。

現在的政府可片面毀約嗎？（老人言E）

難道現在政府不承認以前政府的承諾嗎？我們的憲法是延續不斷的，我們的領導人是民選的，政權是和平轉移的，是在現行規範下移交的，且都有任期限制，延續不斷的。前任政權的承諾，現任政權能不承受嗎？（老人言E）

退休金不是年金，退休金部分是在職中付出的勞務對價的薪資待遇，勞資兩方同意保留的部分，等退後再給予，並不是年金，政府應遵守信賴保護原則，依約定給付，不可隨意亂砍，不能片面毀約，不是嗎？（老人言F）

退休金是代表你的終生的成就，也是你的地位，你對國家社會的貢獻。我們常年儲存，與資方也相對負擔一部分合成退撫基金，由政府操盤投資營利，政府負有信用保證責任。操作不力，當股票崩盤的時候，常被用來護盤，當然收益低，甚或虧損，結果要你承擔，對嗎？

如果政府可以製造理由任意片面毀約，亂砍亂扣，那民間保險公司的保險契約，也群起仿效，假借公司財務不佳，毀約不照契約履行理賠或分配回饋金，那不就天下大亂？（老人言G）

有心人藉著政府財政困難，即將被退休金拖垮，所以不能不砍退休金。其實政府財政有這麼爛嗎？我們領的退休金也只是零頭而已，占整個財政很小的比率。有關單位的報告精確不準，我學會計的，許多假定與計量都值得質疑，許多事實並不全部透明，難怪是為了危言聳聽嗎？讓軍公教成為人民的公敵嗎？

高官民代做了兩年下來就有退職金禮遇金，可享十八％；，我們可是為國家幹了幾十年才有退休金，享優存十八％。要砍也要由他們先來，至少要公平對待，一視同仁。難道他們的貢獻比較大嗎？（老人言H）

不見得，有的政務官錯誤的決策，謀福不足，造孽有餘，還貽害社會國家人民！（老人言I）退一步說，假使我們的財政真的不好，政府有權有責任改善投資環境，設法激發產業轉型，脫胎換骨，吸引外資前來投資，製造就業機會，給年輕人希望，讓年輕人前瞻有望，使年輕人願意好好打拼。政府更應廣結善緣，擴大拓展貿易；而不是關起門來爭奪我們應得的，掀起鬥爭。過去我們曾經一起打拼過，製造經濟奇蹟，成為亞洲四小龍，當時台灣錢淹腳目。為什麼不引導鼓勵現在的年輕人再製造第二經濟奇蹟呢？讓年輕人覺得要一代比一代強，否則對不起上一代。對不起父母，師長呢！（老人言I）

現在大家忙於內鬥，爭著吃餅乾屑，而不知把餅做大。不用心於財經發展，讓年輕人找不到工作，讓他們的待遇不得改善。爭到最後，大家都成均貧。唉！明察秋毫，而不見與薪……（老人言I）

我的兒女都大學畢業了卻找不到工作，成一群高級無業遊民，靠爸靠媽生活。我領的退休金，實際上，我自己用的有限；而是養年輕人，養失業的人，幫政府解決一部分社會問題。（老人言J）

年金改革是必要的的，我們贊成。但應是前瞻的，該是改未來，從改革時候開始，對已退休人員不受拘束，已退休者的退休金是依早已經成立的契約。不能藉故隨意亂砍。我是學法的，法不究既往是基本原則，片面毀約是違法的。法不溯既往是普世價值，年金改革無論怎麼改，要增要減，皆是從立法生效開始。改革年金是為了激勵年輕人，讓他們相信明日會更好，奮起為自己的前景打拼，有為國家打拼的決心與操守，不是為批鬥已退休的老軍公教而叫人心寒，叫年輕人裹足不前。（老人言K）

其實公教軍警消很多是師生相傳，親子相傳，長官部屬關係密切，年老者與年輕者，情分濃郁不是可以妄加以切割的，看見老退蒙羞，年輕者在職者更覺得失望心寒，不平與不捨。意欲分化未必得逞，反而讓人看出政治險惡的一面，看破了未來。

老退人員被如此對待，如此羞辱，如此污名化，看在眼裡，年輕人對未來還有什麼認同對象，還有什麼奮鬥目標？年輕人有志氣者誰還願意像我們當年拚死拚活爭取當公教軍警消？為政府做事。（老人言M）

當他們看到自己的父母，老師，長官原來是最被崇拜的偶像，如今是如此不堪，人生還有什麼值得追求的？每個人都會老，都要退休，老退之後還受這麼不堪的遭遇，真是情何以堪？（老人言N）

年金改革是造福年輕人，而不是鬥爭老人！老人退休後並無作為，一切到退休時已經論定功過，核定榮退金數額，榮退狀，政府高興給，老退者高興領，兩廂情願。此後應只是被尊重。人生

才有意思，年輕人才有未來，才覺得前瞻有望。我實在為未來而憂，為我們子孫而憂。（老人言〇）

各位老人你一言我一句，似乎均言之成理，持之有故，聽來鏗鏘有力。是否為真？他們對一生的付出，努力辛勞，有悔恨，有憐惜，有失望，有不滿，有憤怨，有感嘆……

老人們說出心底的話，唱出老人的悲歌。我也是老退一個，聽了大大的感嘆，於我心有戚戚焉。

❑到底怎麼回事？如是我觀

整理一下他們的心情，歸納他們的發言，同情一下大家的情緒。我只能這樣寫著：

公教軍警消人員是最守法，也最有公德心，最通情達理，最守法守紀，最忠心愛國的一群。我們社會就是靠這些人做為維持社會安定的力量，成為社會的中堅，帶給未來希望。不論是退休的公教軍警消，或現任的，或志願將來想擔任的，他們代表政府去面對全國的國民，為民服務，甚至跟老外打交道。如今老退公教軍警消卻似已忍無可忍了。怎能不叫人憂心。

一個人能夠為公家貢獻一輩子，全身而退，許多人背後可能都歷經有說不完的可歌可泣的故事。或如何能夠脫穎而出，鹹魚翻身的故事；或枵腹從公，冷落家人的往事；或抗拒惡勢力，義無反顧的故事；或慈悲為懷，作育英才的感人故事；或奮勇救人捨身愛人的故事；或負起承先啟後，繼往開來為抱負而奮鬥不懈的故事；甚或出生入死，保家衛國的勇敢故事……

好不容易奮鬥一生，得以榮退，依法領退休俸，代表的是一種榮譽，地位，成就與終生所修得的正果與酬謝爾後，藉此可安享天年。可以說退休金是一個人藉以安身立命，榮宗耀祖，教養子孫之所繫。不意在退休幾年之後，忽然被羞辱污名化，感顏面盡失，被剝削依法應得的退休金，以致生活陷於困境，頓使生活改觀，對他們簡直是一場夢魘。叫他們情何以堪。

這種衝擊是不可想像的，不只是威脅到滿足生理需求的物質生活層面而已，也使得他們感受到的安全與被尊重，與受到關愛的的社會心理需求面被踐踏，在精神價值生活，甚至於對自我實現的需求層面的打擊更非同小可。在權者決策者不能不察，而以同理心，同情心來理解才能領會。

其實，設若我們國家財政真的崩壞到嚴重程度，必要剝削老人的退休金，否則國家將瀕臨破產，軍公教警消一定會共體時艱一起尋求變通辦法，因為這是他們奉獻一生的家國有難。

這時候必須以愛為出發點，要有同理心，同情心，循通情達理的程序來溝通溝通再溝通。必要的精實資訊資料要提供，要公開，要求必須合理，且基於共體時艱，應該大家一起來，要公平對待，要砍要扣按一定的比率一起砍，上限下限要規定合乎情理，真正共體時艱。尤有甚者，名譽要尊重，坦誠溝通，達到兩廂情願，才做決定。如果是浮誇不實，誇大渲染，抹黑污衊，挑起對立，或徇私偏頗，肥自己，瘦別人。這些老退人員心知肚明，必生瞋恨。

再說退休俸金本是法定給與的，是工作契約的內容之一，也是老退人員的財產，不是一般的年金也不是救濟金。退休金是依法政府給予軍公教的承諾，政府應遵守信賴保護原則，依約如數給予。如今要求改變已退人員的退休金，違反法不溯既往原則與信賴保護原則，只能以耐心通情達理的方式來達成。這些老退軍公教警消無法忍受粗糙的決策與粗暴的對待。他們比現在的在權者還在行，還清楚，還痛心。

如今看大家你一言我一句，可以看出他們的憤慨，悲涼，傷心，煩憂與失望……哀哉。

人生五十而知天命。六十而耳順，隨心所欲，不逾矩，如今七老八十，有這麼多人仍陷於一團迷亂中，煩煩煩，亂亂亂。

❑《金剛經》照見五蘊皆空，如是說

我念誦《金剛經》，《心經》，《大悲咒》超過二十年。如來佛，觀世音菩薩給我很多慧識，也賜給我許多福報，避免劫難。我感恩至深，願與人分享。

社會發展到這般坎站，在這個時刻，如來釋迦摩尼佛，觀世音菩薩對信徒有所啟示。我亦有所悟。《金剛經》說：

「菩薩於法，應無所住，行於布施。」

「如我昔為歌利王割截身體。我於爾時無我相，無人相，無眾生相，無壽者相。何以故？」

「須菩提，我於往昔節節支解時，若有我相，人相，眾生相，壽者相，應生瞋恨……是故須菩提，菩薩應離一切相，發阿耨多羅三藐三菩提心，不應住色生心，不應住聲香味觸法生心，應生無所住心。」

「凡所有相，皆是虛妄。若見諸相非相，即見如來。」

「如來者，無所從來，亦無所去。」

能如此，就無所得，也無所失了。識故，只有佛陀菩薩能普渡眾生照見五蘊皆空，度一切苦厄。如今軍公教老退人員恐怕只有以釋迦摩尼佛，觀世音菩薩的慧識來面對，才能放心釋懷；否則難免生瞋恨。發阿耨多羅三藐三菩提心，無所住心，看盡一切拂逆皆是虛妄，或能逆來順受，成神成佛。

然而，可能嗎？公教軍警消退老是在滾滾紅塵中為國家奮鬥打拼終生的退休老人，不是早就看破紅塵出家的佛陀菩薩。

奮鬥一生，參透了嗎？

我奮鬥一生，不曾須臾怠惰。歷盡種種波折，迂迴曲折，坎坷苦難。不時窮盡洪荒之力，構築美夢，追逐一個夢，又一個夢。

構築一個個夢，追逐一個又一個的夢，圓了許多夢，也有許多夢破碎了。到如今仍然兩袖清風。回首奮鬥一生，途中若有所得，若有所失，到頭來，真真假假，虛虛實實，還是一場空。不免感觸無限。奮鬥一生，你想通了嗎？知「道」了嗎？看透了嗎？

上天有好生之德，既生為人，就好好地生存，好好地生活。個人力求不斷的成長發展，人盡其才，才盡其用，人與人之間共存共榮，或互相助長，或長短互補，皆是相輔相成。教育的本質在成長個人，實現自我，發展個人，更貢獻社會，創造文化。

生活也好，教育也好，應以同理心同情心，彼此互動，使學校成為成長的園地，使家庭甜美，社會和樂。萬一遇到難免的劫難時，彼此應忍耐，體恤，包容，相挺相扶持，同舟共濟，同船渡，進一步期能普渡眾生。

人生就是生活，認真的生活，生活就是目的，也是旅程。旅程中有夢最美，希望相隨，在生活中不斷築夢，不停地逐夢，去追夢，讓生活有意義，有樂趣，有希望，有波濤，也好過點。讓我們再艱苦也不甘墮落，繼而能發憤忘食，堅忍不拔，努力不懈就是價值，就是值得驕傲的，就是最值得回味的往事。好像旅途中有景點，讓大家去嚮往，去忍受途中的困頓，去征服交通的險阻，讓你回味無窮。

識此，勇於築夢，勇於逐夢，奮力追夢吧。不要想太多，不要計較有多少回報，否則會叫人洩氣灰心。

築夢，逐夢是否會成真，圓夢了又如何？是否會創造出來價值，是否能夠立德，立功，立言；為你創造財富，為你帶來尊榮，讓你享受到厚祿；更進而為人類形成真、善、美、神，讓你超凡入聖？

箇中變數太多也太複雜，有一些操之在己，卻有太多操之於社會，於他人，於壓力團體，於利益團體，於政治，於強大的力量，於命運，乃至於玄妙不可知的機緣。質言之，社會的框架，社會的氛圍，社群性格，意識形態，傲慢的權力常是宰制的主要力量，除了造化以外。

諸眾生，不必強求，不必計較，認真地生活，認真地築夢，逐夢就是囉，一程又一程，一個夢又一個夢，好好的過著或短或長的我們人生吧！